# シルディのサイババ

## 比類なき聖者にして神人

M・V・カマト　M. V. Kamath
V・B・ケール　V. B. Kher
澤西康史 訳　Yasufumi Sawanishi

ナチュラルスピリット

SAI BABA OF SHIRDI
by M.V. Kamath and V.B. Kher

「師」は祝福とともに、私たちのなかに種子をまく。教え子が師の恵みにどれだけふさわしいのかに応じて、残りの仕事は時間がやってくれる。サイババのような人たちの生涯が、まさにそのことを証明している。すべての種子が石の多い土地に落ちるわけではない。なかには豊かな実りをもたらすものもある。まさにこの一点に、過ち多き人類の未来への希望が託されている。

『大いなる安らぎの日々』から

――モウニ・サードゥ

# サイババの言葉

――ババが帰依者やその他の人たちにかけた言葉やアドバイスを、以下に簡略にまとめました

神は存在する、そして神より高いものはない。神は完璧、無限、永遠だ。神は遍在し、全知全能だ。神は創造主、維持者、破壊者だ。神の意志にみずから進んで全面的に明け渡しなさい。一枚の草の葉ですら神の意志がなければ動かない。神を信頼し、正しいことを行いなさい。内なる光（光明を受けた意識）があなたのすべての行動を導いてくれる。

おのれの務めを忠実に果たし、自分を行為者と見るのではなく、一歩引きさがって、「私は神の手のなかの道具にすぎない」と見なさい。

行為が結ぶ果実を神にゆだねれば、行為があなたを害することも縛ることもない。愛と慈しみを神がつくりだしたすべてのものへと向けなさい。論争をしてはいけない。（他人の）言葉があなたを害することはない。他人には辛抱強く接しなさい。喜んで自分の運命を受け容れて、

自分と他人を比較しないことだ。他人を悪く言ってはいけない。だれにも自分の行為への責任があるのだから、それにいちいち口出しをするべきではない。

怠けていないで、なにか有益なことを行いなさい。聖典を読みなさい。食べ物や娯楽は控えめにしなさい。

神は在ると知りなさい。

神はないと信じないことだ。

神は遍在する。

神の名は永遠だ。

この宇宙はすべてリーラ、神の遊びだ。

神は支配者であり主人だ。そのほかの真実はない。

神のやり方はたぐいまれ、はかり知れず、神秘的だ。

神より高い者はない。

神がどのようにして護ってくださり、保ってくださるのか、それは神だけがご存じだ。

神は貧しい人たちの守護者だ。

神はとても慈愛に満ちている。

私たちは神を信じきれなくなる、十分に忍耐することができない。

神に到達するには超人的な努力が必要だ。

神には手が届かないと、だれが言ったのか？
神はあなたの真情《ハート》の家に住まわれる、
爪と指の距離よりももっと近くに。
揺るがぬ信仰と忍耐がなければ、神に会うことはできない。
この両方をもつ人はかならずや神を見いだす。
神を認めて知るには洞察力が欠かせない。
神が道を示されたなら、真情《ハート》の望みはすべてかなえられる。
自分の運命に満足しなさい。
光は闇を追い払う。
良いことをすれば、神に祝福される。
悪いことをすれば、神を失望させる。
私は至るところ、すべての場所にいる、
全世界は「私」とともにある。
私はどこへでも、どんなところにも行く。
私は宇宙に満ちている。私は目に見えるものと見えないものの両方だ。
私は生まれない、永遠なる、不滅の者だ。
善を行えば、神はあなたを祝福する。

神は正義の人を守護する。

刺草《いらくさ》の種をまく人が私に期待する、穀物を実らせてほしいと。

どうしてそんなことができようか？

私は神の奴隷だ。

学問のある人でさえわからない。まして私たちは？

よく耳を傾けて、口を閉じていなさい。

神の恵みを受ける人は無口だ。恵みを受けない人はおしゃべりだ。神の恵みを受けるには功徳を積まねばならない。


子どもたちが何千キロも離れていようとも、私は彼らを呼び寄せる。彼らがやってくると、私はうれしくなる。私は彼らといっしょにいることが楽しく、それが生きがいだ。私は子どもたちを昼も夜も世話をしないといけない。それは神から私に与えられた責任だ。

ウディ（聖灰）は帰依者にとても有益なものだ。大事にしまっておきなさい。私を慕う人たちが蟻のようにシルディへと集まってくる。恐れてはいけない。私はいつもあなたたちといっしょにいる。来る人もいれば、去る人もいる。私になにができようか？　それを心配してどうなる？

信仰を固く守り熱心に帰依する人には、その人がどこにいようと、つねに私の祝福がついてくるだろう。私はこの世代も次の世代も、この人生でも次の人生でも、私に親しい人たちの世話をする。

私は耳にマントラ（真言）を吹き込んだり、ささやいたりしない。私はそのようなやり方を習わなかった。

私は人びとの世話をするために何千キロも行かなければならない。

すべては私の目から見れば平等だ。どんな人でも、善人も悪人も、私のドゥルバール（会堂）に来なさい。私はだれも等しく面倒を見なければならない。

いろんな種類の人たちが、善人、悪人、邪な人、不道徳な人が、私の会堂へやってくる。どうして彼らの陰口を言えるだろうか？

私はすべてのものを慈しむ。

私は神以外だれにも恩義を感じない。

人びとは村や町に住む。私は野山に住む。

人びとは頭上に屋根をいただいている。私にはない。

私には一頭立ての馬車（生命の呼吸、プラーナ）しかない、それが十人から十二人の人たち（器官）を運ぶ。

私は四つの身体（粗雑体、微細《みさい》体、原因《コーザル》体、マハーカラン《超原因》体）の根を断つ。

私がいなくなっても、私の言葉をおぼえておきなさい。私の墓所の遺骨《サマーディ》は、あなた方に安心をもたらすだろう。それはあなたと意思を通じあうだろう。それに明け渡す人に応えるだろう。

あの人は死んだ、もういないと考えてはいけない。あなたは私が墓所《サマーディ》から語りかけるのを聞くだろう。私はあなたを導くだろう。

論争に明け暮れてはいけない。十の言葉を言われても、やむをえないときにだけ、ひとつの言葉を返せばいい。

他人を誉めもせず貶しもしないことだ。

あなたが他人の感情を傷つけたら、私が苦しむ。

あなたが他人と言い争ったら、私が不愉快になる。

蛇に噛まれる前に、その毒牙を抜いてしまいなさい。牙がなければ大したことはできない。

神の帰依者に害をなす者は、その報いを受けるだろう。

家族にも当然、いろいろな人がいる。しかし、口喧嘩はいけない。

心根が善良な人は、善良な行いをする。

良いことをすれば、良いことがついてくる。

美徳には多くの見返りがある。邪悪な人は苦しむ。

財産が思慮深く使われれば、利益がもたらされる。

健康的な食べ物は健康をもたらす。慎み深い人は楽しみに溺れる人よりもよい。

他人の裕福さをねたんではいけない。

私たちは感覚的な快楽のためだけに生まれてきたのだろうか？

心はずる賢いので、私たちを誘惑して罠にかける。安らぎを得たければ、それを抑えなさい。人間は身勝手なものだと知れ。そのほうが好都合なら仲間でも捨てる。だから、あなたをけっして見捨てないものにしがみつきなさい。(サドグル、すなわち大師以外にそのような仲間はいない。この世を愛するのはいいが、大師《サドグル》を仲間にしなさい。なぜなら、彼が仲間になれば、あなたはもっと幸福になるからだ。)

自分を大師《サドグル》の手にゆだねたその日から、あなたに心配はなくなる。

私は、私を頼りにする人を見放さない。

師《グル》を形式的にではなく、全身全霊を込めて受け容れないといけない。

どうして息子を亡くしたことを嘆くのか? だれもがいつかは死ななければならない。

この必滅の世界では、死は避けがたいものだ。

なにが起ころうと、人はぐらつくことなく、離れたところから、あらゆるものを見守るべきだ。

光明を得た人は、そのことを吹聴したりしない。

あなたは運命の定めから逃れられない。それに直面し、不平を言うか、微笑むか。選べるのはそれしかない。

土からできたものは土へと帰り、魂は飛び去る。

偉そうなことを言う前に実行しなさい。

人間や鳥や獣を互いと結びつけるのはリナーヌバンダ（前世の絆）だ。だから、どんなものでも、いちばん弱いものでも追い払ってはいけない。

あなたのところへやってくる者は、だれでも手厚くもてなしなさい。渇いた者には水を、空腹な者にはパンを、裸の者には衣服を、家のない者には雨風をしのぐところを与えれば、神はあなたを祝福するだろう。

あなたが私に差し出すものは何倍にもなって返ってくる。種をまかねば刈り入れることはできない。

他人の欲望をほんとうに満足させられる人がいるだろうか？　与えれば与えるほど、欲望はふくれ上がっていく。永遠に続くものを与えられるのは、支配者にして主人だけだ。

どんなに気前のよい人にも与えられないものを、全能なる神はお持ちだ。神はご自分が差し出す宝物を帰依者が受け取ってくれるのを心配そうに待っておられるのに、人びとは私のところへやってきて世間的なものをほしがる。私がそのことを彼らにわからせようとしても、だれひとり私の言うことに注意を払わないし、耳を貸そうとしない。金庫は財宝であふれているのに、だれもその宝物を取ろうとはしない。

私は人びとの「富がほしい、妻がほしい、子どもがほしい」という要求にうんざりしている。だれひとり私がもっている宝物をほしがらない。私はもうしばらく待っているが、いつの日か静かに立ち去るだろう。

ナルケ教授は、『帰依者たちが体験したサイババ』のなかで述べています――

聖者は、周囲に集まる人たちの特徴で判断されるべきではありません。売春婦、極道者、ならず者や犯罪者たちが、たいてい物質的なご利益を得たいがために、彼（サイババ）のところへやってきました。しかし、彼らが自分を改善することができず、それどころか、悪の道に落ちてしまうと、その人たちを苦しむにまかせました。彼の正義感は厳しいものでした。彼は言いました、「予定より早く産まれてしまったら、たとえわが子でも臍の緒を断たねばならない」

# 目次

＊インドは多言語国家なので、同じ単語でも地域・時代によって発音が異なることがある。この本に登場する地名、人名、書名は、この点に留意し、インターネット上の音声ファイルを試聴し、ヒンディー語やサンスクリット語のオンライン辞書も参照し、また日本の慣用例も尊重しながら訳出した。

# まえがき

シルディのサイババの伝記となる、この本のまえがきを書いてくれるように頼まれたのですが、さて、どうしたものでしょうか。私がこれからお話しすることは、「まえがき」という言葉にはまったくふさわしくありません。この本は高名な聖者の敬虔にして奇跡的な生涯の余すところのない報告ですが、私がこれからお話しすることは、すでにここに書かれていることに、なにひとつ新しい情報をつけ加えるものではないのです。

ウルドゥー語の書物では「ペシュラフズ（序文）」という言葉がよく使われますが、ときに「スカンハイグフタニ（言っておくこと）」という表現も見られます。私は後者の意味で、このまえがきを書いています。二人の著者の報告にこれ以上なにかをつけ加えることは難しいからです。この本はある敬虔なる生涯の全体像であり、奇跡と献身の逸話にあふれ、霊感と配慮をもって執筆されています。私はこの聖者に出会う幸運には恵まれませんでしたが、しばしばシルディを訪れた帰依者たちからプラサード（神の供物）をいただきます。

聖者たちが全能なる神から授けられる、とてつもない霊的なパワーを有していることに疑いの余地はありません。私たちの聖典『クルアーン（コーラン）』はアウリア（聖人）に言及し、彼らを畏れる（敬う）ことを、私たちに求めます。これは私が経験したことですが、ナーグプルにタジュッディン・ババという高名な聖者がいました。彼のマクバラ（霊廟）はニザーム（ハイダラーバードの君主）の命を受けて、私の父の手によって建立されました。彼はチヒンドワーラ近くのモルナラの森に住む弟子のひとりに命じて、私に吸いかけのビディ（葉巻）を届けさせました。私は当時十歳でしたが、その使者から「これはあなたのペンであり、あなたは象に乗るのです」と教えられました。この出来事については、私の自叙伝『わが忠実なる生涯』のなかで詳細に語っています。その日以来、私は後ろをふり返ることなく、運勢は隆盛の一途をたどりました。もうひとりの聖者、長年にわたり沈黙を守った、メヘル・ババもやはり、私に祝福を授けてくださいました。あるとき、デリーで、私は帰依者たちが彼への帰依を表明する集会の司会を務めました。ババは同席しなかったのですが、集会の進行を記録したテープが、彼のもとに送られたと聞いています。私は講演をしたのですが、いつもの慣例として、彼は私に一行だけのメッセージを届けてくれました。それには「あなたは私の誕生日に、私のことを思い出すでしょう」と書かれていました。その意味がわかったのは、二月二十五日の彼の誕生日が来たときでした。私は裁判長として宣誓をしているとき、そのメッセージと彼のことを思い出しました。二月二十五日になるとよく、私は彼のことを思い出します。その日にはなんらかの形で、彼のことを思い出すのです。

私の父がナーグプルの市長だったとき、タジュッディン・ババという人は、自分をからかう大勢の人によく石を投げつけるため、精神病院に収容されていました。そこでラージャ・ボスレが、自分の宮殿のなかに彼の住まいを用意してやりました。

あるとき、父がアーザム・シャーと連れ立ってシャカルダラーに行ったとき、彼はその小屋に住んでいました。父の話によると、彼は坐って目を閉じて、マラクバ（神の黙想）をしていました。彼は父とラージャ・アーザム・シャーに、そこにあったチャパティを一枚ずつくれました。父はそれを食べましたが、アーザム・シャーはそれを後ろにこっそりと投げ捨ててしまいました。タジュッディン・ババは、彼らに背を向けていたので、それを見ていなかったはずですが、こう言いました、「おまえはファキール（托鉢僧）がくれたパンを食べなかった。これからは自分のパンを食べられなくなる」。その日以来、彼は毎日、食事のたびに、パンを無理やり押し込むことになったのです！『クルアーン（コーラン）』が「畏れよ」と言うのは当を得ているのです。

デリーにはハズラト・ニジャムッディンのマクバラ（霊廟）があります。アーグラーにはハズラト・チスティの霊廟が、アジメールにはガリブ・ナワズ・モヒウッディンの霊廟があります。最後の場所で、私は試験で一番になるように祈り、そのとおりになりました。それ以前は、私は一度も一位になったことがなかったのです。

私は読者が、この伝記を帰依と信仰と、それにふさわしい敬意をもって読まれることを望みます。皆さんは神の恩恵に包まれるでしょう。私は皆さんにこの本を推奨するとともに、この献辞を呈する機会と名誉を与えてくださった、著者たちに感謝する者です。

ペンを置く前に、この聖者にまつわるある出来事をお話ししておきましょう。最高裁判所の判事だった私は、この聖者によく似た身なりと格好で多くの人からお金をだまし取った、あるムスリム（イスラム）の肉屋の裁判を担当しました。彼が礼拝堂にサイババの服装をして現れると、人びとは彼にひれ伏し、金銭を差し出しました。彼は逮捕されて禁固刑を言い渡されました。その裁判に立ち会ったとき、刑期を短縮すべきだという訴えがなされました。そこで私は居並ぶ聴衆に言ったのです、このムスリムの肉屋に課せられた刑罰は不当なものだ、鞭打ち法が廃止されていなかったら、禁固刑でなく鞭打ち刑こそ、彼にふさわしい処罰だったと！

M・ヒダヤツラー
元最高裁判所長官、インド副大統領

# 著者たちについて

M・V・カマトは、一九八一年、『イラストレイテッド・ウィークリー』の編集者のポストを退職し、現在はシニア・コラムニストとして健筆をふるっています。彼のジャーナリストとしてのキャリアは、一九四六年の『フリープレスジャーナル』の記者に始まり、その後、『フリープレス・バレティン』と『バーラト・ジョーティ』の編集員となりました。ボン、パリ、ワシントンD.C.で『プレス・トラスト・オブ・インディア』及び『タイムス・オブ・インディア』の国連特派員を務めました。一九五三年から一九七八年まで、重要な国際会議をもれなく取材しました。カマトは一九五三年にボンベイ報道記者組合の会長に就任し、ワシントンD.C.の外国特派員協会の設立メンバーのひとりにもなりました。多様なテーマの二十冊以上の著作があり、主要な著書に『億万長者になる方法』『Jaico 赤ちゃんの名前の本』『死と臨終の哲学』『卓越の追及、プロのジャーナリズム』があります。彼の一代記に、B・G・ケール著『紳士のなかの紳士』があります。

V・B・ケールは長年、人事部門の管理職を務めました。ガンジー主義の熱心な研究者で、アハマダーバードのナヴジーバン・トラストの依頼で、マハトマ・ガンジーの全十五巻に及ぶ七部の著作コレクションの編集を担当しました。ガンジーの『至高者の探究』全三巻もそれに含まれます。一九八四年から一九八九年まで、シュリ・サイババ・サンスターン・オブ・シルディの理事や出版部門の責任者を務めました。サイババに関する研究論文や記事は『シュリ・サイ・リーラ』誌、その他の定期刊行物や雑誌に掲載されています。

# 補遺

本書『シルディのサイババ』の五刷が発行されてから、新たな史料が手元に集まってきました。そしてサイババはマラートワーダー（マハーラーシュトラ州の一地域）のパトリで生まれたという説にさらなる重みが加わることになったのです。サイババの重要な帰依者のひとり、ハリ・シーターラーム・ディクシトは、ゴーヴィンド・ラグーナース・ダボールカルのマラーティー語の著書『シュリ・サイ・サッチャリタ』（邦訳『カリユガを生きる』）のまえがきで、次のように述べています――あるとき、ひとりの紳士がパトリからシルディに、サイババのダルシャン（接見、面接、魂の出会い）を受けるためにやってきました。そのとき、サイババは彼にパトリの著名な人たちの消息を尋ねたのですが、明らかに彼らのことを知っているようでした。パトリのディンカルラーオ・チャウダリは、現地に住んでいるサイババの子孫について、かつてヴィシュワス・ケールに話したことがあります。その人を自分の目で見たことがあるし、自分の父のヴァスデオラーオからも、その人のことを聞いていると。一九九三年、ケールがパトリを訪れたとき、ディンカルラーオ・チャウダリから、さらに詳細な情報がもたらされました。そのとき、サイババは彼の祖父のシャムラーオ（ヴァスデオラーオの父）とその弟のバレラーオの名前を挙げて、彼らの安否をその訪問者に尋ねたというのです。シャムラーオ・チャウダリと弟のバレラーオはサイババの同時代人でした。上記の断片的な情報は、父ヴァスデオラーオが息子のディンカルラーオに伝えたものです。

パトリのブサリ一族の人たちは、マディヤンディン派のシュクラ・ヤジュルヴェーディ・ブラフミンで、彼らのゴートラ（血縁集団）はカウシクだった、ということが今ではわかっています。サイババは夢のなかで、カウシクのリシ（仙人）からラーマラクシャ・ストトラ（賛歌）の奥義を伝授されました。ブサリ一族の氏神はハヌマーンです。サイババのマハーサマーディ（遷化）の十四日前に、彼の臨席のもと、ラーマ・ヴィジャイによって二つのパラーヤナー（詠唱）が執り行われました。シルディの主要な祭りのひとつは、一九一一年以来、ラーマ・ナヴァミの日（ラーマ神の誕生日を祝う春の祭り）に行われています。

ここでもうひとつ興味深い進展について言及しておきましょう。一九九四年十月十四日木曜日のヴィージャヤー・ダシャミの日の儀式で、パトリ・ナガール・パリシャド（町議会）の議長の先導で、ブーミプージャン（地母神の祭り）がパトリのサイババの生誕地で執り行われました。この土地は、一九七八年六月にケールがR・M・ブサリ教授からシュリ・サイ・スマラク・サミティ（協会）の名義で買い上げたもので、今ではそこに聖堂が建っています。

# 序文

ボンベイ複合州の最初の首相だった、バル・ガンガーダル・ケール氏が執筆した、私の伝記がようやく世に出ようという頃、ケール氏の子息で、サイババの帰依者、ヴィシュワス君が、ババの伝記を手がけてみないかと、私に尋ねてきました。

私は以下の二つの理由からお役に立てそうにない、と彼に答えました——ひとつ、私はババへの帰依を正式に表明したことがないから、私の書くことが私の意図に反して何千の帰依者の皆さんに不快感を与えるかもしれないということ。第二に、私には必要な調査を行うすべがなく、みずからの基準に照らして、お粗末な仕事をしたくないということ。だとしたら、誤解を招きかねない仕事の約束を、どうして引き受けることができるでしょうか？　ヴィシュワス・ケールは言いました、自分は長年にわたってサイババの生涯について研究をしてきたから、調査のパートは自分に任せてくれないか、と。ババやその業績について、私がどのような見解を示すにしても、私の「誠意」を信頼する、と言ってくれました。このような経緯もあって、私はこの仕事を引き受けることになったのです。

ヴィシュワス・ケールが、英語の読者が読むことのできない、マラーティー語やグジャラート語の史料からの翻訳をすべて引き受けてくれました。私は彼の翻訳に忠実に従い、独断を交えることなく、この本を執筆しました。私が目標にしたのは、人知の可能なかぎりにおいて、帰依者や崇拝者の目に映ったサイババを描くことでした。信じやすい人がこの書物の内容に批判的になるのはけっこうですが、私は提供された史料に忠実たりえたことに満足しています。

自分に課せられた役目を完了するに当たり、私はこのサイババと呼ばれる現象に驚嘆の念を禁じえません。インドの歴史のどこを見渡しても、彼に類似する人はいなかったのです。彼は昔ながらの聖者ではありませんでした。彼は『ギーター』や『ウパニシャッド』その他の聖典の注釈を書きませんでした。彼は学識のあるふりをしませんでした。彼は「奇跡」を行いましたが、それは帰依者であろうとなかろうと、だれかに感銘を与えるためではなかったのです。彼は組織を創設せず、大著をものさず、自分の跡目を継ぐ弟子をとりませんでした。サイババはあらゆる面でユニークです。私には彼を究明し、彼を評価する資格はありません。またそれはこの本を執筆する意図でもなかったのです。率直に申し上げれば、私がこの本を書いたのは、頼まれたからで、ヴィシュワス・ケールが私を信用してくれたからです。また私はサイババに興味があったからこそ、この本を書いたのです。私はサイババという現象を理解したかったのです。シルディという現象を理解したかったのです。こんなことを言うのも、結局のところ、彼はひとつの現象だったからです。彼が言ったことや行ったことの多くは彼の時代の文脈のなかで見られるべきです。そのすべてに、彼が関与していたことは確かですが、彼はシルディという劇場と、その時代、十九世紀後半のエトス（精神）を背景にして初めて話し、演ずることができたのです。もちろん、同じことはキリストにも、仏陀にも、ムハンマドにも言えることです。

この本は、もちろん、サイババについて書かれた最初の本ではありません。そうした何冊かの本のなかには、あまり出来のよくないものや稚拙なものも含まれています。ババの帰依者たちが、それらのものを拠り所にしていることは明らかです。この本を世に出すには大いにためらいがありました。疑い深い人は疑問を投げかけるし、忠実な帰依者は、私は信用できない人間だと考えるでしょう。彼らにはそうする権利があります。しかし、私はこの本を、与えられた恩恵への感謝とともに、サイババ自身にささげます。実質的にこの本は共著です。私たちは名誉は求めませんが、至らなさの責任は負うつもりです。

M・V・カマト

# 第一章　永遠の観照者《サクシ》

［1］

ボンベイでタクシーに乗ると、よくダッシュボードの上に年配の男性の額入りの肖像画を見かけます。白いバンダナを頭にきっちりと巻いて、右脚を左脚の上に乗せて、裸足で、謎めいたまなざしをしています。

左手を右足のかかとに軽く乗せて、親指、人差し指と中指を大きく開いています。いかにも穏やかな感じの人物が描かれています。全身を包むゆったりとした長衣がよき時代を思わせます。右の袖が肩のところで裂けていますが、いっこうに気にかけている様子はありません。男性は大きな耳をして、少し低めの鼻と厚い唇をしています。短く整えられたひげが彼に聖者の風貌を与えています。実際、彼は聖者なのです。この人のことを運転手に尋ねれば、すぐに答えが返ってくるでしょう。彼の名前は？　サイババですよ。

一部のタクシーはキリストの絵を飾っています。ほかにもガネーシャ――あらゆる障害を取り除いてくれる神がありますす。私の考えにすぎませんが、おそらくサイババがいちばん目立つのではないでしょうか。疑問の余地がないのは、サイババを信じる人たちは、彼を熱烈に、情熱的に信じていることです。

ある帰依者が、彼についてこのように書いています――

なんじ永遠なる者よ、いかにあなたを称えようか、
なんじ永遠なる者よ、いかにあなたにひれ伏そうか、
多くの声も嗄れ果て尽きた
あなたを称えて歌ううちに。
それゆえ、あなたに礼拝する、ただ八重の
平伏をもって、シュリ・サイナースよ。

またある人はこう書いています――

私はあなたの僕《しもべ》、
無学にして、無知そのもの
なにも知らず、
あなたを呼ぶしかない。

一八三八年から一八四二年のあるとき、この世に生を受け、一九一八年十月十五日、ヴィージャヤー・ダシャミの吉日に逝去した、この人について外の世界の人たちはほとんどなにも聞いていないはずです。彼が「この世を去った」というのは正しくありません。その日、彼はマハーサマーディ（大三昧）に入り、ニルヴァーナ（涅槃）に達した、と言うほうがより正確です。

仏陀のように、彼は高齢まで生きました。彼の人生は驚くべきものでしたから、周囲に多くの伝説が生まれました。彼は奇跡を行いました。当時、彼は帰依者たちの友人だったし、今でも帰依者たちの友人です。人びとの彼への信仰の深さは、バウナガールのシャマルダース大学の学長を務めた、P・M・モディ博士が、スワミ・サイ・シャラン・アーナンドの本に書いている「まえがき」を読めばよくわかります。博士は書いています、「真剣に求めさえすれば、ババの助けはだれのところにもやってきます。真剣さに等級があるわけではありませんが、ババの応答は、帰依者の助けを求める呼びかけに応じて、激烈だったり、情熱的だったり、危急のものだったりします。ある人がいったん帰依者になると、ババは何生にもわたって、その人の面倒を見つづけます。彼の庇護のもと、その人自身が永遠の安らぎを手に入れるまで」

　この言明には条件がついていません。「こうするなら」とか「しないなら」はないのです。信仰の真剣さが鍵です。自分をサイババに明け渡せば、彼はけっして見捨てない、というのが帰依者たちに深く根差した信仰であり、そこに議論の余地はありません。彼が人生の大半を過ごしたシルディという村は、シュリ・ラーマにとってのアヨーディヤー、シュリ・クリシュナにとってのマトゥラー、キリストにとってのエルサレムのように、彼と密接に結びついています。預言者ムハンマドにとってのメッカと同じように。あらゆる階層の人びとが、その質素な住処に、彼に会うためにやってきました。シルディは今ではかなり賑やかな場所となり、残念ながら商業主義に身をゆだねてしまいましたが、十九世紀の終わり頃までは、数軒の家が立ち並ぶにすぎなかったのです。彼が生きていた当時、サイババのもとを訪ねることは、かなりの決意とコミットメントを要する、それ以上に帰依が求められる巡礼の旅でした。サイババは正式な教育を受けませんでした。そもそも一八三八年から一八五八年までに、どのような「教育」を受けられたでしょうか？　もちろん、当時でもサンスクリット語を教える寺院、パタシャラ（大学）があったし、ムスリムの学校ではペルシャ語、アラビア語、ウルドゥー語が教えられていました。しかし、そうした教育施設も、サイババを「知恵の化身」「喜びに満ちたブラフマン（宇宙の根本原理）、最高の幸福の与え手、二元性から解放された者、霊的な存在、四つの偉大なる聖句（マハーヴァーキャ）によって知られる者、唯一にして、純粋なる、不変なる者」として崇敬する人たちにはほとんど無縁なものだったでしょう。

サイババは一言一句も書き残しませんでした。もちろん、彼の言ったことは多くの信奉者によって記録されました。彼は他に類を見ない聖人でしたが、どこがユニークなのかといえば、マハーラーシュトラの聖人たちが残したパターンに従わなかったのです。例えば、ニヴリッティ、ジュニャーナデーヴァ、ソパン、ムクタバイー、エクナース、ナーマデーヴァ、トゥカラーム、あるいはダーサ・コータの総称で知られるカルナータカの「ダーサ」たちです。後にも先にもサイババのような人はいなかったのです。

これはある意味で、この人のやり方、流儀です。その長い人生で、彼がほんとうに教えを説きたかったかどうかは定かではありません。彼の帰依者のひとり、マニ・サーフーカルは書いています、「サイババはよく自分は教えるためにではなく、目覚めさせるためにやってきた、とほのめかしています。愛の影響力を通じて、この目覚めをもたらそうとしたのです。人びとは昔から多くの哲学書を読んできましたが、その割には思想と実践は統合されず、サーダカ（修行者）は霊的な美質を育んでいません。サイババは、これゆえに、その教えを単純化し、バクタ（信愛者）が宗教的なサーダナ（修行）の実践に真剣に取り組めるようにしたのです」

サイババを他の哲学者、預言者、聖者と比較するのはばかげているし、あえて試みた者はひとりもいません。しかし、彼は自分の力量に少しの疑いも抱かず、揺るぎない確信とともに語りました。彼はキリストのように、こう言うことができました――「私のもとに来なさい！」実際、そうした率直な堂々とした語り口によってこそ、彼は帰依者たちに確信を与えたのです。帰依者たちはこのように聞きました――


•私の霊魂は不滅であると知りなさい。それを自分自身で知りなさい。

•私のまなざしは、私を愛する者にいつも注がれている。

•なにをするときも、どこにいるときも、心に留め置きなさい、私はあなたがするあらゆることにいつも気がついている。

•私について瞑想し、私の名前をくり返し唱え、私の行いについて歌うなら、その人はつくりかえられ、カルマは打ち砕かれる。私はつねにその人のそばにいる。

•どんな信仰をもった人でも、私に礼拝すれば、それに見合ったように、私はその人に報いるだろう。

•ひたすら私のことを考えて、私を唯一の避難所とすれば、私は彼の債務者となり、彼を救うために自分の命を差し出す。

•私は帰依者たちの奴隷だ。私はひたむきさを愛する。自分の愛情を世間から引き上げて、私を愛する人は、私をほんとうに愛している。その人は海に流れ込む川のように「私」と混じりあう。

- 私をあなたの思考ともくろみの唯一の目標とすれば、あなたはパラマートマーン（大我）を得る。
- 私を仰ぎ見るなら、私はあなたを見守る。私は約束を裏切らず、あなたの重荷をつねに軽くする。
- サドグル（真のグル）をどこまでも信じよ。これが唯一のサーダナ（修行）だ。サドグルは神々のすべてだ。
- 私の名前をくり返し唱えなさい。私を避難所としなさい。しかし、「私」がだれかを知りたければ、スラヴァナとマナナ（『ウパニシャッド』に耳を傾け、その内容を黙想する）を行うことだ。
- 肉と血のなかにいなくなっても、私は帰依者たちをいつも護るだろう。私のことを考えるとき、私はあなたとともにいる。

サイババがこのように言うことができたのは、自分はアヴァターラ（化身）である、神である、マハーラクシュミーである、パンダルプルのヴィトバである、ガナパティー、すべての障害を取り除く者である、ダッタートレーヤー、ラクシュミー・ナーラーヤナ、マールティーであるという絶対の確信があったからです。彼はよく言いました、「どうして他所にガンガー（ガンジス河）を探し求めるのかね？　私の足に手を当てれば、そこにガンガーが流れているのに」

彼を知っていた人たち、肉と血のなかにある彼に出会った人たち、昼も夜も彼を見ていた人たちは、彼の愛の力を骨身にしみて感じました。彼は帰依者たちによく言いました、「私は肉体でも五感でもない。私は永遠のサクシ（観照者）だ」

サイババは気取ったことを言いませんでした。歯に衣を着せなかったのです。彼を受け容れるか拒むかは帰依者しだいでした。多くの人は受け容れました。彼は人びとの最後の避難所にして隠れ家、力の源泉、まさに命の糧でした。彼は人びとにこう言ったそうです、「私に重荷を預ければ、それをかついでやろう！」「私に助けや導きを求めれば、すぐにそれを与えよう」「私の帰依者の家には不足するものがない」。

あるとき、彼は謎めいたことを言っています、「私が人びとがほしがっているものを与えるのは、彼らがいずれ、私がほんとうに与えたいと思っているものをほしがるようになってほしいからだ！」これが意味するのは、彼はなにが帰依者のためになるのかを知っていたということです。しかし、彼ら自身は知っていたのでしょうか？

いずれにせよ、彼を頼みの綱にしていたのは帰依者たちだけではありませんでした。ロンドン子のアーサー・オズボーンは、ある不思議な出来事を物語っています。彼はインドで何年も暮らし、その宗教に深い関心を寄せ、『驚異のサイババ』という題名の本を書きました。

オズボーンはカルカッタに四年間住んでいましたが、近所にミス・ダットンという高齢の婦人がいました。ミス・ダットンは若い頃は修道女でしたが、修道院の厳しい戒律に正直なところ耐えられなくなり、法王から誓願の赦免を与えられました。誓願放棄の申請が保留されているあいだ、彼女は行く末を案じるあまり、内面の葛藤に大いに悩まされました。修道会を去ることになって初めて、将来はお先真っ暗だということが少しずつ見えてきたのです。とりわけ無一文で、中年もとっくに過ぎて、手に職もなく、近い親戚もほとんどいなくて、いちばん近い親戚でも遠くのカルカッタに住んでいる甥だけでした。気力をくじかれるような状況でした。

ある日、深い憂鬱に沈みながら独房に坐っていると、突然、目の前に人がいるのに気がつきました。彼は背が高く、裸足で、聖人のように見えました。ミス・ダットンが驚いたことは想像に難くありません。修道院の独房に男の人が入ってくることなどありえなかったからです。いずれにしても、彼は西洋の聖人のようには見えませんでした。彼女がオズボーンに語ったところによると、その人は慈愛に満ちた目つきで彼女を見て、こう言いました、「そんなに心配してはいけません。カルカッタに行けばすべてうまくいきますよ」。そうして、ミス・ダットンの言うところでは、聖人は言いました、「ところで、なにか贈り物をいただけませんか？」ミス・ダットンは彼に一銭もないと言いました。「ほんとうですか、もっているはずですよ」と聖人は言いました、「あそこの戸棚の箱のなかに三十五ルピーあるでしょう！」ミス・ダットンはその小さな宝箱のことをすっかり忘れていたのですが、聖人の洞察力にびっくりして、戸棚のところへ行くと、そのお金を取り出し、後ろをふり向くと、聖人の姿はもはやどこにも見当たりませんでした！　現れたときと同じように忽然と消え失せてしまったのです！

この出来事はだれにも話しませんでした。修道院を出て甥のところに住むことになりましたが、やがて親切で愛情深い甥であることがわかりました。彼女は将来の心配をしないで済むようになったのです。

オズボーンはその聖人がだれなのか気になりました。ミス・ダットンは彼をファキール（托鉢僧）と呼びました。ファキールはファキールでも、それはサイババではなかろうか、と彼は直感的に感じました。自分の勘を確かめようと、彼はミス・ダットンに言いました、「そのファキールの写真をお見せしましょう」。彼は借家にとって返すと、サイババの肖像画をもってきました。その絵をじっと見つめて、彼女は心底驚いたように声を上げました、「そうです、この人です！」

オズボーンが書いているように、なによりも不思議だったのは、ミス・ダットンはサイババをまったく知らなかったことです！

［2］

ここで、サイババの生涯を時系列に沿ってたどれるように、この聖者の生涯に起こった出来事を年代順に並べてみましょう。

•彼は一八三八年から一八四二年のあいだのあるとき、ニザーム自治領、マラートワーダーのパトリという村でこの世に生を受けました。

•一八四六年から一八五〇年までのあるとき、わずか八歳のとき、スーフィー（イスラム神秘派）のファキールに連れられて生家を後にしました。

•パイタン－アウランガーバード地区にやってきて、八歳から二十五歳ないし三十歳まで、マラートワーダー全域とおそらくその他の地域も放浪しました。

•アウランガーバードに十二年間とどまり、バデ・ババことファキール・ババ、またの名をファキール・ピール・モハマッド・ヤシンミアという、ファキールから教えを受けました。

•彼は一八六八年から一八七二年のあるとき、初めてシルディにやってきました。ドゥプケドのチャンド・パーティルに同行したのです。パーティルは自分の姉妹とシルディのアミンバイの息子ハミドの結婚式に出席することになっていました。ババはアミンバイの家に客人として泊まりました。数日後、サイババとチャンド・パーティルはアウランガーバードへ出発しました。ところが、二か月後になって、サイババはひとりでシルディへ戻ってきたのです。

•シルディにやってきたとき、サイババは二十五歳から三十歳の若者で、苦行《タパス》と質素な生活の実践を通じて鍛え上げられていました。

•シルディにやってきたとき、サイババは最初、ラハタ（シルディの西）に居を定めようと考えていましたが、マラートワーダーで商売をしていたチャンドラバン・セトに、どこかいい場所はないかと助言を求めました。セトはサーンド家が所有するパワルワーダーを勧めましたが、サイババは最終的にシルディを住処とすることに決めました。

•シルディでは、村外れのバーブールの森に二年半ほど、続いてニーム（インドセンダン）の木の下に四、五年とどまりましたが、最後に荒れ果てたマスジド（イスラム礼拝堂）に越してきました。この期間、彼はちゃんとした食事をとっていませんでした。必要な食べ物はターティヤー・コーテ・パーティルの母親、ナーラーヤン・テリの妻、バヤジャバイーからもらっていました。

•サイババがシルディへやってきたとき、すでに二人のサードゥ（苦行者）が村に住んでいました。ひとりはデヴィダースで、十二年前、十歳か十一歳の若者のときにシルディへやってきて、地元のマールティー（ハヌマーン）寺院を定宿にしました。もうひとりはマハヌバーヴァー派のジャナーキダース・ゴサヴィでした。

•ヴァイシュナヴァ派の高名な聖人、プンタンベ（シルディの東の村）のガンガーギル・ブアーがよくシルディを訪れました。彼はニムガーオンのナーナーサーヘブ・デングルに、サイババはチンタマニ（所有者の願いをかなえてくれるスヴァルガ楽園の宝石）であると告げました。それを聞いたナーナーサーヘブ・デングルは、伝えられるところによると、バーブールの森に行って、サイババの足元にひれ伏したそうです。

•サイババは毎朝、施しを受けるために、バヤジャバイー・コーテ・パーティル、パーティルブアー・ゴンドカル、ナンドラム・サヴァイラム、アッパージ・コーテ、ナーラーヤン・テリといった人たちの家の前に立ちました。人びとはうやうやしく彼に食べ物を施しました。

•アッカルコート・スワミの弟子、ビドカル・マハラジは一八七三年にサイババに会いました。

•一八七八年までに、マールサーパティー、アッパー・クルカルニー、ジャグル、ニムガーオンのナーナーサーヘブ・デングルが、サイババを助言者にして大師《サドグル》として受け容れました。ナーナーサーヘブ・デングルは政府筋に出入りしていたので、多くの政府官僚を知っていました。

•一八七八年から七九年頃には、サイババは人びとに知られるようになりました。マムレダール（徴税支区の徴税官）のチダムバル・ケシャヴ・ガドギルは、サイババをジュニャーニ（悟りを開いた人）として認め、彼のもとを訪れた最初の政府高官でした。

•マーダヴラーオ・デーシュパーンデー（村の収税官）は、シルディの小学校で教師を務めた人ですが、やはり一八八一年頃に、サイババをサドグルとして受け容れました。

•アッカルコート・スワミの弟子、アーナンドナース・マハラジは、一八八五年にサイババに会いに行きました。彼は村人たちに「サイババは牛糞の山の上に転がる本物のダイヤモンドだ」と告げました！

・一八八五年、サイババは三日間を通して法悦《トランス》の境地に入りました。

・村人はサイババを狂ったファキールと見なしていましたが、それでも彼のところへ行ったのは、熱病や胃痛などささいな健康上の問題を、彼が治してくれると信じていたからです。最初、ババはある種の民間薬を与えていましたが、のちにドゥニ（聖炉）のウディ（聖灰）を与えるようになりました。

・アブドゥルは、ナーンデードのファキール、アミヌッディンの従者でしたが、一八八九年にシルディへやってきました。一八九〇年頃、サイババはジャヴァル・アリとラハタへ行って、現地にしばらく滞在しました。

・一八九〇年、シャンカールラーオ・ラグーナース・デーシュパーンデーことナーナーサーヘブ・ニモンカル（ニモンのイナムダル＝土地継承者）は、ラハタのマールティー寺院で初めてサイババと会いました。その一年後、ナーラーヤン・ゴーヴィンドことナーナーサーヘブ・チャンドルカル、すなわちアハマドナガルの徴税官（行政長官）個人秘書もまた、サイババに初めて会いました。

・ガンパト・ダッタートレーヤー・サハスラーブッディことダース・ガヌは、一八九二年に、サイババに会いました。同じ年、サイババは宿泊していたマスジドで油の代わりに水を使って灯明に火をともすという奇跡を行いました。

・一八九四年、サーンガームネールのカージ(法官)に従うムスリム(イスラム教徒)たちが、サイババがモスクで礼拝することに反対しました。

・毎年恒例のウルス祭り(スーフィー聖者の命日)が、一八九六年から九七年のラーマ・ナヴァミの日(ラーマ神の誕生日)に、シルディで行われることが決まりました。

・副徴税官のラーオ・バハードゥル・ハリ・ヴィナーヤク・サテーは、一九〇〇年に妻を亡くし、友人たちから再婚を勧められ、一九〇四年、サイババの助言を求めて、シルディを訪ねました。彼はのちにサテーワーダーの名で知られる大邸宅《ワーダー》を一九〇八年にシルディに初めて建設し、帰依者たちが宿泊できるようになりました。

・サイババは一九〇四年、もうひとつの奇跡を行いました。これはジャムナー事件として知られています。ラームギルブアーことバプギルが、サイババの依頼で、ナーナーサーヘブ・チャンドルカルの娘ミナタイ・ガネーシャ・クヴァレカルの安産を祈願して、ババのアールティー(祭文)とウディ(聖灰)を送り届けることになりました。ガルフワーリー・ラージプート風に飾り立てたトンガ(馬車)が、ジャルガウンからジャムナーへと出発しましたが、その御者とトンガが忽然と消え失せてしまったのです!

・無神論者のバーラーサーヘブ・バーテは、一九〇四年から一九〇九年まで、コパルガーオンのマムレダール(行政官)を務めました。彼は好奇心からサイババに会いに行って、彼の帰依者となり、役職を早期退職して、シルディに腰を落ち着けました。
• 一九〇九年、サイババは会衆の礼拝を受けるようになりました。
• バデ・ババことファキール・ババ、別名ファキール・ピール・モハマッド・ヤシンミアは、サイババが十二年間教えを受けた人ですが、一九〇九年にシルディへ来て滞在しました。
• サイババは、それまでは素朴で率直な話し方でしたが、一九一〇年から、訪問者の数が増えるにつれ、たとえ話やシンボルを使って話すようになりました。
• ハリ・シーターラーム・ディクシトは、著名な事務弁護士で、上院議員（ＭＬＣ）でしたが、一九一〇年に初めてサイババに会いました。
• 一九一〇年二月十日、ディクシトワーダーの基礎が据えられました。一九一一年四月、工事が完成しました。
• 一九一〇年二月十日から、サイババのシェジ・アールティー（夜のアールティー）が一日おきに開かれるようになりました。
• ゴーヴィンド・ラグーナースことアンナーサーヘブ・ダボールカル、彼は『シュリ・サイ・サッチャリタ』の著者ですが、一九一〇年に初めてサイババと会いました。
• ガネーシャ・シュリクリシュナことダーダーサーヘブ・カパルデ、中央立法議会（下院）の議員、『シルディ日記』の著者は、一九一〇年十二月五日、初めてシルディを訪れました。
• ヴァマン・プランゴーヴィンド・パテル、のちにスワミ・サイ・シャラン・アーナンドの名で知られるようになる人ですが、彼は一九一一年十二月十一日に初めてサイババに会いました。

・ロカマニヤ・バル・ガンガーダル・ティラクは、一九一七年五月十九日にシルディを訪れ、サイババと会見しました。

・サイババは、一九一八年十月十五日、マハーサマーディに入りました。

サイババが一八三八年に生まれたのだとすれば、一九一八年に逝去したとき、彼は八十歳だったことになります。世間の標準からすれば長生きでしたが、もはや生前の彼に出会ったという人はひとりも残っていません。しかし、彼の名前の威光は絶えることなく続いています。帰依者の数は増えつづけています。シルディはベツレヘム、エルサレム、ヴァラナシ（ベナレス）、ラーメシュワールと変わらない巡礼地となりました。帰依者たちはあらゆるカースト、信仰、宗教、地域社会からやってきます。彼らはすべてあるひとつのことで共通していますーーそれはサイババへの信仰です。人びとは彼の助けを求めて、または以前に受けた恩恵への感謝を示すために、またはただ祈るために、シルディへやってきます。これは私たちの時代のもっとも注目すべき現象のひとつです。

［3］

「サイババの生誕と家系は謎に包まれている。その家族を直接知る人にはひとりも会ったことがない」。これはB・V・ナラシンハ・スワミジの言葉です。彼は全インド・サイ・サマージ協会の創設者、会長、四巻に及ぶサイババの伝記の著者です。この本は聖者が逝去して三十七年後の一九五五年に最初の巻が執筆されました。

スワミジがサイババの生誕地と家系が不明であることを認めてから、二十一年後、一九七六年一月号の『シュリ・サイ・リーラ』に、ヴィシュワス・B・ケールの記事が掲載されました。彼は、この問題に関していくつかの調査を行い、サイババの家系に関するすべての発言を客観的に検証したと述べています。

サイババ自身は家系に関する質問を好まず、もし尋ねられても、たいていあやふやな答えをするのが常でした。ある折に、自分の父はプルシャ、母はマーヤーまたはプラクリティで、それゆえに、自分はデーフ（肉体）としてこの（現象）世界にやってきたのだと述べています。別のときには、自分はアウランガーバードからママ（叔父）に連れられてシルディにやってきたと言っています。さらに別の折に、ナラシンハ・スワミジの発言に触れて、自分の両親はニザーム自治領パトリのブラフミン（バラモン）だったと、マールサーパティーに最晩年になってから打ち明けています。当時、マールサーパティーは非の打ちどころのない高潔で誠実な人物として知られていました。

とはいえ、それとは異なる意見もあったのです。S・B・ドゥマル、サイババの熱心な帰依者でナーシクの有力な法律家は、英国人の地区行政官の問いに答えて、こう言ったそうです、「サイババはヒンドゥーではなく、ムスリムでもなく、両者を超えています」。H・S・ディクシト、事務弁護士で、もうひとりのサイババの献身的な帰依者は『シュリ・サイ・サッチャリタ』のまえがきでこう述べています、「彼（サイババ）がどこで生まれたのか、両親がどんな人だったのか、信頼できる情報はありません。しかし、彼がニザームの領地に深い縁《ゆかり》があることは断言できます。……彼の会話にはしばしばサイルー、ジャールナー、マンヴァト、パトリ、パルバニー、アウランガーバード、ビード、ベダールといった地名が出てきます。あるとき、パトリからの訪問者がシルディへやってきて、サイババのダルシャンに出席しました。サイババはパトリの現状をあれこれと尋ねて、何名かのパトリの有力者について質問をしました。このことからわかるのは、彼がパトリをよく知っていることは確かだが、彼がパトリで生まれたと確言することはできないということです。サイババがブラフミン（バラモン）として生まれたのか、ムスリムとして生まれたのか、断言することはできません」

これに関連して、アーサー・オズボーンがある興味深い話を明らかにしています。それはサイババの家系に光を当てるものではありませんが、彼がその公表を断固として拒否していたか、とるにたりないことと見なしていたのは確かなようです。

ある泥棒が宝飾品を盗んだとして逮捕され、近くのドゥリアという町の行政官の法廷へ連行されました。最初は単純な事件と思われましたが、その泥棒は自分の持ち物のなかに見つかった宝石類はサイババからもらったものだと恥ずかし気もなく申し立てました。その日に分けてもらったのだと、平然と言い放ったのです。しかしながら、この事件に関しては、泥棒の所持していた宝飾品が盗品であったことは間違いありませんでした。この疑いを晴らすために残された唯一の方法は、サイババに召喚状を発行し、行政長官の法廷へ呼び出すことでした。こうして行政官によって、出廷して証拠を示すようにと求める、召喚状がサイババに発行されたのです。

「ババ、あなたに召喚状が出ていますよ」と召喚状を配達する任務を負った巡査がおずおずとためらいがちに尋ねました。

サイババは彼を見るなり一喝しました、「だれか、その紙切れを火にくべてしまえ！」

ひとりが言われたとおりにしました。

当然、こうした権威を踏みにじる行為が見過ごされるはずもなく、逮捕令状が発行されることになりました。

気乗りしない役目を仰せつかった同じ巡査が、前に進み出て言いました、「ババ、今度は逮捕令状が送られてきました。私といっしょにドゥリアへ来てもらえませんか？」

激しく悪態をつきながら、ババは令状をトイレに捨てるようにと命じました。何人かの有力な帰依者たちが集まって、こんなに多くの信者から崇拝されている人物が法廷に召喚されるべきではない、ババの証言を記録するために担当者がシルディへ派遣されるべきだ、という趣旨の嘆願書が書き上げられました。これは受理されて、ナーナー・ジョーシーという一等行政官がやってきました。

「名前は？」と彼は決められた手順にのっとって聴取を始めました。

「サイババと呼ばれている」とババは答えました。

「父親の名前は？」

「父もサイババだ」

「師《グル》の名前は？」

「ヴェンクサだ」

「宗派か宗教は？」

「カビールだ」

「カーストか戒律集団は？」

「パルヴァルディガルだ」

「年齢は？」

「百万歳だ」

サイババが本気でそう言っていなかったら、その場にいる人たちから笑いが漏れたことでしょう。サイババは本名ではありません。だれもそれを知りませんでした。父親の名前もサイババだと言うときに、自分はもはや人間の家系に縛られてはいない、と彼は言いたかったのです。カビールは十五世紀末から十六世紀初めの偉大な詩人にして聖者ですが、ヒンドゥーにもムスリムにも信者がいました。彼を師《グル》と呼ぶとき、自分は既成宗教にもとらわれていない、とサイババは言おうとしたのです。「パルヴァルディガル」とは最高の神性のことです。その境地に達した人は四カーストを超えているとみなされます。年齢を百万歳と言うとき、「自分は時間の制約をも超えている」と質問者に言っていたのです。

そこで行政官は方針を変えました。

「あなたは自分の言うことは真実以外のなにものでもないと確約しますか？」

「確約するよ」とババはあっさりと言いました。

「あなたは被疑者を知っていますか？」

「ああ、知っているよ」

その答えは少しは満足のいくものに思えましたが、それもサイババが「私はだれでも知っているからな！」とつけ加えるまでのことでした。

「彼は自分があなたの帰依者で、あなたといっしょにいたと言っています。そのとおりですか？」

「そうだ。みんな私といっしょにいる。みんな私の一部だ」

それは聖なる人の普遍性を確言するものでしたが、証言としてはまったく役に立ちませんでした。

「あなたは彼の主張どおりに、宝石を彼に与えたのですか？」

「ああ、私はそれを彼に与えた」

しかし、行政官がそれを書きとめる前に、サイババはこうつけ加えました、「だれが、なにを、だれに与えるのかね？」

「彼に宝石を与えたなら、あなたはどうやってその宝石を手に入れたのですか？」

「すべては私のものだ」

行政官もとうとう忍耐が尽きました。世俗的なことを質問しているのに、哲学的な答えしか返ってこないのです。

「ババ」。彼はいらだって言いました、「これは盗難にかかわる真面目な話なんですよ。その男はあなたが宝石をくれたと言っているんです」

ババも堪忍袋の緒が切れました。「いったいぜんたいなんなのだ。私とそれとどういう関係があるのだ？」と言って立ち去ってしまいました。

当事者全員にとって幸運なことに、サイババからさらに証言を得ようという話はもちあがりませんでした。というのも、被疑者は盗難が起こった時間に、シルディにいなかったことがわかったからです。

しかし、サイババは書類への署名を求められませんでした。彼は書類に署名したことがなかったのです。彼には名前がないのです！　人びとは彼をサイババと呼びました。それは本名ではありません。彼には過去などないかのようでした。彼はただ現在を生きたのです。多くの点でサイババは昔のスーフィーのようでした。彼が行政官と交わした会話は多くの人にチグリス川に落ちたダルヴィーシュ（スーフィーの托鉢僧）の話を思い出させました。彼が泳げないのを見て、水辺にいた人が叫びました、

「だれか助けを呼びましょうか？」

「けっこう」とダルヴィーシュは言いました。

「溺れたいんですか？」

「いいや」

「じゃあ、どうしたいんですか？」

ダルヴィーシュは答えました、「神がなんとかしてくれるさ！　私が願ったところでどうなるかね？」

でも、ヴィシュワス・B・ケールの調査に話を戻しましょう。ケールはサイババの血筋のことでいくつかの言い伝えに触れていますが、ひとつも確信を与えるものはありません。ひとつは一八八九年に生まれ、一九八二年に亡くなった、ヴァマン・プランゴーヴィンド・パテル、晩年にサンニャーシ（ヒンドゥー教の托鉢僧）となり、スワミ・サイ・シャラン・アーナンド

と呼ばれた人物についてです。スワミ・サイ・シャラン・アーナンドは、サイババはブラフミン（バラモン）だと断言しましたが、後者（ババ）はそのことが話題に出るのを嫌っていました。一九一二年、スワミは、当時はサンニャーシになる前でしたが、シルディへ行くとき、水腫をわずらう父親を連れて行って、サイババの手で治してもらおう、という考えが頭をよぎりました。

サイババはスワミに会うと、いきなりこう尋ねました、「どうしてお父さんを連れてこなかったのかね？」

サイババはスワミの考えを読んだのです。

しかし、スワミの心のなかを駆け巡っていたのは、父親ははたしてムスリムのファキールのような風体の人に会いに来るだろうかということでした。ここでも、スワミの記録によると、サイババは彼の心を読んで、すぐに尋ねました、「私はブラフミンではないのかね？」

スワミ・サイ・シャラン・アーナンドが伝える話はここまでです。

ケールは別の話を書きしるしています。それによると、パトリに三人の男の子をもつヤジュルヴェーディ・デシャスタ・ブラフミンがいました。サイババは最年長でした。サイババが五歳のとき、あるファキールがこのブラフミンのもとへやってきて言いました、「私のものをください」ブラフミンは答えました、「私のものはすべてあなたのものですよ」。その場でファキールは最年長の息子を所望し、彼を連れ去りました。彼は四年後に再びやってきて、ブラフミンの承諾を得ると、少年をさらに三年間連れ出しました。ここで注目すべきは、十二歳から十八歳まで、サイババがなにをしていたのか、なにもわかっていないということです。彼が十九歳のときにシルディのニームの木の下にいたことはわかっています。ケール自身もみずからいくつかの言い伝えを検証しようと、一九七五年のある時期にパトリを訪れて調査を行っています。パトリは中世の早い時期にはパルタプル（マハーバーラタの英雄、パーンドゥ族の第三王子パルタまたの名をアルジュナにちなんで名づけられた）の名で知られ、デーヴァギリー（ダウラターバード）の一二八キロから一三七キロ南東、ヴィダルバ（マンガラ）川とゴーダーヴァリー川の合流点から南西へ三キロほど行ったところにあります。かつてはデーヴァギリーのヤーダヴァス王の治世下に数学研究の中心地となったヴィダルバ王国の一部でした。パトリはヤーダヴァ朝に属していたので、その歴史はデーヴァギリーことダウラターバードの歴史の一部でもあるのです。

当地のクルカルニー家のヴァタン（保有地）の管理を任されていた一族は、バフマニー王朝（イスラム）の時代に隆盛をきわめました。しかし、ここで妻とともにパトリに行ったケールの話を聞いてみましょう。「パトリはマンマド・セクンデラバード鉄道路線のマンワト・ロード駅から十六キロの位置にあります。私たち（ケール夫妻）が一九七五年の夏、サイババの幼少期の確実な情報を得ようと、パトリに数日間の滞在を決めたとき、マンワトは冷酷な計画に基づく連続殺人事件のニュースでもちきりでした。

「私たちを迎えてくれたのはほかでもないシュリ・ディンカルラーオ・ヴァスデオ・チャウダリ、長い歴史を背負っている、パトリの高名なチャウダリ家の子孫です。シュリ・ディンカルラーオは進歩的な農民にして法律家です。彼は申し分のないホストでした。私たちを手厚くもてなし、その使命をわがことのように重んじ、あらゆる支援を惜しみませんでした。

「パトリのチャウダリ一族には多くの分家がありますが、その多くは十四世紀までさかのぼる砦のなかで暮らしています。シュリ・ディンカルラーオは今は要塞の外に新築した家に住んでいます。そこが私たちのパトリ滞在の宿になりました。六月二十一日、夜、外のベランダに坐って城塞を眺めていたとき、気のおけない会話のなかで、ディンカルラーオ氏の言ったことが私の注意を引きました。何年か前、今は亡き彼の父ヴァスデオラーオが、パトリのバウー・ブサリという人に言及して、『サイババの子孫はなんと落ちぶれてしまったことか』と嘆いたというのです！　翌日、ディンカルラーオ氏のムスリムの顧客が何人か相談にやってきたのですが、彼らの言うには、自分たちの知るかぎり、サイババはパトリのブラフミンの一族に生まれ、まだ子どものときにワーリー（聖者）によって連れ去られ、その後の消息はわからないということでした。

「これもまた別の手がかりを提供してくれました。そこで私たちはすぐさまパトリのすべてのブラフミン一族の家系図を作成する作業にとりかかりました。パトリのブラフミンはすべてデシャスタ・ブラフミンで、リグヴェーダ派かヤジュルヴェーダ派のどちらかに属しています。

その他の宗派や下位カーストのブラフミンはいません。

「この家系図はパトリの家々を一軒一軒回って、ブラフミンであろうとなかろうと、すべての古い住民に話を聞いて作成されたものです。その話のなかで、パトリの大部分のブラフミン一族の氏神（クラ・デヴァタ）はマフルのレヌカ女神かアムベジョガイのヨゲシュワリ女神だということが明らかになりました。唯一の例外がありました。それはブサリ一族です。彼らの氏神はパトリ郊外のクムバルバヴァディのハヌマーン神です。私たちの頭は狂ったように回転しはじめました。サイババがラーマとハヌマーンに深く敬意を払い、信仰していたことを思い出し、私たちの調査も実を結ぶかに思えました。私たちは喜び勇んでヴァイシュナヴ・ガルリ（通り）を訪れて、敬意を払いつつ、ブサリ家の屋敷跡（４-４３８-61番地）を調査しました。もはや屋敷は残っていなかったので、私たちはそこで静かにパンチバーヴァディのハヌマーン神に参拝しました。それからパトリを取り巻くようにレンディ川が流れているのを目にして、私たちはシルディの「レンディ・バウグ（庭園）」のことを思い出しました。

「両者の関係は明らかです。サイババが話していたマラーティー語とマラートワーダーで一般的に話されている言語が同一であることも注目に値しました。私たちは、社会のすべての階層で話されている言語が、最下層から最上層まで一様であり、エリートの話法にさえ違いが見られない事実に深い感銘を受けたのです。

「パトリの人口はおよそ一万人です。外観を見るかぎり、パトリは一世紀前もこんなふうだったのでしょう。ほとんど進歩の形跡が見られないのです。ここ数年でようやく各戸に電気が引かれ、公共交通機関によって他地域との往来ができるようになりました。しかし、それ以外の暮らしは平穏なもので、昔日の面影をとどめています。

「まるでサイババが生まれた時代に連れ戻されたかのようでした。彼の正確な誕生日や誕生年は知られていません。さらに言えば、彼が初めてシルディにやってきた時期についても意見の相違があるのです。

「では、サイババがブサリ一族に生まれたことをある程度は確言できるのでしょうか？　パトリの有力者がその件に関して息子に語ったこと以外、なにか状況証拠があるのでしょうか？　このあたりを整理できればと、この件をさらに追及してみることになったのです。

「パトリのブサリ家の屋敷を所有する、ラグーナース・マハールドラー・ブサリ教授に連絡をとりました。彼はオスマニア大学のマラーティー語の教授でしたが、のちに公立大学の学長となり、十六年前にこのポストを退いて、ハイダラーバードに居を定めました。

「彼はパトリに生まれましたが、高等教育を受けるために、地方都市のパルバニーに行きました。大学の入学資格を得たあと、ハイダラーバードへ移って、文科系を三位の成績で卒業しました。この成績が認められて、奨学金を得ると、カルカッタ大学の人文系の修士課程へと進み、無事に卒業しました。ブサリ教授は知りうる最古の先祖はコネルダーダーだと述べています。続く二世代のことはわかりませんが、三世代後の家系図は次のようになっています（次ページ

パラシュラーム

ラグーパティー　ダーダー　ハリバウー　アムバダース　バルワント

マハールドラー　パラシュラームバプー

ラグーナース　バウー

参照）——

「ブサリ教授はさらに、幼少時に祖母から聞いた話として、ハリバウー、アムバダース、バルワントはパトリを出たあと戻らなかったと述べています。ハリバウーは神を求めていたようですが、あとの二人は世間での立身出世を願っていました。次の世代では、パラシュラームバプーもまた、ゴーダーヴァリー川とシンドゥフェナ川の合流点のマンジャルタ（ビード地方）でサンニャースをとりました。彼の息子のバウーはあまり教育を受けず、貧困のうちに亡くなりましたが、この人こそシュリ・ヴァスデオラーオ・チャウダリが、ある機会に、息子のディンカルラーオにその不遇を哀れんだ人物でした。以上はブサリ一族が向上心に燃える人たちを輩出した十分な証拠となるものです。はたしてシュリ・ハリバウー・ブサリはサイババだったのでしょうか？　真実やいかに！　この仮説は的を得ているのかもしれません。私は経験豊富な法律家や高名な歴史家と親しく議論をしましたが、両者ともそれはありうることだと述べています。私自身はこれ以上をつけ加える必要を感じません……」

ケール氏がこの記事を書いてからしばらくして、ブサリ家の所有地は「シュリ・サイ・スマラク・マンディル・サミティ」という協会を設立した地元有志たちによって買い上げられ、あずまやが建てられ、そこでは毎週木曜日にサイババのアールティー（聖火と詠唱の儀式）が行われています。

［4］

サイババの帰依者たちは、彼がヒンドゥーに生まれたかムスリムに生まれたかで意見を異にしています。ババが生きていた当時から、耳にピアスの穴が開いていたことが知られていましたが、これはヒンドゥーの一般的な習慣で、ムスリムには見られません。彼は割礼を受けていなかったと言われていますが、これもやはり彼がムスリムの家庭に生まれなかったことの確かな証拠です。しかし、ババはファキールのような恰好をし、古い荒れ果てたモスクに住み、そこをドワールカーマイ（「慈悲深い母」、クリシュナ神に由来）と呼んでいました。ババはまたモスクのなかで聖なる火を絶えず燃やしつづけ、帰依者たちはほら貝や鐘を鳴らしながら、鳴り物入りでババに礼拝をしたものです。さらにまた、モスクの外の中庭にはトゥルシー・ブリンダーバン（クリシュナ神に由来する聖樹を植える石塔）が置かれていました。中庭ではラーマ・ナヴァミ祭が祝われ、サイババは喜んで参席しました。同時に彼は地元のムスリムたちが同じ日にサンダル（お香）の行列をすることに異を唱えませんでした。

彼の食習慣は保守的ではなく、仲間のファキールたちといっしょに肉や魚を食べたということです。いつもアッラーフ・マーリク（神は王なり）の名を口にしていました。でありながら、帰依者たちの目には、各人が信仰するラーマ、クリシュナ、ガネーシャ、シヴァ、ハヌマーンといった神々や師《グル》の姿に見えたのです。

では、なにをもって彼はヒンドゥーやムスリムと呼ばれるのでしょうか？

彼が『ギーター』に深い造詣があったことは確かで、ナーナーサーヘブ・チャンドルカルに行った解説からも、そのことは明らかです。しかし、彼はまたムスリムといっしょにいるときには、『クルアーン』の最初の章を唱えたのです。彼は多くの言語に堪能だったと言われていますが、いつどこでそのような能力を身につけたのかだれも知りません。

ナーナーサーヘブ・チャンドルカルへの『ギーター』の解説が広く知られるようになると、彼の知識への疑念は払拭されました。

アーサー・オズボーンが紹介している話によると、「ある帰依者」つまりナーナーサーヘブ・チャンドルカルがババの足をマッサージしながら小さな声でなにかを唱えていました。なにを言っているのか、ババは知りたくなりました。

「サンスクリット語の詩ですよ」と帰依者は、サイババが聖典を知っているとは夢にも思わずに言いました。

「サンスクリット語の詩だって？　どの詩かね？」とババは問いただしました。

「もちろん」と帰依者は言いました、「『ギーター』の一節ですよ」

「聞こえるように言っておくれ」

そこで帰依者は『ギーター』の一節を唱えはじめました。第四章の三十四節はこう続きます、「拝礼、質疑、奉仕という手段によって、真理に目覚めたジュニャーニ（悟りを開いた者）はジュニャーナ（知識）を授けるものと知れ」

「これがわかるのかね、ナーナー？」とババは尋ねました。

「ええ」

「では意味を言ってごらん」

ナーナーは自己流の解釈をマラーティー語で答えましたが、サイババは認めてくれません。彼はナーナーに言いました、「わかりやすく言わなくていい。私は厳密な文法的な意味が知りたいのだ。格、叙法、時制をね」

ナーナーは一字一句、文字どおりに翻訳しました、ババはサンスクリット語の文法など知っているのだろうか、といぶかりながら。すぐにそれはわかりました。

「タトヴィッディのタトとはなんのことかね？」とババは尋ねました。

「ジュニャーナ（知識）です」とナーナーは答えました。

「なんの知識かね？　なんについての知識か？」

「前の連で言及されている知識です」

「プラニパトとはなにを意味するのかね？」

「伏し拝むことです」

「それでパトは？」

「同じです」

「それらが同じなら、ヴィヤーサは不要な二つの音節を加えたことになるが？」

「それらに違いがあるかどうかわかりません」とナーナーは認めました。

ババはそれをしばらくそのままにして、次のポイントに移りました。

「プラスナとはどういう意味かね？」

「尋ねることです」

「ではパリプラスナとは？」

「同じです」

「どちらも同じなら、ヴィヤーサは頭がおかしくなって、わざわざ長くしたのだね」

「私には違いがわかりません」とナーナーはしぶしぶ認めました。

そこでババは次の項目に移りました。

「次のポイントだ。セヴァの意味は？」

「奉仕ですよ、私が今あなたの足をマッサージしているようなことです」

「それだけかね？」

「それ以上の意味なんて思いつきませんよ」

ババは言いました、「では、それもそのままにしておこう。次のポイントだ。クリシュナはアルジュナにジュニャーニたちからジュニャーナを得るようにと言ったな。クリシュナ自身がジュニャーニではなかったのかね？」

「そうです」

「では、なぜ彼みずからがジュニャーナを与えず、アルジュナをよそへ行かせたのだ？」

「わかりません」とナーナーは、すっかり取り乱して言いました。

「アルジュナはジーヴァ（存在）なのだから、チャイタニヤ（宇宙意識）の発露ではないのかね」とババは重ねて尋ねました。

「そうです」

「では、すでに意識や知識の発露である者に、どうして知識を与えることができるのか？」

その問いはまたもやナーナーを困惑させました。

サイババはその一節が、ジュニャーナではなくアジュニャーナ（非知識または無知）のことを言っているのであり、師《グル》（ヴィヤーサ）がまったく新しい解釈を加えているのだとして、先に進みました。今までナーナーが単純明快、わかりきったことだと思っていた一節です。

それでナーナーは言いました、「ババ、今のところをもう少し説明してもらえませんか?」

ババは説明しました。「この一節はな、弟子は成就に至るために、師《グル》にどのように近づいたらよいか、ということを教えているのだ。弟子は体、心、魂、所有物いっさいを師《グル》に明け渡さないといけない。それがこの一節に述べられている『伏し拝む』ということだ。質疑は絶えざる真理の探究でなければいけない。ただの好奇心や、師《グル》の揚げ足とりをするような間違った動機からの質問であってはならない。その動機は霊的な進歩と成就への純粋な欲求でないといけない。次に奉仕はマッサージ等の物質的な奉仕だけとは限らない。それが功を奏するには、奉仕するしないは自分の自由だという考えをもってはならない。身体は師《グル》に明け渡しているから、もはや自分に属するものではなく、自分は彼に奉仕をするためだけに存在していると感じなければいけない」

続いてババとナーナーのあいだで、師《グル》の無知の本質に関して、ソクラテスの対話を彷彿とさせるようなやりとりがなされました。

「ブラフマー(ヒンドゥー教の三神のひとつ)は純粋な知識にして存在ではないのかね?」

「そうです」

「そしてそれ以外は非存在にして無知(非知識)なのだね?」

「そうです」

「聖典は、ブラフマーは言語や心を超えていると言っていないかね？」

「言っています」

「では、師《グル》の言葉はブラフマーにして知識ではないと？」

「ないです」

「では、師《グル》の言うことは知識ではなく無知だと認めるのだね？」

「そうなりますね」

「では、師《グル》の教えは、足に刺さったとげを別のとげで抜くように、弟子の無知を取り除くための無知のかけらにすぎない、と言ってかまわないかね？」

「言えるでしょう」

「弟子は根本的性質が知識であるジーヴァ（存在）なのだろうか？」

「そうです」

「だとすれば、彼に知識を授ける必要はなく、すでに存在する知識を隠す、無知のベールを取り除くだけでいいということになる。もちろん、これはいっぺんにできることではない。弟子は長いあいだ無知のなかにいたから、何度もくり返し、おそらく何生にもわたって教えを受けないといけない。そしてこの『言葉による言葉を超えたものの教え』の本質とはなにか？　それは覆いを取り除くことではないのかね？　無知は、水草が池の表面を覆うように、すでに存在する知識を覆い隠している。草を取り除けば水が現れる。それはつくるものではない。それはすでにそこにある。もっと別の例をあげるなら、目の表面に、やにがたまってよく見えない。その目やにを取り除けばよく見える。無知はこの目やにのようなものだ。宇宙は言葉に尽くせぬマーヤー（迷妄）、すなわち無知が花開いたものだ。しかしながら、この無知に光を当てて、消え去らせるのに、無知が必要なのだ」

ババは同じ調子で続けました。

「神聖な知識は教えられるのではなく、悟られなければいけない。礼拝、質疑、奉仕は師《グル》の恵みを受けるための手段だ。現象を実体と受け取るのは迷妄だ。それは知識を隠す無知の覆いだ。それを引き裂くと、ブラフマー、知識が輝きを放つ」

「無知はサンサーラ（誕生と死）の種子だ。目に師《グル》の恵みという薬をさせば、マーヤーの幕がもちあげられ、ジュニャーナが残る。ジュニャーナは達成されるものではない。永遠なるもの、自立自存するものだ。一方で、無知には原因と結果がある。その根は、帰依者は神から離れた存在だという考えにある。これを取り除けば、残るのはジュニャーナだ」

そしてババは最後につけ加えました。

「では、クリシュナはなぜ、みずからアルジュナに教えを授けず、他の師《グル》のもとへ行かせたのか、という疑問だ。クリシュナは他のジュニャーニは自分とは違う、彼らの教えは自分のものとは違うと考えたのだろうか？　そんなはずはない。だとすれば、彼らの教えは彼の教えであり、そこに違いはない」

こうしてサイババは、『バガヴァッド・ギーター』を毎日持参し、彼の前で一章ずつ読めば、その解説をしてあげる、とナーナーに言いました。彼はそれを実行に移しましたが、記録は残っていません。

オズボーンは、ババの短い伝記のなかで、次のようにつけ加えているだけです。

「上記の断章からもわかるように、これだけの活力と深遠さをそなえた書物が、この世から永遠に消え去って、文字に書きしるされませんでした。しかしながら、これだけでも、サイババが理路整然と話していたら、宗教的教えの真髄、純粋無垢なアドヴァイタ（非二元論）が語られていたであろうことを、人は確信するのです」

サミュエル・ジョンソンにはボズウェルという弟子がいました。マハトマ・ガンジーにはマハーデーヴ・デサイーがいました。ラーマクリシュナ・パラマハンサにはマヘンドラ・ナート・グプタがいました。サイババの言明はほとんど記録に残っていませんが、もし残っていたら、ソクラテスも見劣りがするほどの鋭敏な知性の人として知られていたことでしょう。

［5］

二つの疑問が生じます。ひとつは、複雑な哲学的問題への、ババの深く含蓄に富んだ洞察です。これは長いあいだ辛抱強くひとりの師《グル》の弟子であったことの結果なのでしょうか、それとも、ババは生まれながらのジュニャーニ、個人的に教えを受ける必要のない神性のひとつの顕れだったのでしょうか？　もうひとつは、彼がヴェーダとイスラム、いずれの聖典にも通じていたのはどうしてなのかということです。

もしも答えが、サイババは死すべきふつうの人間ではなく、神ご自身であったというのなら、それ以上先へは進まなくてもいいことになります。彼にはごく若い時期に師《グル》がいたかもしれない、という疑問は起こってきません。彼がブラフミンの一族に生まれて、冷酷非情とも思える父によって、旅のファキールに与えられたという物語も退けることができます。当時のこととはいえ、ムスリムのファキールがブラフミンの家へ行って、「私のものをください」とずうずうしく申し出て、最年長の息子をもらいうけて連れ去ってしまう、というのはかなり突拍子もない話なのです。

サイババの帰依者のなかでも極端な人は、確たる証拠よりも信仰を重んじ、彼はみずから生まれた現代のスワヤンブー（創造者）だと考え、彼には『ヴェーダ』の教師やムッラー（イスラム教師）の教えは必要なかったという結論に至ります。

信仰は理性的なものではないので、上記の点で突っ込んだ議論はできません。しかし、信仰は理性を超越しているとはいえ、理性にも一定の縄張りがありますから、信仰はそれとの折り合いをつけなければなりません。この信仰は、理詰めで考えれば、彼は女性から生まれたのではなく、みずからを創造したということになり、理性どころか世間の常識とも一致しません。

アヴァターラ（化身）は必ずしもみずから生まれなくてもよいのです。シュリ・クリシュナとシュリ・ラーマのどちらも、ヒンドゥー教の十の化身のひとつとされていますが、両親から生まれました。そのことは別にしても、サイババ自身は、あるとき次のように語ったということです――

「私の母は男の子が、私が生まれたことで大いに喜んだ。私からすると、彼女のふるまいは理解しがたかった。いつ彼女は私を産んだのか？ そもそも私は産んでもらったのか？ 私はすでに存在していたのではなかったのか？ なぜ彼女はそのことで喜んだのか？」

話し方という点では、ババは宗教的な語り口で、純粋なアドヴァイタ（非二元論）の語彙で話しました。魂は不滅のもので、「ナ・ハニヤテ・ナ・ハニヤマーネ」、肉体に包まれてはいるとはいえ、この魂は生まれたものではなく、永遠のものである、と。だとすると、誕生ということがあるのでしょうか？ 永遠のものがどうやって生まれるのでしょうか？ しかし、にもかかわらず、自分には母親がいて、自分は彼女のもとに生まれた、とババは認めていたのですから、彼の言ったとおりだとすれば、ババはみずから生まれたのではなく、私たちと同じように死すべき運命の人間だったのです。

サイババの生誕地に関してはあまり論争がありません。しかしながら、サイババの師《グル》に関しては二つの重要な仮説がとりざたされています。ひとつはダース・ガヌ・マハラジによるもので、もうひとつはスワミ・サイ・シャラン・アーナンドによるものです。

ダース・ガヌ・マハラジの説によると、パトリに近いサイルーのシュリ・ゴーパールラーオ・デーシュムクがサイババの師《グル》だったということです。しかし、このゴーパールラーオ・デーシュムクとはだれなのでしょうか？

ゴーパールラーオはニザーム王国のジントゥル・パラガナー（地区）のジャハギール（公有地）を保有していました。彼は「控えめな態度」の人で、親切で情け深かったとされています。また彼には病気を治す力があり、八つのマハーシッディー＊注1をもっていたということです。

当然のことながら、人びとが彼のダルシャンに大挙して押し寄せました。時間が経つにつれて、ゴーパールラーオがパトリに近いサイルーはパンダルプルやドワールカのような巡礼地になりました。ゴーパールラーオについて伝説があります。あるとき、話によると、彼はアハマダーバードに行って、スヴァグシャーのダールガー（霊廟）を訪れました。彼が近づいていくと、墓は「歓喜のあまり汗をかいて」、いきなり話しはじめたということです。ゴーパールラーオには次のように聞こえました、「サラーム・アレクム！　ああ、偉大なる賢者、ラーマナンダよ、あなたは今世の生まれでも、私のことを忘れなかったのですね。あなたは姿かたちを変えて、今私の前にモウグライ（ニザーム自治領）のデーシュムク（役人）として立っています。サイルーから十六キロのマンワトの町から、あなたのかつての弟子のカビールが、あるファキールの子どもとしてやってくるでしょう」。霊廟の墓守もその言葉を聞いて、口がきけないぐらい驚いて、この声はどこからやってくるのだろう、といぶかりました。

予言されていたように、マンワトのファキールの妻がゴーパールラーオに会うためにサイルーへやってきました。五十代の年配の女性で、ぼろを身にまとっていました。手足に緑色の輪をつけて、背中には、ゴーパールラーオが前世はカビールだったとみなした、五歳ぐらいの男の子を負ぶっていました。その貧しい女の人は、門のところで守衛に止められて、中庭に入ることができません。そこでそっと子どもを地面におろすと、両手を合わせてゴーパールラーオに向けて祈りました。「徳の高いお方よ、あなたは弱い者の味方です。私はほかに頼る人がいないのです。一か月以上前に、私の夫が、死ぬ前にあなたの庇護を求めに行けと言い残して、家を出たきり戻ってきません」

祈りがゴーパールラーオの耳に届いて、彼が家から出てきました。温かくその女性と男の子を迎え入れて、彼らを待っていたのだと言いました。男の子はすぐさま前世の師を思い出し、彼の庇護を求めました。女性と子どもの二人はゴーパールラーオから住む場所を与えられました。日が経つにつれて、主人は男の子を並外れてかわいがるようになり、家の者たちが嫉妬し、ねたむほどでした。少年が十二歳になったとき、母親が亡くなりました。ある日、夕方、師と弟子の二人は近くの深い森のなかに入っていき、四か月間家に戻らず、家の者たちは心配し、怖れました。ゴーパールラーオは一般市民ではありません。彼はデーシュムク（役人）で、その長期の不在を政府すら気にかけたのです。少年の亡き母がゴーパールラーオに呪いをかけたと考える人たちもいました。「高徳なブラフミンがムスリムの少年に夢中になるなんて、ほかに説明がつくかね？」とうとう家人の数人が主人を探して森に入ることになりました。しばらく探すと、空き地で眠っている主人を見つけました。少年が彼の横に坐っていました。人びとのひとりがその少年に煉瓦を投げつけると、それが逸れて主人の頭に当たりました。実際には、言い伝えによると、煉瓦は主人に当たったのではなく、彼のシッディーの力によって空中で静止したのです。煉瓦は一時間も空中に止まっていましたが、その力もやがて尽きてきたので、ゴーパールラーオは少年をかばおうとして、自分の頭を差し出し、おかげでひどい怪我を負ってしまいました。

ゴーパールラーオはすばやく出血した傷に包帯をし、手当てしましたが、煉瓦を投げた者は倒れて死んでしまいました。この煉瓦がゴーパールラーオから、のちにサイババとして知られるようになる少年へ、「この煉瓦が壊れたとき、おまえの命も尽きる」という説明とともに贈られたのです。

それはさておき、ゴーパールラーオの出血した頭の傷を見た少年は、大きな声で泣きだし、許しを請いました。しかし、ゴーパールラーオは彼に言ったのです、「悔やまなくてもいい。私の命運が尽きるときが来たのだ。あと数日もしたら、私はこの世を去るだろう。しかし、私は今日、自分のすべての力をおまえに譲りたい。向こうの牛飼いのところへ行って、黒い牝牛の乳をもらってきなさい。ぐずぐずしているひまはない」

少年は急いで牛飼いのところに行って、黒い牝牛の乳を求めました。しかし、群の唯一の黒い牝牛は仔牛がいないので乳を出しません。このことをゴーパールラーオに知らせると、彼みずからがそこへ行って、牛の乳房に触ると、乳が泉のように流れ出しました！　師は三シーア（リットル）の濃厚な乳を搾ると、それを少年に手渡しました。次に頭を覆っている布をほどいて、それを少年の頭に巻いて、こう言いました、「私はすべての富をおまえに与えた。おまえに与えた三シーアの乳はカルマ、バクティ、ジュニャーナだ。私が乳を聖別したから、それをすべて飲み干せば、おまえはジュニャーナを得る」

少年は師に額づいて、言われたとおりにしました。たちどころに、彼は、神が降臨したかのように神々しくなりました。

師は今度は少年を優しく撫でて言いました、「思い出すがいい、おまえは前世ではカビールで、私はラーマナンダだった。おまえのために、私はこの人生では苦行生活を放棄した。今、おまえに言おう、独身にとどまり、静穏な心を保ち、神と世界はひとつであるとみなすのだ。住処をひとつ所に定めて、おまえに明け渡す者たちを集めなさい。私の使命は終わった。私はサイルーに行って、マハーサマーディに入る」

ゴーパールラーオは邪な意図で森に入ってきた者たちに、彼から顔をそむけてはならないと言いました。さらに男たちに、すべてのシッディーの力を少年に伝えたから、その証拠を見せてやろうと言って、少年に死んだ男をよみがえらせるよう命じました。少年はそこで師に額づくと、彼の足についた塵をとって、それを死んだ男の額に塗りました。たちどころに彼はよみがえりました！

これに肝をつぶした男たちは、ゴーパールラーオをかついで、その弟子とともにサイルーへ行列になって帰りました。翌日、師はすべての弟子たちを呼び集めて、彼らに告げました、「今日、私はこの地上の命を放棄するが、その場所にはテンジクボダイジュの木が生えるだろう。その木のすぐそばを掘ると、紫色の四本の腕をもったヴェンカテシャ（ヴィシュヌ神の化身のひとつ）の像が出てくる。その場所に神殿を建てなさい」。彼はそこで『ギーター』の十八の章を声に出して詠唱し、すべての会衆にナーラーヤナ（ヴィシュヌ神）の名を唱えるように求めました。次に自分のしていた下帯を少年に与え、これでカフニ（長衣）をつくるように言うと、すぐ立ち去るようにと、手で合図しました。彼は三度、神の名を唱えて、肉体を離れました。

物語はさらに続き、少年は森のなかで行方知れずの雌馬を探していた、チャンドバイという名前のムスリムと偶然に出会って、彼が馬を見つける手伝いをします。そのあとチャンドバイは少年を自分の家に招いて、数日後には彼を連れて結婚式に出席するために、シルディへ向かうことになります。

この物語では、サイババの師《グル》は、ゴーパールラーオ・ケシャヴラーオ・デーシュムク、別名ババサーヘブ・スブヘダールだということになっています。

しかしながら、この物語はまるでおとぎ話のようで信用できません。ババがサイルーとなんらかのつながりがあったことはよく知られています。ところで、サイルーはパルバニー地方の大きな町で、マンマド・セクンデラバード鉄道路線の途中にあります。マンワト・ロードのひとつ手前の駅で、両駅は十四・五キロ離れています。パトリとサイルーは二十四キロの距離があり、今では自動車道路が開通しています。サイルー駅から八〇〇メートル先にヴェンカテシャ・マンディル（寺院）があり、至聖所には高いゴプラム（楼閣）がそびえています。ゴーパールラーオ・ケシャヴラーオ・デーシュムクのサマーディ（墓所）は寺院の後ろに建っていて、高さ約九十一センチのヴィシュヌ（ヴェンカテシャ）神像が納められています。この寺院は一八〇八年頃に建立されました。サイババが生まれる三十年ほど前のことです。

ダース・ガヌが提唱し、B・V・ナラシンハ・スワミが支持した仮説は、公的な記録にも掲載されています。『インド地名辞典』でマハーラーシュトラ州パルバニー地区の項目を見ると、ゴーパールラーオのサマーディに関する説明のなかで、「人びとは彼をサイババの師《グル》と信じている」としるされています。

しかし、ダース・ガヌはどこまで信頼できるのでしょうか？　彼は数えるほどしかサイババに会っていません。そしてシルディにいるときですら、ババは彼が長く同席することを許さなかったのです。彼自身も認めていますが、ダース・ガヌはババから伝記的な内容をほとんど聞いていません。ダース・ガヌが世紀の変わり目（一九〇一年）に、警察署の巡査部長だったとき、サイルーを訪れて調査したことは事実です。しかし、サイルーで接触した人たちの名前や、どのように情報を集めたのかを明記していません。村人のだれそれがこれこれのことを言ったと明言していないし、ダース・ガヌ自身、当時、その周辺に住んでいたはずのゴーパールラーオの弟子たちや子孫たちとまったく接触していないのです。そしてダース・ガヌの主張の多くは、彼を知る人たちから疑問視されています。

別の事実が明るみに出ました。ゴーパールラーオは、彼の六世代後の子孫のひとり、ラクシュミーカーント・マルハルラーオ・スブヘダールがヴィシュワス・B・ケールの取材に応えて述べたところによると、一七一五年に生まれ、一八〇二年に亡くなっています。スブヘダールは自分の主張を裏付ける証拠書類を示しました。これがそのとおりなら、一八三八年に生まれたサイババが、どうやって彼の弟子になれるのでしょうか？

スワミ・サイ・シャラン・アーナンドは、「自分の師《グル》はローシャン・シャー・ミアだ」という、サイババが彼に語った言葉を引用しています。スワミは書いています、「私はババが折に触れて『ローシャン』という言葉を口にするのが気になっていました。特になにかたとえ話をするときに、その言葉を使ったのです。そのとき彼は、その言葉を無知に対立する知識を意味する『光』の意味で使いました……。同じ意味を『ローシャン・シャー』のローシャンに当てはめるなら、『ローシャン・シャー』という名前は知識の支配者、普遍的魂を意味するでしょう……。

「しかしながら、この解釈はローシャン・シャー・ミアなる人物が実在しなかったことをほのめかすものではありません……。すなわち、ババの言っていたローシャン・シャーが肉体をもった人物として実在し、ババは十二年以上も熱心に彼に仕えた、ということも必ずしもありえないことではないのです。ローシャン・シャーはその後、現身《うつしみ》を捨て去り、ババはそのなきがらを、現在もナヴァルカルワーダーの近くに生えているニーム（インドセンダン）の木の下か、その近くに埋葬したのでしょう」

次に、ババをよく知るラーオ・バハードゥル・H・V・サテーの証言があります。彼の言葉を引用してみましょう。「ババのお気に入りのマールゴーサ（インドセンダン）の木の近くに古い村の壁の残骸がありました。ババは私に言いました、『あの壁を壊して建てなさい』。ババが言いたかったのは、村の壁を建築資材に使って、そこに住居を建てなさいということでした。それで私はその土地を購入し、村の壁の残骸を利用し、マールゴーサの木を包み込むように、取り囲むようにワーダーを建設しました。今や建物の一部に囲まれている、その木の近くにある墓は、自分の師《グル》のものだ、＊注2とババは私に言いました。彼はその師《グル》の名前を教えてくれました。それは『シャー』または『サー』で終わります。名前の残りは忘れてしまいました。ヴェンクサだったかもしれません」

この情報も大した手がかりにはなりません。ヴェンクサとはヴェンカテシャか、ヴェンカテシャワラか、あるいはローシャン・シャー・ミアのことでしょうか。私たちはババのほんとうの師《グル》がだれだったのか、一歩も迫りえていないのです。かつてインドール州の最高裁判事を務めた、M・B・レゲ氏は次のように述べています、「サイババはときどき謎めいた言葉を口にし、たとえ話をひんぱんに用いました――しかしながら、それは聴衆が異なればまったく異なる意味に解釈されてしかるべきものでした」

長年、プネ工科大学で地質学の教鞭をとった、G・G・ナルケ教授は、ババが「マザ・グル・ブラフマン・アへ（私の師《グル》はブラフミンだ）」と言うのを聞いたということです。もしこれが事実なら、明らかにムスリムの名前のローシャン・シャー・ミアが、彼の師《グル》だなどと、だれが言えるでしょうか？

ゴーヴィンド・ラグーナース・ダボールカル著『シュリ・サイ・サッチャリタ』によると、サイババは次のように述べたということです、「私は師《グル》のもとに十二年間とどまった。私の師《グル》のような人はめったにいない。彼は偉大なアウリア（宗教的な師）で、愛と思いやりの権化だった。彼の愛をどう説明したらいいのか？　彼はつねに瞑想（祈り）の最高の境地にとどまり、至福に満ちていた。彼の知恵は透徹し、欲望の対象にとらわれなかった。この師《グル》の教えの流儀が私を大いに惹きつけた。私は望郷の念を忘れ、執着の鎖は断ち切られ、空腹も渇きも含めてなにもかも忘れた。彼は私のすべて、わが家、父と母となった。彼は私から揺るがぬ信頼と勇気ある忍耐以外のなにものも求めなかった。私は一心不乱に彼に仕えた。それを彼は大いに喜んでくれ、つねに私を護ってくれた。近くにいるときも遠くにいるときも、親亀が向こう岸の子亀たちを気遣うように、彼は私を目にかけて、世話をしてくれ、彼から離れていると感じたことは一度もなかった。私がここにあるのは師《グル》への献身と奉仕の結果なのだ。私はあちこちに教えを求めなくてよかった」

これもやはり彼の師《グル》がだれだったかを説明していません。しかし、少なくとも信頼できるものだという感じはします。サイババは人生の早い時期、シルディに来る前、およそ十二年以上をマラートワーダーで過ごしました。この時期のおよそ半分を師《グル》とともに過ごし、残り半分はアウランガーバードのファキールを指導しました。そしてシルディにやってきたとき、およそ三十歳の成人となって、タパス（質素）とサーダナ（修行）の実践によって鍛え上げられていたのです。

サイババの師《グル》がスーフィーだったとしても驚くには当たりません。ムスリムの強い影響下にあった当時のマハーラーシュトラ州マラートワーダーでは珍しいことではありませんでした。マラートワーダーには似たような先例があります。十六世紀、スーフィーの神学者、チャンド・ボダーレは、ダウラターバード・フォートの長官だった、ジャナールダン・スワミ（1504–1575 A.D.）の宗教上の教師でした。城塞の上部には今でもチャンド・ボダーレのサマーディが建っています。ジャナールダン・スワミはダッタートレーヤー神の敬虔な帰依者でした。そしてマハーラーシュトラのワルカリ派の高名な聖者のひとり、エクナース（1533–1599）の大師《サドグル》でした。サイババはエクナースに最高の敬意を払っていましたが、エクナースのように優秀なブラフミンは今日では見つからない、と言っていました。サイババはまた『エクナース・バグワト』や『バーヴァールタ・ラーマーヤナ』のようなエクナースの著作を、毎日読むようにと、帰依者たちに勧めていました。

＊注1
シュリ・シッディーは全部で二十三種類あり、大中小の三等級に分けられる。大シッディーは八つあり、体得するのはきわめて困難だ。自己を確立した人、肉体の意識と「私」や「私のもの」という感覚をすべて失った人、このような人がそれらを体得できる。中シッディーは十あり、非凡な資質をそなえた、心が清らかな探求者がそれらを体得する。小シッディーは五つあり、心が帰依やヨーガによって浄化された人が体得する。

大シッディーには以下のものがある――

1　アニマー――自分の体を原子の大きさにまで縮めて、微細な目に見えない状態になる。
2　マヒマーまたはガリマー――体を重くする。
3　ラギマー――体を極端に軽くして自然な状態を超える。
4　プラープティ――各器官が知覚する対象を手に入れる。
5　プラーカーシュヤ――別の世界の目に見えないものを見て、知る。
6　イーシター――身体や生き物を活気づける。自然力をコントロールする。
7　ヴラシター――五感に優越する。
8　ヤトカーマスタダヴァシヤティ――文字どおり、三つの世界（過去、現在、未来）の歓びをただ思うだけでたやすく手に入れる能力。しかしながら、この能力がすべての欲望を終わらせて、人は最高の至福の状態へと至る。

中シッディーは――

1　アノールミマットヴァム――存在（オールミス）の六つの変化、具体的には、空腹、渇き、嘆きや悲しみ（ソーカ）、心酔（麻痺）、心の妄想や混乱（モーハー）、老いや死が体に不快で有害な影響を及ぼさない。

2　ドールシュラヴァン――一か所に坐ったままで、遠く離れた場所の話を聞く。

3　ドールダルシャン――一か所に坐ったままで、三つの世界すべての出来事やものごとを見る。

4　マノジャヴァ――体が心のスピードであらゆる望む場所に旅をする。

5　カーマルーパ――一瞬にして望みどおりの姿かたちとなる。

6　パラカーヤプラヴェシャ――一時的に自分の体を離れて、相手が生者であれ死者であれ、他人の体へと入りこむ。

7　スワチチャンダムルトュ――自分の意志で死ぬが、死はその人を支配できない。

8　サハクリダヌダルシャンナム――天上界の神々の遊びを見て、それに参加することができる。

9　ヤターサムカルパ・サムシッディー――なんでも望みのものを手に入れる。

10　アジュニャープラティハターガティー――自分の意図や動きがいっさい妨害されない。

小シッディーは――

1　トリカーラジュニャトヴァム――過去、現在、未来のことを知る。

2　アドヴァンドヴァム――快楽‐痛み、寒さ‐暑さ、柔らかさ‐固さといった二元性の制約を超える。

3　パラチッターディヤビジュニャッター――他人の夢を言い当てたり、心を知ったりする。

4　プラティシュタムバー――火、風、水、武器、毒、太陽の影響を受けない。

5　アパラージャヤー――だれにも負けない。いたるところで勝利する。

＊注2
アーサー・オズボーンは『驚異のサイババ』のなかで、マールゴーサの木の下の墓は前世の師《グル》のものだ、とサイババは語ったと述べている。

ドワールカーマイに坐っているサイババ（絵画）、出典不詳。

サイババと帰依者たち（アブドゥルとその他）、彼のモスク、ドワールカーマイの階段に坐っている。

この写真が撮影されたのは、1916年で、サイババが亡くなる2年前。サイババの右側にいるのはゴーパールラーオ・ブーティー、インドのナーグプルの億万長者。サイババの後ろで傘をもっているのは、帰依者バゴジ・シンデで、サイババが彼のらい病（ハンセン病）の進行を抑えた。サイババの左にいるのは、帰依者のナーナーサーヘブ・ニモンカル。

初期のサイババの肖像写真、シルディにて。

サイババがシルディの市場でビクシャー（托鉢）に回っているところ。

サイババが帰依者たちと坐っている珍しい
写真、1910 ～ 1915 年頃。

サイババのサマーディ（霊廟）、シルディにて、出典不詳。

# 第二章　神秘主義に系譜はない

［1］

サイババの師《グル》がスーフィーだったとすれば、スーフィズムとはどのようなもので、その起源はどこにあるのでしょうか？

他の宗教と同じように、イスラム教にも禁欲と神秘主義に力を入れる流派がありますが、それは人間の魂が究極のリアリティの直接的な体験を求めるからにほかなりません。

神秘主義は伝承されないと言われます。預言者（ムハンマド）はアフサン（預言者の伝統で「神秘的体験」を意味する最初期の用語）を次のように定義しています、「神に祈るとき、神を見つめているように感じて祈りなさい。それができないなら、神に見つめられているように感じなさい」。これ以上よい説明はないでしょう。

外部からの影響がイスラム教神秘主義の運動を呼び起こしたかどうかはともかくとして――その運動の起源は『クルアーン（コーラン）』そのものにまでさかのぼるでしょう――それがイスラム教に深い影響を及ぼしたことは事実です。イスラム教の神秘主義的イデオロギーの全構造が依って立つ二つの基盤は「神への愛」と「神との個人的な接触」です。

スーフィズムには二つの特徴的な傾向が見られます。禁欲主義（苦行）と神秘主義です。初期の神学者のひとり、アル－ハサン・アル－バスリは、羊毛の服を着ることも含めて、スーフィーの苦行者を特徴づける禁欲的修行はイエスやダビデ王に由来すると考えました。事実、このスーフィーという言葉そのものが確かに「羊毛」を意味するアラビア語から来ているのです。そして最初にこの言葉が使われたのは、七七六年頃にこの世を去った、アブー・ハーシムこと、クーファのウスマーン・B・シャーリクに対してだったと信じられています。九世紀半ばまでに、それは苦行者の一般的な呼称となっていました。十世紀には、それは接神論的な意味合いも含むようになりました。

スーフィーの流派は現在のイラクのバスラとクーファに始まり、イスラム世界の全域に広まりました。特にホラーサーン（イラン北東部の州）では、八世紀後半、政治的・宗教的活動の重要な中核となりました。ちなみに、ホラーサーンでは、オーマヤド王朝を転覆する陰謀が図られ、アッバース朝のカリフ統治が確立しました。この辺鄙な地方はかつて仏教の中心地として栄え、高名なイブラーヒーム・B・アドハムは、その苦行への転向がのちのスーフィーたちが好むテーマとなり、しばしばゴータマ仏陀の物語とも比較されました。イスラム教がスーフィズムを通じて仏教から影響を受け、同様に間接的にヒンドゥー教からも影響を受けたのかどうか、いまだ確たる証拠はありませんが、研究に値します。

スーフィズムは、『ウパニシャッド』と同じように、神に到達するための手段として欲望の放棄を求めます。そしてそれが我意（自分の意志）の根絶を求めるのです。いろいろな意味で、個我の普遍的存在への消融（ファナー）はほとんど『ウパニシャッド』的と言ってもいいでしょう。しかし、どちらの言葉も個体性の消滅を意味するものの、ファナーはニルヴァーナと同じではありません。ファナーにはバカー（存続）が伴います――神における永遠の生です。ファナーにはすべての情熱と欲望の滅却が求められます――『ウパニシャッド』の言う「あるがままの五感」の制御です。実際、スーフィズムでは以下のような言葉で説明されてきました――「それは全面的な自己鍛錬である。なにものも所有せず、なにものにも所有されないことだ。諸器官の統制、呼吸の観察だ」。ファナーに到達するために、いくつかの手順が定められていますが、同じものがラージャ・ヨーガにも見られます。最初のステップはすべての情熱と欲望の滅却による魂の倫理的転換（回心）です。第二のステップは心の抽象化、または「神の想い」（ここでの神の想いは、神の属性に黙想することを意味する）に集中することで、心をすべての知覚、思考、活動、感情の対象から消融させることです。第三のステップはすべての意識的思考の停止です。ファナーに達したという意識すら消え去ったとき、ファナーの最高の段階に到達するのです。これがスーフィーが「消融の消融（ファナー‐アル‐ファナー）」と呼ぶものです。スーフィーの神秘家は、サマーディ（三昧）に入ったヒンドゥー教徒のように、今や神の本質の黙想に我を忘れるのです。ファナーの最後の段階は自己からの完全なる消融で、これが神における継続、または神における「永住」、すなわちバカーの幕開けとなります。スーフィーは究極の存在との合一（ファナル・ハック）という目標に向かって邁進し、みずからを旅人（サリーク）と呼び、最終的な目的地への道程（タリーカト）を緩やかな段階（マカーマト）を経ながら進んでいきます。これらの段階はラージャ・ヨーガに示されているものとよく似ています。

究極の目的地への七つの段階があります――悔悟、節制、放棄、清貧、忍耐、神への信頼、そして最後が成就です。この七つの段階がスーフィーの禁欲的で倫理的な実践を構成していますが、同様の心理的な連続性を形成する「状態」（バルの複数形のアブワル）と呼ばれるものと慎重に区別されなければなりません。そのような状態が十あります――瞑想、神への近接、愛、恐れ、希望、憧れ、親密さ、静穏さ、黙想、そして確信です。

スーフィーの考え方は、イブラーヒーム・B・アドハムの物語に多面的に反映されています。あるとき、ひとりの弟子が彼に礼拝の意味するところを尋ねました。彼は答えました、「礼拝は瞑想と沈黙に始まり、それが神の想起（ジクル）を助ける」。別の折に、ある人が文法を学んでいると聞いて、彼は評しました、「その人は沈黙をこそ学ぶべきだ」。彼はこのように祈ったということです、「神よ、あなたは楽園が蚊の羽の重みほども私に値しないことをよくご存じです。あなたが想起によって私に味方し、愛によって私を生き永らえさせ、私があなたに従うことを容易にしてくださるのなら、どうか楽園をあなたが望まれる者にお与えくださいますよう」

仲間の苦行者に向けて、彼はこのような手紙を書きました――

「私はあなたに神を畏れるようにと命じる。神に背いてはいけない、神のみがあなたの希望なのだから。神を畏れよ、神を畏れる者のみが偉大で力強く、空腹は満たされ、渇きはいやされ、心は世界を超えて高まる。肉体は俗世間に住まうように見えながら、真情《ハート》は来たるべき世界に向き合っている……」

しかし、禁欲主義は本来、宇宙に対してかなり冷淡で否定的な態度になりがちです。あの仏陀ですら、スーフィーがそれに言及しはじめる何百年も前に、そのことを見いだしていました。しかし、宗教的感情によって暖められるなら、それは燃えるような情熱へと転換されて、艱難辛苦を楽しみ、忘我の経験を喜ぶようになるのです。思索的理性の探照灯の光を受けて、それは厳しい修行へと変容されます。A・J・アーベリーがその優れたスーフィーの研究書のなかで述べているように、それは紛れもない接神、神智への不可欠な前奏曲なのです。スーフィズムの最終的な発展は、文学、神学、法学、哲学の中心地でもあったバグダードで起こり、そこがスーフィズムのもっとも重要な中心地となりました。初期のスーフィーの一流の著述家で、残された著作が以後のすべての思想傾向にはかり知れない影響を及ぼしたと言っても過言ではないのが、アル-ハーリス・B・アサド・アル-ムハシビです。彼は七八一年にバスラに生まれ、人生の大半をバグダードで過ごしました。アル-ムハシビと同時代の人に、八六一年にエジプトで生まれたドゥル-ヌンがいます。彼はかつてのバスラのラービアがそうだったように、献身的帰依者の情熱的な言葉をもって語りました。それが以後の伝統の方向を定め、スーフィー文学の最大の特徴となったのです。

私が死んでも、私のなかで死なないもの、それは
あなたへの情熱的な愛、そして
私の唯一の願いである、あなたの愛もまた、
私の魂の熱狂を鎮めてくれない。

あなたひとりのために、私の霊魂は泣き叫ぶ、
あなたに、私のすべての野望を向けても、
あなたの豊かさは、それをはるかに上回り、
私の愛は小さく貧しい。

これはスーフィズムのバクティ（信愛）的な局面であり、イスラムの信仰告白をしなかった、インドの多くの人たちに愛されました。ある意味で、スーフィズムはイスラム教とヒンドゥー教の架け橋だったのです。ですから、マラートワーダーがそうだったように、この二つが接触したり衝突したりした地域では、スーフィーのダルヴィーシュ（托鉢僧）とヒンドゥー教のサンニャーシ（托鉢僧）を隔てる境目がしばしば曖昧になるのは避けがたいことでした。スーフィーたちには死の恐怖がありません。彼らもヒンドゥー教の神秘家たちと同じように、死を人間の終わりとは見ていないのです。レイノルド・ニコルソンの言うように、人間の魂の非個人的な不滅性がスーフィーのなかに、死後の個人的な生を熱心に信じる人のような、深く意気揚々とした熱狂を燃え立たせるのです。偉大な神秘家、ジャラールッディーン・ルーミー（1205–1273）は、人間の物質世界での進化と精神的宇宙でのさらなる成長への期待を説明したあとに、神の大海における自己滅却の感動的な祈りを口にします。

私は鉱物として死んで、植物になった。
私は植物として死んで、動物へと成長した。
私は動物として死んで、人間になった。
どうして恐れることがあろうか？　死ぬことでいつ、なにを失ったか？
しかし、もう一度、私は人間として死んで、舞い上がろう

天使の祝福とともに、がしかし、天使の存在をも超えて
私は進み行かねばならぬ、神以外のすべてが滅びるまで。
天使の魂を生贄《いけにえ》にしたとき、
私は心がかつて考えなかったものになる。
おお、私を存在させたもうな！　なぜなら、非存在は
らっぱの響きもて宣言するからだ――「神のもとへと、われらは還《かえ》る」

スーフィーたちがもっとも渇望したこの境地を、ファナーと呼ぼうが、ニルヴァーナと呼ぼうが、モークシャと呼ぼうが、なんの違いがあるでしょうか？　サイババの出自がヒンドゥーなのか、ムスリムなのか、しばしば多くの人が戸惑うのも驚くには当たらないのではないでしょうか？

［2］

中世のデカン高原に目を向けて、当時のマラートワーダーがどんなところだったかを知れば、サイババが生まれて暮らした社会のありようをもっとよく理解し、評価できるのではないでしょうか。

一二九六年、アラーウッディーン・ハルジーはデーヴァギリーのヤーダヴァ王国に攻め入り、ラーマデーヴァ王を打ち破りました。デーヴァギリーは併合されて、一三一三年にハルジー朝の支配下となります。一三一三年から一三四七年まで、デーヴァギリーはハルジー朝とトゥグルク朝に支配されました。ムハンマド・ビン・トゥグルクの常軌を逸した支配に嫌気がさして、配下のエミール（王族）たちが蜂起し、帝国の騎馬隊を見事に打ち破り、彼らはデカン高原からの撤退を余儀なくされました。一三四七年八月三日、ハサンは、アブドゥル－ムザファー・アラーウッディーン・バフマン・シャーとして、ダウラターバード（かつてのデーヴァギリー）で即位しました。

この時期のことは、H・K・シェルワーニ教授とP・M・ジョーシー博士が著した『中世デカン史』第一巻に詳述されています。このような内容です——

「一三一八年から一三四七年まで（バフマニー朝の成立）の時期は不安と動乱の時代だった。この時期、人びとは異民族支配の悲哀を味わい、詩聖ナーマデーヴァは『地上はダイティヤ（阿修羅）の圧制下にある』と述べ、たびたび偶像破壊と寺院破壊に言及した。この時期にはマハヌバーヴァー派（ヒンドゥー教）はほとんど全面的に禁止された。十三世紀末から十四世紀初頭にかけて、多数のムスリムの聖者や聖人がデリーからデカン高原へと流入したと見られる。これらは別々の教団のスーフィーの聖職者たちだった。伝説によると、一三〇〇年、デリーのクワジャ・ニザームッディーン・アウリアの勧めで、七〇〇人のスーフィーの一団がデリーを出発し、南へと下ってデカンのあちこちの中心地に定着した。この伝道団の指導者は、マムタジャブッディーン・ザルザリ・ザル・バクシュで、彼自身はダウラターバード郊外のクルダーバードに定住し、一三〇九年八月十五日に亡くなった。彼はヤーダヴァ朝の地方下級官吏の娘、ソーナーバイーという少女と結婚したとされる。彼が亡くなると、兄のブルハーヌッディーン・ガリブ・シャーが、ニザームッディーン・アウリアの指示によりデカンに赴任した。一三〇九年、ブルハーヌッディーン指揮下のスーフィーの聖職者たちが、デカンに波のように押し寄せ、南部全域に広まった。このスーフィーたちの使命はマハーラーシュトラやさらに南までイスラム教を広め、普及させることだった。ブルハーヌッディーンは、一三三八年、ダウラターバードで亡くなった。この頃までに、デカンでは、ムスリムの支配が確立した。これらの伝道団は非ムスリムの信奉者たちを獲得したが、彼らの全員がイスラム教に改宗したわけではなかった。彼らの活動がマハーラーシュトラのムスリム支配の安定に寄与したことは疑う余地がない。とはいえ、最初のうち、イスラムへの改宗は任意だったが、のちに、政治権力がムスリム勢力に移行するにつれ、伝道団や支配者たちの改宗の方針も、おそらく比較的強制力を伴ったものになっただろう」

ムスリム聖職者たちはデカンの町や村に定住し、ハルジーの侵入前、多くの帰依者たちを惹きつけました。十四世紀から十五世紀にかけて、デカンにやってきたムスリム聖者たちのドゥールガー（聖廟）もまた聖地となり、多くの信奉者たちを得ました。デカンでもっとも重要で広く崇敬されるスーフィーの聖者、サイイド・ムハンマド・ゲス・ダラズの聖廟は、アハマド・シャー・ワーリーがグルバルガーに建立した美しい記念碑ですが、広く各地に散らばった帰依者たちの巡礼の中心地となりました。

デカン高原でスーフィーの存在感が増すにつれて、二つの傾向が生まれました。ひとつは普遍的なもので、スーフィズムと土着信仰の奇妙な混交が見られました。もうひとつは異教を強いられる状況下で、自分たちの信仰を守ろうとする深い衝動が、ヒンドゥー教徒たちのなかに起こってきました。マハーラーシュトラの聖者たちの大半が、マラートワーダー出身であることがそれを裏付けています。

ガンガープルの聖者、ナラシンハ・サラスワティーは、万人から慕われる敬虔な信仰の人でしたが、この時代を生きた彼はスーフィズムの影響を受けていると思われます。『中世デカン史』の記録によれば、ナラシンハ・サラスワティーは、ダッタートレーヤー・サンプラダーヤーの名でも知られる、敬虔なダッタートレーヤー派の唱道者でした。ダッタートレーヤー神はいにしえの神ですが、ナラシンハ・サラスワティーが、その礼拝を復活させ、みずからが生きた時代、つまり十五世紀後半の要求に見合うようにサンプラダーヤー（宗派）の礎を築きました。彼の社会的・宗教的動勢への貢献となるのは、この教団の仕組みをヒンドゥー教の多様な各派のみならず、ムスリムの人たちにも受け容れられるように改変し、手心を加えたということでしょう。ここで忘れてならないのは、このムスリムの多くは改宗したばかりの人たちだったということです。この神はムスリムには「シャー・ファキール」の名で知られるようになり、多くの信奉者を集めました。ダッタートレーヤーは、言い伝えによると、帰依者にはマラング（ダルヴィーシュ）の姿に見えたということです。またデカンの多くの中心地で知られるシャーダッタ・アラマ・プラブー神ですが、この神はリンガーヤト（ヴィーラサイヴァ）、ムスリムたち、アーナンド・サンプラダーヤー、ギリー－ゴーサーイといった、デカンの多様な地域社会に見られる宗教的信仰に統合をもたらす手段となったのです。同じダウラターバードのビール地区のシャーガルはシャー・ファキールの本拠地となりました。チャンド・ボダーレは、スーフィーの聖職者で、ジャナールダナー・スワミの宗教上の教師ですが、シャーダッタ・アラマ・プラブー神の生まれ変わりとみなされています。この称号は、ちなみに、リンガーヤト派の神の概念である、シャーダッタ・アラマ・プラブーとつながりがあります。リンガーヤト派はアハマド・シャー・ワーリーの計らいで厚遇されました。この教派の信奉者たちのアハマド・シャー一世への献身的愛情は今日も続いています。「ワーリーのウルス（命日）」には儀式が執り行われ、ジャーンガーム、すなわちリンガーヤト派の僧侶は重要な参列者のひとりです。

このすべてがサイババ自身の――もしそのように呼べるものなら――普遍主義に少なからぬ光を投げかけています。というのも、サイババはこの普遍主義的な雰囲気に満ちみちた風土に生きていたからです。ラーマチャンドラ・チンタマン・ダーは、マラーティー語の名著『ダッタ・サンプラダーヤーチャ・イティハース』のなかで次のように証言しています――「ダッタートレーヤー神はダッター・サンプラダーヤーの統合の象徴であり、シャイヴァとヴァイシュナヴ（シヴァ派とヴィシュヌ派）の統合が前述のサンプラダーヤーでなされたのと同じように、ヒンドゥーとムスリムを統合する試みがなされたのだった。この試みがシュリ・ナラシンハ・サラスワティーの生涯にすでに始まっていたことには驚かされる。その後、ダッター・ウパーサナー（礼拝）という背景のなかで、ジャナールダナー・スワミとエクナースの存命中に同様のヒンドゥーとムスリムの統合が図られた。チャンド・ボダーレは、ジャナールダナー・スワミの師《グル》で、カディーリッヤ分派に属していた。チャンド・ボダーレのムスリムの弟子のひとり、シャイフ・モハマッドはマラーティー語でヨーガとバクティの解説書『ヨーガサングラマ』を著した。ジャナールダナー・スワミは、ムスリム王朝に仕えたが、ダッタートレーヤーへの傾倒がムスリムの支配者たちに影響を及ぼし、その時代は金曜日ではなく木曜日が週の休日とされた。ジャナールダナー・スワミはダウラターバード・フォートに師《グル》のサマーディ（墓）を建立した。フマナバードのマネク・プラブー（1817–1865）は、ダッタートレーヤーの生まれ変わりとされ、信徒には大勢のムスリムがいた。しかしながら、統合の試みは惜しくも成功しなかった。ムスリムの信徒たちは、ダッター・サンプラダーヤーの哲学ではなく、ダッター・サンプラダーヤーのシッダー（悟りを得た人）たちをとりまく奇跡や驚くべき超自然的パワーの雰囲気《オーラ》に惹きつけられたのだった。ムスリムの信徒たちはシッダーは崇敬したものの、他の信仰をもつグル-バーンドゥー（師《グル》の兄弟弟子）とはその地位にかかわらず交流をもたなかった。シュリ・ナラシンハ・サラスワティーの生涯もそのことを裏付けている。マネク・ブラブーは、伝記によると、この現状にひどく心を痛め、失望していたようだ。ムスリムの一部の習慣が統合によってダッター・サンプラダーヤーに取り入れられた。香を焚く習慣もムスリムの宗教施設の雰囲気の再現かもしれない。ダッタートレーヤーは、ダルシャンでは、マラングの姿となってジャナールダナー・スワミやエクナースの前に現出したし、ニランジャン・ラグーナースの弟子ナーラーヤン・マハラジ・ジャルヴァンカルの前にはファキールの姿となって現れたということだ。ダッタートレーヤー神は、ヒンドゥー教徒の統合への要求を反映し、そうしたムスリムの姿をとらねばならなかったのだろう」

では次に、アブドゥルという人物の証言を見てみましょう。彼はサイババの帰依者にして従者で、いっしょに何年も暮らしていたため、彼を間近で見守る機会に恵まれました。アブドゥルは、ババの誕生から三十年後、一八六九年に生まれましたが、最初はナーンデードのアミールッディン・ファキールの従者をしていました。神秘的な出来事が起こったのは、伝えられるところによると、一八八九年のことでした。サイババがアミールッディンの夢のなかに現れて、さらに物質化した二人の現実の人間がその夢のなかに入ってきたのです。ババは、アブドゥルを彼らに預けて、シルディに行かせるようにと、アミールッディンに告げました。

アブドゥルがシルディにやってきたとき、ババは大きな声で言いました、「私の牝牛がやってきたぞ!」ババは最初からアブドゥルに儀式の手伝いの仕事をさせました。レンディ、マスジド、チャヴァリなど、シルディの五つの場所の灯明の火を絶やさないことが、アブドゥルの役目でした。サイババがレンディに行くときには、アブドゥルは水を満たした二つの水瓶をもって師に従いました。サイババはレンディではナンダディープ（土器のランプ）の前に坐って複数の方角に水をささげました。サイババはほかにも多くの役割をアブドゥルに与えました——マスジドやチャヴァリ近くの道路をすべてほうきで掃き清め、北の境界近くの小川でサイババの衣服を洗い、水汲みに行くといった仕事です。またアブドゥルは路上の人間由来のごみの掃除も任されていました。どんなにつまらない仕事でも、アブドゥルには気軽に任せることができました。こうした奉仕に対して、サイババはアブドゥルの霊的成長の責任を負っていました。アブドゥルはババの横に坐って『クルアーン（コーラン）』を読みました。ときにはババは『クルアーン』をみずから開き、アブドゥルにそこを読むようにと指示したり、彼自身がそのスーラ（章）を唱えることもありました。またサイババはときおり、アブドゥルに寝ずの番で『クルアーン』を読みつづけるようにと求めました。食事でどれだけ料理を食べてよいかといったことまで、アブドゥルはババの指示に従ったのです。アブドゥルのババへの明け渡しは全面的なものでした。

アブドゥルは自分の考えを小学校教師に語り、教師がそれをウルドゥー語に書き止めました。このアブドゥルのウルドゥー語の未刊行の著作を読むとわかりますが、サイババには博識なムスリムの聖職者やスーフィーのシャイフ（賢人）に負けず劣らずのスーフィズム、『クルアーン（コーラン）』、『シーラ（預言者ムハンマドの伝記）』、スンナ（彼の律法）、ハディース（その言行録）、ファカー（ダルマシャーストラ＝法典）、シャリーア（法律）、タリーカ（スーフィー教団）などなど、イスラムの宗教や文明について深い造詣があったことは疑う余地がありません。ババは『ヴェーダ』や『ウパニシャッド』や『ギーター』やプラークリット語（古代インドの北部や中部に存在した方言で、サンスクリット語と並立した）の聖者たちの著作について説明するのと同じように、イスラムの著作も詳細な意味をも含めて自在に引用することができました。ババは『カディーリッヤ』、『チシュティーヤ』、『スフラワルディーヤ』、『ナクシュバンディー』といったスーフィー教団のシャイフ（賢人）たちの著作も熟知していたのです。じつのところ、ババの知識の幅広さは驚異的で非の打ちどころがないものでした。アブドゥルの原稿に次のような言明が見られます、「友よ、サイババの内なる心をはかり知ることができようか、サイババの外なる見かけ（体）さえ知ることができないのに？　彼がムスリムだと言うなら、耳のピアスの穴はどうなるのか。ヒンドゥーだと言うなら、マスジドに暮らし、アッラーフ・マーリクの名を唱え、プラサード（聖餐）に肉料理を供したことはどうなのか。彼は内なる存在で、『ヴェーダ』、『プラーナ』、『ギーター』、『クルアーン』、『ファカー』、そのいずれを黙想するのだろうか？　神のみがご存知だ。サイババのリーラ（遊び）はそれほどすばらしいものなのだ。私のかつての主人、ムスリムの帰依者アミールが、サイババの賛歌を歌いたいと願っても、彼にその器量があっただろうか？　サイババのドゥルバール（会堂）はカランダリー（ムスリムのファキール）のそれだ。ヒンドゥー聖者のマト（学堂）ではない。私、僕《しもべ》なるアブドゥルは、彼をムルシド（グル）として慕う」

ババのヒンドゥーとイスラム双方の聖典への深い知識についてなんらかの説明があってもおかしくはありません。彼が生きていた時代を思い出してみるのもむだではないでしょう。彼は読み書きができなかったとされています。しかし、アブドゥルの言葉を信じるなら、ババは経文を唱えることができました。暗記していたのでなければ、どうやってそれらを詠唱できたのでしょうか？　だれが彼にそうしたことを教えたのでしょうか？

彼は十二年間の大半を学識あるファキールの弟子として過ごし、書物を通じてではなくすべて記憶力によって、その期間に師から多くのことを学んだ、と信じる人も少なくありません。これはもちろん古代インドのスムルティとシュルティ、記憶と詠唱の伝統にはよく見られたことです。一方で、ババはすべてを知っていたのだから、習う必要はなかったのだ、という結論に達する人もいるでしょう。最初の想定のほうが現実味はあります。

このことで大事なポイントは、彼はヒンドゥー教とイスラム教双方の哲学と伝統に造詣が深く、どちらにも違和感をもっていなかったということです。どちらもそのありのままに敬意を払い、異なる信仰をもつ人にも寛容で慈悲深くあれと、言葉だけでなく身をもって示したのです。彼のもとへヒンドゥー教からイスラム教へと改宗した人がやってくると、その顔をひっぱたいて言ったそうです、「おまえさんは、父親を取り替えて恥ずかしくないのかね？」同様にイスラム教からヒンドゥー教へと改宗した人がやってきたら、やはり同じような態度で、彼を叱りつけたことでしょう。

［3］

サイババはマハーラーシュトラの歴史や文化と分かちがたく結びついている聖者たちの豊かな伝統を受け継いでいます。ババが長いあいだムスリムに支配されていた、マラートワーダーに生まれたことも天の配剤だったと言えるでしょう。

マハーラーシュトラとカルナータカとティラングーアーンドラがいっしょになってひとつのデカン高原を形成しています。この三つの州はシャーリバーハナ・シャカという同じ暦法を用い、共通の文化基盤をもっています。十一世紀から十二世紀にかけて、サータヴァーハナ、ラーシュトラクータ、チャールキヤといった王朝がデカンを支配しました。これらの王朝の支配者たちの英雄的戦いや善政は今や忘却の彼方にありますが、エローラやアジャンターの石窟、バーダーミやアイホーレやパッタダカルの寺院群、ナーガールジュナコンダやアムラーワティーのストゥーパや建築物が今でも残されています。デカンはインドの建築様式が生まれた場所とも言われています。

十二世紀後半以来、マハーラーシュトラ高原の支配の中心地となったのが古代の城塞都市デーヴァギリー、現代のダウラターバードでした。この都市を築いたのがヤーダヴァ王国の創立者ビッラナで、彼が一一九一年に亡くなると、ジャイパルが跡を継ぎ、一二一〇年まで支配しました。それに続いたのがさらに強大な君主シンガーナーで、はるか北のマトゥラーやカーシーの王たちと戦い、マールワーを征服し、南はコーヴェリ川まで覇権を拡大し、そこに戦勝記念塔を建てました――当時のこの地域にあっては画期的な業績でした。

十三世紀末にかけて、デカンでは才能のすばらしい開花が見られました。サント・ジュニャーネシュワルは『ギーター』の不朽の注釈書を著し、それは『ジュニャーネシュワリ』（邦訳『ジュニャーネーシュヴァリー』）の名で知られています。一部の学者は『ジュニャーネシュワリ』にはコンカニ語が見られると主張していますが、マラーティー語で書かれた最初の重要な文学作品でした。確かに、この本が書かれたのはマラーティー語とコンカニ語が別々の道を歩みはじめた時代でした。ジュニャーネシュワルがマラーティー語の父とみなされるのも当然のことです。

次にハルジー朝が舞台に登場し、ムスリムの支配が本格的に始まります。一三一八年から一三四七年にかけて、デーヴァギリーはハルジー朝とトゥグルク朝に支配され、ほかのムスリム支配者がこれに続きました。

しかしながら、十四世紀、デカンの歴史に新たな時代の幕が切って落とされました。一三一八年から三〇〇年余り、シヴァジ率いるマラーター族が蜂起するまで、デカン全域、トウンガバドラー川の北側はムスリムのスルターン（君主）たちの支配下に置かれたのです。

彼らの統治スタイルにさほど大きな違いはありませんでした。殺人はふつうに行われることで、権力の座に上り詰めるためのれっきとした手法でした。かくしてムハンマド・ガーワーン、バフマニー王国のワズィール（宰相）が一四八一年に殺害されると、政権は急速に支配力を失っていきました。この宰相の強烈な個性で多少は取り除かれていた不調和な要素がかつて見られなかった勢いで一気に噴出し、王国崩壊のプロセスに拍車をかけました。

バフマニー朝のスルターンたちはだんだんと操り人形にすぎないものとなっていきました。こうして最終的に五つの州が勃興し、いわゆるデカン・スルターン王朝が成立します——ビーダルのブリード・シャーヒー王朝、ベラールのイマード・シャーヒー王朝、アハマドナガルのニザーム・シャーヒー王朝、ビジャープルのアーディル・シャーヒー王朝とゴールコンダのクトゥブ・シャーヒー王朝です。

ここで「バフマニー」という言葉の由来に触れておきましょう。ドイツの歴史学者ウィルヘルム・フォン・ポッホハマーによると、ムスリム・デカン王国の創始者はとても風変わりな性格の人でした。生まれながらのムスリムでしたが、インドの土地に生まれたために、ひとりのブラフミンに育てられました。後者への感謝から、本来の名前をガングー（彼の教師の名前）へと変えて、さらに名字をバフマニー（"Brahmani" の "r" が落ちたもの）としたのです。

フォン・ポッホハマーによれば、バフマニー朝の初代支配者は「ヒンドゥーとムスリムが共に暮らすことから生まれた混合タイプを象徴する」ものでした。この時代に進行していた「統合」を思い出す人もいるでしょう。実際、ベラールやアハマドナガル王国の創始者は由緒正しいブラフミン家系の出身で、便宜的な理由からイスラム教へと改宗したのです。

デカン・スルターン王朝は南への拡大を望みましたが、ムスリムの拡張を食い止めることが自分たちの最大の責務と考える、ヴィージャヤナガール帝国によって阻止されました。「しかしながら、伝えられるところによると」とポッホハマーは書いています、「人びとをイスラムから改宗させる真剣な試みはなされなかった。最前線に立っていたのは武力政治だった」。ヒンドゥー帝国の勢力の伸長は、潜在力がヒンドゥーに劣っているムスリム諸国の存続にとっては脅威でしたし、国が分裂するにつれて、さらにその勢力は弱まっていきました。ポッホハマーは述べています、「当初は、バフマニー朝の支配者たちが金品を欲しがっていたために、財宝を略奪し持ち去ることが彼らの主な仕事となっていた。宗教的な信徒の争奪戦は、民衆の大量殺戮という結果を呼び起こしたが、これらの王国が政治的な理由からヒンドゥーの対抗勢力に属する諸王国との同盟関係に入るにつれて、いつしか沈静化し、やがてまったく見られなくなっていった」

とはいえ、ヒンドゥーとムスリムの相互への影響は多くの時代に友好的な形で存在したのです。そのため、ビジャープルのスルターン、ユースフ・アーディル・シャーはパルデシ（外国出身のムスリム）でしたが、マラーター族の女性と結婚し、自国を偉大な宰相ムハンマド・ガーワーンに倣って統治し、国務にヒンドゥーたちを採用し、「宗教的寛容の原則を実践に移した、デカンでは最初のムスリム支配者のひとりとみなされる」のです。しかし、とはいっても、国教はペルシアからもちこまれたシーア派のイスラムでした。その後継者のひとり、イブラーヒーム・アーディル・シャー（1534–1557）は隣国のヴィージャヤーナガールの皇帝を公式訪問したほどでした。これはムスリムの支配者がヒンドゥーの支配者を同等に扱った最初の事例です。

十四世紀から十五世紀にかけて、ヒンドゥーとムスリムの関係は良いときもあれば悪いときもありました。一三一八年から一三四七年までは異民族支配による不安と動乱の時代でした。聖ナーマデーヴァがやむにやまれず「地上はダイティヤ（阿修羅）の圧制下にある」と述べたほどです。しかし、少なくとも記録によれば、あるムスリム知事が一三二六年に、カリヤニのマドゥケシュワラ寺院にシヴァ・リンガを再安置し、礼拝を続けるようにと命じています。

それから、アラーウッディーン・アハマド二世という王は「ヒンドゥーの廷臣たちを大いに重用したので、死の床にある王をガンガープルの聖者が見舞った」ということです。『中世デカン史』によると、『グルチャリトラ』は、カーストに属さないこのスルターンを褒め称えて、人びとをカーストや信仰によって区別することなく、寛大さを示した情け深い支配者として描いています。とはいうものの、ヒンドゥー教徒たちは、異民族の支配者が牛を屠殺したり、「ときたま聖像破壊にふける」ことに衝撃を受けました。

歴史を学ぶ学生たちには、デカン・スルターン王朝とヴィージャヤナガール帝国の勢力争いはおなじみのものですが、両者の究極のせめぎあいが、ターリコータの戦いと首都ハンピの破壊を招きました。多くの寺院が灰燼《かいじん》に帰し、聖像が破壊されたのです。

デカン・スルターン王朝もまた、北からムガルの勢力が押し寄せて過去のものとなりました。一六三六年、ニザーム・シャーヒー王国が地上から姿を消しました。ビジャープル王国は独立を失い、一六八六年にムガル帝国の一部になりました。ゴールコンダも一年後の一六八七年に同じ運命をたどりました。

ムガル帝国の皇帝ファッルフ・シヤルの治世下に、ニザウル－ムルク・アーシフ・ジャーが、一七二五年、ハイダラーバードの終身総督に就任しました。一七三七年かその前後、ムハンマド・シャーの治世下に、アーシフ・ジャーはムガル帝国から離脱し、みずからを独立した王と名乗りました（ニザーム王朝）。マラートワーダーはアウランガーバード、ジャールナー、パルバニー、ビード、ナーンデード、ラートゥル、ウスマーナーバードの七地区から構成され、ベラールはバルダーナ、アコーラー、アムラーワティー、ヤヴァトマール地区から成りますが、いずれもニザーム自治領の一部となりました。

ニザームと彼の領土に関しては、ウォレン・ヘースティングズ（初代インド総督）の一七八四年の記述からいくらかの手がかりが得られます。ニザームについて、彼は書いています、「彼の領土は狭小で、財源は乏しい。軍事力は見るに堪えないものと評される。彼自身、人生のどの時期においても個人的勇気や進取の気性を発揮したという噂を聞かない。それどころか、近隣諸国の戦意を助長し、彼らの弱みと混乱につけ込んで、一方で対立陣営のどちらにも加わろうとはせず、開戦の好機に乗じるどころか、屈辱的譲歩に甘んじることが、彼の常日頃からの統治の大原則となっているかのようだ」

初代のニザームだけでなく、その後継者もまた、「最初の独立戦争」とも称される、セポイの反乱が鎮圧されて、インド全域が英国の宗主領となることが確定するまで、デカンの政治的な鍋を煮えたぎるにまかせていたのです。一八五七年、ババはまだ十九歳になったばかりでした。

〔4〕

サイババはジュニャーネシュワルに始まるマハーラーシュトラの聖者たちの伝統の継承者でした。ジュニャーナデーヴァの時代のマハーラーシュトラは、いまだムスリムの侵略者に悩まされていない、自由なマハーラーシュトラでした。デーヴァギリーの王たちはまだ主権をもっていました。ジュニャーナデーヴァが生きた時代、デーヴァギリーの支配者はヤーダヴァ朝のラーマデーヴァでしたが、彼は学問の偉大なパトロンでした。この時期について、R・D・ラーナデー（哲人）は書いています、「全体的に見て、ジュニャーナデーヴァの時代に先立つマハーラーシュトラは自由な空気の、外敵に悩まされない、繁栄するマハーラーシュトラだった。血なまぐさい対立に支配されず、すべてが調和していた」

ジュニャーナデーヴァ（ジュニャーネシュワル）が舞台に登場したとき、マハーラーシュトラはムクンダラージャの治世下でしたが、この王はヴェーダーンタの原理を人びとの言語、マラーティー語へと移し替える最初の組織的な試みを行いました。彼は著書『パラマームリター』で、肉体、微細体、原因体の本性や、その他の主題について論じています。しかしながら、ムクンダラージャはたんに哲学者であるのみならず聖者でもあったのです。その著書の第九章では、神に到達する実践的な道をヨーギのような語り口で説き、十二章では、霊的な経験から起こってくる大いなる至福について語っています。

ジュニャーナデーヴァは一二七五年に生まれました。彼の誕生年についてはいくらか議論があります。一部の歴史学者は、彼は一二七一年に生まれたと考えています。彼が傑作『ジュニャーネシュワリ』を著したのが一二九〇年という点では衆目が一致しています。一二七一年に生まれたとすれば、彼がこの本を著したのは十九歳ということになり、一二七五年に生まれたとすれば、『ジュニャーネシュワリ』を書いたとき、彼はたったの十五歳だったということになります。ラーナデーは「ジュニャーナデーヴァがあの偉大な書物をわずか十五歳で書くなど人間業とは思えない」と主張しています。そしてこうつけ加えています、「十九歳の少年だとしても、あのような不朽の名作を著すことは容易ではなかっただろう。だが、この二つの日付のいずれかしか選べないとしたら、この書物を著したとき、彼は十五歳ではなく、十九歳だったと見るのが妥当だろう」。ジュニャーナデーヴァの兄は彼の師《グル》でもあったニヴリッティナーサ（1273–1297）ですが、その後にソパン（1277–1296）、ムクタバイー（1279–1297）、ナーマデーヴァ（1270–1350）、エクナース（1533–1599）、トゥカラーム（1608–1650）といった人たちが続きます。しかしながら、ババが登場する前、マハーラーシュトラの偉大な聖者たちの系譜の最後に来るのがラーマダーサ（1608–1681）です。

しかし、ジュニャーナデーヴァ以前すでに、この地には二つの強大な宗教勢力が生まれていました――第一にマハヌバーヴァー派の諸文献と影響、もうひとつはナーサ派の偉大なヨーガの伝統です。ラーナデーはマハヌバーヴァー派の宗教への貢献は「例外的なもの」で、ジュニャーナデーヴァは「実質的にこの伝統になにひとつ負うところはなく」、本来の『ウパニシャッド』、『ギーター』や『バーガヴァタ』に回帰したにすぎないと述べています。マハヌバーヴァー派に関しては意見が錯綜し、ある人たちは彼らはカースト制度、アーシュラマ（四住期）、ヤジニャ（儀式）のための動物の屠殺を信じなかったと考えていますが、ある人たちはまったく正反対の見方をしています。マハヌバーヴァー派は唯一の神クリシュナを信じ、パンダルプルのヴィッタラすら信じませんでした。しかしながら、ラーナデーは言っています、「マハヌバーヴァー派は、その時代にはきわめて大きな影響力をもっていたが、ジュニャーナデーヴァは、彼らの敵であるか味方であるかというよりも、より寛容なリベラルな観点に立って、ヒンドゥー教の源泉に回帰したのであり、そのことに反駁の余地はない」

ナーサ派の影響、ヨーガ的なそれは、ジュニャーナデーヴァの時代以前から全国に広まっていました。ジュニャーナデーヴァはそれから大きな影響を受け、それが彼の著作にも反映していると言われています。どんな事情があるにしても、ニヴリッティナーサとジュニャーナデーヴァが偉大なガヒニナーサの同じ宗教的系譜から来ていることは確かです。それはニヴリッティナーサもジュニャーナデーヴァもみずからの著書のなかで一方ならず認めているところです。ニヴリッティナーサはその宗教的知識をガヒニナーサから授けられ、ガヒニナーサはゴーラカナーサから、ゴーラカナーサはマチェンドラナーサから、それぞれに教えを受けました。しかしながら、マチェンドラナーサとゴーラカナーサが実際に生きていた時代がいつなのか、歴史的な証拠はありません。

ジュニャーナデーヴァは四巻の優れた書物を著しました――かの『ジュニャーネシュワリ』と、『アムリターヌバーヴァ』、『アバンガ』、そして『チャンガデーヴァ・パサシュティ』です。ジュニャーナデーヴァはみずからの師《グル》をもっとも崇敬していました。彼はこう述べています、「太陽に輝きをつけ加えることができようか？　カルパタルの木を花で飾ることができようか？　樟脳に香りを足すことができようか？　白檀の木をさらに香り高くすることなど、どうしてできようか？　真珠の光沢を増すことなど、だれにできようか？　それとも、銀を磨いて金にする方法があるのだろうか？　人は沈黙にとどまり、師の足元に静かに額づいたほうがいい」

『ジュニャーネシュワリ』は実質的に注釈書であり、原典である『バガヴァッド・ギーター』の底流の形而上学的な文脈を踏襲しています。プラクリティ（物質）とプルシャ（精神）の関係は『ギーター』の形而上学のもっとも重要な要素ですが、これが『ジュニャーネシュワリ』の形而上学の礎石のひとつともなっています。ジュニャーネシュワルはクシャラ（変化）とアクシャラ（不変）、パラマートマーン（大我）の問題を当の『ギーター』から借用しています。またジュニャーネシュワルは輪廻転生の教義を説いていますが、これは人間の心理的特質、サットヴィカ（純質）、ラージャサ（激質）、ターマサ（惰質）の分析と密接にかかわっています。そして「神の全体は知りえない」とジュニャーネシュワルは主張します。この点についても、彼は述べています、「子宮の胎児が母親の年齢を知りえないように、海の生き物が海の広大さをはかり知れないように、蠅が天上界に上れないように……賢者たちや神々、地上のすべての存在、『私』から生まれた者たちは、『私』を知ることができない」

この見識の驚くべき広範さ、その完全無欠な形而上学と卓越した思索のプロセス、いかなる言語のいかなる作品も『ジュニャーネシュワリ』をしのぐことができません。ジュニャーネシュワルは行為（カルマ）の教義を説きます。十八章の有名な一節で「人は自分に求められるすべての行いを実践するべきだ」と述べています。彼は言っています、「旅人が先行者の足跡が示す道からけっして外れてはならないように、川の対岸に渡りきるまで舟から降りてはならないように、プランテーン（調理用バナナ）の木がプランテーンを実らせるまで切り倒してはならないように、失くしたものが見つかるまで灯明を脇に置いてはいけないように、それと同じように、自己の知識が完全に定まるまで、犠牲的な行為にも冷淡になるべきではない」

とはいえ、『アムリターヌバーヴァ』では、ジュニャーナデーヴァはその哲学的教えを、詩的イメージを見事なまでに駆使して説き尽くし、ラーナデーは「マラーティー文学における最高の哲学的著作のひとつ」と評しています。

ジュニャーナデーヴァにはニヴリッティとソパンという二人の兄弟と、ムクタバイーという姉妹がいました。彼らがどのように社会から迫害されたのか、そしてジュニャーナデーヴァが起こした奇跡について、いくつかの物語が伝えられています。ジュニャーナデーヴァはごく若い年齢でサマーディ（三昧）を得ました。彼の兄弟姉妹もまもなく彼に続きました。ジュニャーナデーヴァのサマーディ（墓所）はアランディにあります。彼の後にはソパンが、次にムクタバイーが続きました。最後に逝ったのはニヴリッティナーサでした。ソパンのサマーディはササワッドにあり、ムクタバイーのものはエダラーバードに、ニヴリッティナーサのものはトリアムバケシュワールにあります。

在家の聖者ヴィッタルパントの四人の子どものなかでは、もちろん、ジュニャーナデーヴァが他の兄弟たちより抜きん出ていました。ムクタバイーはインドの女性神秘家詩人のなかでもっとも優れているとみなされています。この系譜の最後に来るチャンガデーヴァは、ヨーガの神通力に明け暮れる人生など、真に神秘的な神の成就の前ではいかに色褪せてしまうかの見事な実例だと言えましょう。ファーカー（英国の劇作家）がジュニャーナデーヴァをマラーター地方のバクティ運動の「コリュパイオス（ギリシア語で指導者）」と呼んでいるのもまさに当を得ています。確かに、ジュニャーナデーヴァの『ギーター』の注釈は、かの不滅の詩歌への存在する最高の注釈書とみなされています。

ジュニャーナデーヴァの同時代人にナーマデーヴァがいます。事実上、ナーマデーヴァはジュニャーナデーヴァがこの世を去ったずっとあとまで、ヴィッタラ・サンプラダーヤー（教派）を守っていくことになりました。ナーマデーヴァはジュニャーナデーヴァとほぼ同時代に生まれましたが、その後、半世紀以上も生きることになり、そのあいだにパンダルプルのヴィッタラ・サンプラダーヤーの中心人物となりました。パンダルプルが大いに重要さを増したのも彼の時代でした。

ジュニャーナデーヴァとナーマデーヴァは同時代人だっただけでなく、宗教的なサンプラダーヤー（派閥）の兄弟でもあり、パンダルプルからいっしょに巡礼の旅へと出ました。ジュニャーネシュワルの一二九六年十月八日のサマーディ（逝去）のあと、ナーマデーヴァは再びバクティの教えを伝えようと北へ向かいました。彼は二十一年間もパンジャーブにとどまり、ヴィシュヌスワミ派の多くの弟子たちを育てました。バハルダース、ジャッロ、ラッダ、ケソといった人たちが一番弟子でした。パンジャーブのグルダースプル地方のグマンにはナーマデーヴァのスマラクマンディル寺院があり、「グルドワラ・ババ・ナーマデーヴァジ」の名で親しまれ、毎年、マグナ月（一月から二月）の明るい月相の二日目に大きな市が開かれます。ナーマデーヴァはヒンディー語で多くのパーラーをうたい、そのうちの六十一編がシーク教の聖典『グル・グラーンターサーヘブ』に収録されています。彼が北インドの後世の聖者たちに影響を与えたことは、ラーマナンダ、カビール、ナーナク、ラヴィダース、ペーパなどの著作に彼への言及があることからもうかがえます。ジュニャーナデーヴァのように、ナーマデーヴァもまたアバング（宗教詩）を書きましたが、これらのアバングの原文は残されていません。ラーナデーはナーマデーヴァのアバングの信頼に足る集成はいまだ編まれていないと述べています。ラーナーマデーヴァのこの二十六年のあいだに、アラーウッディーン・ハルジーがデカンへと侵攻（一二九六年）しました。これがマラーター人の心に長く影響をとどめることになったのです。

人生の早い時期、仕立て屋カーストのナーマデーヴァは無法な生活に明け暮れ、八十四人の騎馬兵を殺したこともありました――もちろん、彼の勇敢さを示すためにつくられた伝説にすぎませんが。のちにナーマデーヴァはみずからの悪行を悔いて、神の帰依者となりました。彼は初期のキールタン（賛歌）演者のもっとも有名なひとりになりました。かつてどの聖者も行わなかったことですが、彼はパンダリーのサンプラダーヤー（宗派）の創始者となりました。ナーマデーヴァは至るところに神を見たので、ありとあらゆる奇跡が彼の名前に帰されています。あるとき、彼が一切れのパンを食べていると、犬が目の前に現れて、その欠けらをもっていきました。ナーマデーヴァはギー（澄ましバター）の入った壺をもって追いかけました。これもいっしょにもっていってください、と。彼は犬のなかに神の現前を見たのです。

ナーマデーヴァの哲学とはどんなものだったのでしょうか？　彼は神を悟る能力は神からの贈り物だと考えました。牝牛が森のなかで仔牛を産みます。ナーマデーヴァは尋ねます、だれが仔牛に母牛の乳房のありかを教えるのか？　だれが若い蛇に嚙み方を教えるのか？　だれが蔓に咲いたモーグラ（ジャスミン）の花に香りを放つことを教えるのか？　ナーマデーヴァは論じます、同じように、神を認知する能力は人間に特有のものであり、ただそれだけで人は神を悟ることができるのだ、と。

ナーマデーヴァはアバングを書きました。そのなかで彼は、どうやって神を悟ったらいいのか、くり返しくり返し指摘しています。神を求めるのに方法はひとつしかない、と彼は言います。私たちはつねに神のことを考え、つねに神の名前を口に唱え、つねに神の姿を目に映じなければならない。私たちの両手は神を礼拝し、頭はつねに神の足元に額づかなければならない。

ナーマデーヴァと同時代の聖者では、陶工のゴーラがもっともよく知られています。彼は一二六七年、ナーマデーヴァより三年早く、ジュニャーナデーヴァより八年早く生まれました。同時代の聖者のなかでは最年長だったので、彼はゴーラ小父さんと呼ばれました。彼はジュニャーナデーヴァたちから、ナーマデーヴァの信仰心が本物かどうか確かめるようにと頼まれました。彼はジュニャーナデーヴァとナーマデーヴァの巡礼に同行し、同時代人からは大いに尊敬されました。ある物語によると、彼は神への帰依に我を忘れて、自分の子どもを知らないうちに踏んづけてしまいました。ゴーラはよくすべての肉体感覚を失って、まるで霊にとりつかれたかのようだったということです。

次に重要なのがヴィソバ・ケチャラ、ナーマデーヴァの教師です。彼は最初のうちバクティ・マルガ（救済の道）の信仰を欠いていたため、ムクタバイーやジュニャーナデーヴァからケチャラ（騾馬《らば》）とからかわれました。伝説によると、あるときナーマデーヴァが彼のもとを訪ねると、ヴィソバが足をリンガム（男根像）の上に乗せていました。ナーマデーヴァが知ったかぶりをして、ヴィソバを叱責したところ、ヴィソバはナーマデーヴァに「では、どこでもいいから、リンガムのないところに足を置いてごらん」と言ったのです。驚いたことに、ナーマデーヴァがどこに足を置いても、リンガムがその下から生えてきました。ヴィソバはナーマデーヴァに「神はどこにもおわすのだ」と教えました。しまいには「ナーマデーヴァは神を見たとほらを吹いている」と叱りつけたものです。それが間違った見解であることを指摘したかったのです。エゴを失っていなければ、人が神と出会うことはありえません。「人間の至福は自分自身のなかにある」とヴィソバは言いました。それは外側の対象のなかにはありません。識別（ヴィヴェーカ）と冷静さ（ヴァイラーギャ）が神の認知へと開かれてゆく道なのです。

その次は庭師のサヴァタです。彼は庭の至るところに神を見ました。彼はひとりも弟子をとりませんでした。低いカーストに生まれたおかげで儀式を行わなくて済むのは幸せなことだ、と思っていました。彼は神を仰いで言いました、「このような身分に生まれたおかげで、私はお浄めをしなくても、サンディャー（勤行）をしなくてもいいのです。低いカーストに生まれたおかげで、あなたの慈悲を求めるだけでよいのです」

もうひとりの同時代人は金細工師のナラハリです。ナラハリはシヴァ神の熱心な帰依者でしたが、ジュニャーナデーヴァの影響を受けて、少しずつバーガヴァタの伝統を受け容れるようになりました。ナラハリは世界の非現実性を確信するあまり、それを壁に描かれた一枚の絵とみなしました。子どもたちが石や泥で家をつくり、最後には壊してしまうように、人びとも世俗の生活を営んでいても、最後にはそこを去らねばならないのです。ナラハリは胸のなかにつねに鳴り響いている、彼をとりこにする「鳴らされざる音」について語っています。

他の三人のナーマデーヴァの同時代人についても、当時の聖者のひとりとして触れておきましょう――チョーカは不可触選民で、ジャナーバイーは女中で、セーナーは床屋でした。最後が踊り子のカンホパトラです。

チョーカはマンガルヴェダ、現在のサーングリー地方のタールカ（分区）に住んでいました。パンダルプルのヴィッタラという神の熱心な帰依者でしたが、アウトカーストだったために、寺院の外から祈るしかありませんでした。チョーカが亡くなると――彼は崩れてきた壁の下敷きになって死んだのです――遺骨はパンダルプルへと運ばれて、寺院の正門前のサマーディに安置されました。

ジャナーバイーはナーマデーヴァの下女で、彼の弟子でもあり、終生をナーマデーヴァに仕え、彼の家の召使として過ごしました。しかし、その主人への帰依があまりにも深かったために、今日もなお崇敬されています。

カンホパトラについては美しい言い伝えがあります。彼女は言葉に尽くせないほど美しく、ベダールの王が彼女を欲しがりました。しかし、彼女はヴィトバ神にしか美しさを見いだせず、王の願いを受け容れようとしません。王に召し出されることになり、神に助けを求めますが、王の兵士たちが無理やり連れ去ろうとしたので、みずからの命を絶ってしまいます。そのなきがらは神像の足元に横たえられ、のちにヴィトバ聖堂の南側に葬られました。埋葬された場所からは見たこともない木が生えてきました。その木は今でも残っていて、巡礼者たちに礼拝されています。

サイババが生まれたマハーラーシュトラには聖者たちの伝統が脈々と受け継がれていました。そのなかには陶工や、庭師、金細工師、不可触選民、身分の低い女中、床屋がいました。そして奇跡のなかの奇跡は、みずからも踊り子になった踊り子の娘でした。上層階級の者はひとりもいません。そして彼らはみんな今日まで崇敬されているのです。

続いて十五世紀のバヌーダーサー（一四四八年生まれ）の時代が到来します。彼はデシャスタ・ブラフミンで、おそらく聖ダマジパントの同時代人だったでしょう。バヌーダーサーの名声はある伝説に基づいています――彼は祈りの力によって、ヴィージャヤーナガール国の偉大な皇帝クリシャナデーヴァラーヤが奪い取った、ヴィッタラの神像を首都ハンピから奪い返したのです。

バヌーダーサーの跡を継いだのが、一五〇四年に生まれた、ジャナールダナー・スワミでした。彼はデーヴァギリーのニザームシャーヒー王国に仕えましたが、師《グル》のチャンド・ボダーレの恩恵によって神を悟りました。ジャナールダナー・スワミは、一五七五年、アハマドナガル地方のジャムケドとシェブガオン、両タールカ（分区）の境界にあるダウムヤで亡くなりました。彼のサマーディは今日も現存し、毎年恒例の祭りが行われています。

エクナースはバヌーダーサーの曾孫で六十六歳まで生きました。幼少時から神に帰依し、ジャナールダナー・スワミによって宗教生活へと導き入れられました。エクナースはヴァイジャープル出身のギリジャバイーという娘と結婚しましたが、結婚生活が神への帰依を妨げることはけっしてなかったのです。彼は著書『チランジーヴァパーラー』のなかで、女たちといっしょに坐ってはならない、女の姿を見てはならない、女に髪を洗ってもらってはならない、女と話してはならない、女と二人きりになってはいけない、と言ってはいるものの、彼自身の妻はこのカテゴリーには含まれなかったのです。エクナースの人生は中庸が重んじられました。毎日の宗教的日課は規則正しく厳格に実行されました。エクナースは多作な著述家で、多くの文学作品を著しました。ラーナデーは彼の『バーグヴァタ』十一章の論説を「高度に完成された作品」と評しています。

エクナースはバクティの道は知識の道よりたやすいが、それだけで十分だと考えていました。

太陽が暗闇を追い散らすのに助けがいらないように、バクティ（献愛）はアヴィディヤー（無知）を打ち壊すのに外からの助けを必要としないのです。エクナースは観念的な知識は神の悟りに不要だと考えました。エクナースはこの見解をヴラージャの乳しぼり女を例にして説明しています。乳しぼり女たちにはなにひとつ経典の知識がなく、まったく無知なのですが、シャーストラ（神学書）の指示に違反してでも神を愛することによって、その宗教的目的を達成するのです。またエクナースは宗教だけでなく世俗の問題でも、師《グル》の助けは貴重である以上に不可欠なものだと考えました。エクナースは瞑想を信じ、たとえ一瞬でも神への瞑想に費やすなら、苦難、病気、障害、疑念、罪悪、利己主義を打ち破ることができると主張しました。

エクナースの生涯をふり返って、それは「以前にも以後にもなしとげられなかった世俗的生活と宗教的生活のまれにみる調和」に特徴づけられる、とラーナデーは述べています。ジャナールダナー・スワミは軍人にして聖者でした。エクナースは一家の主人にして聖者でした。ラーナデーは述べています、「この世俗的生活と宗教的生活の調和という点で、エクナースは以前のジュニャーナデーヴァやナーマデーヴァ、以後のトゥカラームやラーマダーサがなしとげられなかったことをなしとげた。ジュニャーナデーヴァとラーマダーサには妻子がいなかったから、彼らが世俗と宗教の生活を調和させたと言うことはできない。ナーマデーヴァとトゥカラームには妻子がいたが、スピノザの場合と同じように、神は彼らにとってライオンの洞窟であり、そこへ至る道筋はくわしく説明されているが、帰還した者はひとりもいなかった。彼らは神に埋没するあまり、ほかのものはいっさい無価値となってしまった。エクナースはそうではない。彼は万物のなかにアリストテレスの黄金比を見いだした。彼の人生のいかなる瞬間をも正しい判断の原則が一本の線のように貫いているのが見てとれる。エクナースの人生は他に類を見ないが、それは少なからず師のジャナールダナー・スワミから受け継がれたものだった」

次にあと二人のマハーラーシュトラの聖者、トゥカラームとラーマダーサを取り上げねばなりません。トゥカラームは一六〇八年に生まれました。彼は一六五〇年に四十二歳でこの世を去りました。彼には二人の妻がいました――ラクーマバイーとジジャーバイーです。最初の妻は長引く飢饉のために飢えて亡くなりました。サントゥという息子もほぼ同じ時期に亡くなって、トゥカラームはそれ以降、みずからに課して宗教書を読みふけるようになりました。彼は夢のなかで師《グル》のババジによって宗教生活へと導き入れられました。トゥカラームは他の聖者と同じように魂の闇夜の経験ののちに神の悟りに達したのです。それ以後、彼はキールタンを歌い踊るようになりました。彼はのちに弟子となる、ラーメシュワーラバッタから、最初は嫌われていました。ジジャーバイーはソクラテスの妻クサンティッペのように、生計を稼いで家族を支えてくれない聖者の夫とよく口論をしたものです。しかし、トゥカラームはこれにじっと耐えました。トゥカラームは人生のある時期、シヴァジ・マハラジとラーマダーサの二人に会ったろうと言われています。またシヴァジに、ラーマダーサから宗教的な教えを受けるように勧めたのは、トゥカラームだったということです。やがて時が満ちて、トゥカラームはこの世を去りましたが、ある物語によると、トゥカラームはヴィマーナ（空飛ぶ宮殿）に乗って天に昇ったとされます。ラーナデーは、これはエクナース、ナーマデーヴァ、ラーマダーサのサマーディは存在するが、トゥカラームのサマーディがどこにもつくられなかったことに由来するのにちがいないと言っています。

トゥカラームのアバングは他に類を見ないものです。彼はそのなかにみずからの真情《ハート》を惜しみなく注ぎ込みました。謙虚さが人の形をとったのがトゥカラームです。彼は書きます――「欲望と怒りがいまだ私の心を捕らえて放しません。それが私のなかに永久に住み着いているのです……。」「賢いのは自分だけだと心の内で感じます。私をお救いください、さもないと、私はだめになってしまいます」「なぜあなたは私に名声をお与えになるのですか、神よ？　なきがらが美しく飾り立てられようと、それがむくろにとってなんの用があるでしょうか？」「あなたはなぜ私の舌を歌によって飾り立てるのですか？　というのも、それがかえって私をあなたから遠ざけてしまうからです」。トゥカラームを理解するには、彼のアバングを読むのがいちばんです。彼はいつもいつも神を探し求めていました。だがしかし、ただ孤独のなかに暮らしていても、神に到達することはできない、と彼は理解するのです。彼には神の福音を授けてくれる仲間の聖者たちがどうしても必要なのです。「この人生で仲間になってくれる都人はいなかった」とトゥカラームは言います。彼の都は天国に築かれています。彼はしばしばその寄る辺ない身の上を嘆きます。彼は言います、「私は霊的な仲間に激しく憧れています。どこを見ようと、どこに目を向け、視線を投げかけようと、人っ子ひとり見当たらないのです。だれひとりあなたの消息を伝えてくれる者はいません」

ある折に、彼は言いました、「神よ、あなたに絶えることない愛をいだく仲間をお与えください。そうすれば私があなたを悩ますことはないでしょう。私はその聖者たちの足元近くで暮らし、あなたからはなにも求めないでしょう。この恩恵を私に授けてくださらないなら、あなたはひとつの石で二羽の鳥を殺すことになります。あなたも私ももはや悩まされることはなくなるのです。だからこそ、私はこうして、乞食のようにあなたの扉の前にたたずんでいます」

彼は何度も何度も自分を受け容れてくれるようにと神に訴えます。彼は言います、「いつになったら聖者たちの口から、あなたが私を受け容れてくださったと、聞くことができるのでしょうか？　そのときに初めて私の心は安らぐのです」

こうした嘆願がなんの効果も上げないのを見て、トゥカラームは神にじかに恩恵を求めます。「私を見棄てないでください。私はあなたの戸口にいる犬です。あなたの家の前に乞食のように坐っています。私をあなたの館から追い払わないでください。あなたの力によって、私をお救いください、神よ！」

このような嘆願から何年も経って、それらが神の耳に届いていたことを、トゥカラームは確信します。神のまぼろしを目にし、その足元にひれ伏します。トゥカラームは書きます、「私は神の顔《かんばせ》を目の当たりにし、その光景が無限の至福をもたらした。心はくぎ付けになり、両手は神の足にすがりついた。神にまなざしを向けると、心の苦悩は消え去った。至福は今や私をさらなる至福へと導いていく！」

トゥカラームは多くの神秘的な体験をしました。彼は絶対の確信をもって言うことができました、「神みずからが私を追い求めている。私は神の手に捕らえられ、神は私を無給の召使のようにお使いになる！」

とうとうトゥカラームに最高の神秘体験が訪れます。もう人と神を分かつことはできません。彼はこのように言います、「私はみずからを誕生させ、みずからの子宮から出てきた。すべての希望が終焉を迎えた。はかり知れず強くなった、その瞬間に、私は死んだ。

「深みが深みへと呼びかけ、万物が統一へと消え去った。波と大海はひとつになった。来るものはなにもなく、去るものもなにもない。自己がみずからを四方八方から包み込んでいる。大いなる終焉の時が到来し、日の出も日没も止んだ」

それはさらに高まって、トゥカラームは周囲すべてに統一を見ます。彼は書きます、「すべての人が今や神となり、価値も無価値も消え去った……。私の故郷は今や宇宙、私は全世界に生きる。私と神のあいだにはだれもいない。断絶はなく、私の唯一の休息所は神の御名だ」

トゥカラームは「みずからの目で自分の死を見た」と書きしるします。彼は歌います、「その比べようもなく輝かしい出来事よ。全宇宙が歓びに満ちている。私はすべてのものとなった。

死も生ももはやない。私はちっぽけな『私』や『私のもの』から解放されている」

マハーラーシュトラの最後の聖者はラーマダーサです。ラーマダーサは一六〇八年に生まれました。わずか七歳の頃に、父親のスーリヤジパントが亡くなります。十二歳のとき、ラーマダーサは家から出奔します。この出来事については二つの物語が言い伝えられています。ひとつは彼が結婚しないと心に決めたことです。もうひとつは兄弟のガンガーダルパントが、まだ若すぎるという理由で、彼を宗教生活へと導き入れなかったことです。なにがあったにしても、ラーマダーサは家から逃げ出して、自分で神を探すことになりました。言い伝えによると、タカリで十二年の長きにわたって厳しい苦行と宗教的な耐乏生活に入り、そのなかでシュリ・ラーマのまぼろしを見て、彼によって入信を許されたのです。

禁欲的な苦行生活を一六三二年に終えて、ラーマダーサは続く十二年間の人生を全国の行脚に費やし、最後はクリシュナ川のほとりに腰を落ち着けました。

彼はある時点で、トゥカラームとチャトラパティー・シヴァジに会っていたのではないか、と考えられています。シヴァジは一六七四年に王の座に就きましたが、その後、伝えられるところによると、サッジャンガドのラーマダーサを訪問し、しばらくそこで暮らしたということです。ラーマダーサの提案によって、シュリ・ラーマ、ラクシュマナ、シーターの新たな神像をタンジョールに注文し、それらはサッジャンガドの彼の聖堂に礼拝のために安置されました。

最有力の弟子はもちろんシヴァジですが、彼は一六七八年にこのように書いています、「最上の教師、すべてのものの父、すべての至福の住処に敬意を表します。師の足元の塵にすぎない、この私、シヴァジは、師の足元に頭《こうべ》を垂れて、ここに請い願います……」。この長い手紙のなかで、彼はラーマダーサにみずからの問題、とりわけ政治的な問題を尋ねています。

ラーマダーサはシヴァジに「みずからの身体を衣服と装飾によってではなく、利発さと英知によって飾り立てよ」と助言します。ラーマダーサは「モハメダン（イスラム教徒）がインド中に圧政を敷いて久しいが、シヴァジは用心しなければならない」と書きしるします。ラーマダーサはシヴァジに告げます、「神がひとたび人をみずからの僕《しもべ》と呼んだなら、その人がなにを為すかもはや知るすべがない」と。その人の正義、深謀遠慮、俊敏な英知、他人の胸の内を見抜く能力は神の賜物です。この世に属するものと次の世に属するものを見分ける目にしても同じことです。

「ラーマダーサがシヴァジの政治生活に及ぼした影響については、歴史家によって意見が異なります」とK・V・ガジェンドラガルカル教授は『インドの文化遺産』第二巻で述べています。しかし、影響は相互的だったという事実に変わりはなく、ラーマダーサの後期の著作の一部で政治的思索が著しく支配的なことは明らかです。しかし、だからといって、彼の人生と著作で政治が重要な役割を果たしたわけではありません。聖者ですら世俗的・社会的な状況からある程度は影響を受けるものなのです。そしてラーマダーサは政治的動乱の時代に生まれたのですから、なんらかの影響を受けなかったはずがないのです。しかしながら、彼にとっては神を知ることが最優先されるべきことで、政治は人生で二番目に重要なものでしかなかったのです。彼は現実主義的な気風の聖者でした。だからこそ、自分の教団を体系的に組織し、マハーラーシュトラの僧院を宗教と実利的な活動の中心地へと育て上げたのです。

ラーマダーサは有名な『ダーサボーダ』を一五八一年（西暦一六五九年）頃に著しました。そこで彼はなにが知識ではないかを述べています。科学の知識や、過去や未来に関する知識ですら知識ではありません。少なくとも知恵ではありません。ほんとうの知識とは自己の知識、自己による自己の洞察です。本物の知識とは神を知ること、神の永遠のかたちを知ること、本物と偽物を見分けることです。現象世界が姿を隠すところ、「パーンチャバウティカ（五大元素）」が尽きるところ、そこにしか知識はないのです。それは言語表現の最高段階の彼方の彼方の彼方にあります。ラーマダーサはすべての罪障を許されるために神の御名に瞑想することを勧めます。自己を知ることは宗教上の誓約、宗教的な慈善、あらゆる種類のヨーガや巡礼よりも効力があるのです。自己を観じた人の得るところは無限大と言っても過言ではありません。ほんとうの神とは肉体が滅びても存続する純粋な自己なのです。

ラーマダーサは捨て去ることのできない神を探し求めるべきだと助言します。彼は妄信を無知の産物として糾弾します。人は無知によってはけっして神に到達できない、と彼は言います。

ラーマダーサは、神とは「内なる自己」であると主張し、むなしく多くの神々に従わないようにと人びとに忠告します。彼はこのように言います、「神像は私たちを巡礼地の神々へと連れ戻す。巡礼地の神々は私たちを化身へと連れ戻す。化身は私たちをブラフマー、ヴィシュヌ、マヘーシュ、世界の創造者、維持者、破壊者という三つの神格へと導く。しかし、最高神はこの三つの神々の上におわす者にほかならない。彼は『内なる自己』だ。彼こそ真の『為し手』、『享受者』だ……。人びとはこの内に宿る神を見逃して、むなしく他の神々に従い、最後には外側の神像に『神』を見いだせなくて、悲嘆にくれる」

ラーマダーサは天地万物は実在せず、唯一の存在は神だと見ています。彼はまた神は肉体とも魂とも異なるものだと考えます。肉体は粗雑な元素からできています。魂は移ろいやすい性質のものです。不変のブラフマンはそのいずれとも異なります。そして「至高原理は現実的な体験によって到達されなければならない」と彼は説くのです。神は「この生においても成就することができる」と彼は言います。しかし、そのためには「大望をいだく者は師《グル》をもたねばならない」と彼は言うのです。宗教的な宝物庫への鍵をもっているのは師《グル》なのだと。

〔5〕

マハーラーシュトラ地方の聖者たちのリストに、その影響がけっして少なくなかった、カルナータカの聖者たちを加えてもいいでしょう。結局、デカン全体を視野に入れなければならないのです。理念は地理的境界など考慮に入れませんから、それも当然のことと言えます。風や水は空白があるところに自由に移動していくのと同じです。その一例が、バーガヴァタ・サンプラダーヤーのダーサ（召使）たちです。バーガヴァタ・ダルマ（戒律）は北部で発達し、ベンガルとマハーラーシュトラに深く根を下ろしました。南部では、ドヴァイタ（二元論）哲学がマドヴァーチャーリヤによって熱心に説かれ、信奉者たちの心のなかに神への大いなる目覚めをもたらしました。しかしながら、マドヴァの教えを一般大衆に広める仕事は、ダーサの名で知られる、熱烈な伝道師たちによってなされたのです。彼らの主要な使命は天なる神の偉大さを、富める者にも貧しい者にも、彼らの共通の言語、カンナダ語によって伝えることでした。ケシャブ・M・ムタリクは、そのジャガンナース・ダーサに関する研究論文のなかで、ダーサは「カースト、信仰、地域主義の束縛を打ち破ることで大きな貢献を果たした」と書いています。彼らは社会志向で、神と人間への奉仕に心血を注ぎました。

ダーサたちはダーサ・コータ、「神の召使の共同体」を世に広めることを目的としました。彼らはヴィヤーサ・コータ、「学者と専門家の共同体」とは異なります。両者の教育、姿勢、哲学に決定的な違いはありません。ヴィヤーサ・コータに属する人たちはサンスクリット語の学習と教えを重視しました。ダーサ・コータに属する人たちはマドヴァのメッセージを彼ら自身の母語、カンナダ語で人びとに伝えたのです。

ダーサには三つのグループがありました。ひとつのグループはヴィージャヤー・ダーサ、ジャガンナーサ・ダーサ、ヴェンカテシャなどが代表格ですが、主としてマドヴァの哲学と教えに関心を寄せました。第二のグループはヴィヤーサラーヤに率いられる、ゴーパーラ・ダーサその他が従うグループで、バラモン的な世界全般を扱う文学作品を生みだしました。第三のグループはシュリパダラーヤ、ヴァディラーヤ、プランダラ・ダーサ（と息子たち）、カンナダ・ダーサから構成され、あらゆるカーストや地域社会の人びとに一般的な倫理規範を説きました。しかしながら、ダーサたちはみんなハーリーの名で崇敬されました。

ダーサたちの文学作品には、そのスタイルと主題を踏まえて、四つの明らかな画期が見られます。十三世紀はヴァイシュナヴァ・バクティ派、別名ハーリーダーサ・コータの発祥に特徴づけられます。この文学運動はシュリ・マドヴァーチャーリヤの弟子、シュリ・ナラハリティールタの指導の下に始まりました。創造的な時代だったとみなされています。

十五世紀から十六世紀にはシュリパダラーヤ、ヴィヤーサティールタ、ヴィジャイエーンドラティールタ、プランダラダーサといった志操堅固な各派がダーサ文学の成長と開花を助けました。この時期は「古典期」とみなされています。十七世紀はシュリ・ラーガヴェーンドラティールタやシュリ・ヴェーダシャティールタが脚光を浴びた時代でした。この時期には、とりわけヴィージャヤーナガール王国の衰退後、ダーサ・サーヒティヤ（文学の研究・教育機関）が活況を呈しました。学者たちは十八世紀と十九世紀をダーサ・サーヒティヤの全盛期とみなしています。ヴィージャヤーダーサ、ゴーパーラダーサ、ジャガンナーサ・ダーサ、プラサンナ・ヴェンカタダーサといった多くの大作家たちが活躍しました。彼らの著作は磨き上げられ、高度な文学性を有しました。この時期はダーサ文学においては教訓主義的な時代とされています。

ムタリク（前出 p.126）はダーサ文学を大きく七つのグループに分けました――(a)伝記 (b)社会－宗教 (c)倫理と儀式 (d)教訓と哲学 (e)瞑想 (f)物語と賛美 (g)その他。歌謡は『ヴェーダ』、『ウパニシャッド』、『プラーナ』に由来し、マドヴァや弟子たちの解釈が加えられました。ダーサたちはハーリーを讃えて歌います。シュリ・ハーリーはすべてのプラクリティ（物質原理）の束縛を超越する最高神で、精神と物質の全宇宙を統括しています。

バーガヴァタ・サンプラダーヤーのヴィヤーサラーヤ以後の注釈者たちもまた、ドヴァイタ・シッダーンタ（二元論哲学）の普及に努めました。彼らの声はカルナータカ語、マラーティー語、いずれでも聞くことができます。しかし、重要なことは、ダーサたちはその音楽と歌を通じて、当時、混迷の極みにあった社会を改革したということです。ヴィージャヤーダーサは特に人間の宗教への渇望が最低レベルに達した時代に登場しました。彼とその弟子のゴーパーラダーサにデカンの人たちは負うところがきわめて大きいのです。

# 第三章　知られざる始まり

〔1〕

サイババが実際にいつ生まれたのかという議論につきあっていても得るところはありません。歴史を語る上では正確さが不可欠ですが、サイババは十九世紀の三〇年代の終わり近くに生まれた、と言っておけば十分でしょう。当時までに、マラーター王国の政治権力は目に見えて衰退していました。十八世紀の終わり頃には、S・N・カヌンゴが『インド民衆の歴史と文化』第八巻で述べているように、「様々な形の倫理的潰瘍がマラーター社会の核心部分をむしばんでいた――アナント・パーンディやラーム・ジョーシーなど好色文学の人気、蔓延する呪術的信仰、日常生活に欠かせない占星術師たち、幼い少女の幼児婚など……」、カヌンゴによれば、この時期の史料には「ペーシュワー・バジ・ラーオ二世、ナーナー・ファドニス、ダウラト・

ラーオ・シンディア、ヤシュワントラーオ・ホールカルといったマラーターの一流の指導者たちが堕落の極みの官能的快楽、泥酔、軽薄な娯楽にふける様子が具体的に記録されている」のです。マラーター人は国家の独立に不可欠な団体精神に欠けていました。この時代のだれにとっても自分の領地（ワタン）が唯一の現実でした。マラーターの支配者たちもまた、自分の軍隊の乱暴狼藉から臣民を護るすべを知りませんでした。この軍隊たるや、マラーター人に加えて、アラブ人、シーク教徒、ラージプート族、ローヒラー族、アビシニア人、パターン人、少数のヨーロッパ人等の雑多な寄せ集めにすぎなかったのです。マラーターの政府は人びとの意見に耳を貸す用意がなく、一方の民衆も国家の存亡に興味をもちませんでした。マラーターの人びとの結束は組織的なものではなく、上辺だけの場当たり的なもので、それゆえに当てになりませんでした。十九世紀の愛国主義《ナショナリズム》は彼らには未知のものだったのです。

さらにカースト主義が社会の一体性の欠如に拍車をかけました。軍事指導者のあいだでも人種的・カースト的な考え方が根強かったのです。ラーマダーサの高い理想はおとしめられて、おなじみの成り行きが待っていました。こうして、ペーシュワー（宰相）たちの指示の下、シャーストラ（聖典）の裁定を受け容れることを拒んだパイタン・ブラフミンたちは破門されてしまいました。一七八九年のラーム・シャーストリー、一七九四年のハーリー・パント・パドケ、一七九五年のアヒリヤーバイー・ホールカル、一七九七年のトゥコージー・ホールカル、一七九九年のパラシューラーム・バウー、そして一八〇〇年のナーナー・ファドニスといった人たちの相次ぐ死とともに、マラーターの運命には因果応報の災いが降りかかったのです。

ここで重要なのは、英国が舞台に登場してきたことです。サイババの誕生前の四十年間、インドにはカオスが君臨していたと言っても過言ではありません。マイソールのティプー・スルターン、ハイダラーバードのニザーム、プネのペーシュワー（宰相）たち、マラーターの大君主たちとインドールのサトラプ（知事）たち、バローダ藩王国、グワーリヤルや、至るところで、英国がこれから征服しようとする国々は互いと争い合っていたのです。ひとり英国のみが彼らにはなにが欠けているかの明確なイメージをもっていました。

戦争、侵略軍の略奪、法と秩序の不在と長引く政情不安が、この数十年間を特徴づけています。ニザームは——サイババはその領地に生まれたのですが——勢力が劣っていたので、策略に富んだ、断固たる英国の前でみずからの立場を守ることができず、彼らの要求と目的に沿って意のままに操られていました。R・C・マジュムダールは「英国の領土は、その背後に不平不満の荒れ果てた道筋を残しながら、インド中へと拡大していった」と述べています。それは英国に征服された、または他の理由で併合された、支配階級の首長や王族たちからいささかも承認を得たものではなかったのです。英国の支配は、それが新たに導入されたどの地方の一般大衆によっても好意的に見られることはなかったし、ましてや喜んで迎え入れられることなどありませんでした。英国人の作家や行政官たちの多くは、私たちにそれを信じ込ませようとしているにしても。サターラーの領主の一方的な廃位や、シンディアの横暴な圧政やその他の同様の暴虐行為が、英国に対する敵意と嫌悪の感情をかきたてました。

インドの産業は壊滅的な打撃を受けました。サイババが生まれる六年前、一八三二年、英国の歴史家、R・M・マーティンは「英国からインドへの綿製品の輸出により、英国領インドの何百万の人民が大打撃を受けた」と述べています。英国製品がインド市場に洪水のように流れ込み、インドの製造業者が徹底的な破壊に脅かされたとき、インドを支配する貿易会社（東インド会社）は破局を食い止めようとなんの方策もとらなかったのです。一八一八年から一八三六年、大英帝国からインドへの撚《よ》り糸の輸出は五二〇〇倍増加しました。一八二四年、英国からインドへのモスリンの輸出は六〇〇万ヤードにすぎなかったのが、一八三七年には六四〇〇万ヤードを上回ったのです。一八三四年から三五年にかけて、大英帝国の総督は書いています、「交易の歴史でこれほどの惨事はほかに見当たらない。インドの平原を白く染め上げる綿花畑は、さながら手織り業者の白骨のようだ」。これがサイババ誕生の背景にある経済状況だったとすれば、社会的背景はどうだったのでしょうか？　一八三三年の特別免除法によって、東インド会社は自分たちの縄張りへのキリスト教宣教師の立ち入りを認めねばならなくなりました。これは宣教師からすれば布教活動の始まりでした。クリストファー・イシャウッドは『ラーマクリシュナ』のなかで指摘しています、「英国には確かにインドに差し出すべき多くの価値あるものがあった――医学や工学、西洋の技術、明確に規定された法典など。不幸なことに、彼らはそれらとともに二つの信念、科学的無神論と宣教師の福音主義をもちこんだ。

それらは正反対のものだったが、どちらも偏狭で独断的だった……。英国人の宣教師はヒンドゥー教を多神教であるとして非難した。祭式と偶像崇拝の原始的な混交であると。この点では、彼らは『ヴェーダ』へのまったくの無知を露呈していた。『ヴェーダ』は多くの神々の形態はその基底では唯一にして不可分のブラフマンなのだとくり返しくり返し説いている……。カトリックは理論上、聖像を崇拝する信仰を十分に非難できなかったが、他の宗教に属する偶像の破壊にはきわめて熱心だった」

キリスト教の伝道団体が運営する学校、女学校ではキリスト教の教義の学習が必修科目となりました。ヒンドゥー教徒は低俗なジョークの標的になりました。ある英国紙が、ヴィシュヌプリヤ、アンナプールナー、ディガンバリ等の少女の名前を引き合いに出し、次のように書いています。「この気の毒な子どもたちからどのような品行を期待できようか？　その名前ときたら、両親によって想像上の女神にちなんで名づけられたものだが、その女神たちの目を覆わんばかりの不義密通、残虐行為、情欲の充足が、彼ら自身の聖なる書物につまびらかに記されているというのに」。ヒンドゥー教の神々や女神への醜悪な罵倒が、キリスト教伝道団の公式の説教と宣伝の主要な項目となったのです。

しかし、英国の支配には別の側面もありました——一八二九年の立法によるサティー（妻の殉死）の廃止、一八五六年の寡婦再婚法の通過などです。にもかかわらず、この国はきわめて不穏な状態にありました。例えば、一八二四年十二月には、ひとりのブラフミン、ディヴァカル・ディクシトなる人物が数名の関係者とともにビジャープルの東、およそ六キロ半のシンディを占拠し、個人的な国家を樹立しました。至るところで似たような反乱が起こりました。インド各地の鬱積する不満が、最終的には一八五七年のセポイの反乱へとつながるのですが、これも容赦なく鎮圧されました。その年、サイババはおよそ十九歳でした。彼は間違いなく周囲で起こっていることを意識していたでしょう。そうでないほうが驚きです。

サイババの生まれた地域が、宗教、政治、社会の問題に関して、他のどの地域とも著しく異なっていたと信じる理由はなにもありません。サティー、嬰児殺し、幼児婚、迷信は他のどことも同じでした。貧困は風土病のようなものでした。道路は劣悪な状態で、主要な町々をつないでいるだけでした。学校は数えるほどしかありませんでした。教育は特権階級のもので、それも大して価値のあるものではなかったのです。産業は壊滅的状態でした。農業は今日の水準からすれば原始的なものでした。過去の栄光の記憶のみが人びとの意欲を保っていたのでしょう。

同時代人のバル・ガンガーダル・ティラクはあるとき、晩年のサイババとマハーデーヴ・ゴーヴィンド・ラーナデー（一八四二年一月十八日生）を訪ねました。どちらもその名声が日増しに高まるばかりでした。しかし、サイババはちょっと変わったやり方で有名になったのです。

両者はそれぞれ独自の道をたどりました。サイババは当時のニザーム王国に生まれました。彼が教育を受けたのかどうか、なんの記録も残っていません。彼が生まれた村には図書館がなかったし、学校があったとしても記録が残っていません。書物は容易に手に入るものではなく、サイババが何年もかけて学んだことはすべて、師《グル》の口頭の教えによるものにちがいありません。私たちが今知っている情報の多くは、スワミ・サイ・シャラン・アーナンド等の熱心な帰依者たちから得られたものです。スワミは一八八九年四月五日、ヴァマン・プランゴーヴィンド・パテルとして生まれました。生家は、一九二八年の農民のサティヤーグラハ（無抵抗不服従運動）で知られるバルドリ・タールカ（分区）のモター村の裕福な、教養あるブラフミンの一族でした。

この人の生涯の簡単な素描が、ここでは役に立つでしょう。

ヴァマンの父、プランゴーヴィンド・ラルバイ・パテルはインド政府の物品税局（塩部門）に勤めていました。母のマニガウリーは有名な教育者トゥルジャラム・ソームナースの娘でした。ヴァマンの祖父はナヴサーリーという都市のタラーティ（主計官）として仕え、謹厳実直、正直で高潔な公務員として知られていました。祖母のナンドクヴァルは母と同じくとても信仰心の篤い婦人でした。

ヴァマンは六年生まで村で学び、七年級になると、ケーラーで徴税官事務所の所長をしていた叔父のラームゴーヴィンドのもとに身を寄せました。一八九九年からは、父が転勤したアハマダーバードで中等教育を受けることになります。一九〇三年、父が再び転勤し、任地のボンベイでヴァマンはニュー・ハイスクール（のちに著名な校長にちなんでバルダ・ニュー・ハイ

スクール と改名）に転入します。ヴァマンは一九〇五年に、大学入学試験に合格しました。当時、ボンベイには三つの大学がありました。ウィルソン、セント・ザビエルズ、エルフィンストーンです。学費は各学期で三十六ルピー、四十八ルピー、六十四ルピーでした。ヴァマンの父は公務員だったので、息子が国立のエルフィンストーンに進学することを望み、彼は一九〇九年にそこを卒業しました。クラスメイトや友人たちのなかにマヌー・スベダールがいましたが、彼はのちに中央立法評議会（下院）の議員となりました。ヴァマンは一九一一年、法学学士の試験に合格し、ボンベイのメサーズ・ジャハーンギール・グラッバイ&ビリモリア事務弁護士事務所の実習生として採用されました。

当時の習慣でしたが、ヴァマンはわずか十三歳で自分よりもさらに若い、アムバラム・クリシュナシャンカール・シュクラの娘、カラヴァーティーという少女と結婚しました。ヴァマンには幼い頃から宗教的な性向があり、それが家族の宗教的な雰囲気によって助長されました。幼少時から、ラーマラクシャ、ヴィシュヌ・サハスラナーム、アーディティヤ・フリダイ・ストトラ等の詠唱を習いおぼえていました。五歳の頃、父親がしばらくダラサーナ塩貯蔵所へ転勤となり、家族はテントで寝泊まりしました。衛生設備が貧弱で、ヴァマンは下痢に見舞われ、生死の境をさまよいました。

伝えられるところでは、ある夜、母親がテントの外に坐って、彼を膝の上に抱えていると、どこからともなく目の前にひとりのファキールが現れました。ファキールは、母親に向かって言いました、「あなたのお子さんはとても幸運です」。母親は答えました、「幸運ですって？　どう幸運なんですか？　この子は一日のうちに何度も動かなくなり、あと四日ももたないのではないかと心配しているんですよ」「お母さん」とファキールは応じました、「そんなことをおっしゃらないで。この子はほんとうに幸運なんです。右のわきの下にイボがあるし、体の右側にはホクロがあります」

母親はこれまで、そういったしるしに気づいたことはなかったのですが、子どもを調べてみると、ファキールの言っているとおりであることがわかりました。驚きはしましたが、それを表情には出しませんでした。子どもの命が気がかりだったのです。ファキールにそのことを言いました。「心配しないで」とファキールは言いました、「この聖灰（ウディ）をとって、お子さんの口に入れなさい。すっかりよくなりますよ」

スワミ・サイ・シャラン・アーナンドは、『サイナーソネ・シャラネ』というグジャラート語の自伝を一九八三年、死後に発表しました。その記録によると、この出来事のあと、彼の健康はみるみる回復し、両親は胸をなでおろしたということです。ファキールがその後どうなったのかは記録されていません。

ヴァマンが七歳で、ケーラーの学校へ通っていた頃、よく早朝に母親や姉妹といっしょにソームナース・マハーデーヴ寺院を訪れました。そしてそこでひとりのファキールと出会い、よく彼にからかわれたものです。ヴァマンは学校へ行く途中に、彼を追い抜くこともしばしばありました。一九一一年、初めてシルディを訪れたとき、ヴァマンはケーラーで知っていたファキールがサイババその人であることにすぐ気がつきました！　しかも、サイババはあるとき、両手のひらを開いて、ハリ・シーターラーム・ディクシトに言ったのです、「私はヴァマンをこれぐらいのときから、ネズミぐらいの大きさのときから知っているんだよ」。ヴァマンがそれを母親に話すと母親は、彼が子どもの頃に、あるファキールと出会ったときのことを話してくれました。

ヴァマンは中等学校の生徒だった頃、サンディヤー・プージャ等の日々の宗教儀式への興味を失ってやめてしまいましたが、朝の沐浴後のストトラの詠唱だけは習慣として続けていました。またベッドに入る前に『ギーター』を読みましたが、こうした修練が大きな力になることがわかったのです。また『ニーティシャタク』や『ヴァイラーギャシャタク』を学習していたとき、「アーリヤーヴァルタ（アーリア人の土地＝北インド）の理想は放棄を通じて神を知ることだ」というバールトリハーリーの言葉に感銘を受けました。インター・アーツ（中等部）試験の論理学で最高点をとったため、ヴァマンは文学士の専攻科目に論理学と倫理哲学を選びました。当時、エルフィンストーンの論理学と倫理哲学の教授はR・S・マルズでした。彼はドイツ語とギリシア語に精通した大学者で、カントの著作は原書購読をしていました。そのため、学生たちにはとても人気がありました。カント哲学を学んだことで、ヴァマンの心は不安定になり、神はほんとうに実在するのか、それとも人間の心の創作にすぎないのか、と疑問を抱くようになりました。宇宙は意識ある創造力が維持しているのか、それともただ偶然に生まれたものなのか。考えれば考えるほど生命の神秘を解き明かしたい、スワミ・ヴィヴェーカーナンダの報告にあるように、自分も神とじかに対面したい、と激しく熱望するようになったのです。そうした心の状態にあったとき、父親は彼をバーラークリシュナ・マハラジのもとに連れて行きました。ヴァマンはバーラークリシュナ・マハラジに言いました、神をじかに感得させてくれないかぎり、あなたを師《グル》として受け容れるわけにはいきません、と。こうしてヴァマンはみずからの疑念を最終的に解決してくれるマハトマ（大聖）に会いたい、という熱意を燃やすようになったのです。

彼の祈りは聞き入れられました。サイババへの訪問から戻ったばかりの父が「この人ならおまえのすべての願いをかなえてくれるだろう」と彼に告げたのです。こうして、一九一一年十二月十一日、二度目の法学士の試験を受けたあと、彼はシルディへと旅立ったのです。

サイババと最初に出会ってから、一九一八年まで、ヴァマンはひんぱんにシルディを訪れました。しかしながら、一九一三年と一九一六年の訪問は、宗教的な観点から見て、とりわけ意義深く、実り多いものでした。

一九一三年五月、ヴァマンがシルディを訪れると、サイババは彼を十一か月近く引きとめました。最初、過去のカルマを解消するために、サイババは彼にガーヤトリー・プラースチャラン（準備の儀式）をさせました。また自分の代理として四、五軒の家に施しをもらいに行かせました。さらに必要な宗教的規律を課すため、『ジュニャーネシュワリ』やその他の宗教書を読ませ、宗教的な経験をさせました。彼を愛情深く扱い、愛称のバブーという名前で呼びました。やがて、ある日、サイババは彼に家に帰るようにと告げました。ヴァマンは十一か月後の一九一四年三月にボンベイに帰りました。

シルディに長期滞在したため、ヴァマンの実務研修生の期間が中断していました。ボンベイに戻って事務所長のジャハーンギールに会うと、十三か月前に開始した期間が、実習の中断のためにむだになってしまった、と告げられました。ヴァマンは最初からやり直さねばならず、実務研修生として丸々二年をかけなければならない、とジャハーンギールは言いました。

ちょうどその頃、彼は複数の仕事の誘いを受けていました――ひとつは警察の検察官で、もうひとつはナヴサーリーのCJNLハイスクール（看護学校）の代用教員でした。サイババに助言されて、彼は後者の仕事に就き、一年以上その職に就きました。その後の定期休暇のとき、ヴァマンが事務所のもうひとりの上司グラッバイに相談をすると、ボンベイ高等裁判所の所長に研修中断の赦免を申し立ててはどうか、と助言されました。必要な申請手続きをすると、裁判所長の指示で中断が容赦され、ヴァマンは残り十一か月の研修を終えれば実務研修生の期間が終了することになったのです。これはボンベイ高等裁判所の長い歴史のなかで、この件に関しては唯一の事例だそうです。

一九一六年十月から十一月、ヴァマンはシルディで三週間を過ごしましたが、これは貴重な宗教的体験を得られたという点で、彼の立場からはとても有意義なものでした。

一九一七年から一九三五年まで、ヴァマンの人生には大きな浮き沈みがありました。一九二三年、事務弁護士の試験に合格し、それ以降は事務弁護士、教師、校長等の職務で手腕をふるい、世間に深く根差しながら、それとは一線を画していました。精神的には世間の俗事への執着を手放したのです。一九五一年に妻が他界しました。一九七八年に娘が亡くなりました。ヴァマンは一九四六年に著作活動に手を染め、グジャラート語で複数の宗教書を執筆しましたが、主著は二十四章からなる『サーイー・リーラキヤン』で、十七の章がシュリ・サイババに充てられています。

一九五三年の暮れ、彼はダコルでサンニャーシ（僧籍）をとり、スワミ・サイ・シャラン・アーナンドの名で知られるようになりました。それ以後の二十九年間、彼は質素で高徳な生活を送り、一九八二年八月二十五日にアハマダーバードでニルヴァーナ（涅槃）に入りました。サイ・シャラン・アーナンドは超自然的な力をもっていたが、めったにそれを使うことはなかった、と言われています。彼の著書『サイナーソネ・シャラネ』は他の二冊、『ブラフマー・パリマル』（1986）や『シッダームリタ』（1987）と同じく死後に出版されました。スワミ・サイ・シャラン・アーナンドは今でもサイババに関する最良の情報源のひとつです。彼はグジャラート語で執筆しましたが、サイババへの帰依と全面的な信頼は、彼が執筆した文章の隅々にまでにじみ出ています。彼を愚直と言う人もいますが、不誠実と言った人はひとりもいません。彼は忠実な帰依者にとどまり、サイババはみずからを顕在化させる能力によってこの世に生まれてきたのだと信じていました。

サイババを当時の視点からもっとよく見るために、彼の同時代人に目を向けてみましょう。アフザル・ウッド・ダウラ（1827–1869）という人は、父のナシル・ウッド・ダウラの跡を継いでニザーム（ハイダラーバードの君主）となり、一八五一年五月に王位に就きました。彼の宰相、ミル・トゥラブ・アリー・カーン、一般にはサラール・ジャングの名で知られていますが、この人はイギリスの手下のような存在でした。一八五七年の反乱のあいだ、ニザームはジョン・カンパニー（東インド会社）に忠実でしたが、人びとはたびたび「反逆」の支持者たちに扇動されて、何度か暴動を起こしました。それらは情け容赦なく鎮圧されました。

カンパニーにとってもっとも危機的な時期のひとつでしたが、ハイダラーバード分遣隊は十三か月にわたってインド中部で英国軍を支援しました。ニザームはインド政府からムガル皇帝の名前を貨幣から除くようにと説得されましたが、これはみずからの独立を主張することが友好関係に水を差すものとみなされたからです。一八五七年の反乱を英国国王に代わって鎮圧したことから、カニング総督はニザームの忠誠に感謝し、彼に多くの贈り物をしました。一八六〇年に締結された条約により、英国に移譲されていたすべての領土が、ベラールを除いて、ニザームのもとへ戻ったのです。

続いて、シャー・アーラム二世の後継者、アクバル・シャー二世が一八三七年に亡くなりました。サイイド・アミール・アリ（1849–1928）は、自分は第八代イマームのアリー・ラザーを経由して、預言者の血を引いていると主張しました。彼の辛抱強さはアウドのナワーブ（太守）に仕えているときからよく知られていました。アミール・アリはチンチュラのフグリー・カレッジで教育を受け、のちにカルカッタ大学の文学と法学の学部を卒業しました。彼は修士号を取得したインドで最初のムスリムと言われています。アミール・アリは弁護士の資格を得るために英国に渡航し、のちにカルカッタ高等裁判所の判事となりました。

スレーンドラナース・バネルジー（1848–1925）は民族主義の著名な指導者にまで上り詰めた人物ですが、インド高等文官のひとりとしてスタートしました。不屈にして恐れを知らず、しばしば「負けず嫌い」のバネルジーと呼ばれました。政治的には穏健で、バネルジーは英国支配の恩恵を信じ、憲政を熱心に鼓吹し盛り立てることが代議員制の政府を樹立するための手段と考えました。バネルジーは社会と宗教に進歩的な視点をもち、未亡人の再婚と少女の結婚年齢の引き上げを提唱しました。創造的思索よりも理念の伝達に最大の能力を発揮する人物とされています。

ウーメッシュ・チャンドラ・バネルジー（1844–1906）はインド国民会議派の最初の大統領になり、英国庶民院の選挙に出馬した初めてのインド人でした。彼は二度、カルカッタ高等裁判所の判事に推薦されましたが、「貧しさ」を理由に辞退しました。当時の彼の月収は二万ルピーは下りませんでしたが、判事の給与は四千ルピーにすぎなかったのです。

バネルジーはヒンドゥー教徒でしたが、妻のキリスト教の信仰を認めていました。政治的には穏健派で、英国の公明正大さに大きな信を置いていました。彼は裕福でしたから、初期の国民会議を経済的に支援したということです。「国民会議の揺りかごのそばに立ち、親のような気遣いと愛情で慈しみ育てた」と言われています。

アニー・ベサント（1847–1933）は著名な神智学協会員で、インド独立運動の歴史上では重要な地位を占め、全インド自治同盟の創立者でもありました。ベサント夫人はアイルランド人の血を多く受け継いでいました。一八九三年に初めてインドを訪れ、いくつかの町でヒンドゥーの宗教と文化に関する講演を行いました。その「英国の難局はインドの好機」というスローガンは民族主義者がたびたび引用するキャッチフレーズとなりました。国民会議の緑と赤の旗を最初に考案したのは彼女で、紡ぎ車が描かれた白い部分はあとからつけ加えられたのです。

サイイド・フセイン・ビルグラミ（1842–1926）は著名なムスリムの教育者で、ロンドンのインド省評議会の議員となった最初のインド人のひとり（もうひとりはK・S・グプタ卿）です。旧ハイダラーバード州で実施された教育改革プログラムの大枠を決めたのはこのビルグラミで、おそらくオスマニア大学とニュー・ガールズ・スクールを除いて、州のほとんどすべての教育機関は彼の努力によって創設されました。ビルグラミは自分と同じ宗教を信じる人たちに「国民会議とは関係をもたず、共同体の教育向上に専心するように」と熱心に説きました。

ロメシュ・チャンダー・ダット（1848–1909）は高い教養と文化を誇るベンガルの名門に生

まれました。彼の父はベンガルで徴税官（行政長官）を務めた最初のインド人のひとりでした。彼の二人の従兄弟、アルとトル・ダットはフランス語と英語に堪能な学者として名を馳せました。マコーリー教育学派の典型的な成果として、ダットはインド高等文官に採用され、のちに『古代インド文明史』や『ベンガル文学史』を執筆しました。一八九九年、ダットはラクナウーで開かれたインド国民会議の第十五回総会の議長を務めました。伝記作家はダットの経歴を、最高の度量をもつ市民を生みだすインドの底力の「反駁の余地のない証拠」と評しています。

余談になりますが、トーマス・バビントン・マコーリーの、一八三五年に執筆された、有名な『教育メモ』はインドの教育制度を根底から塗り替えてしまいました。マコーリーのメモは英語教育の堅持を明快に論じ、「東洋的な学習法」を非実用的として大胆にも切り捨ててしまいました。サイババが生まれた頃、おそらくパトリで英語を聞いた人はひとりもいなかったでしょう！　サイババは、思い出してほしいのですが、一八五七年（セポイの反乱）以前の世代に属していたのです。ゴーパール・クリシュナ・ゴーカレーが生まれたのが一八六六年、マハトマ・ガンジーが生まれたのが一八六九年です。バル・ガンガーダル・ティラクですら生まれたのは一八五六年でした。

興味深いことに、インドの歴史上でもっとも有名な名前のひとつ、（大反乱の指導者のひとり）ジャーンシーのラーニ・ラクシュミーバイーは、一八三五年生まれで、サイババと同じ世代です。サイババは彼女の独立への偉大な戦いを知っていたのだろうか、とだれでも疑問をもつことでしょう。この件に関しては、ほとんどなにも情報がありませんが、確実に言えることは、サイババが政治の世界で起こっていることを知らなかったはずがないということです。

フェローズシャ・メフタ（1845–1915）は先駆的な民族主義者で、西洋の高等教育を受けた最初のひとりですが、修士号を取得した最初のパールシー教徒でした。メフタはバッドラディン・タイアジ（1844–1906）やK・T・テーラングとともにボンベイ管轄区協会を設立し、彼の指揮下でインド国民会議の下部機関として活動しました。

この名士たちのリストを見ているかぎり、一八五七年の大反逆の以前かその直後には、インド市民には教育を受ける機会がなかったように思われるかもしれません。しかし、前述の人たちすべてが裕福な家庭の出身ではなかったのです。事実、ゴーカレーは貧しい家庭の出身でした。彼らはみんな立身出世をしたのです。しかし、彼らのだれかがシルディの聖者を知っていたという記録は残っていません。サイババは異なる世界に暮らしていたのです。

彼は幼い頃から周囲の出来事に影響を受けなかったように見えます。彼の幼少期のことは、信頼に足る歴史的証拠がいっさい欠けています。彼はまだ八歳という若さで、スーフィーのファキールといっしょに家を出た、と一般には考えられています。この物語はもっと前の章でくわしく取り上げました。ファキールはサイババを「自分のもの」と主張し、サイババの両親は彼をくれてやった、ということになっています。

サイババに関する多くのありがちな疑問への答えは、ゴーヴィンド・ラグーナース・ダボールカル著『シュリ・サイ・サッチャリタ』という神聖視される書物のなかに見いだされます。しかしながら、忘れてならないのは、この本は「宗教書」の色合いが強く、その本質は歴史的事実というよりは伝説だということです。というのも、サイババは生きているうちから伝説になったからです。この理由から、どんな場合でも歴史的事実を確認しなければなりません。この要求の大部分は二人のサンニャーシ、スワミ・サイ・シャラン・アーナンドとB・V・ナラシンハ・スワミによってかなえられます。

『シュリ・サイ・サッチャリタ』は言います、「ババは十六歳のときに初めてシルディにやってきた。そのときはシルディに三年間滞在した。それから彼は忽然と消え失せて、のちにニザームの領土に姿を現した。その後、彼は結婚式の一団といっしょにシルディへやってくると、そこに永久に腰を落ち着けた。彼はそのとき二十歳だった。そのとき以来、六十年間、彼はシルディで暮らした。これはだれもが知っていることだ。一八四〇年、アシュウィン月の明るい月相の十日目（西暦一九一八年十月十五日）、ババはヴィージャヤー・ダシャミの吉日に最期の息を引き取った……」

ババは最初にシルディを訪れた三年間になにをしたのか、どのようにして忽然といなくなり、そしてドゥプケドのチャンドバイ・パーティルとともに戻ってきたのか、『シュリ・サイ・サッチャリタ』に詳細な報告があります。

ババはファキールといっしょに家を出たあと、ゴーダーヴァリーの川岸へやってきます。フアキールがどんな道筋をたどったのか推測するしかありません。当時は幹線道路がなく、鉄道もなく、自動車は間違いなくなかったのですから。旅人は長距離を牛車に乗るか歩くかしかなかったのです。

パトリ周辺の地理に慣れ親しんでいる人なら、ババがどのような旅をしたのか、ババ自身が語っている逸話から、イメージを描くこともできるでしょう。

「道はパトリから来ている。途中にシャイルド（サイルー）、マノール（マンヴァト）、ジャールナープルがある。（そのルートを）一度通ったことがある。八日間かかった。昼間は草を踏んで歩き、夜は草むらに寝た。われわれは自分の足で歩いた」。ババはそうやってパイタン－アウランガーバードにやってくると、そこのモスクに十二年間とどまり、ひとりのファキールを指導しました。

サイババを家から連れ出したファキールのことはあまりよく知られていません。ただの物もらいだったのか、それとも托鉢僧だったのか？　老人とその「弟子」はどこで衣服を手に入れたのか？　彼らはどのように暮らしたのか？　家を一軒一軒回って物乞いをしたのか？　旅の途中では屋根の下に泊まったのか？　サイババは草のなかで眠ったと報告しています。ババが家を出た日から、シルディへやってきた日まで、埋めようのない空白があるのです。

サイババが初めてシルディへやってきたときのことは、『シュリ・サイ・サッチャリタ』に取り上げられています。以下のような物語です――アウランガーバード地方にドゥープという村があり、チャンド・パーティルという名の裕福なモハメダンの紳士が住んでいた。あるとき、アウランガーバードに旅をしたとき、雌馬を逃がしてしまった。二か月間の長きにわたり、探しつづけたが、雌馬の形跡はどこにも見当たらなかった。失望した彼は家に帰ることにした。ようやく八キロを歩いたところで、マンゴーの木の下に坐っている奇妙な風体の男に出くわした。彼は帽子をかぶり、カフニ（長衣）を着ていた。わきの下にサトカ（杖）をはさみ、チラム（土器のパイプ）でタバコを吸う準備をしていた。チャンド・パーティルが通りかかるのを見て、いっしょにチラムを吸わないかと、親切に声をかけた。その男は、あとからファキールだということがわかったが、「どうして馬の鞍を運んでいるのかね？」とパーティルに尋ねた。パーティルはくやしそうに言った、「雌馬を逃がしてしまったのですよ」。ファキールは答えた、「でも、近くのナラは見たのかね？」気になったパーティルは、ナラ（不定期に現れる川、またはその涸れた川床）まで行ってみた。すると、驚いたことに雌馬がそこに立っていた――パーティルは馬を引いて、ファキールが坐っているところまで戻ってきた。「一服しなさい」とファキールは静かに言うと、チラムの準備をした。しかし、二つのものが必要だった。パイプにつける火と、チャッピ（煙を通す布切れ）を濡らすための少量の水だ。

しかし、チャンド・パーティルが見ている目の前で、ファキールは火ばさみを地面に突き立てると、まるで手品のように、燃えている燠《おき》を取り出した！　次にファキールがサトカで地面を叩くと、そこに水が湧き出した。こうしてチラムに火がつけられ、チャッピを湿らすことができた。チャンド・パーティルはあっけにとられて見ていた。目の前で当たり前のように奇跡が起こっているのに、ファキールは自分のやったことにすら気づいていないようだ。驚きに打たれたパーティルは、おもてなししたいからいっしょに自宅までおいでください、とファキールを誘った。パーティルは村役人でそれなりに地位のある人だった。彼はファキールに言った、「義理の兄弟の息子とシルディの娘の結婚式が予定されているのですが、式の一団といっしょにシルディへ行きませんか」。ファキールは同意した。こうして彼らは出発した。結婚式がとどこおりなく終わると、チャンド・パーティルと一行はドゥープへと戻った。しかし、ファキールはシルディにとどまった。

このファキールがサイババでした。

一九八二年十月、アウランガーバード南西のドゥプケドを個人的に訪れたヴィシュワス・B・ケールが、『シュリ・サイ・リーラ』一九八五年三・四月号に「雌馬の奇跡」と題して書いているのですが、前出の『シュリ・サイ・サッチャリタ』の記事は伝聞に基づいているようだ、と述べています。彼はこう記しています、「村中でムスリムの家族は一軒しかなく、チャンド・パーティルの子孫はその家だけでした。チャンド・パーティルには子どもがいなかったのです。チャンドバイの小さな家は廃墟になり、だれも住んでいませんでした。近くの小さな家にチャンド・パーティルの兄弟、アンサルカーンの息子グラブカーンが住んでいました。彼は八十歳ぐらいでした。妻のウマルビーも健在でした。グラブカーンの息子ラルカーンは五十歳ぐらいでした。彼から聞いた話では、チャンド・パーティルは四十五年ほど前に亡くなり、それから五年もしないうちに一〇四歳のアンサルカーンが息を引き取ったということです」。サイババとチャンド・パーティルが実際に出会った場所は、グラブカーンによると、アウランガーバードを二十四キロ南に下った、シンドンとビンドンという二つの村の近くだったそうです。「チャンド・パーティルはそのとき、サイババといっしょにドゥプケドに戻りました。サイババはドゥプケド郊外のイェルガンガー川のほとりのマイダーン（広場）に野宿し、木の下で過ごしたり、森のなかを散策したりしました。サイババがどれだけドゥプケドにいたのか、正確なところはわかりません。ラルカーンによると、数年間をドゥプケドで過ごし、チャンド・パーティルの結婚式の一団といっしょにシルディへ行きました。チャンド・パーティルの姉妹とアミンバイの息子のハミドが結婚したのです」。このバージョンはラームギルブアー（サイババはバプギルと呼びました）が一九三六年十二月一日、B・V・ナラシンハ・スワミに語った内容と大まかな点で一致します。ラームギルブアーはそのとき六十一歳でした。ラームギルブアーは、サイババがシルディへやってきたのは、自分がまだ八歳から十歳の少年で、村の学校で学んでいるころだったと言っています。サイババは当時、二十五歳から三十歳ぐらいに見えたそうです。ラームギルブアーは、この驚くべき雌馬の奇跡の話を、チャンド・パーティル本人の口から聞いたということです。

結婚式の一団が降り立ったのは、シルディのバンヤン樹の近くでした。当時は、皆無とは言わないまでも、家に泊まることが難しかった時代ですから、それも珍しいことではなかったのです。その木はカンドバー寺院近くの空き地に立っていました。数台の馬車がカンドバー寺院の広い境内で引き具を外されて、結婚式の参加者がひとりずつ降りてきました。ファキールも馬車から降りてきました。寺院の所有者のバガト・マールサーパティーは、ファキールを見かけて声をかけました、「ヤ、サーイー！（ようこそ、サーイー！）」。こうして「サイ」という名前がつけられたのです。チャンド・パーティルも、バガト・マールサーパティーも、だれひとりこのファキールに名前を尋ねようとはしなかったのでしょう。彼はサーイーと呼びかけられました。そうして彼は「サイ」になったのです。これは少なくとも仮定としては成り立ちます。ほんとうだとは思えないという人もいます。ナラシンハ・スワミによると、サイババがシルディへやってきたとき、バガト・マールサーパティー個人所有のカンドバー寺院で見かけたとき、彼はふつうの人に見えたということです。マールサーパティーは、ムスリムだと思ったので寺院には入らせませんでした。そのためサイババは寺院のすぐ近くのアミンバイの家の中庭に野宿しなければならなかったのです。ナラシンハ・スワミは、マールサーパティーが平凡なファキールを「サーイー」と呼んだとはとうてい考えられないと言っています。というのも、それは「支配者、主人、神、ファキール」を意味するからです。

もうひとつの仮説は、人びとが彼を「サイ」と呼んだのは、彼をファキールと間違えたからだというものです。なにしろ、サイが初めてシルディを訪れたときに着ていた衣服についてすら意見の相違があるのです。マールサーパティーは初めてサイババを見たとき、彼は帽子やドーティー（ヒンドゥー教徒が身につける腰布）のような黄土色のカフニ（ムスリムのファキールが着る長衣）を着ていたと言っていたようです。一方で仕立て屋のカーシーラムという人は、ババのために緑色のカフニと帽子を縫ったことがあるということです。これらは作り話なのでしょうか？　黄土色はヒンドゥー教のサンニャーシの色です。緑色はムスリムに好まれる色です。別の報告によると、のちにババは白いカフニを着て、白い布切れを頭に巻くようになったということです。それはどっちつかずの色です。しかしながら、ババがニルヴァーナに入ったとき、ババがよく枕に使っていた布包みから緑色の帽子が見つかったという話があります。その包みは現在はサンスターン（協会）が保有しています。

寺院への立ち入りを禁止されたため、ババはシルディのマスジドに居場所を見つけた、というのは大いにありうることです。しかし、この件についてすら、意見に開きがあるのです。ある報告によれば、モヒッディンの義理の息子と口論をし、やむなく近くの森、シルディの村はずれのバーブールの木の森に引っ越したということです。同じように、証拠はありませんが、ババは足首にグンガル（鈴輪）を巻いて踊ったという話もあります。ババは音楽に造詣が深く、しばしばバジャンを上手に歌うのを聞いた人がいたそうです。インドール州高等裁判所の元判事、M・S・レゲはババが歌うのを聞いた幸運な人のひとりです。レゲによると、ババは歌が上手なだけでなく、だれかがラーガ（旋法）を間違えると修正してやったということです。

ババがマスジドに泊まっていたとき、シルディにはデヴィダースという名の聖者がいました。ババは彼といっしょにいるのを好んだようです。のちに彼らにもうひとりの聖人、ジャナーキダースが加わりました。これにとどまらず、プンタンベのヴァイシュナヴァ派の在家の聖者、ガンガーギルという人がしばしばシルディを訪れたそうです。ガンガーギルが初めてババの姿を見たとき、このように言ったと伝えられます、「これほど貴重な宝石があるとは、シルディはなんと恵まれていることか。この人はふつうの人ではない。シルディは幸運であり、称賛に値する。この人がいるのだから！」ババは当時まだ十代でした。しかし、多くの人の目に彼は並外れた人物と映ったのです。

ババのシルディ初期の日々については多くの逸話が残されています。ひとつはババとモヒウッディン・タンボリがレスリングの試合をしたという話です。ババが負けて、カフニを着なければならなくなったということです。ラームギルブアーは、ババはけっしてレスリングはしなかったが、モヒウッディンの義理の息子のマーントリカ（妖術使い）と口論をし、シルディの数キロ先の森のなかに避難しなければならなかった、と言っています。

別の話によると、ババはあるマハトマ（大聖）と出会って、彼を師《グル》と仰ぐようになり、十二年間、全身全霊をささげて彼に仕えました。ババはこう言ったと伝えられます、「私の師《グル》はいつも同じ場所に坐っていた。彼はけっして座を離れず、体のどんな働きもその同じ場所でしていた。食事をさせたり、その場所を清めたりするのが、私の務めだった。私がいまこうしてあるのも、その奉仕のおかげなのだよ」

師《グル》がサマーディに入る日が近づいてくると、ババはグル・パードゥカースターン（師の履物のある場所）の左のニームの木の下に殿堂を建てて、向かいの地下の小部屋（墓室）で数年間を過ごし、愛する師《グル》の思い出に浸ったということです。このサマーディが最初に見つかったのは、土地の所有者ラーオ・バハードゥル・サテーが、殿堂の二階のベランダへの階段をつくろうとしたときでした。これをどうしたらいいかと尋ねると、サイババは答えました、「手を触れてはいけない。それは私の先祖のサマーディだ。出窓をつくり、階段はそこへつけなさい。その前で木曜日と金曜日に香を焚く人を、神は祝福してくださるだろう」。地下の小部屋は最初に発見されたとき、サテーワーダーからマスジドとチャヴァリ（集会所）へと通じていました。チャヴァリの後ろに小さな出口の扉がありました。この早い時期に、ババは「私は地面に届くほどのもつれ髪を伸ばしていたことがある」と言ったことがあります。またマスジドのなかのドゥニ（聖炉）のそばの柱を指さして、サイババはこう言ったとも伝えられます、「あそこに私が昼間を過ごす地下の小部屋がある。人びとが近くまで来ても、私は出てこない。高徳な人がやってきたときにだけ、私は出ていって、彼と語り合うのだ」

多くの人がこの質問をしています――「ババの師《グル》はだれだったのですか？」ババ自身の師はだれだったのかについて、確実な情報は得られていません。『バクティ・サーラムリト』（最初はマラーティー語で書かれました）の二十六章で、ダース・ガヌは、ババの師《グル》はヴェンクサだったかもしれない、と述べています。この情報に基づいて、ナラシンハ・スワミは、ババが窃盗事件で一等行政官に曖昧であやふやな答えをしたとき、自分の師《グル》の名前はヴェンクサだと述べたのではないか、と推測しています。しかし、この点に関して正確な情報は見当たりません。

しかし、ババには師《グル》がいたのか、彼らはお互いに仲がよかったのか、という二つの疑問が並び立つことはありません。サイババはよく言っていました、「人間にとって、師《グル》の地位は特別なものだ。彼ひとりに最大の信頼を寄せるなら、あらゆるものが手に入る。帰依者の強さはすべて師《グル》から来ている。師《グル》への帰依は神々や女神への帰依を上回る。師《グル》は最上の存在だ」。彼はよく師《グル》への帰依を賞賛し、奨励しました。

しかし、それは質問への答えになっているでしょうか？『シュリ・サイ・リーラ』（一九七六年四月号）の記事のなかで、ヴィシュワス・B・ケールは、この件について十分な調査をした上で、シュリ・ゴーパールラーオ・ケシャヴラーオ・デーシュムク（1715–1802）がババの師《グル》だったのではないかという、ダース・ガヌの推測は完全な間違いだという結論に達しました。なぜなら、ゴーパールラーオはババの時代よりずっと前に生まれているからです。ケールはまた、ババの師《グル》とされるローシャン・シャー・ミアという人物が実在したのかどうか疑わしいと、強く主張しています。では、実際には、ババに師《グル》はいなかったのでしょうか？ケールはこれに次のように答えています、「トゥカラームが夢のなかで師《グル》ババジの幻影を見たように、あるいはラーマダーサがシュリ・ラーマの啓示を得たように、もしかすると、ババは神か、ヴェンカテシャか、ローシャンか、その名前がなんであろうと、その存在の直接的な知覚を得たのではないでしょうか」。トゥカラームの弟子の女詩聖バヒナバイーによると、彼女の師たちのグルパラムパーラー（グルの系譜）は、ジュニャーネシュワル――サッチダーナンダ――ヴィシュワンバル――ラガヴァチャイタニヤ――ケシャヴチャイタニヤ――ババジ――トゥカラームと続くそうです。ついでながら、サッチダーナンダはジュニャーネシュワルの著名な作品『ジュニャーネシュワリ』の筆写を務めた人物です。

しかしながら、この結論についてさらに問いただされて、ケールは執筆者に言っています、「私はサイババの師《グル》の問題に関して長いこと熟慮を重ねてきました。これまでの意見を見直した結果、スーフィーの神がババの師《グル》だったという結論に達しました。その神の名前はわからないのですが。

「サイババがわずか八歳のときに、あるファキールといっしょに家を出たことは、彼自身がスワミ・サイ・シャラン・アーナンドやマールサーパティーに語っています。サイババはまたスワミ・サイ・シャラン・アーナンドに、自分は師《グル》といっしょに十二年間暮らしたとも言っています。さらに彼の師《グル》はマハトマ（偉大な人）で、その人がババの面倒を見てくれ、育て上げてくれたのだとも。これは『シュリ・サイ・サッチャリタ』のなかで述べられていることを裏付けています」

『シュリ・サイ・サッチャリタ』によれば、ババはこう言ったということです、「私は師《グル》と十二年間いっしょにいた。私の師《グル》のような人はめったに見つからない。偉大なアウリア（宗教的な師）で、愛と優しさの権化のような人だった。その愛をどのように説明したらいいのか？彼はいつも瞑想の最高の境地にあって、至福に満ちていた。その英知は透徹し、欲望の対象にとらわれなかった。この師《グル》の教えの流儀が、私を大いに惹きつけた。私は望郷の念を忘れて、執着の足かせは壊れ、空腹や渇きも含めてすべてを忘れ去った。彼は私のなによりも大切なわが家、父と母になった。彼は勇気ある不動の信頼と忍耐以外、私からなにも求めなかった。私は一心不乱に彼に帰依した。そのことを彼は大いに喜んでくれ、私をつねに護ってくれた。近くにいようと遠くにいようと、親亀が向こう岸の子亀たちを気遣うように、彼は私の世話をしてくれ、彼から離れていると感じたことは一度もなかった。私が今こうしてあるのも師《グル》への帰依と奉仕のおかげだ。彼は私のいちばん高い熱望をすべて満たしてくれたから、四方八方に導きを求めなくてもよかった」

これは注目すべき発言であり、これ以上の説明は不要なのではないでしょうか。

サイババはシルディに来る前、若い頃、およそ二十年以上をマラートワーダーで過ごしました。この期間のうち、およそ半分は師《グル》のそばで過ごし、あと半分はアウランガーバードでひとりのファキールを指導していました。そしてシルディにやってきたとき、およそ三十歳の成人となり、厳しいタパス（苦行）、サーダナ（修行）、耐乏生活によって間違いなく鍛え上げられていたことでしょう。

これから見えてくるのは、ババが何歳のときにやってきたかという証言には矛盾があるということです。彼はわずか十六歳のときにやってきたのでしょうか、それとも三十歳かそれ以上になってからやってきたのでしょうか？　彼は師《グル》から具体的になにを学んだのでしょうか？『ギーター』でしょうか？『クルアーン』でしょうか？　どうやったらシッダーになれるのでしょうか？『シュリ・サイ・サッチャリタ』には、シルディにやってきたとき、彼は「さっそうとした気立てのよい若者」だったとしるされています。何歳の若者でしょうか？　シルディの住人、ナーナー・チョプダルの老母の証言をふり返ってみましょう。彼女の証言はこうです、「最初、このさっそうとした気立てのよい若者が、ニームの木の下に坐っているのを見かけました。みんなこの美しい若者の姿に深い感銘を受けました。厳しい修行をしていたからです。暑さも寒さもこたえませんでした。一目見るなりブラフマンを知る者だとわかりました。彼は夢のなかでも欲望をもちませんでした。その放棄は毅然としたもので、まるでマーヤー（迷妄）を完全に断ち切っているかのようでした。近くからも遠くからも人びとがダルシャンにやってきました。昼間、彼は仲間たちとたむろしませんでした。暗闇も恐れませんでした。この若者はどこからやってきたのか、とみんな思わずにはいられませんでした。あまりにも器量がよかったので、一目見て好きにならない人はいなかったのです。だれもがこの世俗放棄の理想のような若者を見て驚いたものです」

また地下の小部屋についての話も、ナーナー・チョプダルの母親が語ったとされています。

「ある日、驚くようなことが起こりました。カンドバー寺院の祭日のことです。二人から四人の人がまるで霊にとり憑かれたかのように震え、うなり、うわごとを言いはじめました。人びとは（いつもそうするように）彼らに質問をしはじめました。彼らはババの両親のことや、いつ彼が来たのかなどについて知りたかったのです。霊は答えました、『それを知りたかったら、鍬をもってきて、わしが教える場所を掘ってみるがいい』。ある人が鍬をもってきて、教えられたニームの木の反対側を掘りはじめました。しばらくその場所を掘ると、煉瓦の層が見えてきました。その煉瓦の層の下から碾《ひ》き臼の円筒の一方が出てきました。その石の円筒を取り除けると、地下の小部屋が見つかり、内側は漆喰が塗られ、四隅に四つのサマイ（通常は真鍮か銀製の縦長の灯明）が置かれていました。そこではパート（低い木製の腰かけ）、ゴームキ（数珠を繰るときにはめる牛の口の形をした手袋）、数珠も見つかりました。その霊は言いました、『この少年は十二年間、ここで苦行をしていたのだ』。それで人びとがババに質問をぶつけると、ババは答えました、『これは私の師《グル》の聖堂だよ。大事にしてくれ』」

何度もくり返し、私たちは同じ疑問に行き当たります。サイババはどうやってこのような人になったのでしょうか？　彼に師《グル》がいたという事実は確認することができました――その人がだれであったにしても。さらに師《グル》とシシュヤ（弟子）のあいだにとても親密な関係があったことも確認することができました。しかし、その先で、私たちは壁に突き当たります。この師《グル》は弟子になにを教えたのでしょうか？　二人のあいだにはつねに「教育的」なやりとりがあったのでしょうか？　師《グル》はババに『クルアーン』や『ギーター』を丸ごと暗記させたのでしょうか？　二人は議論をしたのでしょうか？　教師と生徒のあいだには意見の相違があったのでしょうか？　ババはどうやってシッディーの力を身につけたのでしょうか？　こういった質問への安直な答えはこうです――師《グル》は象徴にすぎず、ババはスワヤム－シッダー、独覚だったからほんとうは師を必要としなかったのだ。ファキールを師《グル》としたのはマーヤー、迷妄の一例にすぎない。ファキールが師《グル》だったとしても、ババがほんとうに彼を必要としたのではなく、人生には師《グル》をもつべき時期があるというだけのことだ……。ババの多くの伝記が、彼は「禁欲」と「苦行」を実践していたと言っています。この禁欲の内容とはどんなものでしょうか？　食べ物や衣服なしで行われるものでしょうか？　人前で生活することでしょうか？　深い瞑想の忘我の境地にあって坐ることでしょうか？　ゴータマ仏陀は、ご存知のように、菩提樹の下に坐って、苦行を続け、ある日、真理を悟ったと言われています。ババの場合、菩提樹をニームの木に置き換えてもいいでしょう。ババに日陰を与えてくれるほど葉を繁らせないにしても。私たちはババがよく地下の小部屋にこもったのを知っています。しかし、このタパスは実際にはどんな性質のものだったのでしょうか？　彼は人生のどの時期に真理を見いだしたのでしょうか？　これらすべての疑問に対して手に入る情報はせいぜい大まかな伝聞のようなものにすぎず、ババがたまたま口にしたことを多くの熱心な信奉者が話題にしているだけなのです。ババがどの時期に悟りを開いて、奇跡を行うようになったのか、私たちにはまったく知るすべがないのです。それは彼の師《グル》が逝去したときでしょうか？　私たちはシュリ・ラーマクリシュナ・パラマハンサ（1836–1886）がスワミ・ヴィヴェーカーナンダを、さらにナレーンドラ・ダッター（1863–1902）を事実上、神の知識へと導き入れたのがいつだったのか知っています。シュリ・ラーマクリシュナはババの若いときの、ヴィヴェーカーナンダは後年の同時代人ですが、ババはそのいずれよりも長生きしました。しかし、シュリ・ラーマクリシュナに関しては多くのことが知られています。それは主として弟子の功績によるもので、ヴィヴェーカーナンダについても同じように、彼のパリヴラージャカ（遍歴）時代のことさえ知られています。一方、私たちがババについて知っていることの多くは理性の判断に委ねざるをえないのです。

ババが行った当時、シルディはボンベイ複合州のアハマドナガル地区のコパルガーオン・タールカ（分区）の小村にすぎず、一九六〇年までその状態でした。一八八四年に刊行された『ボンベイ地名辞典』（第十七版）のアハマドナガル地区の項目には「コパルガーオンの村々 1883年」という地図がありますが、「タラフ・コーラーレ三十村」というグループのなかにシルディの名前が見えます。コパルガーオン・タールカからマーレガーオンへの唯一の道路について、『地名辞典』は述べています、「この（アハマドナガル起点の）道路はアハマドナガルから七十二キロのアシュタガーオン村近くでコパルガーオン分区へと入り、七十九キロのラハタ、八十四キロ半のシルディ、八十七キロのニゴージ－ニムガーオン、九十七キロのコパルガーオン、一〇四キロ半のイェスガーオンの村々を通り過ぎて、一〇八キロでナーシクのイォーラ分区へ入る。コパルガーオンのゴーダーヴァリー川は鋼索の渡し船で渡る」

サイババは一九一八年にニルヴァーナに達し、それ以降、シルディはおおむね人びとの記憶から消え去っていました。しかし、二十世紀の六〇年代から七〇年代に入るとにわかに脚光を浴びて、サイババの聖堂は多数の人びとを惹きつけるようになりました。一九七六年に出版された『インド地名辞典』のマハーラーシュトラ州、アハマドナガル地区の項目では、それなりに大きく扱われて、七と四分の一ページにわたる記述があります。

サイババが生きた時代（1868–1918）にシルディがどんなところだったのかを知る唯一の情報源として、一九三二年に『シュリ・サイ・リーラ』に、バールクリシュナ・ヴィシュワナース・デーヴというマムレダール（行政官）が寄稿した記事があります。デーヴが最初にシルディに行ったのは一九一〇年で、サイババのダルシャンに出席するためでした。のちに彼はそのときの印象をしるしています。「シルディ」という名前は実際には「シラディ」または「シャイラディ」が訛ったものではないか、と彼は述べています。当時、村には四〇〇軒の大小の家、二つの井戸、マラーティー語の七学年までの学校とマラーティー語のミッション・スクール、二つのパーンマラ（キンマ樹園）、二つの果樹園、ひとつの花卉《かき》園、九つの寺院、二つのマスジド、ひとつのダラムシャーラー（宿坊）、ひとつの製糖工場、ひとつの製粉所、ひとつの水車場があり、総人口は二五六八人で、ヒンドゥー教徒は以下のカーストに分かれていました――ブラフミン、マルワディ人、マラーター人、ダンガル（牧畜）、マーリー（果物・野菜の栽培)、ソナル(金細工師)、スータール(大工)、ローハール(鍛冶屋)、クムバル(陶工)、パリト(洗濯屋)、マハル(不可触選民)、マング(不可触選民)、チャマール(革細工・なめし)、コーリ(低カースト)、ビール(指定部族)、グラーヴ(僧職)、ヴァダル。きわめて多様で多岐にわたっていました。シルディは小村ですが、裕福だったようです。陶工、鍛冶屋、大工、その他の職人がいたことから見て、ガンジー的な意味合いで高度に自給自足的だったのでしょう。本屋への言及は見当たりません。おそらく村には一軒もなかったのでしょう。識字率の割合や、新聞が回覧されていたか、そもそも村に文字を読める人がいたかなど、いっさい知ることはできません。

ターラーバイー・サダーシヴ・タルカド夫人は、プネのラージャ・バハードゥル綿製品紡績織布工場の経営者サダーシヴ・タルカド氏の妻ですが、一九三六年に次のような発言をしています、「その当時、シルディは照明やごみ収集やその他の文明の恩恵にまったく浴していない、忘れ去られたような小村でした。発展したのはそのあとのことなのです。しかし、私がそこにいたときは、街路や通路は夜になると真っ暗で、明かりもありませんでした。村外れには棘だらけのバーブール樹の深い森がありました」

二十世紀の二〇年代にそうだったとすれば、ババが最初に行って腰を落ち着けた頃、シルディがどんな様子だったか想像に難くありません。身の毛もよだつほどだったでしょう！ サイババは一八六八年頃にシルディにやってきました。インドの政治的情況は変わりました。この国に平和が打ち立てられたのです。

その後、土地税裁定法が制定されました。一八五七年の反乱は遠い記憶になりました。サイババは、もちろん、政治とは無縁でした。彼が支配者の人物評をし、善政を敷いているか否かを議論したという証拠はまったくありません。彼が心に懸けていたのは霊的なことでした。彼の日課は決まっていました。毎朝、托鉢に出かけると、バヤジャバイー・コーテ・パーティル、パーティルブアー・ゴンドカル、ナンドラム・サヴァイラム（たぶんマルワディ人）、アッパージ・コーテ、ナーラーヤン・テリ（油搾り人）などの家の前に立ち、人びとはうやうやしくその日に必要なものを彼に与えたのです。彼が人びとから愛情と敬意を得ていたことは確かです。この早い時期、彼にはまだ多くの帰依者はいませんでした。その日の托鉢が終わると、ババはマスジドに戻ってきました。なにごとも気にせず、また彼を悩ますようなこともなかったのです。彼は狂ったファキールと思われていましたが、狂ったファキールにもそれなりの使い道があったのです。アーユルヴェーダの医者すらいない小村では――もちろん、現在のような西洋医学はまだインドにすら入ってきていなかったのです――ファキールがその役目を果たしました。というのも、彼には魔法の力があると信じられていたからです。どんなことであれ、周囲の人を助けないなら、ファキールになんの価値があるでしょうか？　多くの村人が風邪や胃痛といったささいな健康問題で、彼なら治してくれると信じて、ババのところへ行ったのです。最初、ババは民間薬のようなものを与えたということです。どうやってそれを知ったのでしょうか？　どこでその効能を習ったのでしょうか？　それともこの知識は師《グル》が彼に授けた教育の一部でしょうか？　あるいは、ここでもやはり、ババはそうした素朴な薬を人から聞いて与えたのでしょうか？　いつの時期から彼は薬草その他の薬から、ドゥニ（聖炉）のウディ（聖灰）の処方へと切り替えたのでしょうか？

後年になると、ババはなにかにつけてウディを施すようになりますが、多くの人がウディを服用して奇跡的な結果が得られたと証言しています。この奇跡のことはまたあとでお話ししましょう。大事なことは、灰そのものにはどのような効能もないということです。どうしてふつうの灰が様々な病気を治したのでしょうか？　信仰治療の一種でしょうか？　ババは自分を信頼している素朴な村人の信じやすさにつけ込むような人ではなかったのです。それとも、これは帰依者たちが彼の「リーラ（遊び）」と呼ぶものの一部だったのでしょうか？　その言葉を定義するのは少し難しいのですが、人間の理解力を超えた神の行いを示唆しています。

シルディで暮らした六十年間、この人はまったく変わりませんでした。確かに歳月は多くのものを変えてしまいました。髪は灰色になり、事実上、彼ひとりしかいなかったところに、今や数百人が詰めかけて、その祝福を受けるようになりました。かつては托鉢に出かけていましたが、後年には求めなくても、探さなくても、食べ物のほうが彼のところへやってきました。しばしにもかかわらず、終焉のおよそ二日前まで、彼はファキールの日課に従っていました。しばしば独り言をつぶやいていましたが、多くの人は彼は少しいかれていると思っていました。彼には宗教的な雰囲気はなく、またその必要もなかったのです。彼はサイババと呼ばれるようになりました。辞書の「サーイー」または「サーイーン」は、「支配者、神、夫（愛する人）、ファキール」を意味します。機織りの聖者カビールは、サーキーやドーハー（二行詩）でしばしば「サーイーン」という言葉を使っていますが、それは「支配者」や「神」を意味します。シュリ・ラーマクリシュナは、完璧な人はシャークタ派ではカウラ、ヴェーダーンタ派ではパラマハンサ、ヴァイシュナヴァ派のバウルではサーイーンと呼ばれると言ったそうです。ついでながら、「バウル」という言葉の文字どおりの意味は「神に酔った帰依者」で、バウルとはベンガルのヴァイシュナヴァ派の吟遊詩人、乞食僧を指します。カルタバジャ派にはアウル、バウル、ダルヴィーシュ、サーイーンという四つの階級があります。彼らのなかで最高位に達したのがサーイーンです。あるいは、サーイーと呼ぶべきでしょうか？　ババは間違いなくサーイーで、その称号にふさわしいのですが、前に見たように、それはあいさつとして偶然に口にされたものだったのです。

短期間を除けば、ババはシルディの外へ出ませんでした。哲学を論じたり、人びとに説いたりするために出歩かなかったのです。もちろん、彼は自分に会いに来た人とは話しました。しかし、シルディが彼の世界のすべてでした。彼はわずかなものしか必要としませんでした。ニルヴァーナに達する日まで、単純ないくつかの習慣を続けました。喜捨を求める必要がなくなってからも、毎月、毎年、増えつづける帰依者たちが差し出すものを受け取っていました。しかし、周囲に群れ集った善男善女の感情に配慮してそうしたのです。着る服のスタイルを変えることはありませんでした。カフニが着ているもののすべてでした。衣裳だんすをもっていませんでした。もっていたら奇妙な光景だったでしょう。新しい衣服の一式を贈っても、もらうとすぐにだれかにくれてやりました。カフニが裂けてぼろぼろになるまで身につけていました。実際に袖が裂けたカフニを着た写真が残っています。

しかし、帰依者が群れ集うのはまだ先のことです。七〇年代初め、ババはまだたいていひとりで過ごしていましたが、徳の高い人の訪問は楽しみにしていました。素朴な薬を処方するのをやめたので、村人は彼のところへ来なくなっていました。ババの生涯には「神に酔って」いる時期がありました。夜になると屋根の垂木から突き出た、幅が二十五センチほどの細い木の板に布切れで体を縛りつけて眠っていました。板の先端と根元には火のともったパンティ（土器の深皿に油を注ぎ、綿の芯を立てた灯明）が置かれていました。ババがその板に登ったり降りたりするのを見た人はいませんでした。いつもそのぐらぐらする「ベッド」に寝ているところが目撃されるだけでした。シルディはその話でもちきりになり、ババはうんざりして、そこに登らなくなりました。その後、何年もして、ババがその苦行の話をカーカーサーヘブ・ディクシトにすると、彼は感動して言いました、「そんなに板の上で寝るのがお好きなら、今すぐ取り付けてさしあげましょう、今夜にも使えますよ！」ババは答えました、「余計なお世話だ。私は上で寝て、付き添いのマールサーパティーは地面で寝るのかね？」そこでディクシトは、マールサーパティーの板も取り付けようと申し出ました。ババは答えました、「カーカー、突き出た板の上で寝るなんてふつうの人にはできないよ。彼は一睡もできないだろう。眠れなくてはしかたがないだろう？」

そしてババはつけ加えました、「私はマールサーパティーに、私の心臓に手を当てて、そこで続いているナーマー・スマーラーン（詠唱）に注意を向けているようにと命じることがある。それが止まったらすぐに私を起こせと言ってある。ところが、マールサーパティーときたら、途中で眠ってしまうのだ。その手は石のように重くなっている。だとしたら、彼はどうやって板の上で眠ったらいいのだ？　突き出た板の上で、彼ひとりが起きていて、見守り、熱心に役目を果たさねばならないのに、きっと私といっしょに眠ってしまうだろう」

ババはまた魂のなかで始まりなく永遠に鳴りつづける太鼓の音に言及しました。それはヨーギがアナーハトと呼び、スーフィーがサウト－エ－サルマディと呼ぶものです。献身的な帰依者は自分の一息一息にナーマー・スマーラーン（神の名前の想起）がつねに伴うように見守っていなければならない、ということに注意を向けさせたかったのです。

スワミ・サイ・シャラン・アーナンドは書いています、「心臓だけでなく、手足すべてから、一本一本の骨や全身のひとつひとつの毛穴からも、このアナーハトが出てこなければなりません。一般の人の手足や骨は麻痺した状態なのです。しかし、サイババの肉体では、それらはたんに活動的であるだけでなく、神の精髄にみなぎっています。だからこそ、彼は言うことができるのです。いつの日か、もはや自分が肉や血のなかにいなくなったとき、『私の骨が墓のなかから返事をし、墓石があなたに話しかけ、(墓のなかの)霊魂に明け渡した人とともに揺れ動くだろう』と。ババはこうも言っています、『私があなたのところからいなくなったと考えてはいけない。私を全霊を込めた帰依とともに思い出すなら、あなたは祝福されるだろう』」

突き出た板の上で眠ることにつけ加えると、それは狭すぎて居心地が悪いことからしても、サイババはもしかするとある種のハタ・ヨーガの訓練をしていたのかもしれません。例えば、彼はマスジドの北の川にひとりで出かけて、腸を取り出してきれいに洗って、枝にかけて乾したということです——信じがたい話ですが、長いことささやかれていた伝説です。同じように、彼は夜になるとマスジドで、もっと難しい(手足をばらばらにする)カンド・ヨーガを実修していたという話も伝わっています。夜、マスジドにだれも訪ねてこなくなる時間には、ババはどこを探しても見当たらず、あちこちに手足が転がっていたというのです！　頭がこっちにあり、手が向こうにあり、胴体がここにある、といったぐあいで。朝になればババは元に戻って、夜のあいだなにごとも起こらなかったかのようでした。

彼がなぜこのようなヨーガの実修に、なんの目的でふけっていたのかはっきりしません。彼はなにを試みていたのでしょうか？　ひんぱんにこのカンド・ヨーガにふけっていたのでしょうか？　それを実修せざるをえなかったのでしょうか？　確実に言えるのは、彼は自分のシッディーの力をだれかに見せつけたかったのではないということです。少なくとも帰依者の数は一貫して増えつづけていたのですから、ババはわざわざ人気を求める必要はなかったし、そのつもりもなかったのです。では、このような実修をどんなふうに説明したらいいのでしょうか？　ありがちな説明は、まだ彼を信じていないがいずれ信じるかもしれない人に、「サイババのヨーガの実力」を見せつけるためだったというものでしょう。

このように尋ねることができます、「それほどの霊力があるなら、どうしてアーユルヴェーダの薬を与えるのをやめてしまったのか？」ある報告によると、このような薬を与えなくなったのは、患者のひとりが死んでしまったからです。そのときは、患者が指示した処方に従わなかったからだ、という説明がなされています。この事件が起こってから、ババは薬を処方するのをやめて、代わりにウディをやってきた人たちに与えるようになったらしいのです。

薬を処方するのをやめてから、彼の暮らしぶりは劇的に変わったということです。ぼろぼろの衣服を着て、一日に何度も托鉢に出かけるようになりました。肩にドーティー（腰布）をかけ、片端を結んでゾリ（袋）にし、そこに米やバークリー（イーストを使わないパン）のような乾いたビクシャー（施し物）を入れました。もう一方の手に大きなコップをもって、アムティ（汁）、調理した野菜、チャツネ、ミルク、ヨーグルトなどの液体や半液体のものを入れました。そしてひと回りしてもらったものはすべて丸いクンディ（広口の壺）にしまいました。蓋がなかったので、カラス、犬、猫がクンディから食べ物のかけらをさらっていきましたが、ババも他の人も追い払ったりしませんでした。マスジドの掃除人も十や十二のバークリーをもっていくことがありましたが、だれもとがめませんでした。貧しい人や、お腹の空いた人や、不意の客がやってくると、同じクンディに入っているものを食べました。来客を遠ざけるため、ババはときに怒ったふりをしました。そのため村人は彼を狂ったファキールと呼び、つきまとったり迷惑をかけたりしませんでした。しかし、彼の真価を知るマラーター人の信心深い婦人がいました。バヤジャバイーです。彼女はどのようにしてかババの真価や彼の精神の気高さを理解していたようです。彼女はババが先に口をつけるまでいっさい食事をとらないと誓っていました。昼間は、ババはグル－サマーディの近くにいるか、野原にいるか、近くの森にいるか、ニムガーオンにいました。どの時間にどの場所にいようと、バヤジャバイーは毎日規則正しく、ババの食事の入ったかごを頭に載せて、彼を探し出して食事をさせたのです。何年もして、ババは彼女の息子のターティヤー・ガンパト・コーテと親しくなり、彼が難局を乗り切る手助けをし、世間に出ても恥ずかしくない人間に育て上げ、しまいには、ターティヤーの代わりに自分の命を差し出しても惜しくはないとまで言うようになりました。最初にババをサーイーと呼び、村へと連れて行ったマールサーパティーは、彼にカーシーラム・シンピとアッパー・ジャガレという二人の友人を紹介しました。この三人がシルディを訪れるサードゥ、ゴーサイン（修行者）、バイラーギー（出家者）、ファキール、その他の聖人をすべて受け容れて、彼らに奉仕したのです。この三人はババの帰依者となり、もてるすべてのものを与えました。彼がマスジドに泊まれるようにはからったのも彼らでした。

この初期の頃は、ババはだれからもダクシナー（お金の喜捨）を受け取りませんでした。カーシーラムからさえ受け取らず、この信心深い帰依者は涙にくれたものです。カーシーラムにとっては、自分は施す人でババは施される人だったのです。ババはそのこともよくわかっていました。それで方針を変えました。再三再四、カーシーラムにダクシナーを求めました。最初、たった一パイサ（一ルピーの六十四分の一）をもらうだけで喜んでいましたが、だんだんと要求を吊り上げるようになりました。やがてカーシーラムがびた一文出せなくなるときがやってきました。彼の経済状態が全般的に悪化して、だれも金を貸してくれなくなったのです。ひどく惨めな境遇に陥りました。カーシーラムが「施す者と施される者の違いなど取るに足りないことだ」と気がついたのはまさにこのときでした。そのメッセージを伝えたいがために、ババは彼を貧困のどん底に突き落としたのです。それに気がついた日から、カーシーラムの経済状態は見違えるようによくなっていったそうです。それ以降、ババがダクシナーを求めようと求めまいと、彼が平静さを失うことはありませんでした。

カーシーラムは衣類の行商人で、市が立つ日には近くの村々に店を出しました。あるとき、ナウルの定期市から帰る途中、ビール族の武装をした強盗団に遭遇しました。カーシーラムはもっているすべてのものをくれてやりましたが、ひとつだけ小さな包みを手放しませんでした。盗賊たちは包みにいちばん貴重なものが入っているにちがいないと考えて、それを彼から取り上げようとしました。実際には、包みには粉砂糖が入っているだけで、カーシーラムはそれを蟻にやるためにいつも持ち歩いていたのです。そんなわけで、ビールたちがそれを奪おうとすると、彼は必死になって抵抗しました。彼は盗賊のひとりが地面に置いた剣を奪うと、二人の泥棒を殺してしまいました。しかし、三人目の強盗が彼の頭を斧で殴ったので、カーシーラムは気を失って地面に倒れました。彼が死んだと思った盗賊たちは逃げてしまいました。だがしかし、カーシーラムは死んではいなかったのです。しばらくして息を吹き返しました。彼はサイババを深く信頼していたので、医者を探そうとするよりも、ことの顛末をババに報告して、彼の手当てを受けました。数日のうちに、カーシーラムは元気を取り戻しました。この勇敢な行いに、カーシーラムはボンベイ政府から褒美として一振りの剣を与えられました。

カーシーラムは知りませんでしたが、あとでわかったのですが、彼が盗賊たちと闘っているとき、シルディでは、ババが奇声を発して、まるで霊にとり憑かれた人のように自分の口を叩いていました。見ている人たちはなにが起こっているのかわかりませんでしたが、彼はきっと遠くのことに反応しているにちがいないと思っていました。実際に、そのとおりだったのです。不気味なほどの偶然の一致でした。ババはその独特のやり方で自分の帰依者を助けようとしたのです。武装した強盗団の襲撃に素手で立ち向かう人なんていません。しかし、カーシーラムはそれをやったのです。それはグル－クリパー、師《グル》の無限の慈悲の表れとみなされました。

この出来事から何年かして、カーシーラムはヒンドゥー教徒の吉日、エカーダシーの日にこの世を去りました。アッパー・ジャガレも同じようにババに何年も仕えたのちに亡くなりました。マールサーパティーだけが、ババのサマーディのあとまで生き延びました。

マスジドはババが一日置きに眠る場所でした。その日は、マールサーパティーがババに付き添っていました。彼は夜の九時にマスジドへ行くと、一晩中、柱に寄りかかって坐り、ババと話しました。マールサーパティーが眠りに落ちると、ババは彼を起こしました。これが十四年間も続いたのです。ターティヤー・パーティルがこの二人に加わることもありました。彼らは一晩中話しました。彼らがなにを話したのか、記録には残っていません。

一八〇七年（西暦一八八五年）、マールガーシールシャ月（十一月から十二月）の満月の日、ババはひどい喘息の発作に見舞われました。彼はマールサーパティーを呼んで言いました、「私の体の世話はおまえに任せる。私はサマーディに入る。三日間、体の面倒を見てくれ」

そう言うと、ババはニルヴィカルパ・サマーディに入りました。指示されたように、マールサーパティーは動かなくなった体を見張っていました。だれの目にも彼は死んでいるように見えました。少なくとも村人たちはそう思ったし、マールサーパティーが寝ずの番をしていなかったら、彼らは体を埋葬地に運んだにちがいありません。実際、必要な葬式の手続きについて話している声を聞いた人もいたのです。しかし、マールサーパティーはそのような声を聞きませんでした。彼はババの体のそばに坐っていました。三日後、ババに通常の意識が戻り、みんなほっと胸をなでおろしました。マールサーパティーは事実上、ババの分身になっていたのです。もうひとり、ババに近しい人がいました。それはアブドゥルです。一八六九年生まれのアブドゥルは、ナーンデードのアミールッディン・ファキールの従者でした。一八八九年に不思議なことが起こりました。サイババがアミールッディンの夢のなかに現れて、二つのマンゴーを物質化し、これをアブドゥルに渡して、シルディに来させるようにと告げたのです。彼がシルディに到着すると、ババは大声で言いました、「よし、私のカラスがやってきたぞ！」

アブドゥルの未刊行のウルドゥ語の著書からも明らかなように、ババはイスラム、『シーラ』（預言者ムハンマドの伝記）、スンナ（その律法）、ハディース（その言行録）、ファカー（法典）、シャリーア（法律）、タリーカ（スーフィー教団）について深遠な知識をもっていました。サイババは『ヴェーダ』、『ウパニシャッド』、『ギーター』、さらにプラークリット語の聖者たちの著作を解説し、詳述し、批評することができましたが、それと同じぐらい、『カディーリッヤ』、『チシュティーヤ』、『スフラワルディーヤ』、『ナクシュバンディー』といったスーフィー教団のシャイフ（賢人）たちの著作も含めた、ムスリムの宗教書や文化についても知り尽くしていたのです。実際のところ、彼の知識の広大さは驚異的で、とても信じがたい、常識を超えたものだったのです。

ババはすべての信仰の稀有な混交であり、宗教、宗派、人種、性別、カースト、教義、言語、国家にどのような境界も見いだしませんでした。彼は自分のもとにやってきた帰依者たちが、その個人的な発達のレベルにふさわしく、さまざまな信仰をもち、宗教的な実践を行っていることを容認していました。以前にも取り上げましたが、次のような話が伝えられています。彼はイスラム教に改宗したヒンドゥー教徒の横面をひっぱたいて言いました、「おまえさんは自分の父親を取り替えて恥ずかしくないのかね？」ムスリムの原理主義者たちはババを嫌っていましたが、最高位のアウリア（イスラム聖者）に見られる彼の霊的な品格を称賛せざるをえませんでした。今日では、彼の聖堂は多様な信仰をもった何十万の帰依者たちの巡礼地となっています。ババにはそれだけの度量があったのです。

彼は万人のババであり、シルディに押し寄せてくる帰依者たちの友人でした。

# 第四章　師《グル》の慈悲

彼（真のグル）は目からベールをとりはらい、ブラフマーの真の姿を見させる——
彼は神の世界を明かし、奏でられない音楽を私に聞かせる。

——『カビールの一〇〇の詩』
ラビンドラナース・タゴール訳、その二十二

私が未知なるものを知ることができたのも、真の師《グル》の慈悲のおかげだ。
カビールは言う——グルは言葉に尽くせぬほど偉大だ、その弟子の幸運もはかり知れない。

——『カビールの一〇〇の詩』
ラビンドラナース・タゴール訳、その二十七

［1］

ババは自分の師《グル》の考え、言葉、行いに全面的に帰依していましたが、弟子たちにも同じような帰依を求めました。彼はナーナーサーヘブ・チャンドルカルによく言いました、「近頃は師《グル》があちこちにいすぎる」と。しかし、師《グル》の責任は厄介なものです。師《グル》は弟子が救済を得るまで、

その誕生から死まで、究極の解脱を得るまで、彼に寄り添わねばならないのです。ただ助言を与えるだけで、人は師《グル》になるのではありません。多くの知識過剰な学者が学術的な講義をさんざんしてきましたが、彼らはアティヤートミク（霊的な）グルになったでしょうか？　モウニ・サードゥが賢明にも述べているように、サドグルや「大師《マスター》」と呼ばれる人たちが、この地上を訪れることはめったになく、多くの偽物が本物のふりをしているだけなのです。彼らは常識と批判的体験があれば、だれでも見分けることができます。非の打ち所がない、聖者のような暮らしぶりが師であることの最良の証しです――弟子たちにただ教えを説いてよしとするのではなく、説いた教えが忠実に守られているかどうかを確認し、弟子たちを注意深く見守っているのが師《グル》なのです。また師《グル》には弟子の霊的な修練を奨励し、必要とあれば誤りを指摘し、徳のある道を歩ませ、誕生から死まで、解脱するまで、弟子の進歩を見守っていく責任があります。このような理由から、「サイババは過去生の縁（リナーヌバンダ）のあるすべての人たちを、目に見える手段や目に見えない手段によって、自分のもとへと引き寄せた」という主張がなされるのです。いろいろな意見があるでしょうが、ババその人に関しては、彼が鷹のような眼をすべての弟子たちに光らせていて、彼らが正義の真っ直ぐな細い道から外れるのを見つけたなら、すぐさま彼らを引き戻したことは疑う余地がありません。ババはあるとき、ナーナーサーヘブ・チャンドルカルに言いました、「だれかが正当な理由があって、あなたに助けを求めてきたら、できるだけのことをしてやるんだよ。手を貸す立場にないときは、または助けたくないときは、礼儀正しく断ればいいが、助けを求めてきた人を笑いものにしてはいけないし、その人に腹を立ててもいけない。これをおぼえていられるかね?」

ナーナーサーヘブは「そうします」と言いました。しかし、彼はすぐに試されることになったのです。

ナーナーサーヘブはコパルガーオンからシルディへ行くときはいつも、途中でダッタートレーヤー・マンディル(寺院)に立ち寄って、主神のダルシャンに出席し、そこでしばらく過ごすのが常でした。またマンディルの管理人と雑談をしたりしました。

あるとき、管理人に強く勧められて、ナーナーサーヘブはガート(階段状の護岸)を建設する費用に充てるために三〇〇ルピーを寄付することを約束しました。管理人は大いに喜びました。

数日後、ナーナーサーヘブは再びシルディを訪ねるつもりでしたが、マンディルの管理人に約束した金額を工面できないことがわかりました。約束を取り消すのも体裁が悪いので、ナーナーサーヘブはシルディまで遠回りをしていくことにしました。迂回路の状態が悪く、道沿いにサンザシやイバラが生えていて、ナーナーサーヘブの足からは血が出ました。ようやくシルディについたものの疲れ果てていました。

ところが、ババから歓迎されるとばかり思っていたのに、そうはならなかったのです。反対に、ババは機嫌が悪くて、口もきいてくれません。ババの気に障ることでもしたのだろうか、とナーナーサーヘブは尋ねました、「そのとおりだ」とババは厳しい口調で言いました。「おまえは管理人から約束の資金援助を求められるのを恐れて、ダッタートレーヤーのダルシャンに出なかっただろう。いつもの道を通らないで、わざわざ回り道したな。これが私の教えに従うということかね？　三〇〇ルピーをもっていないか、期限内にお金を用意できないなら、管理人にほんとうのことを話せばいいじゃないか？　なんのために回り道をしたんだね、サンザシやイバラで怪我をしてまで？　おまえと話す価値があるのかね？」

それはナーナーサーヘブがババの全知を思い知らされたいくつかの事例のひとつでした。彼は神の恩恵から失墜したことを懸命に詫びて、二度と同じふるまいをしないことを誓わねばなりませんでした。

しかし、ババはもう一度、ナーナーサーヘブを試して、彼を驚かせたのです。ババはナーナーサーヘブにお布施は余裕があるだけ与えればいいと、いつも助言していました。「施しを受ける人が満足しないなら、もうこれ以上あげるものがありませんと、ていねいに断ればいいんだよ。絶対にかんしゃくを起こしたり、自分の余裕を見せつけたり、裕福さを見せびらかしたりしてはいけない！」

前のときのように、ナーナーサーヘブはこの教えに従うことを約束しました。しかし、またしてもつまづいたのです。

ある日、乞食女がカリヤンのナーナーサーヘブの屋敷へやってきて、施しを求めました。家族が乞食を追い返したことはなく、今回もまた、乞食にはいつものように施し物が与えられました。

「でも、私はバージャニがほしいんだよ」と女は要求しました。バージャニとは四、五種類の穀物でつくる粉で、いつもナーナーサーヘブの妻がみずから挽いていたのです。

ナーナーサーヘブの妻は、この要求がおかしいことに気づいてもよかったのですが、その乞食女がふつうの人間とはちがうことに最後まで思い至りませんでした。乞われるがままに、少量のバージャニを乞食にくれてやりました。

「もっとおくれ」と乞食女は言いました。

少しむっとしましたが、気立てのよい主婦だったので、この家の女主人はあと何杯かを乞食の椀に入れてやりました。

「これじゃ足りないよ！」さらに乞食は要求しました。

ナーナーサーヘブの妻はついにかんしゃくを起こしてしまいました。彼女は言いました、

「もらった分だけもって、さっさと出てお行き！」

乞食女はてこでも動こうとしません。要求した分をもらわなければ、立ち去らないつもりだったのです。

しかたなく、この家の女主人は夫に助けを求めました。

ナーナーサーヘブはただの乞食女が偉そうに、妻がもう十分気前よくお布施をやったという

のに、なおも要求することに腹を立てました。彼はチャプラーシー（下男）を呼ぶと、乞食女を追い払うようにと命じました。その女が言い返した言葉が、のちのち、ナーナーサーヘブにつきまとうことになりました。「私がくれと言ったものをくれないなら、それでもいいさ！しかし、チャプラーシーを使って私を追い出すとはどういうことかい？　いいよ、自分から出ていってやるさ！」そう言うと、女は出ていきました。

この出来事は忘れられてしまいました。

数か月後、ナーナーサーヘブはババのダルシャンを受けにシルディへ行きました。以前のときのように、彼は冷たい扱いを受けました。ババはそっぽを向いたまま、ナーナーサーヘブとは口をきこうとしません。「私はあなたを怒らせるようなことをしたんでしょうか？」ナーナーサーヘブは悲しくなって尋ねました。「自分がなにをしたかだって？」ババは怒って言いました、「約束を守らないようなやつと、どうして口をきかねばならんのだ？　十分なバージャニをほしがっただけなのに、気の毒な女を追い返すため、チャプラーシーに命じねばならなかったのかね？　最悪でも、女が自分から立ち去るまで、玄関に坐らせておけばよかったんだ。自分でその女に優しく言えなかったのかね？　力づくで追い出す必要がどこにあったのだ？」

一瞬、ナーナーサーヘブは、ババがなんの話をしているのかわかりませんでした。そして思い出したのです、乞食女が差し出されたもので満足せず、もっとバージャニをよこせと言って聞かなかったときのことを。そして彼は深い後悔の念にとらわれました。ババへの信頼を取り戻し、そして痛感しました。自分がいつ、どのように試されているかわかったものではないと。

それは二度と忘れてはならない教えだったのです。

ババはよく言いました、「ひとりの人間にとって、師《グル》の存在は特別な意味をもっている。彼に最大の信頼を置くなら、彼ひとりに帰依するなら、あらゆるものを得ることができる。帰依者は師《グル》が与えてくれるものをこそ頼みとしなければならない。それ以上でも、それ以下であってもいけない。師《グル》への帰依は神々や女神への帰依すら上回る。じつのところ、師《グル》を至高の神とみなさねばならない！」

こうして彼は師《グル》への帰依を賞賛し、推奨するのでした。

ダルシャンにやってきた人たちのなかに、求道者とみなしうる人を見つけると、ババは自分の師《グル》の能力、思いやり、ひたむきな黙想や、優れた不動の瞑想の境地、この無比の師《グル》への彼自身の熱烈な奉仕について、うれしそうに語り聞かせたものです。同じように、彼は師《グル》から示されたバクティ・ヨーガの二つの重要な指針をわかりやすく説明し、求道者たちにそれらを忠実に守るようにと勧めました。

彼の言うところでは、日々の生活における食事、楽しみ、遊び、幸せ、悲しみは、その人のプラーラボダ（前世のカルマの総体）の反映なのです。ナーナーサーヘブが世俗的な幸せだけでなく、精神的な解脱を本心から探し求めていることが周囲の人たちに知られるようになると、ババはこの二つの指針、ステップを彼に語り聞かせました。ナーナーサーヘブを介して多くの帰依者がそれらを知るようになり、その同じ知識が『シュリ・サイ・サッチャリタ』の著者アンナーサーヘブ・ダボールカルの耳にも入ったのです。以下に、そのときの出来事と、ババがわかりやすく教えを授ける手際を見ていきましょう。

ダボールカルが、ババのかたわらに坐っていたときのことです。ババは目の前にいた、『グルチャリトラ』のパラーヤナー（朗読）をひとつ終えたばかりのサテーという人に、もうひとつパラーヤナーを唱えたら、神は大いに喜ばれて、彼を解脱に導いてくださるだろうと言いました。

ダボールカルは面白くありませんでした。自分は『グルチャリトラ』を四十年余り唱えてきたのに、終わりなき誕生の輪廻から解脱できるなどと、ババは一度だって言ってくれたことがないのです。なのに、このサテーという人は、たった一晩で解脱を約束されたのです！

気の毒なダボールカル。彼は心のなかで起こっていることを見抜く、ババの能力を軽く見ていたのです。

いきなり、ババはダボールカルに言いました、「今からマーダヴラーオ・デーシュパーンデーのところへ行って、十五ルピーもらってきなさい」。ダボールカルは言われたとおりにしました。デーシュパーンデーのところへ行って、言われたことを伝えました。しかし、デーシュパーンデーは応じました、「どうして私のような貧乏人に、サイババにくれてやるお金があるのですか？　それだけじゃない、どうして私ごときがあんたのようなお偉いさんに説教しなければならんのですか？」

十五ルピーのお金が出せなかったことが決まり悪かったのか、デーシュパーンデーはダボールカルに個人的なサイババの体験や、他のラーダーバイーのような人たちの体験を聞かせてやりました。カーシャバ・デーシュムクの母親のラーダーバイーは、ババのダルシャンに出ようと他の何人かと連れ立ってシルディへやってきました。その帰依は一目惚れのようなものでした。ババが師《グル》になってくれさえしたら、自分は霊的に進歩できるだろうと直観したのです。しかし、怖かったので、その件を直接ババに相談しませんでした。師の口からじかに「マントラ（真言）」を与えてもらえないなら、せめて断食をしようと心に決めました。こうして断食を始めて三日経ちました。彼女はみるみるうちに体力が衰えていきました。ある帰依者がその状態を心配して、この老婦人をなだめなければ、いずれ死んでしまうだろう、とババのところに報告しに行ったのです。

それでババは彼女を呼び寄せて、隣に坐るようにうながし、こう言いました、「お母さん、ほんとうのことを教えてあげよう。私の師《グル》は親切この上ない偉大な人だった。私は全身全霊をささげて仕えたが、彼はマントラを授けてくれなかった。私はどうしてもマントラがもらいたくて、もらえるまで師のもとを離れまいと心に決めた。師は最初から私を弟子として受け容れてくれた。彼は私から二パイス（貨幣の単位）を受け取った。無欲な師は本物のお金を求めたのではない。そうではなく、二つのものを要求した。それはシュラッダーまたはニシュタ（信仰、信頼）とサブリ（忍耐強さを伴った勇気）だ。私はこの二パイスをすぐに差し出した。師《グル》はめったにいないような人だった。この瞑想の忘我の境地にある、愛と献身の生きたお手本を、私は昼も夜も賞賛の目で見つめていた。そのなかで飢えや渇きの感覚をすっかり失ってしまった。彼は私の観察、注目、瞑想の中心になった。その姿が見えなくなると、私は落ち着かなくなった。師《グル》は私からシュラッダーとサブリ以外のものを受け取らなかった。私はすでにそれらを差し出していた。だから彼は私のことをけっして忘れず、私をいつも危険から守ってくれた。あるときは彼のそばにとどまり、あるときは彼から離れていた。それでも、親亀が子亀に優しいまなざしを向けるように、彼は私を見守っていた。これはほんとうの話だ。師《グル》は私を弟子にするとき、マントラを授けなかった。だから、あなたを弟子にするとき、どうしてマントラを授けることができるかね？　しかし、いつも信頼と勇気を忘れないという、この基本的な指針には従いなさい。そして断食で自分を苦しめるようなことをしないことだ」

ラーダーバイーは言われたことを理解しました。彼女は断食をあきらめて、帰依と信頼の日々の暮らしへと戻ったのです。

デーシュパーンデーが話し終えると、ダボールカルは、ラーダーバイーの話にも自分への教訓が含まれていることに気がつきました。ラーダーバイーがマントラをもらえなかったのに、どうして自分が救済の約束をババから得ることができるだろう？　彼はようやく理解しました。ババが彼をデーシュパーンデーのところへ行かせたのは、ババからはなにが期待できるのか、なにが期待できないのかを、間接的に教えるためだったのです。彼にはこの教えを素直に受け容れるだけの賢明さがありました。

ババはよく言いました、「ミ・カン・ファンカナーラ・グル・ネーヴ、ミ・カンナーラ・ダサナーラ・グル・ネーヴ、アムチェ・ヘラネ・ニラネ・アヘ」（私は耳に語りかける師ではない。私たちの伝統は異なっている）。では、彼はなにを伝えようとしたのでしょうか？　この彼の言明への説明は、カビールのドーハー（二行詩）のひとつから得られるでしょう。彼はそこで、ほんとうの師《グル》は無限なるものへの道を教える人だ、と述べています。以下がそのドーハーです――

カンフンカ・グル・ハッド・カ、ベハド・カ・グル・オウル。
ベハド・カ・グル・ジャブ・ミレ、ラハイ・ティカーナ・タウル。
（耳に語りかける師《グル》は限りのあることを教える。無限なるもの［至高の存在］への道を教える師《グル》はまったく異なる。至高者を知る師《グル》に出会えば、自己を悟ることができる）

ババはナーナーサーヘブ・チャンドルカルと特別な絆がありました。一八八七年、ナーナーサーヘブが徴税官の個人秘書をしていたとき、シルディのクルカルニー（村役人）はしばしば土地租税に関連した仕事のためにアハマドナガルの徴税官事務所を訪れました。そうした折に、ババはナーナーサーヘブをシルディへと招待する伝言をクルカルニーに託したのです。ババはよくこう言っていたそうです、「私はここに呼びたい人間を否が応でも連れてくることができる、相手が第七地下世界に隠れていようと」

ババはナーナーサーヘブに他の帰依者と同じような気持ちをいだいていました。最初、ナーナーサーヘブは招待を断りました。自分がファキールになんのかかわりがあろうか？　しかし、三度目に呼ばれたとき、ナーナーサーヘブは断りきれなくなりました。

彼はババに疑いをもっていました。この人はどういう人なのか？　ファキールなのかサードゥなのか？　しかし、ババを訪問することに決めたのですから、いっさいの考えをわきに置くことにしました。彼はアルパカの上着を着てシルディへとおもむきました。その途中で、聖者や寺院を訪ねるときは手ぶらで行くべきではないことを思い出しました。うっかりしてなにももってこなかったので、手ぶらでババに会わねばならないことを考えると、悩ましくなりました。シルディはとても小さな町なので、バナナの一房も買えないことは知っていました。しかし、ポケットに手を突っ込むと、アーモンドと砂糖の入った小さな包みがあるのに気がついたのです――いつも持ち歩いているものでした。少なくとも、ささやかなものではあるが、この包みをババの足もとに置けばいい、と彼は考えたのです。そう考えてほっとしました。

ナーナーサーヘブは、仲間たちとシルディに到着し、ババの前で深々と頭を下げ、彼の前に小さな捧げ物を置きました。とはいえ、当惑せずにはいられませんでした。とりわけ気になったのは、およそ二十五人もの帰依者がババのまわりに坐っているのに、ババに数個のアーモンドと数個の氷砂糖が入った包みしか差し出せなかったことです。なんとも滑稽なことに思えました！　しかし、奇跡が起こったのです。その小さな包みには集まった人全員がプラサード（供物）の分け前をもらうのに十分なものが入っていたのです！

なにはともあれ、ナーナーサーヘブがいちばん気がかりだったのは、ババはどうしてこんなにしつこく彼を呼び出すのかということでした。ババはいきなりそのことを切り出しました。「ナーナー」と彼は言いました、「私たちのあいだには四つの誕生をさかのぼる特別な関係があるのだよ。あなたは気づいていないかもしれないが、私はわかっている。だからあなたをこうして呼んだのだ！　私はあなたのことで責任があるからね！」

そしてババはこうつけ加えました、「またここに来なさい、今度は自分の好きなときにね」ナーナーサーヘブからすると、それは奇妙な招待でした。しかし、彼はそれを心にとどめたのです。

その出来事からしばらくして、アハマドナガルで伝染病が発生しました。徴税官はナーナーサーヘブに伝染病の予防接種を受けさせようとしました。予防接種に懐疑的な人びとのよいお手本になると思ったからです。予防接種はまだインドに入ってきたばかりで、多くの人が外国産の液体を自分の体に注射することに抵抗感をもっていたのです。

そこでナーナーサーヘブはシルディへ行って、ババに助言を求めました。ババはその件について助言しました。「徴税官に言われたとおりにしなさい」と彼は言いました、「予防接種を受けなさい。恐れるようなことではない！」

それでナーナーサーヘブはアハマドナガルへ戻ると、ようやく伝染病の予防接種を受けました。彼のお手本が功を奏し、徴税官事務所の全員が右へならえしました。彼らは命拾いをしたのです。

ナーナーサーヘブはその後、およそ二週間に一度、シルディの近くにいるときにはババのもとを訪ねるようになりました。二人は夜を徹して『ギーター』や宗教的なことについて語り合ったものです。

サイババのことで人びとがうわさしていたのは、そして彼自身も多くの言葉を費やして明言していたのは、彼は過去生で自分と縁があった人たちが正義の道を歩めるように、この世に生まれてきたのだということでした。彼のほうから接触をもって、交友、愛、助言を通して、その人生に影響を与えた人たちがたくさんいたのです。あるときなど、アハマドナガルのジャヴアル・アリという博学なファキールを愛によって信服させて、彼のムルシド（師）としての誇りをたしなめました。このファキールはシルディから五キロ先のラハタに住んでいました。彼はクルアーンに精通していました。ラハタにイドガー（礼拝所）を建てはじめたのですが、その途中で、（ヒンドゥーの）ヴィーラバドラ神殿を「穢して」いるとの嫌疑をかけられました。それで彼はサイババのもとにとどまろうと、シルディへやってきたのです。

ジャヴァル・アリは話し上手でしたから、すぐにその博識によって、シルディの村人に深い感銘を与えました。ババの彼への友情は深まったように見えました。ジャヴァル・アリが再び住む場所をラハタに戻すと、サイババは彼についていきました。なにくれとなく彼の世話をして、かなりの距離を歩いて水を運んでやったほどです。ババはその後、ときどきシルディに戻りましたが、多くの帰依者たちはババがシルディに見切りをつけたのではないかと心配になりました。それで彼らはラハタに代表団を送ったのです。彼らがラハタに着くと、ジャヴァル・アリは外出していて、ババはひとりでした。彼は代表者たちに言いました、「あのファキールがここにいなくてよかったよ。気が短い男だから、私を連れ戻しに来たと知ったら、あんたたちを呪うだろう」

しかし、彼らが話をしているまさにそのとき、ジャヴァル・アリが帰ってきて、お人好しにもこう尋ねました、「どうしたね、この若者を連れて行こうというのかね？　それだったら、わしもいっしょに連れて行ってくれないか！」彼がそう言ったのは、ババが身の回りの世話をしてくれるので、それに頼り切っていたからです。

それから残念なことが起こりました。ジャヴァル・アリとサードゥのデヴィダースが議論をし、前者が負けてしまったのです。運の悪いジャヴァル・アリはヴァイジャープルへと立ち去りました。彼がシルディに帰ってきたのは何年もしてからで、自分はムルシドで、ババはチェラ（弟子）にすぎないと考えていたことを深く反省し、後悔していました。へりくだって、彼はババにあいさつしました。

ババがよく言っていたのは、金持ちがプライドを捨てるのは比較的やさしいが、学識や知恵や善良さのプライドを捨てるのは難しいということでした。ジャヴァル・アリは自分をきわめて博識な人間と考えて、そのことを誇りにしていました。ババはじっくりと時間をかけて、直接的にではなく、攻撃的にではなく、別の人を仲介にして、深い愛情とともに、彼を正気へと引き戻したのです。

同じようにして、彼は肉体を不滅にすることによって解脱を得ようとしていた、ウパサニ・ババをいさめました。ババは独特の穏やかなやり方で、彼を思いとどまらせて、シルディに戻らせ、救済への道を示したのです。

ババはしばしば思いもよらない方法で帰依者の深さと誠実さを試しました。帰依者のひとり、ハリ・シーターラームことカーカーサーヘブ・ディクシトは順調な法律の仕事や前途有望な政治家のキャリアに背を向けて、ババに身も心も富も（タン－マン－ダン）ささげていました。あるとき、ババは彼の誠実さを奇妙なやり方で試しました。彼はヤギを見つけると、その後ろ脚をつかまえて、マスジドの近くの柱に縛りつけました。たまたま、バデ・ババという名のファキールがババを訪問していました。「バデ・ババ」とサイババは客人に呼びかけました、「あのヤギを一太刀で殺してくれないかね?」バデ・ババは断りました。それでババは、マーダヴラーオ・デーシュパーンデーに、ナイフを借りてきて、仕事を片づけてしまうようにと頼みました。デーシュパーンデーはナイフを探しに行って、ラーダークリシュナ・アイーのところでひとつ見つけましたが、彼女はそれがどのような用途に使われるのかを知ると、かかわるのを断ってしまいました。彼女は信心深い女性だったので、ヤギの血で自分の手を汚したくなかったのです！

ちょうどそのとき、ディクシトがその場所に入ってきたので、ババは不運なディクシトに矛先を向けると、ヤギを始末してくれと言いました。ディクシトのババへの信頼は全面的で、ババの申し出ならなんであれ断るような人間ではありませんでした。ババが自分に間違ったことや罪深いことを頼むなど思いもよらなかったのです。それで彼はすぐにサテーワーダーへ行くと、ナイフを手に入れて戻ってきて、それを振りかざしたまさにそのとき、ババは彼を止めました。「よしなさい、カーカー」と彼はディクシトに言いました、「かわいそうな動物を殺してはいけない！」そして彼をからかって言ったのです、「あなたはブラフミンなのに、ヤギを殺すのかね！　良心がとがめないのかね？」

ディクシトはナイフを放り出し、ババを見ました、「ババ、今度こそ私のことをわかってください！　あなたの言葉は私のダルマ（掟）です！　私はほかの宗教を知りません。あなたのおっしゃることが、私にとっての掟なのです！」するとババは言いました、「それなら、けっこうだ。私が自分で殺すことにしよう。この水差しをもちなさい！」ババは、ハラール（合法）のやり方にのっとって動物を殺すことにすると言いました。

しかし、彼は殺しませんでした。ディクシトやその他の人たちが、ババはどうするのだろうと固唾をのんで見守っているあいだ、待っていたのです。

しばらくして、ババは言いました、「このヤギをファキールのターキヤー（祈禱所）へ連れて行きなさい」。こうして、ヤギはそこで天寿をまっとうしました。しかし、ババはそれを帰依者の信頼を試すために使ったのです。彼らのなかでも、非の打ちどころがないのはディクシトだけでした。ディクシトは師がどんなふるまいをしようと、それは思考と感情を超えた、自分と世界は別物だという幻想を超えた、霊的意識の不動の境地にある人の絶対に間違いのない行いだと信じていました。そうした理解をしていたからこそ、ディクシトのような忠実で知性的な帰依者は、サイババに絶対の忠誠と信頼を寄せたのです。

多くの人が述べているように、彼はしばしば謎めいた言動をしました。あるとき、ひとりの帰依者、ダハヌのマムレダール（徴税官）のデーオがシルディへやってきました。彼は公務が忙しくて宗教書など読んでいるひまがありません。たびたび『ジュニャーネシュワリ』を読みはじめるのですが、途中でじゃまが入ってしまい、先へ進むことができないのです。それで彼は考えました、この朗読をババの求めに応じてやることになれば、途中でじゃまが入ることもないだろう、と。そういった期待を抱いて、彼はシルディへやってきました。

最初に彼を出迎えたのは、バーラークラーム・マーンカルでした。マーンカルはババの身の回りの世話にかいがいしく働いて、シルディをわが家としていました。ババは彼に自分と同じ服装をすることさえ許していました――カフニを着て、頭にスカーフを巻いていました。ババがこの特権を認めたのは三人の帰依者だけで、そのひとりがマーンカルでした。当然ですが、この三人がババのお気に入りだと、だれもが思っていたのです。

なにげなく、デーオはマーンカルに尋ねました、「お聞きしたいのですが、どうやったらそんなにサイババに気に入られるのでしょうか?」「明日、教えてあげますよ」とマーンカルは言いましたが、その言葉に嘘はありませんでした。デーオは続けて尋ねました、「サイババはどんなふうにウパーサナー(対象のある瞑想)を勧めてくれましたか? そのことを教えてください!」

マーンカルが一言も発しないうちに、今すぐ会いに来るようにという伝言が、サイババからデーオに届きました。デーオはすぐにマスジドへ向かいました。彼を待っていたかのように、ババは建物の塀の外にいました。デーオを見ると、ババは言いました、「さっきだれとなんの話をしていたのかね?」デーオは正直にその質問に答えました。

「二十五ルピー、ダクシナーをくれないかね?」ババはいきなり喜捨を求めました。

デーオはそのお金をすぐに差し出しました。

「マスジドのなかに入ろうではないか」とババは言いました。

彼らはいっしょになかに入りました。

ババがいきなりふり返って、怒った顔でこう言ったとき、デーオはなにが起こっているのかわかりませんでした、「ダクシナーの札束を縛っていた布の紐が盗まれてしまったよ！」

「どんな布の紐ですか？」デーオはなんの疑いもなく尋ねました。

「探してくれ！　どこかにあるはずだ！」ババは命じました。

デーオは熱心に、マスジドの隅々まで、その布切れを探しましたが、どこにも見つかりません。彼はババにそう言いました。

「どこにも見つからないと言うのかね？　だったら、おまえが盗んだに違いない！　おまえはシルディに盗みを働くためにやってきたのか？」ババは大声で叫びました。

デーオはなんと言ったらいいのかわかりませんでした。布を盗むどころか、それを見てもいないのですから。おまけに、いま喜んで差し出した金をどうして盗まねばならないのでしょうか？　ババは虫の居所が悪いにちがいありません。

「さっきいたワーダーへ戻れ！　おまえの顔なんか見たくもない！」ババはうろたえている男に言いました。デーオは従うよりほかにありませんでした。しょんぼりして、マスジドの建物の外へ出てきました。

数時間後、ババは何人かの帰依者たちを呼び集めると、優しい声で言いました、「デーオには気の毒なことをした。気持ちを傷つけたにちがいない。だが、怒るしかなかったのだ、なにしろ盗みを働いたのだからな！」

次に、デーオを再び呼びつけると、彼に言いました、「ところで、もっとダクシナーをくれないかね！」

デーオはおとなしく従いました。

するとババは彼のほうを向いて、その顔を見て、こう言ったのです、「ワーダーではなにをしていたのかね？」

「なにもしていません」。デーオは正直に答えました。

ババは言いました、「それなら、いつもワーダーに坐ってポーティー（本）を読むことを習慣にしなさい」

そして静かにつけ加えました、「ジャーリー・シーラー（両肩にゆったりとかける金の縁取りをした長いショール）をそっくりあげようと待っていたのに、どうして布切れなんかを盗んだのだね？」

デーオは目をぱちくりしましたが、ふいに顔に微笑みが浮かびました。サイババが言おうとしていたのは、彼がマーンカルと交わしたブラフマンの瞑想についての短い会話のことだと、ようやくわかったのです。デーオはどうして二番煎じの知識をマーンカルから得なければならないのでしょうか、ババ自身がいくらでも光明を投げかけようと待っていてくれるのに？　その短い会話は盗みのようなもので、ババは本物の光明というショールをそっくり与えたいと思っていたのです。ババがこの奇妙なふるまいで指摘したかったのは、土壌に種を受け容れる準備ができていれば、師《グル》みずからが帰依者をもっと高い次元へと引き上げてくれるということでした。帰依者は二番煎じの知恵を求めなくてもいいし、そんなことをしてもなにも得られません。進歩のじゃまになるだけなのです。

それ以後、デーオは気が向いたときにババに会えるようになりました。来る日も来る日も『ジュニャーネシュワリ』を読んで、その偉大な作品にみずからの解釈を加えました。一年が過ぎ去ろうという、一九一四年四月二日木曜日、デーオは喜ばしい体験をしました。サイババの夢を見たのです。ババが自宅の二階に坐っているのを見ました。ババは尋ねました、「ポーティー（本）はわかるかね？」

「いいえ」とデーオは答えました。

「いつになったらわかるのだ？」ババはまた尋ねました。

感情がこみあげてきて、デーオは答えました、「ポーティーを読んでも役には立ちません、ババ、あなたの恩恵が降り注がないかぎり」

ババの答えが返ってきました、「では、私の横に坐って、私のいる前で読んでごらん」

「なにを読みましょうか？」

ババは言いました、「『アディヤートマ』だ」

まだ夢のなかでしたが、デーオはポーティーを読みはじめました。それからしばらくして、夢が終わり、デーオは目を覚ましました。ババの恩恵が降り注ぐのを感じました。この上もない歓びでした。

［2］

ところで、ウパーサナー（対象ある瞑想）には二種類があります――アハムグラハ・ウパーサナーとプラティーカ・ウパーサナーです。アハムグラハ・ウパーサナーは、サグナ・ブラフマー（形あるブラフマー）やニルグナ・ブラフマー（形なきブラフマー）の瞑想と言えます。いずれのケースでも、ブラフマーは自己と異ならないもの、自己と分離していないもの、つまり、みずからの自己とみなされます。しかし、宗教儀式によって魂のない対象に神の現前が呼び起こされるとき、そうした対象への瞑想はプラティーカ・ウパーサナーと呼ばれます。アハムグラハ・ウパーサナーによって、ブラフマー・ローカ（界）に達しますが、それはプラティーカ・ウパーサナーによっては達しえないとされます。

『ウパニシャッド』にはシャーンディルヤ・ヴィディヤー、ブーマ・ヴィディヤー、サト・ヴィディヤー、ダハル・ヴィディヤー、ウパコシャル・ヴィディヤー、アーナンダマヤー・ヴィディヤー、アクシャル・ヴィディヤーといったウパーサナーが列挙されていますが、すべてアハムグラハ・ヴィディヤーの一形態です。このようなヴィディヤー（知識）やウパーサナーの目的は自己すなわちブラフマンを悟ることです。求道者はこれらのヴィディヤーやウパーサナーのいずれを選んでもかまいませんが、自己を悟るまではひとつに徹しなければなりません。

それがアハムグラハ・ウパーサナーの規則なのです。

求道者がいくつものヴィディヤーを追い求めれば、彼の注意は分散し、そのために霊的な進歩は遅れるか中断されるでしょう。いったんウパーサナーの対象を悟ることができたら、他のウパーサナーの追求は不必要で余計なものとなるでしょう。

プラティーカ・ウパーサナーは世俗的な欲望を成就するためのものです。ですから、上記のアハムグラハ・ウパーサナーの規則は、それには適用されません。そして様々な欲望を満たすために、ひとつ以上の対象や神へのウパーサナーも許されます。

大師《サドグル》へのひたむきな帰依は自己を悟るためのものです。世俗的な欲望は大師《サドグル》、神々や女神たちへの帰依によってもかなえられます。

［3］

ふつうの物体ですら、それにかかわる人の真情《ハート》が昼も夜もロゴス（理法）に呼応してつねに鼓動しているなら、いきなり話しはじめることがある、と言われています。大師《サドグル》は遍在し（事実上、原子、塵芥、個人、宇宙をも包含し）、多くの手段を用いることができ、粗雑な、精妙な、巨大な、極小の形へと顕在化し、その帰依者たちを護ってくれます。

体の意識を失って、自己は体ではなく、それとは別物であることを経験するため、ヨーギは多くの手法を用います。例えば、太陽や火の熱さに耐えて、釘のベッドに横たわり、食べ物を口にせず、空気だけで生き、裸で暮らし、五種類の火を取り入れるといったことです。しかし、ババはユニークなやり方でこの真理を体験しました。自分の体は信心深い帰依者、または神の僕《しもべ》の体だと信じたのです。ですから、病気に苦しむ帰依者を見つけねばなりませんでした。ババは帰依者のカルマを自分に引き受けて、結果として、帰依者の病気を取り除いたのです。このため、バクタ（信愛者）がプラーラブダ・カルマ（宿命）を経験せざるをえない場合でも、カルマの強さをその人が耐えうるほどに弱めることができたのです。

科学が不可能とみなすことも、ヨーギには可能となり、そうしたパワーの効果をサイババの多くの帰依者たちが経験しました。女性ですら！　女性が出産するとき、自分もその痛みを経験する、とババはよく言っていました。

彼がマスジドで痛みを訴えて、うなったり、うめいたりしはじめると、女性の陣痛が引いていって、子どもを無事に出産することができました。

一九一一年、伝染病がシルディにも発生したとき、ババの体に七つか八つのよこね（リンパの腫れ）ができて、高熱が出ました。これに気がついて、帰依者たちは心配し、どんな薬で治したらいいのかと尋ねました。ババは燃やした綿をギー（澄ましバター）に浸し、それをよこねに塗るようにと指示しました。彼みずからがこの治療を受け、「死ぬことはないから心配するな、シルディの住民が不幸に見舞われることはない」と請け合いました。彼はシルディに降りかかった災難をみずからの身に引き受けたのです。シルディの住民で伝染病で死んだ者はひとりもいませんでした。さらに驚くべきことに、体のあちこちによこねができていたにもかかわらず、朝と夕方の勤行、レンディへの訪問、托鉢、マスジドでの瞑想といったいつもの日課に支障はありませんでした。

ちょうどそのころ、サイババの帰依者、ダーダーサーヘブ・カパルデが公務を中断し、シルディに滞在していました。ババが立ち去ることを許さなかったので、長期滞在していたのです。ある日、カパルデの幼い息子が高熱を出し、大変な苦痛に見舞われました。少年の母親は周囲に伝染病がはやっていたのでとても心配しました。ある日、ババが夕方のお勤めをしているとき、カパルデ夫人は息子への祝福をお願いしました。ババは言いました、「お母さん、恐れることはありません。空は一面の雲に覆われているが、じきに雨が降って、空は晴れるでしょう」。そう言うと、カフニをもちあげて、脚にできた卵の大きさほどの四つのよこねを見せて言いました、「見なさい、お子さんの病気を自分に引き受けたのだよ。なにひとつ恐れることはない。私がお子さんの代わりにこれだけ苦しむのだから、じきによくなるでしょう」。カパルデ夫人はほっと胸をなでおろし、息子は約束どおりによくなりました。

同じ年のダナ・トラヨダシの日（ディワーリー祭の初日）、ババはドゥニ（聖炉）の前に坐って火を焚いていました。突然、火のなかに手を突っ込んで、そのまま静かに坐りつづけました。外のサバーマンダプ（会堂）にいた帰依者たちが起こっていることに気がついて、ひとりが駆けつけ、ババの腰を抱えて引き離しました。手一面の火傷を見て、帰依者はひどく心配して尋ねました、「なにをなさるんですか?」それを聞いて、ババは急にふだんの意識に戻って言いました、「どう言えばいいのかね? 母親のひざに坐っていた子どもが火のなかに落ちたのだよ。その女の子を引っぱりだしたとき、手に火傷をしてしまったのだ。これはほうっておけばいい。しかし、女の子の命は救われたよ」

あとでわかったことですが、鍛冶屋の妻が炉床のふいごを動かしていたとき、片手で抱いていた子どもを誤って火窯のなかに落としてしまいました。子どもが火傷をする前に引っぱりだしたのは、ババでした。そうするとき、自分が火傷を負ってしまったのです。

ナーナーサーヘブ・チャンドルカルは、この事件のことを聞くとすぐに、ボンベイのパラマーナンド医師とシルディへと駆けつけました。しかしながら、サイババは彼に言ったのです、「神が私の医者なのだから、人間の医者の世話にはなりたくない」と。そして黒らい病を患う帰依者に火傷の手当てをさせました。男は火傷にていねいにギーを塗って、それを葉っぱの包帯で覆いました。しばらくすると治療の効果があらわれてきました。

それがサイババの習慣になりました。帰依者のカルマの苦しみを引き受けて、重荷を軽くしてやるのです。彼はこの帰依者たちへの奉仕を神への奉仕と見なしていました。その意味で自分は幸運だと考えていました。帰依者との会話にもそれは表れていました。ある人が彼に言いました、「あなたのダルシャンを受けられて幸せです」。しかし、ババは会衆に言ったのです、

「兄弟たちよ、私はあなた方に出会えて幸運だ。そのことで神に感謝している」

ババにはキリストのようなところがありましたが、彼自身はそのような比較を好まなかったでしょう。キリストに匹敵しないというのではなく、彼は生まれながらに謙虚だったのです。ババは「これらの最も小さい者のひとりにしたのは、すなわち、わたしにしたのである」（マタイ福音書二十五章）とは言いませんでした。しかし、彼の行いがそれを示していました。

あるとき、ひとりの婦人がババを自宅の食事へと招待し、彼は行くことを約束しました。想像に難くありませんが、婦人は大変な注意と献身とともに、もてるすべての料理の腕前をふるって、特別な料理の品々をこしらえました。しかし、ババをもてなす前に、震え上がるほど驚いたのですが、一匹の野良犬が料理を横取りしてしまったのです。腹を立てた女性は犬を追い払いました。ところが、ババを迎えに行くと、彼は気が変わったと言ったのです。「あんたは私が取ろうとしたのに追い払っただろう」と驚く女性に謎めいたことを言いました、「だったらいらないよ」

彼はしばしば象徴的な言い方をしました。ですから、彼のやり方を知っている人が、その言葉を通訳しなければなりませんでした。

ある婦人の話によると、十八歳の頃、初めて彼のもとを訪ねたときのことです。ひとりの帰依者がババにお辞儀をしたとき、眼鏡を床に落としてしまい、それを見ていた別の帰依者が、眼鏡はババの足元に落ちたのだから、ババへの贈り物にするべきだと主張したのです。「いいや」とババは言いました、「眼鏡はいらない。ひとつあるからね。四十ルピーもしたんだ」

彼が眼鏡をもっていないことはみんな知っていました。この話をした婦人は当惑しましたが、父親の説明でようやく腑に落ちました。眼鏡とは視力、つまり自己の悟りのことで、四十ルピーとは、自己の悟りに達するために四十年間も努力をしたという意味だったのです。

治療をしているときですら、ババは帰依者を煙に巻くようなことを言いました。あるとき、デーシュパーンデーが蛇に噛まれました。ババのところへ駆けつけるよりほかに手がありませんでした。しかし、マスジドの階段を駆け上ろうとした、まさにそのとき、ババが叫ぶのが聞こえたのです、「上がるな、ブラフミン！　戻れ、下がれ！」大きな恐怖にわしづかみにされているときですら、デーシュパーンデーはババに逆らうことができませんでした。それでその場に凍りついたように立ちすくみ、ババの次の指示を待ったのです。一瞬の間をおいて、ババは再び口を開きましたが、今度はもっと優しく、おとなしい声でした。「もう上がってきなさい。ファキールがおまえに情けをかけてくれたのだ。きっと治るだろう！」

「ファキール」とは、ババの言葉で神のことです。そこでデーシュパーンデーは理解しました、上がるなという命令は、彼に言ったのではなく、血のなかに入った毒に言ったのです！

一九〇九年のクリスマス、ある医師が友人のテシルダール（徴税官）とシルディを訪れました。医師は伝統的なブラフミンで、沐浴やサンディャヤー等の日課を忠実に守っていました。一方で、彼はシュリ・ラーマの熱心な帰依者でした。おまけに医師は、ババはファキールだと思っていましたから、ブラフミンの自分がムスリムのファキールの前にひれ伏すのは好ましくないと感じていました。しかしながら、テシルダールは医師に請け合いました、シルディではババの前にひれ伏すことを強いられないし、ババ自身もそうしたことをいっさい求めない、と。それで医師は気後れはしたものの、友人のテシルダールとマスジドへ同行したのです。

ところが、マスジドの入り口に到着すると、医師の目にはシュリ・ラーマチャンドラご自身が目の前に坐っているように見えました。ですから、神の現前にひれ伏したのですが、それはババその人にほかならなかったのです！　マスジドから出てくると、医師はその体験をテシルダールに説明し、即座にその場で、ババが（霊的な体験によって）自分を祝福してくれないかぎり、いっさい食べ物に手をつけないし、マスジドにも行かないという誓いを立てました。

断食の四日目、医師は思いがけずカーンデーシュ出身の友人と出会って、誓いを忘れ、彼といっしょにマスジドへ行きました。医師がサイババの前にひれ伏すと、ババは尋ねました、「おや、先生、どうしてお出でになったのかね？　だれが呼んだのだ？」　医師の当惑は想像に難くありません。しかし、彼は報われることになったのです。その夜、ぐっすり眠っているとき、医師はえも言われぬ至福を経験しました。その気分は自宅に帰ったあとも二週間ほど続きました。このようにして彼はババの恩恵を受け取ったのです。

このシュリ・ラーマチャンドラの忠実な帰依者と同じように、ムレ・シャーストリーという人もまた、自分の師《グル》に執着していました。彼はあるとき、ナーグプルの裕福なマルグジャル

（旧領主）、ゴーパールラーオ・ブーティーに会うためにシルディへやってきました。

ムレ・シャーストリーは、シルディに長くとどまるつもりはなく、ブーティーに会ったらナーシクに戻るつもりでした。予定通りにことは運びましたが、ふとした気まぐれから、彼は他の人たちとサイババのもとを訪ねたのです。たまたまそのとき、ババはマスジドに集まった人たちに、プラサードとしてバナナを配っていました。

ムレ・シャーストリーは六つのダルシャナ（哲学）を学び、占星術や手相見に通じていました。彼がサイババの手のひらを見ようと手を伸ばすと、ババはその動作をまったく意に介さず、ムレ・シャーストリーの手に四本のバナナを置きました。彼はそのプラサードを受け取って、ババの手相を見たいという願いは口に出しませんでした。泊まっていたワーダーに戻ると、儀式の沐浴をし、絹のドーティーに着替えて、アグニホトラの儀式のために坐りました。

一方、話は変わって、サイババはレンディへ出発するとき、このように言いました、「ゲル（色粉）をもっていこう。今日は黄土色のローブを着なければならない」。まわりにいた人たちはだれひとり、この発言の意味を深く考えませんでした。サイババが戻ってくると、もう昼のアールティーの時間でした。アールティーを主導するバプーサーヘブ・ジョグは、ムレ・シャーストリーに、いっしょにマスジドへ行って、アールティーに立ち会う気はないか、と尋ねました。ムレ・シャーストリーは接触の穢れに強い忌避感をもっていたので、アグニホトラをそのままにして、マスジドへ行くことに気が進みませんでした。

サイババがマスジドで席について、アールティーが今まさに始まろうとしたとき、彼は言いました、「最近やってきたブラフミンのところへ行って、彼からダクシナーをもらってきなさい」。そこでブーティーは、ムレ・シャーストリーのところへダクシナーをもらいに行きました。後者はアグニホトラで忙しく、それにかかりきりでしたが、ブーティーへの敬意から、ダクシナーをもって彼といっしょにマスジドへ行きました。しかし、マスジドの穢れが移らないようにと、サバーマンダプの遠いところにとどまり、そこからサイババにあいさつし、彼に花々をふりかけたのです。すると不思議なことが起こりました。だれもがサイババが席に坐っているのを見ていたのですが、それがムレ・シャーストリーにだけは黄土色のローブを着た師《グル》のゴラプに見えたのです。彼は、控えめに言っても、困惑し、動揺しました。ゴラプ・グルジは数年前に他界していたからです。ムレ・シャーストリーは自分の目を信じていいものかどうかわかりませんでした。実際に師のゴラプを見ているのか、それとも夢を見ているのか。目が覚めているのか眠っているのか確かめようと自分をつねりました。こみ上げてくる感情に促されるようにして、マスジドの階段を駆け上ると、師《グル》の両足に触れて、合掌したまま立ち上がりました。他の人たちがアールティーを詠唱しはじめたので、ムレ・シャーストリーも半分目を閉じたまま歌ったのですが、それは自分の師へのアールティーだったのです。

やがてアールティーが終わって、詠唱が止まりました。ムレ・シャーストリーも歌うのをやめました。彼がいま見ているのはサイババで、いつもの自分の席に坐って、静かにダクシナーを求めていました！　それはムレ・シャーストリーにとって啓示でした。サイババのおかげで、師《グル》ゴラプのダルシャンに出ることができたのです。歓びに圧倒されて、ほほを涙が伝い流れるままに、ムレ・シャーストリーはサイババの前にひれ伏しました。彼は聞く耳のある人には何度でも同じ話をしてやったものです。

サイババは粗いマンジャルパト（厚い綿布）のカフニを着て、頭に布を巻き、ひげをたくわえていました。人びとは彼をサイババと呼びましたが、シルディを訪れたヒンドゥー教徒たちは、彼をどのように扱ったらよいものか、いつも確信があったわけではありません。彼を精神的な指導者、師《グル》として受け容れるのは適切で正しいことなのでしょうか？　彼を受け容れた人は終生の帰依者となりました。そうした人のひとりに、マールワール出身のブラフミン、かつてグジャラートに住んでいたメガーがいます。メガーはサイババのもうひとりの帰依者、当時、ケーラー地区の副徴税官だった、ラーオ・バハードゥル・ハリ・ヴィナーヤク・サテーと知り合いになりました。メガーは家系こそブラフミンですが、ガーヤトリー（賛歌）についてほとんどなにも知らず、ましてサンディヤー・プージャやブラフマー・プージャ等についてなにひとつ知りませんでした。サテーは彼を雇うと、日課のシヴァのプージャを一任しました。彼に自分の無知を自覚させて、ブラフミンの果たすべき務めを教え、ガーヤトリー・マントラを教えました。

月日が過ぎました。彼らの相互の信頼は深まり、メガーは彼を指導者として受け容れました。ある日、サテーは自分の大師《サドグル》のサイババの偉大さについて、メガーに説明し、とりわけ感情を込めて言いました、「私の師《グル》はシヴァ神の化身だから、ガンガーの水で沐浴してもらい、正しい宗教儀式にのっとって礼拝したいと常々思っている。君の進歩はとても喜ばしいし、もし幸運にも私の師と縁ができたら、君もきっと祝福されるだろう」

メガーはなにも知らずに尋ねました、「あなたの師《グル》はどのカーストに属しているのですか？」サテーは答えました、「彼のカーストのことは知らないよ。ヒンドゥーもムスリムもババは自分たちの宗教に属していると言っている。マスジドを定宿にして、ドゥニ（聖炉）の火を絶やしたことがなく、その火に托鉢でもらったものを供えている」

メガーはびっくりしました。彼はつぶやきました、「マスジドで暮らし、ムスリムも彼は仲間だと思っているんですから、彼はムスリムにちがいありません。どうしてヤヴァナ（外国人）を師《グル》にできますか？」

サテーはなんと言ったらいいのかわかりませんでした。しかし、彼はメガーに助言しました、実際にシルディへ行って、自分の目で確かめてみたらどうか、と。それからすぐに、メガーは旅に出ました。そして驚くような経験をしたのです。

彼がマスジドへ入っていこうとすると、サイババの割れ鐘のような声が聞こえました。彼は恐ろしい形相をして、石を手に拾うと、叫びました、「どうしてここに入ってきた？　わしは最下層のヤヴァナで、おまえは上層のブラフミンだぞ！　あっちへ行け、わしに触って、穢れる前に出ていけ！」

メガーはショックを受けました。アハマドナガルはケーラーから遠く離れているのに、彼がラーオサーヘブ・サテーと個人的に話したことを、サイババはどうして知っているのでしょうか！　しかし、考えているひまなどありません。サイババは彼をマスジドから追い出してしまいました。メガーは走って逃げました。しかし、彼は気がついていなかったのですが、サイババの怒りは見せかけのものだったのです。ババが伝えたかったのは、彼の考えはすっかりお見通しだということでした。そのすぐあと、サイババの怒りが収まったのか、マスジドに自由に出入りすることを許されました。メガーは何日もシルディに滞在し、サイババにお仕えしました。ババの能力や暮らしぶりを間近で見たのですが、まだ全幅の信頼をおくには足りません。彼はケーラーに帰ると病気になり、病の床に伏しました。ある日、シヴァのダルシャンへ行くと、そこにピンディー（リンガム）ではなくサイババを見ました。おかげでシルディに戻りたくなりました。やがて病気から回復するとすぐに、シルディへ行きました。サイババのもとを訪ねると、彼はメガーにガーヤトリー・プラースチャラン（準備の儀式）をさせました。今回は、メガーはシルディの生活を楽しんだだけでなく、サイババをすっかり信じるようになり、彼の忠実な帰依者となりました。それどころか、ババはシヴァの化身だと信じて、彼を崇拝しました。メガーは昼も夜もシャンカール（シヴァ）のジャパ（念誦）をしました。他人とは交わりませんでした。単純で素朴な人だったのです。いつもにこやかな表情を浮かべていました。シルディには、シヴァの聖物のベラ・パトラ（学名アエグレ・マルメトスまたはクラタエバ・

レリジオサ）を採れる木がなかったので、毎日二キロ半歩いて、ベルの葉を採ってくると、村中の神々を礼拝し、それからマスジドへ戻って、サイババを礼拝しました。

最初のうち、ババは他人から礼拝されることを好みませんでした。だれかが礼拝の目的で近づくと、いつも腹を立てたものです。しかし、マールサーパティーのような人たちの純粋な帰依を目にして、その態度を和らげました。マールサーパティーのあとに、ナーナーサーヘブ・チャンドルカルの息子のような人たちが続きました。

メガーのプージャにはやり方がありました。日課はいつもきっちり同じで、二キロ半歩いてベルの葉を採ってきて、村の神々を礼拝し、マスジドへ出向くのです。そんなあるとき、お堂の扉が閉まっていて、カンドバーの聖堂を礼拝できませんでした。しかたなく、マスジドへまっすぐやってきて、サイババへの礼拝を始めようとしたそのとき、ババは彼を制して言いました、「待ちなさい。毎日のお勤めが済んでないところがあるだろう。先に村中の神々のプージャをすべて終えてから戻ってきなさい！」不意打ちを食らって、メガーは言いました。カンドバー・マンディルが閉まっていたので、お勤めを済ませられませんでした、と。「心配しなくていい」とサイババは答えました、「もう一度行ってみなさい。カンドバーの扉は今度は開いている。プージャを済ませなさい。ここでアールティーが待っているよ！」そしてそのとおりになったのです。

こうした経緯もあって、メガーのサイババへの信頼はますます強まりました。あるとき、

（太陽が射手座から山羊座へ入る）マカラ・サンクラーンティの日、メガーはババに（シルディから十三キロ先の）ゴーダーヴァリー川の水で沐浴してもらいたいと思い、しきりに説得したのち、ババの許しをとりつけました。約束の日になって、メガーはいつもより早く起きると、ゴーダーヴァリーの川岸へ行って、銅の水差しに川の水を満たし、シルディへ戻ってきました。しかしながら、サイババは沐浴をしたくないようでした。自分の席から動こうとしないのです。昼のアールティーが終わって、帰依者たちはみんな家に帰ってしまいました。そこでメガーはババに話しかけました。

「ババ」彼は言いました、「もう午後です、そろそろ沐浴の支度をしないと」

サイババは答えました、「私のようなファキールが、ガンガージャルとどういうかかわりがあるのかね？」（ババはいつもゴーダーヴァリー川を、ガンジス河に見立てて、ガンガーと呼んでいました）

メガーは頑として譲りませんでした。二十六キロも苦労して歩いたのに、ないことにされてはたまったものではありません。それで彼は言いました、「私が知っているのは、シャンカール（シヴァ）の怒りはガンガーの水によって鎮められるということです。今日はサンクラーントの日です。シャンカールをガンガージャルでお清めするべきではないのですか？」しつこさに根負けして、サイババは言いました、「よかろう。好きなようにしてくれ。頭にかぶったものを脱ごう。少しだけ頭に水をかけてくれ。全身に水を浴びるまでもなかろう」

メガーはすっかり有頂天になりました。お許しが出たので、うれしくなって叫びました、「ハル・ガンガー、ハル・ガンガー！」そして銅の水差しの水をそっくりサイババの頭へ浴びせかけました。頭から水をかけたら、ババの全身を沐浴させるという目的が達せられるだろうと思ったからです。しかし、彼はババを甘く見ていたのです。彼が目にしたのは思ってもみなかった光景でした。ババの頭が濡れただけで、体の残りの部分はからからに乾いているのです。カフニからはしずくひとつ垂れていませんでした。

この光景がメガーを正気に立ち返らせました。彼は水差しの水をすべてかけることで、ババの言いつけにそむいたのです。しかし、師《グル》の命令を聞かなかったことを、ババはとがめませんでした。メガーはほっとしました。

サイババはのちに、メガーにもっと別のたぐいまれな体験をさせて、彼から完全な信頼を勝ち得ました。

メガーがサイババに仕えるようになって一年が経ちました。ある日、夜明け前にぐっすり眠り込んでいるとき、メガーは夢のなかでサイババがお浄めした米をベッドにまいて、こう言うのを聞きました、「メガー、トリシュル（三叉鉾）を描くのだ」。そして消えてしまいました。メガーが目を覚ますと、聖別された米がベッドのあちこちに散らばっていました。これはどこから来たのだろう？　部屋の扉は内から閂がかけてあったのに、ババが入ってきたとしか思えない。

この現象の説明がつかないので、メガーはマスジドへ行って、自分が経験したことをババに話しました。「私はどうしたらいいのでしょうか？　夢に見た光景のとおりに、壁にかけてあるあなたの絵に、トリシュルを描き込めばいいのでしょうか？」

「どんな光景だね？　私の声は聞かなかったのかね？」とババは問いただしました。

「聞きました」とメガーは答えました、「でも、あなたかもしれないと思いましたが、私の部屋は内側から閂がかけてあるのです」

「内側から閂だって？」とババは言い返しました。「私は部屋に入るのに扉を開けねばならんのかね？　私には形も大きさもないのだよ。私は全能なのだ」

その同じ日、ババの指示どおりに、メガーは赤鉛筆でサイババの絵の右側にトリシュルを描きました。翌日、プネからひとりのラーマダーシ（聖者ラーマダーサの信奉者）がシルディへやってきて、ババにシヴァ神像を贈りました。メガーはちょうどその場に居合わせていました。そこでサイババは彼に言いました、「見なさい、シヴァ神がやってきたよ。だいじにお世話しなさい！」メガーはうやうやしくシヴァ・リンガを受け取りました。さあ、もはや彼にはサイババが大師《サドグル》、主神シャンカールご自身であることにみじんの疑いもありませんでした。そしてそんな彼に仕えられる自分は祝福されていると思ったのです。

メガーは長らくシルディに暮らし、ババに忠実に仕えました。彼が亡くなると、ババは言いました、「彼は私の真の帰依者だ」。そして彼の葬儀を手配し、仕来りどおりに、ブラフミンたちをもてなしました。

サイババがたくさんのお金を貧しい人たちに配っているといううわさを聞きつけて、四人（夫、妻、娘、妻の姉妹）のラーマダーシの一行が、ヴァラナシへの旅を中断し、シルディに立ち寄りました。彼らはさっそくババのダルシャンを受けましたが、その二日間の滞在のあいだ、家族にとってうれしいことに、ババは毎日五〇から一〇〇ルピーの現金を配っていました。妻を除いて、他の家族はつい欲が出てしまい、シルディの滞在をもう少し延ばして、サイババのご機嫌をうかがえば、もっとお金がもらえるだろうと思いました。そのつもりで彼らは毎日ババの前でバジャンを歌ったのです。私心がないのは妻だけでした。あるとき、昼のアールティーのあと、サイババはこの妻に、弓を引くシュリ・ラーマの話になぞらえて、ダルシャナ（哲学）を説いて聞かせました。この信心深い女性にとって、それはすばらしい喜びの瞬間で、彼女の目からはとめどなく涙が流れました。

家族が安宿へ戻ったとき、妻はどうして泣いたのかと尋ねられました。彼女の説明は夫の嘲笑を買っただけでした。しかし、そのまさに夜、夫は夢を見たのです。そのなかで、彼はサイババにすべてを打ち明け、自分はババのことを、ヒンドゥー教徒をイスラム教徒へと改宗させるムスリムだと思っていた、と告白しました。

ババは夫に、彼が家ではパンジャー（五人の聖人を象徴するモハメダンの鉄の手）に礼拝し、結婚式のときはムスリムのカドビビ神を礼拝したことを思い出させました。夫は後悔し、サイババにラーマダーサ・スワミのダルシャンをしてくれるようにと懇願しました。まだ夢のなかでしたが、その願いは聞き届けられました。夫は目を覚ましたとき、ババの神聖さはカーストや宗教といったすべての違いを超えていることを痛感しました。

家族はもうしばらくシルディに滞在しましたが、今では欲望から解放されていました。四人の家族はバジャンを歌いつづけましたが、今やそれは純粋な帰依からのものでした。そしてまもなく彼らは最初の目的地だったヴァラナシへと旅立ったのです。

ほかにも同じように、サイババはほんとうはムスリムだと信じている、外国で教育を受けた軍医がいました。この医者もやはり夢のなかで、ヒンドゥーとムスリムが入り混じった神のダルシャンを受けて、すべての疑いが取り除かれたのです。その神は白衣を着て、頭に白い布切れを巻いていました。そして医師はその神がこう言うのを聞いたのです、「サイナース・マハラジとダッタートレーヤーはひとつだ。外側の見かけや衣服に影響され、騙されてはいけない。内なる真実を突き止め、それを感じとりなさい」

医師の信念はこの夢のなかの出来事によって強くなりました。彼がサイババからプラサードを受け取ると、それまで六か月間も続いていた不調が不思議と引いていったのです。それ以後、医師はダッタートレーヤーをイシュタダイヴァト（個人的な守護神）として受け容れました。

ゴアからサイババのダルシャンへやってきた二人の訪問者のひとりも同じような経験をしました。この人はあるとき、仕事に就くことができたら、最初の給料をシュリ・ダッタートレーヤーにささげると誓ったのです。そして月給十五ルピーの仕事を見つけました。何年も真面目に勤めたおかげで給料も上がり、サイババのもとを訪ねる頃には月七〇〇ルピーになっていました。当時としては破格の高給で、その人にはなんの不満もありませんでした。しかし、ひとつ問題がありました。彼は誓いを守るのを忘れて、ダッタートレーヤーへの借りを返していなかったのです。

ほかの人たちと同じように、この人もサイババのダルシャンに出て、彼の前にひれ伏しました。

サイババはきっぱりと言いました、「約束の十五ルピーをよこしなさい！」その人はその額を差し出しました。それを見ていた友人もサイババの前にひれ伏して、三十五ルピーをババに差し出しました。しかし、サイババはそれには手をつけようとしませんでした。

これを見ていたマーダヴラーオ・デーシュパーンデーが、そこで尋ねました、「ババ、どうして差別をするのですか？　最初の人に、あなたは十五ルピーを要求しましたが、この人は自分から三十五ルピーを差し出したのですよ。どうしてそちらは断るのですか？」

「あなたはわかっていないのだよ」とババは答えました、「私はだれからもなにももらっていない。このマスジド、ドワールカーマイは、必要なものしか、貸した分しか求めない。それ以上でも以下でもない。私が金をなんに使うのかね？　私は所帯持ちではないし、俗世間のものでもない。私はなにものにもとらわれてはいない」。その人は最初の給料をシュリ・ダッタートレーヤーに支払うという誓いを忘れていました――誓いを守らなかったのです。その額はたった十五ルピーでした。支払うと言っておきながら、支払わなかった額です。そしてそれがサイババの求めたすべてでした――ダッタートレーヤーの分です。叱られましたが、その人はほっと胸をなでおろし、上機嫌になりました。十五ルピーを支払って負債不履行から解放されたことを実感したのです。

カーカージ・ヴァイディヤーは、サイババがナーシク地方のヴァーニーのサプターシュリンギ・デヴィーと同一であるという体験をしました。彼はサプターシュリンギ・デヴィーの祭司で、デヴィーを自分の守護女神とみなしていました。ある災難が降りかかって、彼は不安にとらえられました。それでデヴィーの神殿に入って、女神に熱心に祈りました。デヴィーは喜ばれて、彼の夢のなかに現れ、サイババに会えば心の安らぎが得られるだろう、と告げました。カーカージはババがどんな人か知らなかったのでいくらか思い違いをしました。たぶんサプターシュリンギ・デヴィーが言ったのは、トリアムバケシュワール神のことだろうと考えて、トリンバクへ行って主神のダルシャンを受けたのです。毎朝、目が覚めると、最初にトリアムバケシュワールのダルシャンを受けて、沐浴したのち、ルドラビシェーク（プージャ）を行いました。これを十日間しましたが、自分の状態に変化はなく、心理的な不安は収まりません。それでヴァーニーへ戻ると、再びデヴィーのダルシャンをし、哀れっぽく不満を述べました、「どうして私をトリンバクへ遣わしたのですか？　私は以前と変わらず不安です。どうかお助けください！」

その夜、カーカージは別の夢を見ました。デヴィーが再び現れて言ったのです、「私が言ったババは、シルディのサイババですよ。彼のところへ行きなさい！」

カーカージは目を覚まし、シルディはどこにあるのか、どうやってそこへ行くのかと心配になりました。

ここで話は変わりますが、ある占星術師がシルディを訪れて、マーダヴラーオ・デーシュパーンデーの弟のババジに告げました。兄のマーダヴラーオは母親の誓いを果たさなかったために、サプタシュリンギ・デヴィーの不興を買っているというのです。ババジがそれをマーダヴラーオに報告すると、兄は子どもの頃に大病を患ったときのことを思い出しました。母親は彼の病気が治ったら、サプターシュリンギ・デヴィーのダルシャンに連れて行くと約束しました。また別の折に、母の乳首におできができたとき、これが治ったら二つの銀の乳首をデヴィーに贈ると約束しました。マーダヴラーオは母親が亡くなる前に、自分が代わりに誓いを果たすと約束しましたが、彼のイシュタダイヴァト（守護神）は大師《サドグル》サイババでしたから、彼はババに言ったのです、「あなたは私たちのサプターシュリンギ・デヴィーです。どうか母親の誓いを果たすために、この二つの銀の乳首をお受け取りください」

しかし、サイババはそれを受け取ろうとしませんでした。サプターシュリンギ・デヴィーに贈り物をする約束だったのだから、自分はその代わりにはなれない、と感じたのです。彼はマーダヴラーオに、サプターシュリンギ・デヴィー神殿にみずからおもむいて、女神の足元に贈り物を供えるようにと忠告しました。言われたとおりに、マーダヴラーオはヴァーニーへ行って、祭司を探しているとき、カーカージの家にたどり着きました。最初からすべてが仕組まれていたかのようでした。カーカージはサイババを探していましたが、マーダヴラーオはシルディからまっすぐに彼の家へやってきたのです。カーカージは大喜びでした。マーダヴラーオが母親の二つの誓いをかなえたあと、二人はシルディへ出発しました。カーカージはシルディに到着するとすぐに、サイババのダルシャンを受けました。彼はなにも求めなかったし、ババと話をしたり、祝福を受けたりしたいとも思っていませんでした。カーカージにとっては、ババのダルシャンに出るだけで十分でしたし、とうとう心の安らぎを得ることができたのです。しかし、この出来事はババとサプターシュリンギ・デヴィーの本質的な一体性を示すものでもあったのです。

同じようにして、サイババは、多くの人がダッタートレーヤーの化身とみなす、アッカルコート・スワミと自分が同一であることを示しました。あるとき、ボンベイ在住のハリシュチャンドラ・ピタレが、妻と息子とともに、サイババのダルシャンを受けようとシルディへ行きました。息子はてんかんで、医療もなんの役にも立ちませんでした。ピタレは唯一の「治療」は聖人のダルシャンだと思ったのです。

その当時、ダース・ガヌがキールタン（詠唱と踊り）によって、サイババの名前を世に知らしめていました。それもあって、ピタレはぜひとも妻と息子を連れてシルディを訪ねねばならないと思うようになったのです。

ピタレが息子をサイババの足元に坐らせようとすると、息子は自分からサイババの足元に倒れてしまいました。しかも気の毒な若者は口からたくさん泡を吹いて倒れました。ピタレはひどく動揺し、妻は目に涙を浮かべました。ババに悪ふざけをしているように見えたのです。しかし、ババはいっこうに動じませんでした。「この子を宿へ連れて帰りなさい」。彼は両親をなだめるような声で言いました、「半時もすればよくなるだろう。心配することはない」

少年は元気を取り戻し、両親はサイババのダルシャンへ戻りました。彼らはシルディに数日間滞在することにしました。帰る日になって、サイババのところに行って、彼の前にひれ伏し、いとまごいをしました。ババは彼らの幸福を願って、ウディ（聖灰）を与え、ポケットから三ルピーを取り出すと、彼らに言いました、「以前に二ルピーやっただろう。この三ルピーを足してプージャをやれば、あなたたちは祝福されるだろう！」

ピタレがシルディを訪れたのは今回が初めてだったので、以前に二ルピーをもらったおぼえなどありませんでしたが、そのことは口に出さないで、この二ルピーとはなんのことなのか確かめようと、あわてて自宅へ帰りました。老母にあったことを話して、なにか心当たりはないかと尋ねました。

ピタレの母親はしばらく考えて言いました、「サイババがおっしゃったことはほんとうですよ。あなたたちが息子をシルディのサイババのダルシャンへ連れて行くずっと以前ですが、お父さんはあなたをアッカルコート・スワミのダルシャンに連れて行ったのです。スワミはお父さんの帰依をとても喜ばれて、二ルピーをくださり、毎日、それに礼拝しなさいとおっしゃいました。お父さんが生きていた頃は、その二ルピーを祭壇に供えて、熱心にそれに祈っていました。しかし、お父さんが亡くなってからは、プージャに使われる品物は神様を信じない、プージャなどしない子どもたちのおもちゃになってしまったのです。いつの間にか、その二ルピーはどこかへ行ってしまいました。気にしなくてもいいのよ。でも、サイババの姿はしていても、あなたたちはアッカルコート・スワミにお会いしたのです。疑うのをやめて、お父さんの熱心な帰依を思い出し、今回は三ルピーを聖人からもらったのですから、それに熱心に礼拝しなさい」。彼の名誉のために言っておきますが、ピタレは母親の助言に忠実に従いました。

アッカルコート・スワミがニルヴァーナ（涅槃）に入るとき、ケシャヴ・ナイクが尋ねました、「マハラジ、あなたが逝かれたあと、私と息子のラーマチャンドラはだれに導きを求めたらいいでしょうか？」スワミは自分の革のパードゥカー（履物）を彼に投げ与えて、こう言いました、「これに礼拝しなさい。そしてアハマドナガル地方のシルディへ行きなさい。そこに私の生まれ変わりがいる。その人を私を愛したのと同じように愛すれば、あなたがなにかに不自由することはけっしてない」。アッカルコート・スワミがサマーディに入った（一八七八年）あと、ケシャヴ・ナイクは息子のラーマチャンドラを伴ってシルディへ行きました。二人はそこでサイババのダルシャンを受けました。ババに命じられて、ラーマチャンドラが数枚のニームの木の葉を摘んできて、ナイクたちがそれを食べました。驚いたことに、苦いはずの木の葉がとても甘かったのです！　アッカルコートで、スワミがニームの木の一部を自分のマト（寺院）の菓子に入れていたことを、彼らは思い出しました。ここシルディで、サイババは自分とアッカルコート・スワミが一体であることを、一風変わったやり方で示して見せたのです！

サイババはいつも訪ねてくる人がいると、その人の守護神がなんであれ、自分がその神か女神と完全に一体であることを納得させました。ハイダラーバード州ナーンデードのパールシー教徒の建築業者、セト・ラタンジー・シャプルジー・ワディアは他に類を見ないやり方で、その経験をしました。

ワディアは裕福でしたが、十二人も娘がいるのに、息子がひとりもいませんでした。男の跡継ぎがほしかったのです。彼が篤く信仰していたダース・ガヌが、シルディへ行ってサイババの祝福を受けてはどうかと勧めました。ワディアはシルディへやってくると、果物や花が入ったかごを供物に、まっすぐマスジドへ行くと、サイババのダルシャンを受け、彼にこう言いました、「あなたの名声は聞いています。あなたの庇護を求めてやってきました。というのも、あなたは困っている人たちを助けると聞いているからです」

ババは彼に言いました、「よし、ようやくやってきたな。以前に三ルピー十四アンナもらったが、それに上乗せして、好きなだけダクシナーを置いていきなさい。あなたの望みはかなえられるだろう」

ワディアは相当な額のダクシナーを置いて、ババの祝福を受け、ナーンデードに帰りました。彼はダース・ガヌを訪ねて、シルディで経験したことを話しましたが、三ルピー十四アンナがなんのことかさっぱりわからない、とつけ加えました。

そこでダース・ガヌが指摘したのは、彼がシルディを訪問することを決めたあと、マウリサーヘブという聖人がワディアの自宅を訪れたので、彼に花輪や果物を贈って、軽食でもてなしたことでした。そのときの出費を計算してみてはどうか、とガヌは提案しました。それでマウリサーヘブのために使った経費を合計してみると、ちょうど三ルピー十四アンナになることがわかりました。異なる状況下で他の多くの人たちが経験したように、ワディアもひらめきと驚異の念に打たれました。それは個人のあらゆる行動を見守り、記録している、なんらかの超自然的な力があるにちがいないという確信へと育っていきました。しかし、ワディアがなによりも満足したのは、次の子どもが男の子だとわかったときでした。

いろいろな信仰をもった人たちがサイババのもとを訪れましたが、そのなかにはキリスト教徒もいました。サイババには説明のつかない神秘的な力があったという点では全員の意見が一致しています。チャクラナーラーヤンはキリスト教徒でした。一九一八年、彼はコパルガーオン警察のフォーズダール（警部）でした。次のような発言が記録されています、「私はババを信じていなかった。われわれは人を使って彼の動向をうかがっていた。疑いの目で見ていたにもかかわらず、最後には彼を大いに尊敬するようになった。なによりもまず、彼は女性やお金に動かされなかった。多くの女性が彼のところへやってきて、頭を彼の足につけ、彼の前に坐った。しかし、彼は動じなかった。欲望のまなざしで女性を見ることは一度もなかった。彼には執着心というものがなかった。お金や経済活動でも、彼に注目していた。人びとは自分から進んでお金を出した。彼がなにもくれない人に不満や怒りを示したことはかつてなかった。同じことは托鉢についても言える。どんなものでも喜んで受け取った。もらったものはなんでも気前よく人にくれてやった。亡くなったとき、われわれは彼の所持金を差し押さえたが、たった十六ルピーしかなかった！　なのに毎日のように何百ルピーも人に与えていた。しばしばもらった以上のものを与えているように見えた。その余分なお金はどこからやってきたのか？　われわれには知るすべも、証明する手だてもない。彼には人知を超えた神のような力があったにちがいない、と私は結論づけた」

ボンベイはギルガウムのタークール病院で働いていた、ある看護師が、サイババはすでにこの世を去っていたにもかかわらず、彼と聖霊は一体であるという体験をしました。上司はシルディへ行きたいという彼女の申し出を却下しました。愚痴ひとつ言わず、看護師は自宅でひとりでサイババの名前を詠唱しました。やがてだんだんと上司の態度に変化の兆しが表れて、とうとう行ってもよいという許可が出ました。同様の物語がいくつか、スワミ・サイ・シャラン・アーナンド著『シュリ・サイ・ババ』に収録されています。

ムスリムはサイババを高位のピール・アウリア（聖者）とみなし、彼のもとを訪ねて、それにふさわしい敬意を表しました。ムスリムのあいだには古くから「アウリアは死なない」という信仰があります。肉体が土に還って十三年後、コージャの建築業者、ラージャバリー・モハマッドに、サイババはそのような体験をもたらしました。ラージャバリーの雌の水牛が病気になって、獣医の治療にもかかわらず、いっこうに回復する兆しが見られません。ラージャバリーが、サイババのことを思い出して、ババのウディを水牛に与えたところ、その体調がすっかり回復したのです。

同じような筋書きの話がほかにもたくさんあります。

（パキスタン）北西辺境州ハジラー地方タラベル出身のパターン人、アブドゥラー・ジャーンはある経験をして、ものごとの見方が変わりました。サイババが亡くなってから、彼をムルシド（師）として受け容れていたアブドゥラーは、希望を失って、意気消沈し、故郷に戻ることにしました。その途中のスワート渓谷で、預言者の末裔サイイド・アクンババの墓のそばを通りかかりました。墓の近くで野宿をしたとき、アクンババに加護を求めて祈りました。まさにその夜、夢のなかでサイババが枕元の椅子に坐っているのを見たのです。サイババは無言のままでした。しかし、もはや肉体としては存在していなくても、サイババは帰依者のことを気遣ってくれていることに、アブドゥラーは気がついたのです。

同じように、アミール・シャッカルという名前の仲買人は、サイババが高位のアウリアであることを確信する体験をしました。ゴーパールラーオ・グンドとダムアンナ・カーサールがシルディの定期市のことで有力者たちに相談をもちかけたとき、縁起のよい日にちをサイババに尋ねたところ、ラーマ・ナヴァミの日を勧められました。それで毎年ラーマ・ナヴァミの日にマスジドまで行列が行われ、旗が掲げられるようになったのです。ムスリムの帰依者たちも自分たちの習慣に従って、村を通り抜けてマスジドまでサンダルの行列をしました。サンダルとは粉にひいたサンダルウッド（白檀）のことです。それが特別な形と大きさの金属容器に入れられ、その前で香が焚かれ、アガルバッティ（線香）に火がつけられ、これらをかついだ一行が神聖な場所まで行進し、その場所にすりつぶしたサンダルウッドで手のひらの形が描かれるのです。

アミール・シャッカルは毎年、華やかなサンダルの行列を主催しました。彼が亡くなると、未亡人がこの習わしを続行しました。ヒンドゥーの旗の行列とムスリムのサンダルの行列が同じ日に行われて、両方の宗教の帰依者たちがお互いの行列に加わったのです。

いろいろな宗教への平等な視点と敬意が、ババの人生の指針でした。

しかし、これに反対する人や、サイババの生き方に疑問を投げかける人もいたのです。かくして、一八九四年、シルディの一部の不寛容なムスリムがサーンガームネールのカージ（法官）を呼び出し、ラーティー（棍棒）で武装し、マスジドの近くに陣取って、帰依者がサイババの礼拝のために入っていくのを妨害しました。そこへ、サイババを毎日礼拝していたマールサーパティーが、プージャの器物をもってやってきました。いかめしく武装した群衆がマスジドの前に立っているのに気がついて、遠くから心のなかでサイババを礼拝することにしました。ところが、なかへ入ってきて儀式に加わるようにと、ババ自身が招いている気がしたのです。武装した群衆はその場に立ちすくむばかりで、ババに逆らうことができず、二度とそうした原理主義的な行動をとることもありませんでした。

この出来事から二十年後、ヒンドゥーの習慣と思われるものを好まない、ある原理主義のパターン人が、ババに不満を訴えました。彼は、チャヴディ（聖堂）で寝ているすべてのヒンドゥー教徒を皆殺しにしてもよいか、と申し出ました。ババは、だれひとり責めを負うべき人はいないから、もし殺したいなら、まず私の喉をかき切りなさい、と言いました。

しばらくのあいだ、パターン人は気をそがれていましたが、やがて再びババに悪意を向けるようになりました。こうして、ある日のこと、周囲にだれもいない機会を見計らって、パターン人は大きな棒でサイババに殴りかかりました。ババはなにげなくふり向くと、彼の手首をつかまえました。パターン人は力が抜けて、地面に倒れてしまいました。二人の人の助けを借りなければ立ち上がれないほどでした。気落ちし、恥をかかされて、ババの超自然的な力に屈せざるをえませんでした。彼はそこで、自分の善悪の観念に従ってババを裁くことはできない、ということを思い知らされたのです。

# 第五章　そして火は消えた

［1］

奇跡とはなんでしょうか？

辞書によれば、「奇跡」とは「人間や自然の既知のすべての力を超えた、それゆえ超自然的な働きに帰せられる、現実の世界における出来事」です。奇跡を信じる人たちに説明はいらない、ということが言われます。そしてそれを信じない人たちにはいかなる説明も不可能である、と。

どのような説明も信じない懐疑家の物語があります。「例えばだよ」と友人が彼に言いました、「僕がビルの十階から飛び降りて、地面に降り立って、なにごともなかったかのように立ち上がり、ズボンのほこりを払って、歩き去っていくとしたら、君はそれを奇跡だと信じるかい？」

「いいや」と懐疑家は言いました、「僕ならふつうにあることだと思うだろうね」

「では、例えば」と友人は言いました、「もうちょっと高く登って、十五階ぐらいから飛び降りて、前回と同じように、まるで落ちたことなどなかったかのように立ち上がり、歩き去るとしたら、君はこれを奇跡と認めるかい？」

「ぜんぜん」と懐疑家は言い返しました、「僕ならそれを偶然と呼ぶね」

「では例えば」と友人はいらいらして言いました、「もっと高く登って、二十五階から飛び降りて、前の二度のときと同じように、怪我もしないで歩き去るなら、今度こそ、それは奇跡だと認めるかい？」

「奇跡だって？」と懐疑家は、ばかにしたように頭を振りながら言いました、「とんでもない。無謀なふるまいだと言わざるをえないね！」

このように、懐疑家はけっして奇跡など信じないでしょう。しかし、ずいぶん昔から超自然的な力をもち、そのような力をふるう人たちのことが言い伝えられてきました。イエス・キリストは奇跡を行いました。彼は水の上を歩きました。わずかなパンと魚でたくさんの人びとの飢えを満たしました。彼は死者をよみがえらせました。人びとは彼を「人の子」と呼びました。彼自身は自分を神の子と呼び、神を「天国の父」と呼びました。彼はたしかに超自然的な力をもっていました。彼といっしょに磔になった泥棒が、「神の子だと言うなら、どうして十字架から逃れられないのだ?」と尋ねたように、同じ疑問をもつ人はたくさんいたでしょう。どうして多くの人を苦しみから解放してやったのに、自分ではそうしないで、それを受け容れたのでしょうか?

インドでは超自然的な力をふるうシッダー(悟りを得た人)のことが話題になります。しかし、彼らとて時が来れば死なねばならないのです。だとしたら、そういった超自然的な力はなんの役に立ったのでしょうか、自分の死を回避できないとしたら?

精神的な至福や達成は超自然的な力と矛盾対立するのでしょうか? それどころか、超自然的な力は精神的な至福の達成への障害となるのでしょうか? ひとつの答えは、求道者が神の認識へと熱心に邁進しているときに、超自然的な能力が身についたなら、それは全力で彼を誘惑の網にからめとろうとするということです。しかし、求道者がしっかりと情熱的な神への瞑想に踏みとどまるなら、彼は神の境地という報酬を得るのです。いったんその境地に達すれば、もはやカルマが彼を穢すことはありません。しかし、求道者が神性に達する前に超自然力を身につけて、それを世俗的な目的に使うなら、彼は失敗者となるでしょう。神性はいつも彼の手を逃れるでしょう。サイババはいつも自然な《サハジ》サマーディの境地にあって、つねに神と調和していました。彼が奇跡を行うとしたら、聖者トゥカラームの言うように、それは「世界の利益のため」であって、個人的な私利私欲のためではなかったのです。

サイババの名声が広まるずっと以前から、彼はマスジドや他のマンディルに好んで灯明をともしました。しかし、彼がともすこの小さな土器の灯明には油が必要なので、彼はシルディの雑貨屋の好意に頼っていました。マスジドの小さなパンティ（土器の灯明）に毎朝火をともすことを習慣とし、わずかな施しを求めて何軒もの雑貨屋を訪ねたのです。しかし、しまいには雑貨屋もサイババにただで油をくれてやるのをもったいないと思うようになり、ある日、在庫を切らしていると言って、お布施をにべもなく断ってしまいました。言い返す言葉もなく、サイババはマスジドへ戻ると、土器のランプに水を注ぎ、灯心に火をともしました。ランプは真夜中まで燃えていました。この件が雑貨屋たちの耳に入り、今度は彼らがサイババのもとへ来てしきりに謝ったのです。では、サイババは優しく彼らを許したのでしょうか？

サイババは彼らを許しましたが、二度と嘘をついてはいけないと注意しました。「油はやれないと断るならいいが、在庫を切らしているとまで言っていいものかね？」と彼は諭しました。しかし、彼の指摘は当たっていたのです。

あるとき、シルディの収穫も終わり、村中の穀物が広場に集められました。夏の真っ盛りでした。暑熱が厳しく、その暑さはシルディで暮らした者でないとわからないでしょう。ある日の午後、サイババはコンダジ・スータールを呼び出して、彼に言いました、「急げ、畑が火事だぞ！」

仰天したコンダジは畑に駆けつけて、どこに火があるのか必死になって探しました。どこにもありません。彼はマスジドへ戻ると、サイババに報告しました。「あちこち探しましたが、火の気配はありません。どうしてそんな人騒がせなことをおっしゃったのですか？」と。ババはこともなげに言いました、「ふり返って、よく見てごらん」。結局、ババの言うとおりでした。コンダジは、穀物の束に火がついて、そこから煙が立ち上っているのを見ました。強い風が火をあおり、その知らせが村中に広まると、人びとが現場へと駆けつけました。「サイババ」と人びとは叫びました、「助けてください、火を消す手伝いをしてください！」

そう言われて、サイババは平然と広場へ歩いていくと、積み上げた束に少しの水をかけて、言いました、「これでよし！　火はすぐに消える！」

そのとおりになりました。

これは奇跡なのでしょうか？

別の折に、サイババのいるマスジドがドゥニから上がった炎で火事になり、今にも火に呑み込まれそうになって、人びとは心配しました。ところが、サイババは自分の前の木の柱を何度か強く叩いただけでした。叩くたびに火は弱くなり、火事は消えてしまったのです。

「奇跡だ」と帰依者たちは言いました。彼らはババが台所の火にかけた鍋をへらを使わずに素手でかき混ぜているのをよく見ていました。彼の手が火傷したのを見たことは一度もありません。彼はどのような超自然力をもっていたのでしょうか？

また別の折に、サイババがマスジドで三人の帰依者と食べ物を分け合っていたとき、なんの理由もないのに、彼はいきなり叫んだのです、「止まれ」。そして、なにごともなかったかのように、四人は食事を続けました。昼食が終わって、食器が片づけられ、彼らがマスジドから一歩外に出たとき、大きな天井の塊が、数分前まで彼らが坐っていたちょうどその場所に落ちてきました。サイババの力は無生命の物質にも働くのだろうか、と帰依者たちは驚いたものです。

サイババが雨が止むよう、風が静まるよう命じたことが、帰依者たちの発言からうかがい知れます。ラーオ・バハードゥル・モーレーシュワル・プラダーンという人が、妻といっしょにサイババのダルシャンに出ようと、シルディへやってきました。夫婦が立ち去ろうとするとき、激しく雨が降りはじめました。雷鳴と稲妻が大気を引き裂きました。プラダーン夫妻がうろたえて周囲を見回すと、サイババが祈りました。「アッラーよ！」と彼は唱えました、「雨を止めてください。子どもたちが家に帰りたいのです。なにごともなく無事に帰れますように！」すると嵐が止んで、土砂降りはわずかな小雨になり、プラダーン夫妻は目的地まで安全に行くことができたのです。

サイババが初めてやってきたとき、シルディにはまともな生活基盤となる施設がまったくありませんでした。井戸はあっても名ばかりのものでした。自然に湧いている泉はなく、以前はあったとしても、とっくの昔に涸れていました。水は遠くから汲んでこなければならなかったのです。ですから、サイババが村人たちにラーマ・ナヴァミの縁日を開く許可を与えたとき、主催者が直面した大きな問題は水の供給でした。彼らはこの問題について、サイババに尋ねるよりほかに方法がなかったのです。

「わかった」とサイババは言いました、「水がたくさんほしいのだね？　では、これをもっていって、井戸のなかに投げ込んで、しばらく様子を見なさい」

「さあ、これを」。それは葉っぱのお皿で、そこにはいくらかのプラサードと、ババがその日の朝に受け取ったお布施の残りが乗っていました。

村人たちはなんの疑いもなく命じられたことをやりました。彼らは心底からサイババを信じていたのです。その葉っぱのお皿が井戸のなかに投げ込まれるやいなや、伝えられるところでは、井戸の底から、まるで神に命じられたかのように、水が湧いてきて、縁までいっぱいになりました。村人たちはどれだけ喜んだことでしょうか。

またあるとき、バブー・キルワンディカルという貧しい人の三歳の娘が井戸に落ちて、溺れているという知らせが広まりました。村人たちが井戸に駆けつけると、子どもが井戸の途中に、まるで見えない手につかまえられたかのように浮かんでいました！　子どもはすぐに引き上げられました。サイババはその子どもがお気に入りで、その子は「わたしはババの妹なのよ！」とよく口にしていたのです。この出来事のあと、村人はその子の言うことを信じるようになりました。「これはババのリーラ（遊び）なのだ」と人びとは哲学めかして言いました。ほかにどんな説明をすることもできなかったのです。このようなことはみんな彼らが自分の目でじかに確かめたことでした。どこかから聞いてきた二次的な情報ではなかったのです。サイババは彼らにとって自分の家や、畑や、家畜や、遠くの山々と同じように現実的なものだったのです。

ダース・ガヌはあるとき忘れがたい体験をしました。祭りのとき、彼はゴーダーヴァリー川のシングバという場所に行って、そこの聖なる水で沐浴する許しを、ババに求めました。「よしなさい」とババはきっぱりと答えました、「ゴーダーヴァリー川は私の足元にあるというのに、どうしてそんなに遠くまで出かけて行くのかね？」

ダース・ガヌはむっとしました。彼はガンガー（ババはしばしばゴーダーヴァリーをガンガーと呼んでいました）がシュリ・ナーラーヤナご自身（ヴィシュヌ神）の足元から湧いていることを認めるのにやぶさかではなかったのですが、ゴーダーヴァリー川が師の足元から湧いていることを認めるほど信心深くはありませんでした。

ダース・ガヌの心を読んでいたババは、これがダース・ガヌの信心を深める好機だと判断しました。彼は帰依者に言いました、「こちらに来て、手のひらを私の足に当ててごらん！」言われたとおりにすると、師のつま先からどんどん水が湧き出して、あっという間にダース・ガヌの両手のひらを満たしました。彼の歓びははかり知れないものでした。その水を自分の頭や体にかけて、残りを居並ぶ帰依者たちにティールタ（聖水）のようにふりかけました。彼は有頂天になり、その場で霊感を得て、マラーティー語でババにささげるパーラー（詩）をつくりました――

「ダース・ガヌの歌」

おお、無上の大師《サドグル》、限りなきその力
驚嘆すべきその行い！
無知なる者を運ぶ船となり
人生の大海を越えゆくよ。（くりかえし）

ヴェニー・マーダヴご自身となり、あなたは
みずからの脚をブラヤーグとなす。
そしてガンガーとヤムナーを流れ出させる
みずからのつま先から。

ブラフマー、ヴィシュヌ、シヴァ、
三つのグナの精髄にして
この地上に、サーイー
力ある者としてあらわれる。

朝早くブラフマーとなり、あなたからは

霊的な知識が流れ出す。
ときにタマスの質を頼みとし
シヴァの恐るべき姿をとる。

あるときは、シュリ・クリシュナのように
子どもらしい戯れにふける。
そして、ときには、伝説に名高い白鳥となる
帰依者の深き心の湖で。

白檀粉《ガンダ》を楽しむあなたを
どうしてムスリムと呼べましょう?
とはいえ、ヒンドゥーであるなら、どうして
モスクに楽しく暮らすのか?

豊かなら、なにゆえ托鉢へと出向くのか?
とはいえ、どうしてファキールと呼べましょう?
クベルすら、あなたの気前よさに恥じ入るというのに?

モスクをわが家とするのなら、どうして
ヒンドゥーの聖なる火が
ドゥニでたえまなく燃えて
ウディをつくるのか？

朝から帰依者は純真な心で
あなたを伏して拝む。
太陽が天に昇る昼になれば
アールティーが行われる。

神々の従者のように
帰依者が周囲にくまなくたたずんで、
手にした蝿払い《チョウリー》をあなたの上で振る。
らっぱ、太鼓《ドル》、ピパニ、シャハナーイ
そして鈴が鳴り響く。

門番《チョプダル》の巻く腰帯が
あなたの威光を高らかに告げる。

そしてアールティーの神聖な座で、あなたは
主神ヴィシュヌの姿を見せる。
夕暮れにドゥニの前に坐すときは
シャンカラの姿をとっている。

このような三神のリーラが
あなたのなかにあらわれて
日々私たちは思い知らされる
ああ、ババ、サーイーよ！

それでも私の心は
むなしくさまよう！
ああ、鎮めたまえ
哀れとおぼしめして！

卑しいが上にも卑しい、大罪人のこの私を
お膝元にかくまわれますよう！
ああ、無上なる師《グル》、三重の苦しみを祓いたまえ
あなたの帰依者なる、ダース・ガヌの！

サイババには帰依者の夢のなかに現れる能力があり、実際に彼らに物質化したものを与えて、帰依者は目が覚めたときに、それをベッドの上に見つけたものです。子どものいない女性に、サイババは夢のなかで祝福とともにココナッツを与え、こう言いました、「このココナッツを食べなさい、そうすれば男の子を授かるだろう！」この出来事はラーマ・ナヴァミの縁日に、生まれたばかりの息子を連れて、ババのダルシャンに出るためにシルディへやってきた、その女性自身が語ったものです。

サイババの世話をする従者、アブドゥルのかつての師、ファキール・アミールッディンも同じような経験をしたひとりです。サイババがアミールッディンの夢のなかに現れて言ったのです、「マンゴーを二つやるから、アブドゥルに渡して、シルディに来るようにと言ってもらえないか」。アミールッディンは目を覚まして、ベッドの上に二つのマンゴーを見つけました！

サイババはアンナプールナー・シッディーをもっていました。食べ物の量を際限なく増やし

て多くの人に食べさせることができました。あるとき、プラーンダレーが聖金曜日にシルディへ行くと、サイババが彼に言いました、「あなたの家でいっしょに食事をしたいものだね」「それは光栄ですが」とプラーンダレーは言いました、「どんなお食事を用意したらいいのですか？」

「ご飯を少しと」とババは応じました、「キチリ（米と豆の粥）、シーラ（スイーツ）を少々と、ひとつかふたつ野菜があればいい、数人のファキールの分だ、つまりあなたと私のことだよ」

言われたとおりにプラーンダレーは市場で買い物をすませ、妻に食事の支度をするように頼みました。昼のアールティーが終わって、プラーンダレーは家に戻りました。しばらくすると五人のファキールがやってきて、あとからもっとたくさん来るとプラーンダレーに告げました。十分に食べないで帰る人がいないようにと、プラーンダレーは妻にもう少し多くつくるようにと言いました。五人のファキールがすっかり満腹して帰ろうとするとき、プラーンダレーは戸口に二十人のファキールが食事を求めて並んでいるのを見たのです。プラーンダレーは妻の顔を見ました。彼女が台所へ戻ると、なんとも驚いたことに、鍋の料理はまだいっぱいありました！　うれしそうに妻は二十人に食事をふるまい、彼らが帰るときには、戸口でさらに十人のファキールが順番を待っていました。しかし、プラーンダレーはなんなく彼らをもてなすことができました。鍋がからっぽになることはけっしてなかったのです！

そこでようやくプラーンダレーは、サイババがまだ来ていないことに気づいて、モスクへ行くと、彼に来てくれるようにと言いました。しかし、サイババは言ったのです、「まだ食べろと言うのかね？　もうお腹がいっぱいだよ！」そして数人の帰依者のほうを向いて、冗談のように言いました、「しかし、この旦那を驚かせてしまったようだな！」プラーンダレーがそこで、ババにヴィダー（キンマの葉でビンロウジュの実とライムを巻いた噛み物）とダクシナーを差し上げたところ、ババは言いました、「もう宿に帰りなさい。そしてあなたといっしょに泊まっている、バーラー・シンピと食事を楽しむがいい」

家族はようやく食事にありつきましたが、まだたくさん料理が残っていたので、プラーンダレーは残り物をボンベイへもちかえり、他の帰依者たちにもプラサードとして配りました。

ほかにも同じようなサイババのシッディーにまつわる話があります。バーラージ・ナヴァスカルは家族も含めて全員がサイババの帰依者でした。あるとき、ナヴァスカル家でシュラーッダーの儀式（葬儀）が行われて、予想した三倍の客が食事にやってきました。ナヴァスカルの妻は気が気ではありませんでした。彼女は自分の心配をナヴァスカルの母親に話しました。老婦人はあわてませんでした。サイババにお祈りをし、もっていた少量のウディを料理にかけて、その上に布をかぶせました。サイババは帰依者を見捨てたりしませんでした。なにひとつ困ることはなく、すべてがうまくいったのです。すべての客人に行き渡るほどの食べ物があり、家族全員でも食べきれないほどの残り物がありました。

こうした出来事は紛れもない奇跡です。キリストのパンと魚の奇跡を思い出させます。しかし、ほかにも信仰の結果としか言いようのない出来事があるのです。ボンベイ郊外のバーンドラーに住んでいた、ラグーナースラーオ・テンドゥルカールの長男と、その妻のサーヴィトリーバイーと息子バブーの話があります。バブーの運勢を調べた占星術師が告げました、彼の星の配置はよくないので、最終学年の医師試験に受からないだろう、と。バブーはそれを聞いて意気消沈し、真面目に勉強しなくなりました。サーヴィトリーバイーが動揺したのは言うまでもありません。シルディを訪れると、サイババに窮状を打ち明けて、彼の指導を仰ぎました。ババはとても前向きでした。「バブーに言いなさい」と彼はサーヴィトリーバイーに忠告しました、「星占いのことは忘れて、私を信用しなさいと。これまでのように勉強し、落ち着いた心で試験にのぞめば、間違いなく合格するだろう」

バブーは言われたとおりにして、試験にのぞみました。しかし、どうしてもよくできたようには思えません。がっかりして口頭試験をさぼってしまいました。最初の日はなにごともなく過ぎました。二日目になって、バブーがお昼を食べていると、友人がやってきて言いました、口頭試験官が彼の欠席に気がついて、なんで休んだのか知りたがっている、と。彼の不安を聞いた試験官は、筆記試験は通っているから、口頭試験を休んではいけない、と彼に伝言をくれました。大喜びして、バブーは口頭試験にのぞみ、無事に試験に合格したことを告げられました。奇跡でしょうか？　そこまでは言えません。しかし、信仰がバブーの成功に大きな役割を果たしたことは間違いありません。またババの助言を軽視した帰依者がとんだ災難に見舞われたこともありました。あるアウランガーバードの住人が、シルディを去るとき、ババに言われたのです、「そんなに大事な仕事があるのかね、どうしても行かねばならないような？　きっとひどい目にあうぞ！」しかし、天気はうららかで不吉な嵐の兆しは見られません。アウランガーバードの住人は立ち去ることにしたのです。ところが、それほど行かないうちに、大雨が降ってきて、彼が先に進むのを引き止めたのです。

キールタンカルという人は、ババにはっきりと言われましたが、彼の言いつけに従いませんでした、「列車が来るまで、まだ十分に時間がある。ゆっくりと食事をしていきなさい！」ババの予見は正確で、列車は遅れました。キールタンカルはお腹を空かせたまま、その日一日待たねばなりませんでした。

アブドゥル・ラヒーム・シャムスッディーンもやはりババに耳を貸しませんでした。移動の途中、トンガ（馬車）の車輪のひとつが壊れて、夜中に二時間も助けが来るのを待たねばなりませんでした。しかも助けを送ったのはババ自身で、彼はアブドゥル・ラヒームと妻が一晩中暗闇のなかで震えていないように、どこかに潜んでいる盗賊におびえないようにと、先を見越して別のトンガを送ったのです。

「ここで手に入る半分のパンで満足しなさい、欲を出して出かけることはない」というババの忠告をふりきって、トゥカラーニー・バルクは仕事のためにシルディを出て、三十二キロ先のカラジへと徒歩で向かいました。そこでバルクは高熱を出し、仕事をあきらめて、シルディへ戻り、ババの手厚い看護を受けねばならなくなりました。

アンデーリーのカーヴァジ・パーティルは父親を追悼する聖堂を建てようと思いました。ある場所にヴァーニーデヴィーにささげる聖堂を建立する許可を、彼はババに申し出ました。ババは「よしなさい」と言いました。カーヴァジが改めて尋ねると、ババは二度目も「やめておけ」と言いました。カーヴァジがうるさく言い立てるので、ババは答えました、「これだけ『だめだ』と言っているのに、おまえはいつも同じことばかり尋ねる。どうしても聖堂を建てたいなら、やってみて懲りるしかない」

カーヴァジはもう少し助言を聞きたかったのですが、ババはそれ以上はなにも言ってくれません。しかし、聖堂の建設作業にとりかかると、すぐに近隣で疫病が発生しました。カーヴァジはヴァーニーデヴィー女神の像を奉納する考えをあきらめて、聖堂に納めるなにか別の女神を探しました。しかし、そこで彼は病気にかかってしまい、二年を病床で過ごさねばならなくなりました。ようやく彼はババのところに戻ってきました。

ババは彼に言いました、「家族の神様をきちんとお守りし、他の女神は求めないことだ。先祖が礼拝していた神様を拝みなさい」。カーヴァジは今度はババの忠告を受け容れました。そしてすべてはうまくいったのです。

次に、妻や義理の妹といっしょにラーメシュワールへ巡礼の旅に出かけた、サイの帰依者についてお話ししましょう。彼らが最初に泊まったのは、マドラスのグジャラート人向けのダルマシャーラー（巡礼宿）でした。穢れのタブーにうるさい義理の妹は、ダルマシャーラーの状態に文句を言いはじめました。それで姉は彼女に言いました、「ここのもてなしは十分だと思うけど、それでも文句を言うのね。シルディに行ったらどうするの？　あそこでは昔ながらの穢れのタブーにうるさい人でも、なんのためらいもなくババの足に頭をつけるのよ」

ババの帰依者でない妹は嫌味のように言いました、「もしそれがほんとうなら、私は今ここからサイババに礼拝するわ！」

どうやらそれが自分にはね返ってきたのでしょう。それからすぐに妹は両脚の痛みにおそわれました。マッサージも湿布も功を奏しません。ベッドから起き上がることさえできなくなってしまいました。すでに列車の予約は済ませてあったので、翌朝にはマドラスへ出発しなければなりません。しかし、妹は姉や義理の兄といっしょに行けそうにありませんでした。二人の女性はとても不安になり、家族のひとりが災難に見舞われた理由について、あれこれと夜中まで話し合いました。既婚の姉は冗談めかして言いました。「そういえば今朝、わざわざシルディへ行かなくても、マドラスからサイババに礼拝すればいいって言ってたわね！　たぶんシュリ・ラーメシュワールも同じなのよ、マドラスから自分に礼拝してほしいんだわ！」

この言葉が的中しました。

妹は深く後悔し、両脚の痛みがなくなって、無事にラーメシュワールへの巡礼を果たすことができたら、その後にシルディを訪れて、サイババのダルシャンを受けると誓いました。心の底からそう思ったのです。

早朝になると、痛みは引いていました。妹はすっかり元気になりました。ラーメシュワールにお参りしたあと、約束を守ってシルディへ行きました。もはやババを軽んじることはありませんでした。

アバ・サーマントの新妻はサイババを侮辱したおかげで怒りの火を招いてしまいました。ある日、サーマントはサリーを買って妻に贈ると、こう言いました、「このサリーはサイババが君にくれたんだよ」。サーマントの妻はサイババを信じていませんでした。彼女は言いました、「サイババとこのサリーとどういう関係があるのよ？　あなたは一生懸命に働いてお金を稼いで、そのお金でサリーを買ってくれたんでしょう。そのこととサイババとどういう関係があるの？」いくらか機嫌が悪かった妻は、サリーを箱にしまうと、夕食の支度にとりかかりました。夕食の席で夫に言いました、「とにかく、サリーをもっとよく見てみなくちゃね」。そしてそれを取りに行ったのです。彼女は死ぬほどびっくりしました。というのも、外側の包装はまったくなんでもないのに、なかに入っていたのは真っ黒に焼け焦げた衣服の切れ端だったのです！

サイババを信じず、傲慢だったことを深く反省したものの、妻はどうしたらいいのかわかりませんでした。まだ疑っていましたが、真っ黒に焦げた衣服を無視するわけにもいきません。彼女は祈りました。「ババ」と彼女は言いました、「明日、新しいサリーが手に入ったら、あのときにあんなことを言った私が悪かったと認めます！　どうかお許しください！」

彼女はおそらく許されたのでしょう。翌朝、思いがけず、サーマントに十ルピーを借りていた人がお金を返しに来たので、それでサーマントは妻に新しいサリーを買ってやりました。その瞬間に、ババは新しい帰依者を得たのです。

しかし、もちろん、ババが行ったもっとも並外れた奇跡といえば死者をよみがえらせたことでしょう。ヴァスデオ・シーターラーム・ラタンジャンカルの母方の叔母の娘は、シルディにやってきて、その経験をしました。この少女は高熱を出し、医者は結核が悪くなっていると言いました。治療は功を奏せず、すべての望みは事実上絶たれました。彼女はウディを与えられましたが、ババのダルシャンを受けたいと願って、不安定な健康にもかかわらず、シルディへと連れて来られました。

しかし、ババの機嫌はきわめて悪く、少女はひどく居心地の悪い状態に置かれて、乱暴な言葉を浴びせられました。「その子はカンバル（粗い毛布）に寝かせて、水だけやっておけばいい」と彼は命じました。彼の命令通りにされました。少女は水だけで七日間生き延びました。八日目、早朝に、彼女は息をひきとりました。

少女はババが起きる時刻に亡くなりました。彼はチャヴァリで寝ていましたが、その日はいつもの時間になっても起きてきません。だれも彼を起こそうとしませんでした。いずれにしても、葬式の手配がなされなければなりません。家族は悲しみに暮れ、女性たちは声をあげて泣きだしました。

突然、死んだとばかり思っていた少女に動きが見られました。その瞬間、彼女があくびをし、きょとんとした顔をしているのを、周囲の人びとが見たのです。最初のショックが去って、彼らは少女が話すのを聞きました。彼女の言うには、黒い男に連れ去られそうになったので、苦しみのあまりサイババに助けを求めたのです。ババが手に棍棒をもってやってくると、黒い男を叩きのめし、男は彼女を放しました。ババはそれから少女をチャヴァリへと連れて行きました。彼女はババがいつも寝ているチャヴァリに行ったことはなかったのですが、その説明は鮮明で正確でした。

ラタンジャンカル一家が泊まっているディクシトワーダーでこの会話がなされていたとき、チャヴァリにいる人たちは、どうしてババは起きてこないのだろうと心配していました。彼にしてはありえないことでした。これまで一度もそんなことはなかったのです。ババはいつも早起きで、寝過ごしたなど聞いたこともありません。

そこで彼らは別の出来事を目撃しました。前触れもなく、ババは急に目を覚ますと、大きな声で叫びながら棒で地面を叩きました。次にやはり突然に、ディクシトワーダーの方向へ駆けていきました。そこでようやく近くにいる人たちはみんななにが起こったのか理解したのです。

ババはしばしば男の子をほしがる帰依者の願いをかなえてやりました。それは一部の帰依者が熱心に願っていたことでした。子どものない夫婦が男の子を授かったケースがいくつか報告されています。ニムガーオンのババサーヘブ・デングルの兄弟には息子がいませんでした。子どもを授からなかったのは最初の妻のせいかもしれないと考えて、再婚したのですが、やはりだめでした。ババサーヘブの助言で、彼はシルディへ行って、ババの祝福を受けました。

　ゴーパール・グンドの場合、三人の女性と結婚しましたが、三人とも子どもを授かりませんでした。彼はババの祝福を求めて、十分に報われることになりました。男の子を授かったのです。感謝を表すため、グンドはババが暮らすマスジドの改修を申し出ました。ババは許可を与えませんでした。しかし、マスジドに隣接するハヌマーン寺院が荒れているから、代わりにそちらを改修してはどうかと提案しました。グンドは喜んでそうすると請け合いました。一八九六年から九七年のラーマ・ナヴァミの祭日に、シルディで初めて定期市が開かれたのは、グンドの提案だったと言われています。

　アハマドナガルのバングル（腕足輪）商人、ダーモダル・サヴァーララーム・ラサネは妻を二人もちましたが、息子を授かりませんでした。彼は何年も前からサイババの帰依者でした。そして興味深いことが起こったのです。一九〇〇年にある帰依者がゴアから上等なマンゴーを小包でサイババに送りました。サイババはそのなかから八つのマンゴーをとって、残りは子どもたちにくれてやりました。八つのマンゴーが取り分けられているのに気がついて、子どもたちはそれもほしがりました。しかし、ババは彼らに言ったのです、「これはダムヤにやらねばならないのだよ」

「ダムヤってだれ？　ここにいないでしょう？」と子どもたちは尋ねました。

「だが、ここに向かっているところさ！」とババは答えました。

今まさに、ラサネがやってくるところでしたが、子どもたちは八つのマンゴーのうち四つを盗んで逃げてしまいました。しばらくして、ラサネがシルディに到着し、ババのダルシャンへ行きました。ババは彼に言いました、「さあ、あなたのために死に物狂いで守っていた、このマンゴーをもっていきなさい！」

サイババがなんのことを言っているのかわからなくて、ラサネはきょとんとしていました。そこでババは言いました、「このマンゴーは自分で食べるのではなく、二人目の妻にやるんだよ。そうすれば男の子を授かるだろう。最初の子にはダウラートシャー、二人目にはターナーシャーという名前をつけなさい」。ラサネはうやうやしくマンゴーをいただいて、それを二人目の妻に与えて食べさせました。一年後に彼女は男の子を産みました。一年半後、彼女はもうひとりの男の子を産みました。最終的に八人の男の子を産みましたが、そのなかで生き残ったのは四人だけでした！

ラサネはダウラートシャーの紐の儀式（成人式）をシルディで行いました。後年、ダウラートシャーには裕福な商人たちから、うちの娘と結婚してくれないかと多くの申し出がありました。しかし、ババはラサネに貧しい家族の娘を選ぶようにと助言したのです。ダウラートシャーはある娘とのあいだにひとりの男の子をもうけましたが、その子はてんかんの発作を起こして死んでしまいました。ダウラートシャーはひどく落胆しました。シルディへ行って、ババのサマーディでダルシャンを受けました。ババはすでにこの世を去っていたのです。彼は生まれてもすぐに死んでしまうたくさんの子どもより、ひとりでも長生きする子どもを授けてくださいと祈りました。

記録によると、ダウラートシャーの夢のなかにババが現れて、こう言ったそうです、「おまえの息子を連れ去ったのは、彼がムール・ナクシャトラ（月の道の二十七の星座のひとつ）に生まれたからだ。今度はよい息子を授けてやろう。心配することはない」

ダウラートシャーはシルディから戻ると、それまで気にもとめていなかった、亡くなった息子の天宮図を調べてみました。そして実際にババの言ったとおりだったのです。その子はムール・ナクシャトラに生まれていました。しかし、のちにダウラートシャーは別の息子を授かって、その子は長生きしました。

ラーオ・バハードゥル・ハリ・ヴィナーヤク・サテーは一九〇〇年に男やもめになりました。当時、彼は四十五歳でした。彼には二人の娘がいました。親戚たちは再婚するように強く勧めましたが、息子を授かると聖人が確約してくれないかぎり再婚はしない、と彼は言い訳をしていました。

一九〇四年、彼はアハマドナガル地方へ転勤になり、ババのダルシャンを受けるため、シルディを訪れる機会ができました。ダルシャンを受けたとき、サテーはババの前では無言でした。サテーに同行したマムレダール（徴税官）が代わりに尋ねてくれました。サテーはババの言葉を信じて再婚しました。二度目の結婚で生まれた最初の二人の子どもは女の子でした。しかし、三人目に男の子が生まれました。彼は天にも昇る心地でした。

シャンターラム・バルワント・ナチャネは、一九一五年、妻とババのダルシャンへ行きました。この夫婦に生まれた子どもはみんな若くして亡くなりました。ナチャネの妻がお供えしたダクシナーのココナッツを、ババはそのまま彼女のオティ（物を包むのに使うサリーのひざの部分）に置きました。そのとき、どういうわけなのか、ババの目からは涙がこぼれ落ちていました。夫婦は戻っていきました。一九一九年、ムーラ・ナクシャトラの星並びのときに、ナチャネの妻に男の子が生まれましたが、あまり幸先のよい星座ではありませんでした。子どもはババのニルヴァーナのあとに生まれたので、カルラムと名づけられました。子どもが二歳になったばかりの頃、母親は亡くなりました。

カルラムはおよそ五歳になると、前世で中断したことを続けるかのように、宗教的な儀式を行うようになりました。しばしばサマーディに入りました。「ラーマ・ハレ・ラーマ」というマントラを十万回以上も書き写しました。サイババの絵の前に立ってアールティーを行い、ハリ・ヴィージャヤーらの宗教書の朗読を聞いて「クリシュナが僕と遊びに来たよ！」と言いました。一九二四年、ガッジ・ババが彼のもとを訪ねました。あるとき少年は、父がサイババに瞑想していないことをとがめて、蓄音機の主人の声を聴いている犬の絵を指さして、父もこの犬と同じぐらい熱心にサイババの声に耳を傾けるべきだと言いました。

カルラムはわずか八歳で腹水腫のために亡くなりました。最期が近づいたとき、カルラムは父をベッドのそばに呼んで、『ジュニャーネシュワリ』の十三節を開いて、それを読んでほしいと老人に頼みました。父が泣きだすと、カルラムは彼を慰めて言いました、「どうして泣いたりするの？　十三節を大きな声で読んでよ。僕は今日逝くんだから」

カルラムが亡くなったあとに、ナチャネは、ババがココナッツを妻のオティに置いたときに流していた涙の意味を理解しました。ババが妻の死とまだ生まれていない子どもの行く末を予見していたことは確かでした。ナチャネはその後、再婚し、三人の男の子をもうけましたが、みんな長生きしました。ババが母親の夢枕に立ち、彼が勧めた娘と、ナチャネは再婚したのです。

ハルダのゴーヴィンド・ナーラーヤン・シンデには七人の娘がいましたが、男の子がいませんでした。友人の勧めに従って、彼はガンガープルのパードゥカー（聖なる履物）の前で、ダッタートレーヤーのご利益で息子が生まれたら、子どもをガンガープルのダッタートレーヤーのダルシャンに連れて行くと約束をしました。一年以内に息子が生まれましたが、彼は誓いを守りませんでした。そうして七年が過ぎました。シンデは、誓いを立てるのを勧めてくれた友人といっしょに、たまたまシルディを訪れました。彼はすぐさまババから罰を受けることになったのです。

彼の顔を見るなり、ババは言いました、「おまえはどうしてそんなに偉そうにしているんだ？

本来なら息子をもつ運命ではなかったのだよ。私は自分の体からおまえに息子を分けてやったのだ！」そう言ってシンデの友人のほうを向くと、彼は尋ねました、「それに間違いはないな？」シンデはサイババに謝罪し、そのあとすぐに誓いを果たしました。それはババがすべての神々と一体であることを示すひとつのやり方だったのです。

ラーオ・バハードゥル・モーレーシュワル・プラダーンの妻、チョートゥバイーはあるとき、夫の妹といっしょにシルディを訪れました。チョートゥバイーを見たサイババは、みんなのいる前で言いました、「この人は私のバブー（男性の敬称）の母になるのだよ！」彼はチョートゥバイーと妹を取り違えたのでしょうか？　そこにいた人たちは問いただしました。チョートゥバイーを指さしたまま、ババは言いました、「この人が私のバブーの母になるのだ」。そのときチョートゥバイーは妊娠していなかったのですが、一年も経たないうちに男の子を産んで、その子はバブーと名づけられました。四歳になったとき、バブーは大病をわずらいました。当時、マーダヴ・バットという名前のテーランギー派のブラフミンがプラダーン家に滞在していました。プラダーン家の幸福を願って、彼はよくプージャ（礼拝）とジャパ（念誦）を行っていたのです。彼はバブーの病気を大いに心配し、プラダーンはムスリムのファキール（サイババ）に仕えたことで、みずから災いを招いたのだと考えました。しかし、バットにはその個人的な見解を表明するだけの勇気はありませんでした。ある夜、マーダヴ・バットは夢を見ました。サイババが手に棒をもって階段に坐っているのです。彼はバットに言いました、「なにを考えているのだ？　私はこの家の持ち主だ！」バットはこの夢をだれにも話しませんでした。しばらくして、バブーの病気がいっそう重くなりました。バットは恐れおののいて、壁にかかったサイババの絵の前に行くと、みんなに聞こえるぐらいの大声で言いました、「午後の四時までにバブーの容体がよくなって、一階に降りてこられるようになったら、おまえをダッタートレーヤーとして認めてやるぞ！」

数分のうちにバブーの熱は下がりはじめ、四時になる頃には、バブー自身が一階に降りて遊びたいと言い出しました。こうしてバットはサイババはダッタートレーヤーにほかならないと確信しました。彼はサイババにダクシナーとして一二〇ルピーを贈りました。また彼は子どもがいなかったので、息子を授かったら、サイババに一〇八ルピーを贈ると誓いました。男の子が生まれたとき、彼は約束を守りました。

アッカルコートのヴァキール（弁護士）、サパトネカルも同じような経験をしました。法律書を読んでいるとき、彼は同級生のシェヴァデから初めてサイババのことを聞きました。シェヴァデと彼はお互いに試験問題を出し合ったあと、ノートを交換したのですが、友人の答えはすべて間違っていることがわかりました。「君はＬＬＢ（法学士）になるつもりがあるのかい？」とサパトネカルはシェヴァデに尋ねました。後者は答えました、「サイババが言ってくれたんだよ、今回は落ちるけれど、二度目のときには受かるとね。僕は彼を心の底から信じてるんだ」

「そのサイババってのはだれだい？　どこに住んでるんだ？」サパトネカルはあまり興味はなかったのですが尋ねました。シェヴァデは知っていることを教えました。そして自分がいかにサイババを信じているかをくり返しました。サパトネカルは妄信に思えたので、笑いを抑えるのに苦労しました。

しかし、二度目の試験で、シェヴァデは受かったのです！

十年間、サパトネカルとシェヴァデは互いと連絡をとりませんでした。そのあいだに、サパトネカルは結婚し、法律の仕事を始めました。妻はひとりの息子をもうけましたが、まだ幼いうちに死んでしまい、父親を悲しみのうちに置き去りにしました。たまたまそのとき、シェヴァデとのなにげない会話を思い出し、シルディへ行く決心をしました。

それである日、妻や弟とともに、サパトネカルはシルディへ行って、ババのダルシャンに出ました。それぞれがババへの贈り物としてココナッツをもっていきました。

しかし、ババは彼らに時間を割いてくれませんでした。「チャル・ハット」（あっちへ行け！）というのが唯一の反応でした。サパトネカルが何度あいさつをしても、反応は同じでした。がっかりして、彼はサイババの古くからの帰依者、バーラー・シンピに同行を求めました。しかし、それでもババは前と同じく怒っているようです。今度は彼に言ったのです、「さっさとここから出ていけ！」

サパトネカルはしかたなく立ち去りました。彼の心は混乱していました。その年の暮れ、彼はガンガープルへ、それからヴァラナシへの巡礼の旅に出ることにしました。しかし、そのときにそれが起こったのです！

出発の二日前、サパトネカルの妻は夢のなかでファキールを見ました。彼は頭に布切れを巻いて、ニームの木の下に坐っていました。彼女は水を汲みに行くところでしたが、ファキールが彼女にこう言うのを聞きました、「そこの娘さん、どうしてそんな苦労をするのかね？　わしがあんたのガーガル（真鍮や銅の水差し）に水を汲んできてやろう」。そんなことを言われたのは初めてだったので、サパトネカルの妻はあわてて、ファキールから逃げ出しましたが、ファキールはしつこくあとをついてきます。ちょうどそこで目が覚めました。ファキールはサイババ以外にありえないと信じて、サパトネカル夫妻は、ヴァラナシではなくシルディへ行く決心をしました。マスジドに着くと、ババは近くの川へ行ったと聞かされました。それで夫婦は彼が帰ってくるのを待ちました。ババが戻ってきて、マスジドのいつもの席に着くのを見はからって、サパトネカル夫人は前に進み出て、深々とお辞儀をしました。ババは機嫌がよさそうでした。かたわらに坐っている女性の帰依者に言いました、「この数日、両手両足、腹や腰がひどく痛んだのだ。いくつか薬を飲んだが効き目がなかった。ところが、急にその痛みが消えてしまったよ！」

サパトネカルの妻はこれを聞いてびっくりしました。というのも、ババは彼女自身の痛みを説明していたからです！

彼女はこうしてババの帰依者になりましたが、サパトネカルにはまだ疑いが残っていました。とはいえ、息子の死という悲劇に心を乱された人ならだれでもそうでしょうが、彼はババの足元に安らいたかったのです。しかし、ババは依然として彼を認めようとはしません。「チャル・ハット！」としか言いません。捨てばちになって、ババがひとりでいるときに近づくと、彼の足を死に物狂いでつかみました。ババは今度は優しくなって、彼を祝福しました。

サパトネカルがババにチャラン・セヴァ（足のマッサージ）をしていたとき、ひとりの羊飼いの婦人が彼に会いに来ました。ババは彼女に息子の死をきっかけに始まったサパトネカルの苦労話を話して聞かせました。「私が息子を殺したと言うのだよ」とババは羊飼いに言いました、「しかし、どうしてこの男はここへ来て、私が息子を殺《あや》めたと嘆くのだろうね？　死んでしまったものはしかたがない。もうひとりの息子が生まれてくるように計らってやるしかない！」

そう言うと、ババはサパトネカルのほうを向きました。「このわしの足はな」とサパトネカルに言いました、「とても古くからあるものなのだ。私をどこまでも信じなさい。心配しなくていい。あなたの願いはかなえられるだろう」。サパトネカルは大喜びし、何日もシルディにとどまりました。去る日が来たとき、サイババは彼に二ルピーのダクシナーを求めましたが、それは彼がすでに心のなかで考えていた額でした。そしてサイババはサパトネカルの妻のオティ（ひざ）にココナッツを置きました。一年もしないうちに、彼女は夫のために男の子を産みました。夫と妻と息子はババを訪問し、感謝の気持ちを伝えました。

子どものいない夫婦や男の子がほしい夫婦の願いがかなった事例がいくつか記録されています。ババがこの世を去ってからも、ババを信仰している帰依者には、彼からの贈り物がやってきつづけました。ババ自身、あるとき、こう言っています、「私が逝ったあとは、サマーディが帰依者たちを護ってくれるだろう」

［2］

ベストセラーの著書『瞑想』のなかで、モウニ・サードゥは、ラマナ・マハルシが彼に、奇跡の本質について語った言葉を取り上げています。ラマナ・マハルシは語ったそうです、すべての奇跡を土台で支えるのは「意識の躍動的な力だ、すべての超自然的な現象の根本には能動的な意識がある。精神が物質を支配している」と。マハルシはモウニ・サードゥに言いました、「イエスという人は、奇跡を行ったときや、あのすばらしい言葉を語ったとき、自分が分離した有限な人格であることをまったく意識していなかった。そのとき、白い光、または生命、あるいは原因であり結果であるものが完璧な調和のうちに働いていた。父と私はひとつなのだ！」

驚くべき奇跡を起こしうる境地は、サハジャ・ニルヴィカルパ・サマーディと呼ばれます。この地上での進化を終えて、すべてのレッスンを学んで、もはや知るべきものがなくなった人にしか近づきえない、霊的な超意識、彼方の意識の不滅にして永遠の境地なのです。サハジャの境地に伴った無限の精神的能力について、ラマナ・マハルシ自身の例を引き合いに出して、モウニ・サードゥは言っています、「彼自身はいっさいそれを見せたがらなかったが、自然に露見したものからしても、彼が時間の三つの小区分のすべてを知っていたことは確かだ。人間意識の内奥の深みを読むことができた。異なる場所をいっぺんに見ることができた。彼を心から信頼する人たちの霊的な進歩や啓発を、師や道案内として、どこまでも支援した。帰依者の隠れた才能を育て上げ、控えめだが確実なやり方で、彼らをサマーディへと導いた。彼らの心を浄化し、この世の目に見える存在の幻影から、精神的なものへと目を向けさせ、肉体を去ったあとも、『あなたたちを見捨てない』というみずからの約束を守って、帰依者の精神的な成長を教え導いた。それはキリストの偉大な言葉を思い起こさせる。『わたしは、あなたがたを捨てて孤児にはしません。わたしは、あなたがたのところに戻ってくるのです。』(ヨハネ福音書十四章十八節)」

サハジャより低い境地にケヴァラ・ニルヴィカルパ・サマーディがあります。それが短時間または長時間続いたのち、人は通常の物質世界の意識に戻らざるをえません。モウニ・サードゥは言っています、「ケヴァラ・ニルヴィカルパ・サマーディには、ヒンドゥーのオカルト信仰者たちがシッディーと呼ぶ、ある種の超能力が伴っている。それは千里眼、霊聴力、磁力といったもので、一部の病気の治療やその他の目的に使うことができる。

「サマーディには『時間』、すなわち、出来事の連続がない。同じ瞬間に、もしそう言ってかまわなければ、すべてがひとつのものとしてある。過去もなく、未来もなく、光に満ちた永遠の現在が果てしなく続いている」

信仰をもっている人にはあらゆることが可能です。

モウニ・サードゥの理論によれば、物理法則の限界を超えて作用している力があるときには、その背後で高度な意識が働いているにちがいありません。彼は奇跡を二通りに説明しています

——

一、それは私たちの有限な世界では知られていない、なんらかの高次元の法則が働いた結果だ。

二、奇跡とは、それらの法則を働かせるが、みずからの被造物や法則のすべてを超越している、「創造的意識」の直接的な作用の結果なのかもしれない。顕在する被造物は原因と結果の法則に従う。しかし、霊魂《スピリット》は——私たちが知っているものや、その存在をまったく予知しえないものも含めて——いかなる法則をもはるかに上回り、超えている。私たちの有限の知識を超えたところにあるものを、私たちは奇跡とみなす。

奇跡の大きさはひとえに、その背後で作用している意識の大きさによるのです。

最初の説明に、モウニ・サードゥはさらなる説明をつけ加えて、こう言います、「私たちが三次元世界で行っていることは、二次元に閉じ込められている存在からすれば、ある意味で奇跡が果てしなく連続しているように見えるだろう」。例えば、メンタル界、アストラル界、フィジカル界のような、下位の領域（次元）より優越した世界は、私たちの時間（三つの現世の小区分――過去、現在、未来）と空間を超えています。顕在化した宇宙のドラマが展開するとき、それは私たちが感知できる次元から遠く離れ、それらを超えているために、言葉に移し替えることができません。高度な（超越的）意識の状態では、この問題は個人的には解決されるのですが、言葉や思考によって伝えることはできません。「根源的意志」は、思考する頭脳の有限な語彙では説明できないし、理解することもできないのです。では、奇跡を説明するのに「優越的次元」を想定すればいいのでしょうか？　その「優越的次元に住んでいる人にとっては」とモウニ・サードゥはつけ加えます、「私たちの宇宙旅行や原子力でさえ原始的な発明、いまだ石器時代の段階にあるものと映ることだろう」。深遠な思想家のP・D・ウスペンスキーは、オカルト現象と科学を調和させようとして、「奇跡」とは「優越的次元に由来する働き」であるとの説明を試みました。物理学では、時間を量的な長さ（範囲）と見たときに、それは第四の次元とみなされます。しかしながら、この概念に言及して、モウニ・サードゥは著書『サマーディ』のなかで警告しています、「読者は二十世紀初頭の一部の思想家・数学者たちの（三角法で公式に用いられる三次元座標に追加された）第四座標は時間にほかならないという理論に従うべきではない！　そうではないのだ。というのも、より高次元でも時間は依然として存在するが、そこではまったく異なった意味合いをもち、地球上の時間に完全に対応するものではないからだ」。ウスペンスキーは、私たちが気づいていない五次元や六次元も存在しているが、それらは奇跡という簡単な言葉で説明されうる、と信じていました。

しかし、奇跡への鍵はやはり信仰しかありえない、と人は考えるのです。

シュリ・ラーマクリシュナは、それをこんなふうに説明しています。弟子のひとりに話すなかで、パラマハンサは言いました——

「あなたは信仰の力について聞いたことがあるだろう。ラーマチャンドラは神の化身だった。彼がどうして海に橋をかけねばならなかったのか知っているね。しかし、ハヌマーンは主神を熱愛し、彼の名前の威力に無限の信頼を置いていた。彼がそれを唱えると、見よ、たちどころに向こう岸へ渡っていた！　信仰の力とはそのようなものだ。神の名を信じる帰依者が向こう岸へ渡らねばならないときには、主ご自身が橋をかけてくださるだろう」

しかし、奇跡が続くためには、信頼も続かなければなりません。シュリ・ラーマクリシュナ・パラマハンサは、その点をわからせるために別の物語を語って聞かせます。このように——

「別の帰依者が葉っぱにラーマの名前を書いて、それを海を渡りたいという人に渡した、こう言って、『友よ、恐れることはない、信仰心をもって深い海を渡りなさい。ただし、警告しておくが、わずかでも信仰心のなさを見せないことだ。そうでないと、たちまち溺れてしまうだろう』。その人は葉っぱを自分の衣服の奥にしまいこんだ。彼は出発し、海の上を歩いていった。進んでいきながら、どうしてもそこになにが書いてあるのか見たくなった。葉っぱを取り出すと、その表面には大きな文字でラーマ神の名前が書いてあった。そのとき彼は思った、『ラーマ神の名前だけか？　これだけなのか？』その瞬間に、彼は信仰心を失って、海のなかへ沈んでしまった！」

著書『ヒマラヤ聖者とともに』のなかで、スワミ・ラーマは信仰の力について多くの物語を取り上げています。そのひとつが彼の師シッダーが溺れる人を救ったという話です。スワミ・ラーマはこのように語っています――

ラージャスターンの知識人が、あるとき、ウッタルカーシーの私のアシュラムにやってきた。彼は高名な学者《パンディット》だった。ヒマラヤのガンゴートリーに巡礼に行く途中だったのだ。当時、彼は七十歳ぐらいだった。ある日、彼は聖なるガンジス河につかりたいと思ったが、泳ぎ方を知らなかった。河は私のアシュラムのすぐ近くを流れていた。彼は向こう岸の猿たちが河に飛び込んで、水にもぐって、また浮いてくるのを見た。それで彼は考えた、「猿でさえ飛び込んで泳ぐことができるのに、どうしてこの教養のある私にできないことがあろうか？」それで彼は河のなかに飛び込んで、溺れはじめた。私の仲間のひとりが、彼が溺れているのを見て大きな声で叫んだ。私は飛び出していって尋ねた、「どうしたんだね？」

仲間は答えた、「あの人が溺れているんです」

私は河に駆けつけた。「私のアシュラムの前で人が死ぬのか？」と考えると心配だった。そこに着くと、老人が岸に坐って、激しく息をついていた。息が戻ったところで、どうしたのかと尋ねた。

彼は言った、「流されそうになったんです」

「では、どうやって岸に上がったんですか？」と私は尋ねた。

彼は言った、「あるスワミが引っぱり上げてくれたんですよ」

それはどんな人だったかと尋ねると、その説明はまさしく私の師その人だった。私は師の写真を一枚しかもっていなかったし、それはだれにも見せたことがなかった。しかし、今回は、彼を引っぱり上げたのが私の師だったのか知りたくて、その写真を彼に見せた。

彼は言った、「ええ、この人ですよ。三度目に沈んだとき、私は底までもぐって、水を呑みはじめました。私は考えました、『ここは聖地なのだから、だれかがきっと助けてくれるだろう』。するといきなり、だれかが私を水のなかから引き上げてくれたのです。それがこの人でした」

私は彼に言った、「まぼろしでも見たんでしょう」

彼は言った、「そんなはずはありませんよ！　私の信頼は今や揺るぎないものですから、この人にお会いして、そばでお仕えしたいのです。二度と家に帰るつもりはありません」私は尋ねた、「あなたの家族は許してくれますか？」

彼は言った、「子どもたちはもう大人です。私はヒマラヤへ行って隠遁するつもりです」。こうして、彼は旅立っていった。

私の大師《グルデーヴァ》は、もっと準備ができるまで来てはいけないと、旅の途中の彼にメッセージを送った。彼は今では私たちの僧院から十九キロのところに住んで、瞑想に明け暮れている……。

スワミ・ラーマが物語る話の多くは、サイババが行った奇跡の話とよく似ています。明らかに、スワミ・ラーマの大師《グルデーヴァ》は奇跡を行う力をもっていたのでしょう。彼が物語る話のなかにこのようなものがあります。――あるとき、彼と大師《グルデーヴァ》は北インドのエーターにいました。列車がエーター駅で停車したとき、大師《グルデーヴァ》は駅長のところへ行って、言いました、「私は子どもを連れているのですが、彼はお腹を空かせています。なにか食べ物はありませんか」。駅長が家へ帰ると、妻は叫びました、「うちのひとり息子が疱瘡《ほうそう》で苦しんでいるのは知ってるでしょう。なのに旅のサードゥに食べ物をやるなんて！　息子は死にかかっているのよ！　あっちへ行って！」

妻は夫に言いました、「そのサードゥが本物だったら、子どもを治してくれるにちがいないわ！」

駅長は浮かぬ顔で戻ってきて、師《グル》に起こったことを話しました、師《グル》は駅長の家を訪ねて、その子どもを見ることにしました。

子どもは体中に、顔にまで膿瘍ができて、そこから膿が出ていました。師《グル》は両親に言いました、「心配には及びませんよ、息子さんは二分で完治するでしょう」

彼は水の入ったコップをもって、少年が寝ているベッドのまわりを歩きました。そこを三周してから、コップの水を飲み干しました。そして駅長の妻を見て、こう言ったのです、「息子さんはよくなってきました、わかりますか?」

だれもが驚いたことに、膿瘍が体から消えはじめましたが、当時まだ十二歳だったスワミ・ラーマをいちばんびっくりさせたのは、膿瘍が彼の師《グル》の顔に現れはじめたことです! スワミ・ラーマは驚愕して、泣きはじめました。しかし、師《グル》は言いました、「大丈夫だ、私にはなにも起こっていないよ!」

二分もしないうちに、子どもの顔や皮膚はすっかりきれいになり、スワミ・ラーマと師《グル》は家を出ると、バンヤン樹のところまで来ました。彼らがそこに腰を下ろすと、すぐに師《グル》の顔の膿瘍が消え去り、それが今度は木の幹に現れはじめました。しかし、木の膿瘍も十分もすると消えてしまいました。

スワミ・ラーマは、モウニ・サードゥの言葉をくり返すかのように、こう述べています——「個人の意識が宇宙意識へと拡大すると、苦しみのなかに歓びを見つけて、他人を救えるようになる。ふつうの人なら自分は苦しんでいると思うが、彼にとっては、それは苦しみではない。人の意識が個人的な境界内に限定されているかぎり、その個人は苦しむ。苦痛と快楽は感覚が世界の対象に触れるときの一組の対立した経験だ。意識が感覚レベルを超えて拡大した人は、この一組の対立から自由なのだ。心を感覚から随意に引き上げて、焦点を内側に向けて、意識の中心に合わせるテクニックがある。そうした心の状態では、人は感覚的な快楽や苦痛の影響を受けない。このような一点に集中した心は力強い意志をつくりだし、それを他人を癒すために使うことができる。こうした人間のなかを流れる治癒力はすべて意識のひとつの中心からわいてくる。癒し手が自分の個人的なものを意識した瞬間、治癒力の自発的な流れは止まってしまう。癒しは人間の自然な力だ。他人の癒しは下位の心の妨害を受けない、そうした意志力によって可能になる」

［3］

サイババは、これまで見てきたように、癒しの力をもっていました。そして帰依者への無限の愛と慈しみゆえに、しばしば他人の病気を自分自身の体に引き受けました。聖者はお互いに似ていません。おそらく、彼らには与えるものがあるという点だけが共通しているのです。ひとりひとりが個性的なのです。

あるとき、シルディ全域にコレラが流行し、多くの死者が出るという恐れが高まりました。しかし、彼らはサイババを勘定に入れていなかったのです。

彼には独自の状況への対応策がありました。そしてまさにそれが起こったのです。マスジドにはいつも小麦の袋、大きなかご、そして碾き臼がありました。これが役に立ったのです。ババはある朝、目を覚まし、朝の沐浴を済ませると、穀物の袋から何杯かの小麦を取り出しました。次に空になった袋を地面に広げて、碾き臼をその上に置いて、引き棒を所定の位置に差し込みました。次に腕まくりをして、地面にしゃがみこむと、小麦を挽きはじめました。

帰依者たちは無言で彼を見ていました。彼がそんな仕事をするのを見たことがなかったのです。しかし、なぜそんなことをするのかと、あえて尋ねる人もいませんでした。村ではよくあることですが、このうわさが広まると、男や女がなにが起こっているのか見ようと、マスジドへ駆けつけました。何人かの年配の女性たちは、女手がそばにあるのに、ババに小麦を挽かせるのはよくないと考えました。それで彼女らは静かにババにどいてもらうと、引き棒をババの手から取り上げて、そのまま臼を挽きつづけました。ババは腹を立てたようで、例によって悪態をつきました。村人はそんなことにも慣れていたので気にしませんでした。ババの怒りも収まりました――もっとも、彼はよく怒ったふりをしたので、ほんとうに怒っていたのかわかりません。こうしておよそ八ポンドの小麦が挽けました。しかし、なにも使う目的がないのなら、ババはなんのために小麦を挽いて粉にしたのでしょうか？　それで女性たちは、その粉を自宅にもち帰ることにしました。その時点まで、ババはその場面を黙って見ていたのですが、女性たちが粉を家にもち帰ろうとしまいはじめると、また怒りの言葉を投げつけました。地元の言葉でこんなふうに言って、「おまえたち、気は確かかい？　粉をどこにもっていくのだ？　それはおまえたちの父親のものなのか？　めいめい自分の分をもって村外れに行って、粉を小川の岸からまくのだよ！」しばらく女性たちは悩みましたが、ババの命令とあっては無視することもできません。それで女性たちは言われたとおりにしました。村外れに行って、挽きたての小麦粉を村境を流れる小川の岸からまいたのです。奇跡が起こりました。その後、コレラで死ぬ人はひとりもいませんでした。

次にサイババの敬虔な帰依者、ゴーパールラーオことバプーサーヘブ・ブーティーの話をしましょう。彼はババの近くにいたいのでシルディに住んでいました。あるとき、彼は下痢と嘔吐の深刻な症状に見舞われました。薬を飲んでもなんの効果もなく、ブーティーはひどく心配しました。これを聞いたババは彼を呼びにやって、ブーティーは苦労してようやくマスジドへやってきて坐りました。ババは軽く指を立てて言いました、「いいかね、今後は下痢と嘔吐のことはすっかり忘れるのだよ」

ブーティーはなんと言ったらいいのかわかりませんでした。一方では体がきわめて不調だったのです。また一方では、ババの指示に従わないわけにもいきません。しかし、ババの霊験は大したもので、下痢と嘔吐はたちどころに止まってしまいました。別の折に、ブーティーはコレラを治すために、クルミ、アーモンド、ピスタチオのキール（ライスプリン）を食べるようにと言われました。しかし、それが効果てきめんだったのです。ブーティーは、余談ですが、かつてベラールの高名な聖者ガジャーナン・マハラジの弟子でした。彼は弁護士だったので仕事の関係であちこちの要人たちに顔が利きました。ババの指示に従って、彼は黒みかげ石でワーダー（大講堂）を建設しましたが、ワーダーの中心の長円形のスペースは空き地にしてありました。ブーティーはその空き地に聖堂を建てるつもりだったのですが、それからほどなくして、サイババは逝去してしまいました。彼の遺志に従って、なきがらは中心の長円形の空き地に埋葬されて、その上にサマーディが建立されました。

プネ地区のジュンナール・タールカ（分区）のナーラーヤンガーオンに住む、ビマジ・パーティルは結核にかかり、病状はかなり進んでいました。ビマジはときたま血を吐くことがありました。彼は生きる望みをすっかり失っていました。ナーナーサーヘブ・チャンドルカルへの手紙のなかで、自分の病状を伝えて、最後に一目でいいからナーナーサーヘブに会いたいものだと書きました。

ナーナーサーヘブはビマジの手紙に心を動かされました。彼らは友人だったのです。ナーナーサーヘブは考えました、友人を助ける最良の方法は、彼をシルディに呼んで、サイババの庇護を求めるように勧めることだ、と。ビマジがシルディにやってきたとき、彼はとても歩ける状態ではありませんでした。抱きかかえられて、マスジドのババの前まで連れて来られました。

ナーナーサーヘブ・チャンドルカルとマーダヴラーオ・デーシュパーンデーの二人が同席していました。ビマジを見て、ババはマーダヴラーオに言いました、「シャーマよ、私の気を引くために、いったい何人の泥棒を連れてくるのだ？　そんなことでいいのかね？」

しかし、ビマジは頭をババの足につけて祈りました、「どうかこの私をお助けください！」ババは哀れみでいっぱいになり、ビマジに言いました、「もう心配しなくてよい。シルディに一歩足を踏み入れたからには、あなたの苦しみは終わったのだ。ここのファキールはとても親切だ。彼は万人の守護者だ。さあ、ビマバイーの家に行って、そこでゆっくりと過ごすがいい。数日のうちに病状はよくなってくるだろう」

そのときからすでに、ビマジは元気が戻ってくるのを感じていました。彼がビマバイーの家へ行くと、まだ掃除が済んだばかりで、床が湿っていましたが、ババの指示にそむきたくなかったので、そこに布団を敷いて眠ってしまいました。

彼はたくさん夢を見ました。ある夢では、子どもの頃の先生に杖で背中を叩かれました。別の夢では、知らない男が胸の上に坐って、そこを石でこすって磨いているように感じました。夢の最後のほうになると、彼は安らかに眠っていました。しかし、目を覚ましたとき、驚いたことに、すっかり元気が回復しているのを感じました。新たに健康な人間に生まれ変わったかのようでした。言葉にならない幸福を感じながら、ひとりマスジドへ行くと、ババの前にひれ伏して、感謝の気持ちを表しました。

ときにババはいちばん忠実な弟子ですら驚くような、想像もつかない治療法を勧めました。あるとき、バーラー・ガンパト・シンピはマラリアにかかって、ババのところへ行って、彼に言いました、「こんな病気にかかるなんて、私はどんな罪を犯したというのでしょうか？　どうか私にお慈悲を！」ババはとてもユーモア感覚に富んだ人で、いつもカフニを縫ってくれる仕立て屋のシンピによく冗談を言ったものでした。このとき彼は言いました、「では、教えてやろう。炊いたご飯とヨーグルトをラクシュミーデヴィー寺院の近くの黒犬に与えたら、マラリアの高熱と悪寒は治ってしまうだろう」

シンピは一瞬、ババは自分に一杯食わせようとしているのだろうかと疑いました。しかし、彼の信心は揺るがなかったので、家に帰ると、いくらかのご飯を見つけて、ヨーグルトを調達し、それらをもって出かけました。しかし、ラクシュミーデヴィー寺院の近くで黒犬を見つけられる保証はあるのでしょうか？　今まで見たことは一度もなかったのです。

しかし、ご飯とヨーグルトをもって寺院へ行くと、まるで彼が来るのを待ちかまえていたかのように、黒犬がしっぽを振って出迎えたのです！　ババのやり方は、控えめに言っても、とても奇妙なもので、なにをするつもりなのか、だれにも予想がつきませんでした。ラクシュマンラーオことカーカー・マハージャニーは深刻な下痢を伴う急性瀉下症《しゃげ》にかかりました。彼はマスジドを訪れてひどい目にあうことになりました。ときたま、ババは急に烈火のごとく怒りだし、それがあまりにもすさまじいので、恐れた帰依者たちは、その場から逃げ出したものです。今回、ババはマハージャニーをつかまえて言いました、「どうして逃げるのだ？　ここにいなさい！」だれかがピーナッツの入った袋を置いていったので、ババはいくつかピーナッツを取り出し、マハージャニーに食べさせました。彼自身もいくつか食べました。それを全部平らげてしまうと、ババはマハージャニーに言いました、「のどが渇いた、水をくれ！」彼はいくらか飲んで、マハージャニーにも飲ませました。そして彼は言ったのです、「もう行ってよい。おまえは治った。だが、逃げ出した連中を戻らせるのだ。もうアールティーの時間だ！」

ときにババは患者を祝福するだけで病気を治しました。またときには健康的な治療法を勧めることもありました。例えば、腹痛の発作には、ギーの入ったバルフィー（ミルク菓子）を食べるようにと勧めました。

しかし、ババの「処方」を絶対確実なものと誤解した人は泣かされることになりました。明らかにババの処方したものに力があるのではなく、その処方の背後にある秘密の力が治療の効果を上げていたのです。マーダヴラーオ・デーシュパーンデーは痔が再発したとき、かつてババに処方してもらった調合薬に効き目があったことを思い出して、ババに申し出ることなく自分であつらえて使いました。ところが、今回は効き目がないばかりか、かえって症状が悪化してしまいました。がっかりしてババのところへ行ったのですが、彼はマーダヴラーオが自分で治そうとしたことを知っていたにちがいありません。彼をからかうようにヴァイディヤーラージ（お医者さん）と呼ぶと、気分はどうかと尋ねました。マーダヴラーオは自分のしたことを正直に打ち明けるほかありませんでした。今回は、ババはもっと別の処方をして、マーダヴラーオは治りました。

　また別の折に、マーダヴラーオは毒蛇に小指を噛まれ、そこが真っ黒になり、全身が赤黒くなりました。叔父のニモンカルはすぐにババのところに行くようにと、マーダヴラーオに言いました。しかし、二人がマスジドへ行くと、乱暴な言葉で迎えられたのです。「ここに上がってくるな、バトゥルディヤー（ブラフミンを侮蔑する言葉）め」。ババはどなりました、「どこかへ行ってしまえ！」

　この扱いにショックを受けて、マーダヴラーオはその場に坐り込んでしまいました。ババが落ち着いたので、立ち上がってそばへ行くと、彼は言いました、「しっかりするんだ。慈悲深い神が護ってくださるだろう。家に帰って静かに坐っていなさい。私を信じて、恐れないことだ」

　マーダヴラーオが帰ると、ババはターティヤー・コーテを呼び出して、マーダヴラーオにメッセージを伝えるようにと頼みました。「彼に言ってくれ」とババは言いました、「眠ってはいけないと。家のなかを歩きまわるのだ。それだけ言ってくれ」

　次にディクシトのほうを向いて、ババは言いました、「マーダヴラーオが眠ってしまわないように、見ていなさい！」

　マーダヴラーオはその夜は眠らずにいなければなりませんでした。しかし、彼の苦しみは終わりました。そのときになって、マーダヴラーオは気がつきました。ババが最初、「上がってくるな」と命じたのは、彼に言ったのではなく、小指の毒に言ったのです。

ときどきババはとてもぶっきらぼうでした。バプーサーヘブ・ジョグがサソリに刺されて、ひどい痛みに襲われました。ジョグはババのところへ行きました。ババは尋ねました、「バプーサーヘブ、どうしたのだね？」

「サソリに刺されました」とバプーサーヘブは答えました。

「ああ、それなら」とババは言いました、「家に帰りなさい、大丈夫だから」

バプーサーヘブは言われたとおりにしました。しかし、マスジドを去る頃にはすでに、その痛みは引いていたのです。ときどきババは帰依者にふりかかる危険に警告を発し、それが相手を護ることになりました。サルダール（高官）の息子でコパルガーオンのマムレダール、バーラーサーヘブ・ミリカルはチタリを旅行中にシルディを訪れて、ババのダルシャンに出ることにしました。マスジドへ行くと、サイババは彼に万事順調に行っているかと尋ねました。そしてミリカルに言ったのです、「このドワールカーマイ（「慈悲深い母」の意）のことは知っているかね？」ババがなんのことを言っているのかわからないでいると、彼は言いました、「いいかね、ドワールカーマイとはこのマスジドのことだ。それは自分の階段を上る者に勇気を与えてくれる。このマスジドはとても親切なのだ。ここへやってきた者は必ず自分の目的地へと行き着く！」

ミリカルが去ろうとするとき、ババは彼に尋ねました、「長いバーワ（毒虫）のことは知っ

郵便はがき

恐縮ですが切手をお貼りください

1 0 1 - 0 0 5 1

東京都千代田区神田神保町3-2
高橋ビル2階

株式会社 ナチュラルスピリット

愛読者カード係 行

| フリガナ | | 性別 |
|---|---|---|
| お名前 | | 男・女 |
| 年齢 | 歳 | ご職業 |
| ご住所 | 〒 | |
| 電話 | | |
| FAX | | |
| E-mail | | |
| お買上書店 | 都道府県 市区郡 書店 | |

# ご愛読者カード

ご購読ありがとうございました。このカードは今後の参考にさせていただきたいと思いますので、
アンケートにご記入のうえ、お送りくださいますようお願いいたします。
小社では、メールマガジン「ナチュラルスピリット通信」（無料）を発行しています。
ご登録は、小社ホームページよりお願いします。**https://www.naturalspirit.co.jp/**
最新の情報を配信しておりますので、ぜひご利用下さい。

●お買い上げいただいた本のタイトル

●この本をどこでお知りになりましたか。

1. 書店で見て
2. 知人の紹介
3. 新聞・雑誌広告で見て
4. DM
5. その他（　　　　　　　　　　　　　　　　　　　　　　）

●ご購読の動機

●この本をお読みになってのご感想をお聞かせください。

●今後どのような本の出版を希望されますか？

購入申込書

本と郵便振替用紙をお送りしますので到着しだいお振込みください（送料をご負担いただきます）

| 書　籍　名 | 冊数 |
|---|---|
| | 冊 |
| | 冊 |

●弊社からのDMを送らせていただく場合がありますがよろしいでしょうか？

□はい　　□いいえ

ているかね？」

そして右の肘を左の手のひらでつかみ、手首を曲げて言いました、「あいつはとても攻撃的だ。しかし、あいつがどうしてドワールカーマイの子どもたちを傷つけられるかね？　その守護者になにができるかね？」

そしてそこに坐っていたマーダヴラーオのほうを向いて、ババは言いました、「シャーマ、チタリまでミリカルについて行ってくれ」

ミリカルは、マーダヴラーオにそこまで迷惑をかけるわけにはいかない、彼には帰っていただきたい、と不満を表明しました。ババはそれを聞いて、ただこう言いました、「なにを失うというのだね？　定められていることは起こらざるをえないのだよ」

しかし、ミリカルはそこで考えなおして、マーダヴラーオについてきてくれるように頼み、後者はそうしました。彼らがチタリに着くと、ミリカルはそこで落ち合うはずだった二人の上司がまだ来ていないことを知りました。それで彼とマーダヴラーオはマールティー寺院で一休みすることになり、そこの使用人が彼らのために布団を敷いてくれました。

そのときです、ミリカルが一枚の書類に目を奪われていると、知らないうちに一匹の蛇がはい上がってきて、腰のところでとぐろを巻いてしまったのです。そこでようやく使用人が蛇に気がついて、大きな声で叫ぶと、蛇はとぐろをといて地面へ落ち、そこで殺されました。ミリカルはそのときようやくババが発した警告を思い出し、「ドワールカーマイの子どもたち」がババの約束どおりに護られたことを知ったのです。蛇にまつわる話はほかにもあります。シルディ周辺にはそういった話がたくさんあるでしょう。そしてババは、帰依者たちを護るために、保護の網を広げたのです。ババは未来を予見することができたので、帰依者が危険な目にあいそうなときには、前もって警告することができたのです。

クーラのシラステダル（徴税官補佐）の一等書記、シャンターラム・バルワント・ナチャネはサイババの帰依者でした。一九一三年、シルディにいるとき、ババは彼に言いました、「狂人に気をつけなさい」。ナチャネはババがなにを言っているのかわかりませんでしたが、その警告だけはおぼえていました。一九一四年、自宅で日課のプージャを行っているとき、ひとりの狂人が少し離れたところに立っているのに気がつきました。その男は様子がおかしかったのですが、悪いことはしなかったので、だれも気にしていませんでした。しかし、その日は、ナチャネがプージャをしている部屋にいきなり入ってくると、彼の首をつかまえて、叫びはじめたのです、「おまえの血を吸わせろ！」

ナチャネはとっさにプージャの道具で狂人の口を叩きました。二人が争っていると、家族の他の人たちが駆けつけてきて、二人を引き離しましたが、そのすぐあとにナチャネは気を失って倒れてしまいました。危機一髪のきわどい出来事でした。

ナチャネはその出来事をだれにも話しませんでしたが、彼がシルディの近くにいるとき、サイババは隣に坐っていたアンナ・チンチニカルに言いました、「アンナ、さっきナチャネが来ていたよ。狂人に絞め殺されるところだった。彼を助けねばならなかった。私以外のいったいだれがわが子を救ってやれるのかね？」

　あるとき、ナーナーサーヘブ・チャンドルカルが、プネでトンガに乗っているとき、馬たちが暴れ出して、後ろ脚で立ち上がり、馬車をひっくり返してしまいました。しかしながら、ナーナーは怪我ひとつせずに逃げ出しました。そのまさに瞬間、シルディで、サイババは唐突に言ったそうです、「ナーナーが事故に巻き込まれて、今にも殺されるところだったよ。でも、彼を死なせるわけにはいかないからね」

　別の機会に、ハリ・シーターラームことカーカーサーヘブ・ディクシトが、サイババのダルシャンを受けていたとき、ババは静かにこう言いました、「カーカー、心配しなくていい。私があなたの荷物をみんなしょってあげるから！」

　ディクシトは個人的な問題があってババのところに行ったのではなかったので、ババの発言にかえって興味をそそられました。しかし、数日後に帰宅してわかったのですが、七歳の娘がおもちゃで遊んでいるとき、おもちゃの入った棚をうっかり倒してしまい、危うく死ぬところだったと聞かされました。その木の棚はとても重かったので、子どもを圧し潰していたかもしれないのです。子どもはかすり傷程度で逃げることができました。

　ある女性の帰依者がボンベイから息子といっしょにシルディへやってきて、ババのダルシャンを受けたとき、ババはチャタータイ（座布）に坐っている少年に、「許しがあるまで動いてはいけない」と命じました。

午後三時きっかりに、大柄で醜くて気味の悪い女が、大声で叫びながら、柵を乗り越えてマスジドへ入ってきました、「この坊やを私によこせ！」サイババは彼女に出ていくように命じましたが、女が少年を連れ去ろうとしたので、サイババが思いきり女に蹴りを入れると、女は金切り声を上げて逃げ出し、どこかへ消えてしまいました。あとでババが説明したところでは、その女はコレラの女神で、彼女がやってくることはわかっていたのだそうです。だから少年にその場所から動くなと命じたのです。

ある話によると、一九五一年、ババがこの世を去って三十二年後にもなるのに、彼はいまなお自分を信じる者たちに助けの手を差し伸べたということです。このケースでは、ひとりの女性が悪霊にとり憑かれました。ババサーヘブ・サカラーム・スーレの妻、スシーラバイーという女性はよくてんかんの発作を起こしたように気絶して何時間も無意識になりました。最後には、ババのサマーディに連れて来られて、ティールタ（聖水）を与えられ、ウディを処方されました。それからサマーディの周囲を巡ったのですが、そのとき、「私はビール族の女の霊にとり憑かれていた」と連れてきた人たちに語ったということです。ティールタとウディによって彼女は完治してしまいました。

また、こういうことがありました。医者たちがもう生きる望みはないと匙を投げてしまった、ラーオジ・バーラークリシュナ・ウパサニの息子を、サイババが助けにやってきたのです。その夜、ぐっすり眠っているとき、ウパサニは夢を見ました。その夢のなかで、サイババは息子にウディを施しました。そしてウパサニ自身に向かってババは言いました、「もう心配しなくていい。あなたの息子は数時間汗をかいたあと、病状がよくなるだろう。すっかり回復したら、彼をシルディへ連れてくるんだよ」

ウパサニが目を覚まして、時計を見ると夜中の二時頃でした。息子の容体を注意深く見守っていると、ババの言ったように、あらゆるものが汗といっしょに出ていってしまい、医者たちを驚かせました。

数日後、ウパサニはシルディのマーダヴラーオ・デーシュパーンデーから手紙をもらいました。デーシュパーンデーによると、ババはドゥリアの友人のところへ行っていた、と彼に語ったそうです。「どの友人ですか?」とマーダヴラーオが尋ねると、ババは「ウパサニだよ」と答えました。そしてマーダヴラーオは書いています、「ババは私に手紙を書くようにと命じました、シルディに息子を連れてくるようにと、あなたに伝えてほしいと」

いつシルディに到着するか、ババに伝えるすべはなかったのですが、息子が回復するとすぐに、ウパサニは妻と息子を連れてシルディへの旅に出ました。しかしながら、その途中で、トンガワーラー（御者）の不手際によって馬車が遅れてしまいました。シルディでは、午後のアールティーが始まるところでしたが、ババはみんなにもう少し待つようにと言いました。彼はマーダヴラーオに言いました、「待ちなさい、ドゥリアのあなたの親戚が来るところだから!」

ウパサニは遅れてやってきましたが、ババはウパサニに参加してほしかったので、アールティーはまだ始まっていませんでした。ウパサニが妻や息子とやってくると、ババは若い息子を抱きしめて言いました、「病気が重かったとき、私は坊やの家を訪問したのだが、おぼえているかね？」

いろいろな病気に苦しんでいた人たちが、サイババのダルシャンに出席しただけで癒された、という話がたくさん伝わっています。それは信仰治療なのでしょうか？　治癒はしばしば奇妙なやり方で起こりました。慢性的な喘息に苦しんでいた六歳の子どもが、ババのチラムを一服するように言われました。子どもはその場で治ってしまいました。てんかんはババが目を向けただけで治ってしまいました。サカラーム・クリシュナ・パンガルカルは急に肝臓が悪くなり、ほとんど食べることができなくなりましたが、シルディに一週間ほど滞在し、毎日のようにババのダルシャンに出ただけで健康を取り戻しました。バブーラーオ・イングレは顔に湿疹ができましたが、ババのサマーディを一〇八周したら治ってしまいました。

ヴィッタルラーオ・イエイシャワントラーオ・デーシュパーンデーという盲目の人に関する話があります。彼はサイババの帰依者でした。孫に付き添われて、シルディのダルシャンへ行くと、ババの前に進み出ました。そして言いました、「サイババ、せっかくあなたのダルシャンに来たのですが、私は目が見えないのです！」ババは答えました、「だれが見えないと言ったのかね？　見えるに決まってるじゃないか！」するとその瞬間に、ヴィッタルラーオの視力が回復しました！　それは紛れもない奇跡でした。

別の目の見えない人が、サバーマンダプ（会堂）に立って、バジャンを歌っているのがよく見られました。一九一二年から一九一五年まで、彼はよくそれをやっていました。だんだんと徐々に、伝えられるところによると、彼の視力は回復していったそうです。完全に治ってしまうと、その視力は十分に使えるものになりました。彼は『ギーター』やジュニャーネシュワルの『アヌババムリト』を暗記し、同じサバーマンダプに坐って、一九五二年まで、それらの聖典を詠唱していたそうです。

言葉をしゃべれない少女が話す力を回復したことがあります。彼女は交通事故で怪我をして入院しました。傷は癒えたのですが、しゃべることができなくなりました。九か月の長きにわたる治療も効果を現しませんでした。ババみずからがその手で額にウディをつけてくれたとたんに、女の子は声と会話の能力を取り戻したのです。クンバコナムのT・R・S・マニという人の娘、ラージャラクシュミーは生まれたときから声が出ず、九歳になるまで状態に変化はありませんでした。父親はサイババに祈るようになり、娘といっしょにシルディへ行くように、というお告げを受けました。家族は一九四二年三月二十八日、ババのサマーディでダルシャンを受けました。娘がサマーディに近づいたとき、「サイババ、サイババ！」と声を発しているのが聞こえました。彼女は話す力を取り戻したのです。

ババはよく帰依者たちから奇妙なことを頼まれました。あるムスリムの帰依者は、シルディへやってくると、ブラフミンの友人に下された死刑宣告を無効にしてほしいと頼みました。ババは彼を祝福し、シルディに何日か滞在するようにと言いました。滞在も終わり頃になったとき、そのムスリムは友人が無罪を申し渡されて自動的に死刑宣告も失効したことを知らされました！

ババは、以前にも触れましたが、未来を予見する力をもっていました。それが次の物語にもよく表れています。チャンドラバイー・R・ボルカルという人が、ナーシク近くのアサヴァリという小さな町に夫といっしょに住んでいました。アサヴァリは鉄道の路線上にあり、夫婦はいつも通り過ぎる列車の音を聞いていました。

ある日、ボルカル氏は職場から帰ってくるとすぐに高熱を出しました。夫婦以外に家にはだれもいなかったし、夜も遅かったので、薬もすぐには手に入りませんでした。夜中の二時頃、ボルカル氏がうたた寝をしていたとき、寝ずの番をしていたチャンドラバイーはつい眠り込んでしまいました。その眠りのなかで夢を見ました。ひとりのファキールがやってきて、彼女にこう告げたのです、「バイー、このあと夫は汗をかくが驚いてはいけないよ。家のウディをつけてやりなさい。しかし、午前十一時まで、夫を家から出してはいけない」

チャンドラバイーが目を覚ますと、夫はほんとうに汗をかいていました。彼女は汗を拭いてやり、その見た夢を夫に話しました。

しかしながら、ボルカル氏はそのような話はまったく信じない人だったので、翌日、朝早く、アサヴァリ駅へ行きました。ちょうどそのとき、マンマドからの郵便列車とボンベイからの旅客列車が反対方向へと進んでいました。ボルカル氏は線路の脇に立っていましたが、郵便列車が入ってくるのに気がつかなかったので、列車に脚が触れて、三番線に倒れてしまいました。チャンドラバイーは駅まで夫を見送りに行ったのですが、目の前で起こっていることを見て、ババの名前を叫びながら、その場で気を失ってしまいました。

そこへ鉄道のポーターたちが駆けつけて、彼女は息を吹き返しました。夫は死はまぬがれたものの、脚に深刻な怪我を負ったことを知らされました。ボルカル氏は家に連れ帰られ、チャンドラバイーは怪我をした脚にウディを塗って包帯をしました。意識を取り戻すと、ボルカル氏は尋ねました、「ここはどこだ？　うちのなかにファキールがいるみたいだぞ」。チャンドラバイーは夫に言いました、「心配しないで。あの人はサイババですよ。夫を外出させないようにと忠告してくれたのに、あなたは聞かなかったのです。それでもあなたを助けてくれたのですよ。元気を出しなさい。ババがきっと治してくれますよ」

ボルカル氏はウディをあまり信じていなかったので、翌日、鉄道の医者が呼ばれて、必要と思われる処置を受けました。ボルカル氏の脚に新しい包帯が巻かれましたが、たいして役には立ちませんでした。痛みが増しただけでした。脚は骨折していました。ボルカル夫人はできるだけ夫のそばに付き添っていましたが、しまいに眠り込んでしまいました。そして再び夢を見たのです。その夢にまた同じファキールが現れました。今回、ファキールは言いました、「脚の怪我が治らなくてもいいのかね？　ココナッツ、練り粉、ウディを混ぜたものを塗って、包帯をしなさい。次にそれを葉（ある種の薬用植物）、塩、ターメリック、ジョワル（アズキモロコシ）を混ぜたもので湿布するのだ」

鉄道医の指示は無視しました。チャンドラバイーは夢のなかで受けた指示に従ったのです。ボルカル氏が驚いたことに、骨は癒えて、怪我をした脚を再び使えるようになりました。彼はその後、ババの熱心な信者になったということです。

［4］

あなたと私は、アルジュナよ、
多くの人生を生きた。
私はそのすべてをおぼえている、
あなたはおぼえていないけれど。

『バガヴァッド・ギーター』四の五
（スワミ・プラバヴァーナンダ、クリストファー・イシャウッド訳）

クリシュナが過去生を思い出したように、ババも思い出しました。サイババにかわいがられていた、ある若い帰依者、バブーの事例があります。サイババは彼を深く愛していました。バブーは、ラーオ・バハードゥル・H・V・サテーの義父、ガネーシャ・D・ケールカールの甥でした。彼はラーオ・バハードゥル・サテーの助手のリマヤ氏の部下として、コパルガーオンやイェワレで事務員をしていました。夢の導きによって、バブーは家を出ると、徒歩でシルディへ行って、サイババのダルシャンを受けました。彼は多くの方面でババに仕え、やがてババに大事にされるようになりました。バブーは事務員の仕事よりサイババの奉仕に熱心だったので、それが雇用主の不満の種でした。

ケールカール氏がバブーの気ままさに不満を述べると、ババはなだめるように言ったものです、「いいではないか、いいではないか。これからも私に仕えさせなさい」

そうしてある日、バブーが高熱を出し、先の命が危ぶまれたとき、サイババはケールカール氏に、そっけなくこう尋ねました――

「彼はまだ生きているかね?」まるで生き延びることなど期待しないかのように。バブーは二十二歳のときに、シルディで亡くなり、子どものいない未亡人が残されました。

それからほどなくして、ババが予言していたように、プラダーンの妻のチョートゥバイーが男の子を産んで、その子はバブーと名づけられました。その子どもは四か月のときにババの前に連れて来られました。サイババはその子をなでて言いました、「バブー、どこに行っていたのかね? 私が嫌いになったのかね?」

ガンパトラオ・ナルケはプネ工科大学の教授でした。一九一三年から一九一四年まで、彼はシルディにしばらく滞在していました。あるとき、夢のなかで、ナルケはババのダルシャンを受け、彼のそばに労働者のような人が立っているのを見ました。その労働者を指して、ババがこう言うのを、ナルケは聞きました、「この人はあなたのひとつ前の人生で友人だった。人の境遇はカルマによって変わるものなのだ！」

その夢から数日後の朝、ナルケがババのそばに坐っていると、頭に薪の束を乗せた労働者が、マスジドへやってきました。彼を見て、夢のなかで会った労働者にそっくりだったので、この人が前世の友人なのだろうかと思いました。すぐにサイババは彼に言いました、「あの友人のところへ行って、薪の束に二ルピー払ってやりなさい」。当時としてはけっこうな大金だったので、ナルケは少しためらいました。しかし、ババは彼に言ったのです、「この人は私たちが前世で知っていた人だ、ちがうかね？」ナルケの疑いはたちどころに消え去りました。

スワミ・サイ・シャラン・アーナンドも自分が個人的に体験した似たような話を報告しています。あるとき、サイババは二頭の雌山羊の前世についてあれこれと話をしました。ある朝、レンディから戻ってきたとき、彼はそれぞれ十六ルピー払った二頭の山羊を連れていました。ターティヤー・コーテとマーダヴラーオ・デーシュパーンデーが高すぎると不満を述べました。市場価格をはるかに上回り、本来なら一頭につき二ルピーにも満たないと思えたからです。サイババは帰依者たちの言い分を聞いていましたが、議論もせずにこう言いました、「乾物屋で二シーアの豆を買って、二頭の山羊に一シーア分ずつ食べさせ、それから羊飼いに返してやりなさい」。言われたとおり、山羊は餌を与えられて、それから元の羊飼いに返されました。

この奇妙なふるまいに、ターティヤー・コーテとマーダヴラーオ・デーシュパーンデーは当惑したのですが、サイババは彼らに言いました、「彼らは前世では人間だったのだよ。私のよく知っている兄弟だった。最初、彼らはお互いに優しかった。いっしょに暮らし、いっしょに働いた。それから、運命のいたずらで仲たがいした。兄は怠け者だったが、弟は働き者だった。弟はそんな境遇のなかでもかなりの財産を築いた。兄は肉親をうらやみ、彼を亡き者にしようとした。このたくらみが明るみに出ると、二人のあいだで喧嘩になった。お互いに相手を攻撃し、おかげで双方が怪我をし、二人とも数日後に死んだ。そして山羊として生まれ変わった。彼らだとわかったので、私は哀れに思って、住処を与えてやりたくなった。お金を出して食べさせたのはそのためだ。だがしかし、あなたたちの言ったように、私がじゃまをして、カルマが果たされぬことのないように、彼らを手放したのだよ」

別の折に、サイババは大蛇が蛙を呑み込もうとしているのを見て、それが前世で知っていた二人だとわかりました。彼は蛇のそばに行くと大声で言いました、「ヴィールバドラッパよ、おまえの敵のチャンバサッパは蛙になり、昔の仇をとるため、おまえは大蛇になった。だがな、昔の恨みをまだ忘れられないのかね？　恥ずかしくないのかね？　争いのことなど忘れて、おとなしくしていなさい！」

これは川岸で起こったことで、通行人もいました。サイババが話し終えると、蛇は口を開いて蛙を放し、静かに水のなかへ滑り込んで、どこかへ消えてしまいました。蛙のほうも近くの繁みまで飛び跳ねていって、いなくなってしまいました。

通りがかりの人はいたく感激し、サイババからヴィールバドラッパとチャンバサッパの物語を聞きたがりました。以下がサイババが語ったその物語です――

「ここから十キロほど行ったところに、マハーデーヴの聖堂があったが、今にも崩れそうな状態だった。神殿を修復するために、帰依者たちが多額のお金を集めた。その町のサーフーカル（金貸し）が修復の元締めをするように頼まれて、集められたお金を預かった。サーフーカルは正直者で、募金を別の金庫に入れた。しかし、生まれつきケチだったので、自分のお金は一銭も修復のために出さなかった。修復の仕事が始まったが、工事は少し進んだだけで、資金が足りなくなってしまった。それで帰依者たちはサーフーカルに言った、『必要なときに修復の事業を助けられなくては、金貸しをやっている意味がなかろう？　募金をまたつのるから、今度こそ事業を完成させてくれ』

「再び募金箱が回されたが、今度はサーフーカルは修復作業をなかなか始めようとしなかった。数日後、サーフーカルの妻が夢を見た。神殿に丸屋根をもうけて、完成させれば、シヴァ神はかかった経費の百倍の利益を与えてくれる、と確約された。

「翌朝、妻は夢に見たことを夫に話したが、彼は聞く耳をもたず、まったく相手にしなかった。だがしかし、修復作業を再開すると、持ち金が底をついてしまった。

「この期に及んでも、彼は自分の金をいっさい出そうとしなかった。数日後、妻はさらに別の夢を見て、そのなかである声がこう言うのを聞いた、『ストリーダン（持参金）の一部を出せるだけ出しなさい。あなたは信心深いから、喜捨したお金には十万ルピーの価値がある』

「妻はそこで神殿の修復事業を完成させるのは自分の務めだと考えて、父親からもらった装飾品を売ることに決めた。サーフーカルは気に入らなかったので、対応策を考えた。ある身寄りのない女性が土地を担保にして、サーフーカルから二〇〇ルピーを借りていた。耕されていない荒れ地だった。それで、妻の装飾品を一〇〇〇ルピーと見積もり、その装飾品を自分で買うと、現金を渡す代わりに、土地を妻の名義に書き換えることにした。彼は妻に言った、『一〇〇〇ルピーの値打ちがある土地をやるよ。それをシャンカール（シヴァ）に寄進すれば、おまえのことを気に入ってくれるだろう』

「サーフーカルの妻は同意し、その土地をシヴァ寺院に寄進した。数年後、クルッティカー（第三の月の星座）の星の配置のときに大雨が降った。嵐が起こって、サーフーカルの妻は雷に打たれた。建物全体が崩壊し、サーフーカル、妻、最初に土地を担保に入れた女性の三人とも数年のうちに死んでしまった。

「サーフーカルの妻はシャンカール寺院のプージャーリー（司祭）の娘に生まれて、ガウリーと名づけられた。土地を担保に入れた女性はシャンカール寺院のグラーヴ（僧侶）の息子を産んで、その子はチャンバサッパと名づけられた。サーフーカルはマトゥラーのブラフミンの家系に生まれ、ヴィールバドラッパと名づけられた。私はガウリーの父、シャンカール寺院の司祭とても親しかった。彼はよく私のもとを訪れて、私たちは多くのことを夜が更けるまで語り合ったものだ。彼はまたガウリーをいっしょに連れてきて、彼女はよく私の世話をしてくれた。ガウリーが結婚できる年齢になると、父は夫を見つけようとあらゆる手を尽くしたが、そのたびにじゃまが入った。それで父親は心配になった。夫となる人は自分から彼女のもとにやってくるだろう、と私は彼を安心させたものだ。

「ところで、ヴィールバドラッパはどうなっただろうか。ヴィールバドラッパは貧しい家に生まれて、幸運をつかむために家を出る決心をした。彼はあちこちを放浪し、自分の身を養うために施しを受けたり、肉体労働をしたりした。その放浪の途中でシャンカール寺院のプージャーリーの家にたどり着いた。彼はみんなから好かれ、私の賛成もあって、プージャーリーは娘をヴィールバドラッパと結婚させた。

「ヴィールバドラッパは義父の家に住み、結婚後は体調もよくなった。プージャーリーは亡くなるとき、土地を愛娘のガウリーに譲った。神の恵みによって、その土地の価値は高まった。買い手は土地に十万ルピーの値をつけた。その場で半分を現金で支払い、残金は年賦で二〇〇〇ルピーとその金利を二十五年にわたって支払うことになった。この取引にはチャンバサッパを除いて全員が同意した。彼は主張した、自分はグラーヴで、シャンカールが受け取る金に最初の権利があるから、年利の半分は自分がもらうべきだ、と。ヴィールバドラッパは、チャンバサッパの要求をにべもなく突っぱねた。二人は激しい口論となり、ついには私が仲裁に入らねばならなかった。土地のほんとうの所有者はシヴァーシャンカールだ、と私は両人に言った。土地は他の目的にはいっさい使われるべきではない。だから彼らのどちらであれ土地を欲しがるのは正しくない。ガウリーが決めるべきだ。彼女の望みどおりにすれば、彼らも満足するだろう。ヴィールバドラッパにだって自分勝手なふるまいをする権利はない。

「これを聞くと、ヴィールバドラッパは私を名指しし、ガウリーを所有者にするのは、私が土地を自分のものにしたいからだ、と言い立てた。私はこの言いがかりにあきれてしまった。その日の夜、ガウリーの夢にシャンカールが現れて、彼女に指示した──『この金はすべておまえのものだ。だれにも一文もやってはならない。恒久的な取決めとして、私がこれから言うようにしなさい。まず寺院の経費に関しては、チャンバサッパの望みが尊重されるべきだ。この件に関しては、私は彼を全面的に信用しているからだ。その他のことに関しては、マスジドのババとの相談なしにはなにもしてはいけない』

「ガウリーは私に夢のことを話し、私の助言を求めた。それで私は彼女に言った、『元金は自分でもっていなさい。年利の半分は、神の指示に従って、チャンバサッパにやりなさい』

「私たちがそのような話をしていると、ヴィールバドラッパとチャンバサッパが言い争いをしながら、その場へ入ってきた。ガウリーが昨夜の夢のことを話したが、ヴィールバドラッパにはなんの効き目もなかった。彼は相手方に思いつくかぎりの悪口を浴びせた。怒りの発作に見舞われて、ついには錯乱状態に陥って、わけのわからないことを口走り、チャンバサッパに言った、『今度おまえがひとりでいたら、おまえをひき肉にしてやるぞ』。チャンバサッパが怖がって、私の脚にしがみついたので、私は彼に安心するようにと言った。のちにヴィールバドラッパは亡くなり、生前の敵対関係のために、彼は大蛇として生まれた。チャンバサッパは私の帰依者だったが、恐ろしさのあまり気力を失って、そのショックで死んでしまった。こうして彼は蛙として生まれた。大蛇となったヴィールバドラッパは蛙となったチャンバサッパを追いかけ、蛙が哀れな声で呼ぶものだから、私は彼を助けに行った。カルマの法則が働くときは情け容赦がないのだよ」

サイババはあるとき、ナーナーサーヘブ・チャンドルカルに、自分たちの関係は四つ前の人生までさかのぼると言いました。別の折に、シュリ・サイ・シャラン・アーナンドとバーラークラーム・マーンカルに関して、彼らは前世では互いに向かいの洞窟に住んで苦行をしていた、と指摘しています。シュリ・サイ・シャラン・アーナンドについては、ドゥルバール（会堂）の公衆の面前で、彼のことは「とても早い時期」から知っていた、とサイババは言っています。コキラー・ヴラタの誓い（カッコーが鳴くまで食事をとらない）を守った、チャンドラバイー・ボルカル夫人に関しては、「私がどこへ行こうと、彼女は私を探しに来たものだ。彼女は七つ前の人生で私の姉妹だった」と言っています。サイババには過去生を知るシッディー（超能力）があったのです。

# 第六章　「お母さん」、ババの気遣い

［1］

サイババの帰依者たちは、彼が自分たちに与えてくれた、そして今日もなお与えてくれる庇護はなにからなにまで――精神的な進歩向上からもっと世俗的な経済的問題の解決まで――多岐にわたることを認めています。

ラーオ・バハードゥル・S・S・ドゥマル、文学士、法学士、ナーシクの弁護人はサイババの忠実な帰依者でしたが、なにか重要な判断を下すときはいつもババに相談していました。彼は述べています、「私はデワス州（土侯国）の徴税官事務所を一九三〇年九月一日から一九三二年四月九日まで運営し、一九三二年末から一九三三年八月までスルガナ州（土侯国）のカルバリ（上級官吏）を務めました。ナーシクへ戻るといつも、以前と同じように法律業務を再開して、一日として怠けることはありませんでした。ババの経済面への手助けが具現化したのは、スルガナである奇妙な出来事が起こったときでした。

「ある日、私が食事のために席についていると、州の要職にある人物が部屋に入ってきました。私は応対のために席を立てないことや、坐る席も用意できないことを詫びました。しかし、彼は気にとめていないようでした。足早に次の部屋へ行くと、壁にかかっているサイババの肖像画をしばし眺めてから、また私が食事をしている部屋まで戻ってきて、今月から給料を五十ルピー上げてやろう、と静かな声で言ったのです。私は昇給を求めてはいませんでした。その職に就いて二週間も経っていなかったし、こちらから求めてもいないのに昇給が認められたことは、彼が私のプージャの部屋のババに会ったこと以外に説明がつきません」

製塩所で働いていた弁護士はみんな一生懸命に仕事をしていたし、ドゥマルだけが特別だったわけではありません。しかし、ひとつだけ違いがあったとすれば、ドゥマルはすっかりババを信頼し、ババに私心《エゴ》を明け渡していたということです。このことが優秀な弁護士ですら引き受けたがらない仕事でもよい結果をもたらしたのです。

一九一一年から一二年にかけて、シルディで刑事事件が起こりました。サイババの従者のラグーほか五名がマルワディ人のある婦人に無礼を働いた廉《かど》で訴えられたのです。たいがいの村と同じように、シルディにも人びととの派閥や対抗心がありました。このケースでは、ラグーと友人たちは「多くの証人」の直接証拠によって有罪となり、六か月の禁固を言い渡されました。

ターティヤー・コーテは訴えられた側に同情的でした。判決文と関係書類をホン・G・S・カパルデ、H・S・ディクシト、元判事ラーオ・バハードゥル・H・V・サテーといった著名な法律専門家に見てもらいました。全員が判決は妥当なものだとして、控訴を勧めてはくれませんでした。ターティヤー・コーテがサイババのところへ行くと、ドゥマルに頼んでみなさいと言うだけでした。しかしながら、ドゥマルはボンベイか控訴状が提出されるアハマドナガルの有力弁護士に相談したほうがいいと言うのです。ターティヤー・コーテは、なおも食いさがり、ババはこの件をあなたに扱ってもらいたいと思っているのだ、とドゥマルに言いました。これではドゥマルも嫌とは言えません。関係書類を精査したあと、控訴のメモをしたためて、居住地の地区行政官のところへもっていきました。行政官は控訴状に目を通し、関係書類を吟味し、判決は妥当なものだと指摘しました。これにくじけることなく、ドゥマルは申し立てました――おっしゃるとおりかもしれませんが、この件では村内の派閥抗争を考慮に入れなければならないのです、と。

行政官は言いました、「ほんとうにそう思うのかね？」

これにドゥマルはすかさず応じました、「思うですって？　私は確信しているんですよ！」

行政官は村の派閥がどのようなものかよく知っていたし、また世間のこともよくわかっていました。彼はこの件についてちょっと考えると、ドゥマルの控訴メモを受け容れて、上訴人をすべて無罪放免にする判決を下しました。そこで彼はだしぬけにこう言ったのです、「ところで、シルディのサイババはお元気かね？　彼はムスリムなのかヒンドゥーなのか？　なにを教えてくれるのだね？」ドゥマルは、サイババはムスリムでもヒンドゥーでもなく、両者を超越しており、彼の教えがどんなものか説明することはできないし、知りたければ自分でシルディへ行ってみたらどうですか、と言いました。

ドゥマルは、こうしてシルディへの途につきました。ちょうどそのとき、サイババは近くに坐っていた帰依者たちに言いました、「チャマトカール（奇跡）を見せてあげよう」。しかしながら、帰依者たちは心のなかで別のことを考えていました。その日、H・S・ディクシトの娘が亡くなって、彼らは葬儀へと向かうところでした。

彼らが戻ってくると、ラグーと友人たちは訴えが認められて無罪になったと、ドゥマルが会う人ごとに伝えているところでした。そこでようやく帰依者たちも気がついたのです、ババがその日の朝に言っていたチャマトカールがなんだったのか。

別の犯罪事件でも無罪を勝ち取り、やはりそのときも、これはサイババのおかげだと、ドゥマルは言っていました。

ある人に重傷を負わせたとして、三人の兄弟が告訴されました。被害者は資格も免許もない偽医者によって、私設の療養所で、三週間以上にわたって治療を受けました。ドゥマルは被告たちの弁護人として、上訴書類と保釈嘆願書を提出しました。上級英国官吏の法廷判事はドゥマルの訴状に対し、上訴人への判決は妥当なもので、保釈は認められないと述べました。ドゥマルは、心のなかでサイババの加護を祈りながら、判事に向かって言いました、骨折を負ったという確かな証拠はなく、検察側の証拠も利害に基づくもので信頼するに足りない、と。三人の上訴人は農民で、刑務所で過ごすことになれば、彼らの不在のあいだに仕事は大きな打撃を受けるだろうとも。いずれにしても、とドゥマルは申し立てました、最終的に判決が確定すれば、彼らは間違いなく刑務所に送られるだろう。だとすれば、少なくとも上訴人保釈を認めてもよいのではないか？

その場で保釈が認められました。事件が審理の俎上に上ると、最初、ドゥマルは原判決の破棄を狙いましたが、最終的には刑期の短縮へと方針を転換しました。判事はいら立ちを隠さず、たんに情状酌量を求めたいなら、罪状の真偽を問う論争にこれ以上の時間を費やす必要はない、とドゥマルに申し述べました。しかし、サイババのやり方は予測のつかないものでした――ドゥマルが勝ったのです！

検察官が陳述を行う段になって、判事は疑問を呈しました――無資格者の意見からどうやって傷害罪を立件できるというのか、偽医者の骨折に関する申し立てなど承認しがたい、と。検察官は、怪我人は二十日間も療養所にいたのだと反駁しました。判事の切り返しは素早く、辛辣なものでした、「あなたは三級治安判事ではなく、地方裁判所判事の前で議論をしていることを、よもやお忘れではあるまいな？」

検察官は返す言葉がありませんでした。上訴人たちは無罪放免となり、ドゥマルは大いに喜びました。

二人の弁護士、アハマダーバードのチヌバイ・ヴァディアル・シャーとバローダのハルシャドバイ・P・メヘタも同じような経験をしています。

次にサダーシヴラーオ・タルカドとサダーシヴラーオ・ディクシトの経験を見てみましょう。一九一五年、サダーシヴラーオ・タルカドは仕事を失って、管理職の仕事がなかなか見つからず、失業中でした。その時期、彼はシルディへやってきて滞在していました。サイババのもとを去ろうとしたとき、ババは彼に言いました、「プネに寄ってから、ボンベイに行きなさい」。プネ経由でボンベイまでの鉄道運賃はマンマド－ボンベイ直行便よりも高かったので、タルカド夫人はその助言にあまり気乗りしませんでした。しかし、サイババがはっきりと指示したのです。そして彼らのサイババへの信頼も全面的でした。それで彼らはプネへ向かうと、途中下車して、一夜を友人宅で過ごしました。そこでたまたまある工場経営者が労働管理に経験のあるマネージャーを探しているという話を聞いたのです。タルカドはその工場主を訪ねて、ラージャ・バハードゥル・ミルズの管理人の仕事を任されることになりました。

ハリ・シーターラームことカーカーサーヘブ・ディクシトの弟サダーシヴは法律の専門家で、ナーグプルに事務所を開きましたが、仕事は思うようにいきませんでした。サイババはボンベイに行ってみてはどうかと勧めました。それも思ったような結果が得られず、サイババは再び相談を受けました。そしてサダーシヴはカーカーサーヘブ経営の弁護士事務所に加わるべきだという判断が下されました。これもまたうまくいかなかったのです。サイババは間違っていたのでしょうか？　そのことがカーカーサーヘブの心を悩ませましたが、ババは彼の弟にディワーリー祭まで我慢するようにと助言しました。

そこで状況は不思議な展開を見せました。カーカーサーヘブの友人がやってきて、クチ州（土侯国）の銀行がグジャラート語ができる有能な事務員を探していると教えてくれたのです。弟の名前を出してはくれないだろうか、とカーカーサーヘブは頼みました。その提案は受け入れられて、結果として、サダーシヴは月給一〇〇〇ルピーという破格の待遇で雇用され、定年までその職場に勤めることができたのです。

もうひとりの人、サイババを信仰し、彼の命に従ってよい仕事を得たのが、ナーグプルのマルグジャル（旧領主）、ゴーパールラーオ・ブーティーの義理の息子のナルケ教授です。ナルケはＣＰ＆ベラール大学出身の学者で、一九〇五年に文学修士号を取得しました。一九〇七年から一九〇九年まで、カルカッタで地質調査の訓練を受けました。一九〇九年にインド政府によりマンチェスター大学に派遣されて、そこで地質学と鉱山学の理学修士号を取得し、一九一二年八月に帰国しました。

自然科学の訓練を受けていたので、ナルケは証明に基づく知識に重きを置いていました。海外に留学していたときも、『ジュニャーネシュワリ』を持参し、熱心に読んでいました。自分自身の体験から、サイババへの信仰が徐々に育っていって、世俗的なことであれ宗教的なことであれ、彼の助言を忠実に守っていました。

地質学者であり鉱山技師として、ナルケは断続的に探鉱の仕事についていました。何度か複数の仕事の申し出を同時に受けたことがあり、そのたびにサイババの指導を仰ぎました。サイババはいつもこう言いました、「かくかくしかじかの場所へ行きなさい、それからプネもな」。いつも「プネ」をつけ加えるのです。

一九一六年、ナルケはヴァラナシの教授職かビルマの探鉱の仕事か、いずれかを選ばねばならなくなりました。サイババはビルマへ行くようにと勧めました――そしてプネにも。ババがプネの名前を出したので、プネで鉱山技師の仕事を得られるはずがないと、ナルケは心のなかで笑ったものでした。

ところが、それが現実のものとなったのです。一九一七年、プネ工科大学が地質学の教授を募集する告示を出しました。サイババはナルケに、そのポストに応募するようにと勧めました。多くの応募者があって、そのうちの何人かには影響力のある著名人の後ろ盾がついていました。しかし、その仕事を得たのはナルケだったのです。一九一八年に指名を受けて、一年以内にそれが確定しました。ババの正しさが証明されたのです。

世俗的な苦労や野心というものは収入の多い少ないにかかわらずだれでも経験することです。チョルカルは中流と下流の中間の社会階層に属し、官僚試験に合格しないかぎり安定した定職を得ることができませんでした。彼は試験にパスしたら、シルディへ行って、サイババのダルシャンを受ける、という誓いを立てました。彼は必死に勉強をしました。そして試験に合格し、職を得ることができました。しかしながら、給料は安く、シルディへの巡礼に出るための費用をたくわえることができません。そこで彼は誓いが実現するまで砂糖断ちをする決心をしたのです。

数か月が過ぎました。チョルカルは旅の費用を捻出し、ようやく夢がかなったうれしさに有頂天になりました。ババのダルシャンに出ると、そばに坐るようにと招かれました。そのとき、ババは近くにいたバプーサーヘブ・ジョグを呼び寄せて、こう言いました、「チョルカルを家に連れて帰って、砂糖がたっぷり入った紅茶を何杯でも飲ませてやりなさい！」バプーサーヘブはこの奇妙な申し出に首をかしげましたが、誓いがかなうまで砂糖断ちをしていたことを、チョルカルから聞かされて、ようやく納得したというわけです。

ソーラープルのゴーヴィンド・ドンドゥ・パンサーレーは、小学校教師に任命されるために不可欠の資格、地方語の最終試験に合格したら、サイババに会いに行くという誓いを立て、似たような経験をしました。彼は試験に合格して仕事を得ました。もちろん、彼はシルディへ行きました。ババの最初の質問は「なんの仕事をしているのかね？」でした。

「あなたからもらった小学校教師の仕事ですよ！」とパンサーレーはうやうやしく答えました。

一九一三年、シルディの小学校に新しく赴任した、ダジ・ヴァマン・チタムバル校長は、生徒たちの低い成績と全般的態度がとても気がかりでした。カーカーサーヘブ・ディクシトに不満をぶつけました。今まで教師として培ってきた評価が、シルディの怠け者の生徒たちのおかげで台なしになろうとしている、と。しかしながら、生徒たちは独自の答えを用意していたのです。彼らは試験でよい成績を出すため、ババのウディを最後の頼みの綱にしました！　試験が始まるとき、警部補もそこに立ち会っていました。その日、生徒たちは全員でサイババのところへ行って、ウディをつけてもらいました。試験の結果が公表されたとき、落第した生徒はひとりもいませんでした！　チタムバルがこれまでの経歴のなかで、これほど劇的な逆転劇を見たのは初めてでした。彼はわが目を疑いました。しかし、彼はサイババを信じるようになりました。

テンドゥルカール博士の父ラグーナースラーオと母サーヴィトリーバイーはどちらもサイババの帰依者で、博士はマラーティー語の『ラグーナース－サーヴィトリー・バジャン・マーラ』という歌集を出版していました。ラグーナースラーオもだんだん年をとって、視力も日に日に弱くなっていました。さらに悪いことに、よくてんかんの発作を起こしたのです。それで何年も勤めたグレアム貿易会社から退職する準備として、長期休暇に入っていました。最後にもらった給料は月額一五〇ルピーでした。ラグーナースラーオは将来のことが心配でした。年金をもらうことになっていましたが、それも月に七十五ルピーを上回ることはなく、毎月の支出にはとても足りませんでした。

ラグーナースラーオが退職する十五日前、サイババがサーヴィトリーバイーの夢枕に立って、彼女に告げました、「ラグーナースラーオには一〇〇ルピーの年金をやろう。それで足りるかね？」サーヴィトリーバイーは答えました、「なんでそんなことを尋ねられるのですか？　あなたは私たちの唯一の拠り所ですよ。自分にふさわしいことをなさってください！」

ラグーナースラーオが退職する日、上司は心根の優しい人だったので、彼にこう言いました、「ラグーナースラーオ、君には月額一一〇ルピーの年金をやることにしたよ」。夢で見たとおりになったのです。

サイババは謙虚さからなのか、それともなにかはっきりとした方針があったのか、訪問者や帰依者が受けた恩恵をすべて神のせいにしていましたが、ときには自分がやったと言葉に出して言うこともありました。そのひとつの例が、ナーシクの土地登記所の地区主任、ダジ・ハリ・レレのケースです。彼はサイババに会うためにシルディへ行きました。その途中、コパルガーオンの図書館に立ち寄って、官報に目を通しました。そこで自分に二十五ルピーの昇給が認められたことを知ったのです。時間どおりにシルディに着いて、ババにあいさつをすると、彼は言いました、「昨日、二十五ルピーやったばかりだったな。私にダクシナーをくれないか」。レレはそこでサテーのところへ行って、ことの顛末を話し、ババに払うお金を借りました。

これとよく似た別の事例が、ナーナーサーヘブ・ニモンカルの息子、シルディを管轄区とするコパルガーオン警察の警部補、ソームナース・シャンカール・デーシュパーンデーの場合です。彼は毎月給料袋をもらうと、サイババに郵便為替で二ルピーを送っていました。それは父の命令だったし、彼自身の誓いでもあったのです。あるとき、ソームナースが父のお供でシルディへ行くと、サイババが十ルピーのダクシナーを求めたので、その場で支払いました。そのときは、それになにか特別な意味があるとは思いませんでした。しかし、およそ六か月後、サイババがダクシナーを求めたその同じ日に、それと同じ額、十ルピーの昇給があったことを、彼は知ったのです。

サイババは誰彼となく職に就くようにと勧めたわけではありません。ナランラール・モーティーラーム・ジャニーは、サイババの帰依者ラーマチャンドラ・ヴァマン・モダクの使用人でしたが、母といっしょにババのダルシャンに出席し、その数日後にババはマハーサマーディに入りました。ババはなにげなくジャニーの母親に言いました、「私たちはもうお勤めをしなくてもいいんですよ。独立した事業を始めなければいけないのです」。その後、ジャニーはナーシクの仕事を辞めて、アーナンダシュラムという名前の宿泊施設を開業し、ババの恩恵によって繁盛しました。

ラーマチャンドラ・シーターラームことバーラーバウ・デーオは地元の寄宿学校の補助教員でしたが、切手や印紙の販売を副業にし、それと教師の仕事の折り合いがつきませんでした。サイババはデーオに輝かしい未来があることを知っていたので、休暇期間が終わっても、彼をシルディに引き止めました。おかげでデーオは教職をあきらめざるをえませんでした。こうして望みどおりにルディにとどまることができるようになり、証紙販売に専念したため、一日に二十から二十五ルピーを稼ぐことができるようになりました。年老いてからは、証紙販売の免許を息子の名義に書き換えて、息子もババの恩恵を受けて安定した生活を送ることができました。ジャナールダン・モーレーシュワルことダハヌのハリバウー・ファンセは喜ばしくもうれしい体験をしました。ババが自分の庇護を求めてきた者に、その後も継続して保護を与えつづけ、しかも重荷をすべて引き受けてくれることを実感したのです。ハリバウーは家族の重荷を担うのに疲れ果て、母の同意を得て、ラーメシュワールへの巡礼の旅に出ました。しかし、その途中で、どこかの聖人に敬意を表さなければと思ったのです。シルディが立ち寄りやすかったので、ファンセは回り道をして、ババに会って、彼にあいさつをし、シルディに数日間とどまることにしました。一週間が過ぎても、ファンセはまだシルディにとどまっていました。そのとき、ババは彼を呼んで言いました、「帰りなさい、家に帰るのだ。ラーメシュワールは、この七日ほど飢饉になっているそうだ。帰らないで、ひとつのことにこだわっていると、予期しないことが起こるぞ」。ファンセはその場で家に帰ることにしましたが、いざ帰ってみると、母親が食べ物がなくて飢えていました。彼はラーメシュワールへの訪問をあきらめて、家にとどまることにしました。

彼はシルディからいくらかウディをもち帰ったのですが、それが今や大変な効果を表しました。コレラに苦しんでいる患者のひとりにウディを与えて治したのです。その人は回復しました。ファンセのヴァイド（アーユルヴェーダ医）としての名声は急速に高まりました。

あるとき彼は近隣のボパーリという村のマールワーリ人のところへ行かねばなりませんでした。マールワーリ人の兄弟が重病だったのです。地方政府の医者が処方した薬はなんの効き目もありませんでした。サイババの帰依者が来たとわかると、マールワーリ人はファンセに言いました、「ババのバジャン（詠唱）をするそうだね。兄弟があんたの手で治ったら、ババには霊験があると信じるよ。治ったらの話だがね」

ファンセは患者の容体を見ましたが、あまり良い状態ではありませんでした。マールワーリ人の家に泊まることなど考えたくもなかったのですが、そろそろ暗くなってきたので、ほかに選択肢はありませんでした。

彼はその家で夕食をとり、バジャンを行う準備を黙々と進めました。患者は静かに坐ってババの写真を眺めていました。患者にはファンセの薬しか与えないことにする、と家族が言ったものですから、彼は怖くなりました。自分は本物のヴァイドでないことを十分に承知していたからです。この状況で自分はいったいなにをしたらいいのだろう？　そのことはまた考えることにして、彼は眠りにつきました。その夜、ファンセは夢を見て、そのなかでババは彼に告げました。患者がなにに苦しんでいるか、どんな薬を処方したらよいのかを。

この期に及んでも、ファンセは自分が偽医者であることがばれないかとはらはらしていました。ですから、マールワーリ人がもう帰れと言ってくれたらちょうどいいと思って、二〇〇ルピーを要求しました。ところが、マールワーリ人はその額を支払うと言ったのです。こうなるとファンセも引くに引けなくなって、ババが夢のなかで教えてくれた薬を処方しました。その薬は効き目がありました！

言ったことは守らねばならぬと、マールワーリ人は約束の金額を彼のところへもってきましたが、ファンセはそれを受け取ろうとせず、こう言いました、「私はなにもしていません、師《グル》がすべてをやったのです」。マールワーリ人は金が払えなかったため、彼に借りがある気がして、どうも気分がすっきりしません。それでファンセの家へ行くと、彼がいない時間を見計らって、そこに高価なジャーリーのターバンを置いて帰りました。それを見つけたファンセが最初に思ったのは、それに相当する額のお金をババに送ることでした。ちょうどその頃、ババはこの世を去っていました。

翌日の木曜日にいつものバジャンを終えたあとも、そのことがまだ心に引っかかっていました。その夜、眠っていると、夢にババが現れて言いました、「飢饉が起きるだろう。そのジャーリーのターバンを売って、得られたお金で米を買い、取引をするといい。よい利益が得られるはずだ」

言われたとおりにすると、それからまもなく、五万から六万ルピーの売り上げがあり、十分な利益が上がりました。ファンセは、これもババのおかげだと思いました。

V・C・チトニスもまた、ババのサマーディでダルシャンを受けて、その恩恵に浴したひとりです。彼は仕事がなくなり大いに困っていました。S・B・ナチャネは彼に、シルディに行って、ババのサマーディのダルシャンを受けてみなさい、と勧めました。なにも失うものはないと考えて、ナチャネの助言に従ったところ、うれしいことに数日後、元の職場に復帰できることがわかりました。

バーンドラーのターナー・ロード四十五番地のフォーズダール（警部）、ジョーゼフはある刑事事件の捜査に手を焼いていました。彼は助けを求めて祈りました。サイババが夢枕に立ち、どの方面を探すべきかをくわしく教えてくれました。その方角への調べを進めたところ、ジョーゼフは犯罪者を見つけることができました。

プネ近郊サスワドのバブーラーオ・ボラヴケもまたとても喜ばしい体験をしました。幼い子どものとき、両親が亡くなりました。その境遇につけ込んで、叔父や親戚たちが父親の資産を横取りし、ボラヴケはよい職業に就くために学校へ行くことをあきらめねばなりませんでした。彼の母方の叔父のひとりがシルディに住み、農園でサトウキビを育て、粗糖をとっていました。彼はサイババの帰依者になりました。ボラヴケはこの母方の叔父からその名声を聞いて、ぜひとも彼に会いたいと思いました。なんとかコパルガーオンまでの切符を手に入れたのですが、途中のアハマドナガル駅で、ババのダルシャンを受けるまでは食事をとらないと決めました。コパルガーオン駅で降りると、五キロほどをトンガに乗ってゴーダーヴァリー川の岸辺まで行ったのですが、そのときにはもうポケットには三アンナ（十二パイサ）しか残っていませんでした。シルディまでまだ十三キロほどありましたが、もうトンガに乗れるだけのお金がないことに気がつきました。仕方がないので、その距離を歩いていくことにしました。

　母方の叔父の農園が途中にありました。そこに立ち寄ると、叔父の妻はババのダルシャンに出る前に食事をしていきなさいと勧めました。しかし、ボラヴケはシルディから戻ってから食べると、彼女に言ったのです。

　シルディ近くのレンディで母方の叔父に出くわし、彼も行く前に食事をするようにと強く勧めましたが、その申し出へのボラヴケの返事は同じでした。それで母方の叔父は彼に一ルピーを与え、ボラヴケはそれをもってマスジドへ出向きました。ダルシャンのあと、サイババはボラヴケに二、三の質問をし、ダクシナーを求めました。ボラヴケが一銭もないと答えると、サイババはポケットを調べてごらんと言いました。ボラヴケは一ルピーがあったので、それをババに渡しました。しかし、彼はババがすっかり気に入ったので、シルディにとどまって、叔父の農園で働くことにしました。今や農作業とババのダルシャンが彼の日課となりました。

　何日も過ぎました。ある日、叔父の友人がコパルガーオンから農園を訪ねてきましたが、農園の状態がずいぶん改善されているのに気がついて、畑が見違えるようによくなっているのはだれのせいなのだ、と尋ねました。母方の叔父は即座に答えました、「甥がやったんだよ」。ボラヴケの仕事ぶりに感銘を受けて、叔父の友人はボラヴケに仕事を手伝ってもらいたいともちかけ、叔父もそれを了承しました。

そのときからボラヴケは母方の叔父と彼の同業者の両方の農園に通うようになりました。ジャッガリー（粗糖）の生産量は増え、よい値段がつき、おかげで利益も上がりました。ボラヴケがババのダルシャンに出ようとシルディへやってきたときにはポケットに三アンナしかなかったのですが、二年が終わる頃には帳簿上の彼の取り分は十万ルピーに達していました。こんなことが実現したのもババの恩恵にちがいないと考えて、ボラヴケはシルディから遠くないところに住むことを決め、近くに購入した土地の一画に平屋《バンガロー》を建てました。

ヴィトバ・マドバ・ファンドはサイババを信仰していたため、ババがマハーサマーディに入ったあとでしたが、仕事を得ることができました。ファンドはある程度の学校教育は受けていました。鉄道技師の仕事に応募したのですが、雇ってもらえませんでした。母方の叔父、サイババの帰依者のカーシーナース・ドゥベは、ババの肖像画に礼拝してみなさいと勧めました。ババが疑い深かったので、二か月以内にババのご利益にあずかれるならという条件つきで、ファンドはやってみることにしました。

プージャをするようになって一か月後、鉄道技師の事務所に空席が生じました。ファンドは再び応募しました。たまたま新しい役人がその事務所の責任者になったばかりでした。ファンドは新しい幹部と親しい帰依者の推薦を受けました。ファンドを含めて応募者は三人いました。最初の応募者は前職で十年間の経験があり、二人目はアッヴァル・カルクーン（最年長の事務員）の息子でした。前任者は復職を望みましたが却下されました。他の二人の応募者は試験を受けることになりました。ファンドは自分の学歴がかなり低いことはよく承知していました。しかし、母方の叔父は試験に行く前にウディを少しつけていくようにと勧めたのです。もうひとりの候補者はよい点をとれませんでしたが、ファンドは上々の成績を収めました。彼は職を得ました。その成功はババのおかげだ、と彼は考えました。

ナーゲーシュ・アートマラーム・サヴァントは、サイババのことを一九二三年十二月に『サイ・リーラ』誌を読んで知りました。ババのリーラ（遊び）が彼の興味を引きました。二年後、彼はナーシクで警察学校の訓練を受けましたが、あまり勉強に身が入りませんでした。ババに熱を入れていたので、よくババに導きを求めて祈ったものでした。礼拝をするためにババの肖像画を手に入れさえしたのです。彼は部門の試験に受かりませんでした。

落第した人は五年間、警部補への昇進の機会を与えられず、ナーゲーシュは警部補代理として勤めねばなりませんでした。経済的負担が大きいので、再びナーシクに戻りたいとは思いませんでした。ババをすっかり信頼していたので、試験に通らなくても、正式の地位を与えてもらえるだろう、と信じて疑わなかったのです。

彼はダシャラー祭の期間中に行われる、ババのプーニャティティ（忌日）には毎年欠かさず行っていました。一九二九年七月、特例として、試験合格の条件を免除され、彼は正式に警部補の地位を認められました。

帰依者たちはババの助言に従ったおかげで、お金がもうかったり、災厄をまぬがれたり、あるいは助言に従わなかったせいで不幸に見舞われたり、といった事例を数多く語り伝えています。

アハマドナガルのダムアンナ・カーサールはラーマ・ナヴァミの祭日に、ドワールカーマイに旗を掲げる二人の人物のひとりでした。彼の友人のひとりが、綿製品の先物取引に参加しないかという、誘いの手紙をよこしました。ダムアンナはババの助言を求めて手紙を書きました。ババの助言は的確なものでした、「シェス・ダムアンナはどうかしている。いま得ているもので満足すべきだ。大金を追い求めるのはやめるように、と言いなさい」

助言がダムアンナに伝えられて、それを読んだ彼はがっかりしました。綿価格は日増しに上がっていたからです。そのためにダムアンナは自分からシルディを訪れて、ババにあいさつをし、チャラン・セヴァ（足のマッサージ）をするために坐りました。そして心のなかでは、利益の何パーセントかをババに差し出すなら、ビジネスに参加するお許しを得られるかもしれない、と考えていたのです。

しかし、ババは彼の考えがわかっていました。あっさりこう言ったのです、「バプー、あんたの取引にはいっさいかかわらないからね」。ダムアンナは盗みの現場を押さえられた少年のように恥ずかしくなりました。そして綿取引に参加するという考えをあきらめました。友人は一介のファキールの助言を聞いて、億万長者になる絶好の機会を逃すなんて、と彼をなじりました。しかし、思ってもみないときに、市場は値崩れし、ダムアンナの友人は深刻な痛手をこうむったのです。ダムアンナは焦っているときにはいつも、そのときの教訓を思い出したものです。

シルディのバヤジ・アッパージ・パーティルは、この十四年間ずっと、毎日四ルピーのお金をババからもらっていました。そのたくわえで、八十四エーカーの土地を買いました。あるとき彼はババの助言を無視してひどい目にあいました。サイババは彼に、他の人のやるように自分の土地にサトウキビを植えないように、と助言していました。しかしながら、誘惑に負けて、彼はサトウキビを植えて、三〇〇ルピー以上の損失を出してしまったのです。

ラトナーギリー地方、デオガド・タールカのバグタラの住人、マンゲーシュ・シヴァジ・サタムがサイババの名声を聞いたのは、彼のマハーサマーディのあとでした。彼はババの写真を買って、それに礼拝するようになりました。ビジネス上の重要な取引をするときはいつも、その前でくじを引いて、ババの導きを求めました。一九二一年、今まで何年も取引をしてきた同じ相手と商売を続けるべきかどうか、お告げを求めました。ババの答えは「やめなさい」でした。サタムはその答えが気に入りませんでした。ババの助言を無視したところ、その直後にトラブルに見舞われました。結局、ババにお許しを願い出て、その服従の証拠に、シルディに五ルピー送ることを誓いました。それからまもなく、事態が好転しました。

ピンパルガーオンのヴァマン・チンタマン・ムレの家で起こった盗難事件は大事に至ることなく、盗まれそうになった貴重品はすべて戻ってきました。ムレがうたた寝をしているとき、ちょうどよいタイミングで、ババが夢のなかに現れたので、目を覚ました彼は助けを求めて叫んだのです。一九二四年、ガンパト・ドンド・カダムという名前の帰依者は、ババのおかげで泥棒から護られました。カダムは家族といっしょにナーシクからマンマドまで列車で旅をしていました。ナーシクで、数人のビール人がコンパートメントに入ってきて、隣に坐りました。カダムはラクシュマン・ラーマチャンドラ・パンガルカル著『バクティマールグ・プラディープ』を読みふけっていました。まわりに人がいるのに気がついて、彼らは自分が歌うバジャンを聞きたいだろうと思いました。それで歌いはじめました。五分も経たないうちに、気がつくと、ビール人たちが走行中の列車から次々と飛び降りていくのです。不思議に思ってドアのところへ行って、様子をうかがうと、驚いたことに、ビール人たちはなにかに追いかけられるかのように一目散に逃げていきました！　なにがどうなっているのかさっぱりわからないまま、席に戻ってくると、向かいの席に年寄りのファキールが坐っているのに気がつきました。「おかしいな」とカダムはつぶやきました、「さっきまで向かいにはだれもいなかったのに、今ここに年寄りのファキールが、どこからともなく現れて坐っているぞ！」

そのファキールが視界から消え失せてしまったのですから、自分の目が信じられませんでした！　これは幻覚なのだろうか？　奇跡なのだろうか？　カダムはずっとそのことを考えつづけて、やがて列車はシルディに到着し、彼はババのダルシャンへ行きました。ババは最初にこう尋ねました、「どうだね、旅は安全だったかね？」そこで初めて、カダムは腑に落ちました、ババは盗人の一団から自分を護ってくれたのです。

サイババは同じようにして、ナディアド地区、カパドヴァンジ・タールカのヴィーナー鉄道駅の電信技師、ラータンラール・ガンパトラル・ダーヴェという人を盗賊から護りました。ダーヴェはヴィーナーからナディヤードへ転勤になり、出発する前日、友人たちが送別会を開いてくれました。ダーヴェ夫妻はその夜遅く床に就いて、すぐに眠ってしまいました。ちょうどそこへ、宝石箱もいっしょに荷造りされて、ナディヤードへ運ばれるばかりになっているだろうと見込んだ、ひとりの泥棒が家のなかに入ってきたのです。泥棒にとっては不運なことに、ダーヴェ夫人が目を覚ましたのですが、泥棒を見て怖気づいてしまいました。次に子どもが目を覚まし、叫びはじめたので、びっくりした泥棒は逃げようとして、バケツにつまづいて、ダーヴェまで起こしてしまいました。泥棒はどうにか難を逃れました。しかし、なにひとつ盗られたものはありませんでした。ダーヴェはちょうどよいときに目を覚ましたのです。

三十五年間も雇っていたブラフミンにお金を盗まれた人の話があります。たくわえがすべて盗まれてしまい、彼は失望のどん底に突き落とされました。ある日、自宅のベランダにしょんぼり坐っていると、ひとりのファキールが通りかかり、彼はその人に自分の悲しい身の上話をしました。「どうしてシルディへ行かないのですか？」とファキールは言いました。ファキールはまた、なにか食べ物断ちをすること、そして盗まれたお金が戻ってきたら、シルディへ行くことを勧めました。それが現実となり、お金を盗んだ男は自責の念に駆られて、雇い主のところへ戻ってくると、許しを乞うただけでなく、盗んだお金も返しました。その人はすぐにババのダルシャンを受けるために、シルディを訪れました。

ダシュラトワディのマーダヴ・ラーマチャンドラ・タガレ医師は、一九五二年三月十四日、奇妙な経験をしました。額面二五〇〇ルピーの戦時公債が満期になり、お金が郵便局から支払われることになりました。戦時公債の証書と他の書類をかばんに入れて、コパルガーオンへと牛車で出発しました。牛車の上で他の人と話に打ち興じていたので、かばんを車から落としたことに気がつきませんでした。ナラディ川を渡るとき、かばんがないことに気づきました。するべきことはひとつしかありません――牛車から降りて、約三キロ反対方向へ歩き、そのかばんを探しました。それは見つかりませんでした。しかしながら、灯油を載せた牛車を駆っていた男が、道路に落ちているものを拾ったのを思い出しました。そのときは、まさか自分のかばんだとは思わなかったのです。すっかり打ちひしがれて家に帰り、彼はサイババに祈りました。すると、心は乱れていたのですが、だれかが穏やかにこう語りかけるのを聞いたのです、「心配するな」

翌朝、彼は病気の友人を訪ねました。タガレ医師は患者を診察し、薬を処方し、そのとき交わした雑談でかばんをなくしたことを話しました。彼は気がつかなかったのですが、少し離れたところに立っていた少女が、その話を聞いていました。その少女は、前日に落ちていたかばんを拾った、灯油を運ぶ牛車を操っていた男の娘でした。少女はさっそくかばんをもってくると、タガレ医師の足元に置きました。かばんは開けられていましたが、タガレ医師がなかを見ると、書類には手がつけられていませんでした。車夫は中身を見ようとこじ開けたのですが、ただの書類で盗む価値のないものだと考えたのでしょう。タガレ医師はもちろん大喜びして、これもババのお恵みにちがいないと感謝しました。

看護師のカマーラバイー・パエドネイカル夫人が語ったところによると、カノバ・ハリという人が、ババはほんとうに奇跡を働く聖者なのか確かめようと、シルディへ行きました。彼はシルディへ着いたとき、新しいサンダルをはいて、頭にジャーリーのターバンを巻いていました。マスジドに入る前に、新しいサンダルを盗まれないようにと目立たない場所に置きました。しかし、ババのダルシャンを受けたあと、その片隅へ戻ってくると、サンダルがなくなっていました。彼はがっかりして、周囲にいた人たちに、サンダルを見なかったかと尋ねました。昼食の席に坐りましたが、ちっともおいしくありません。食後、手を洗っているとき、ふと気がつくと、棒の先にサンダルを吊るした少年が、こう叫びながら回ってきました、「ハリ・カ・ベタ、ジャーリー・カ・フェタ」。カノバは少年を呼び止めると、そのサンダルは自分のものだと言いました。しかし、少年は言ったのです、「旦那さん、これはサイババの命令です。このサンダルはハリの息子で、ジャーリーのターバンを巻いた人にしかやれません。この二つの条件を満たしていれば、サンダルはあなたのものですよ！」カノバは食事のためにターバンを外していたので、それを取り出して示すと、自分の父の名はまさにハリなのだと言いました。

そういうことならと、少年は彼にサンダルを返しました。サイババは父の名前がハリだとどうやって知ったのだろうと、カノババは不思議に思いましたが、すぐにこう結論づけました。ババはその独特のやり方で実例を示してくれたのだ、と。

ボンベイでは名の知られた会社の事務員が、雇用主のお金を着服して姿をくらましました。逃避行の途中、犯人はシルディにやってきました。会社の支配人はサイババに帰依していました。事業主は事務員を逮捕する令状を入手していました。多くの場所が捜索されましたが、着服犯の所在は不明でした。そのため支配人はサイババに相談してみようと思ったのです。支配人がシルディへ到着すると、驚いたことに、犯人がババの横に坐っていました！　支配人は動揺しました。サイババのいる前で犯人を逮捕するべきか、それとも見逃すべきか、後者を選べば雇用主に不義理を働くことになります。だがしかし、彼の安堵したことに、着服犯本人が自分の罪を認めて、ババの祝福を求めたのです。サイババの助言を受けて、犯人は支配人に同行し、雇用主の前で罪を認めました。こうしてババの恩恵によって事件は円満に解決したのです。

事務弁護士、ハリ・シーターラームことカーカーサーヘブ・ディクシトの財政状況は人生の後半になって悪化し、負債額は最大で三万ルピーに及びました。債権者から催促を受けていましたが、融資の返済期限はもう四日も過ぎていました。それなのにディクシトは全額を返済する見通しを立てられませんでした。その夜に見た夢のなかで、債権者は即刻の返済を要求し、彼は債権者に確約し、こう言いました、「ご心配なく、あなたの融資は必ず返済しますから。

私には当てがあります。チマンラル・セタルヴァド卿やX卿やY卿とコネがあります。ですからご心配には及びませんよ」

そのすぐあとに目を覚まして、夢のことを思い出しました。彼は自分の愚かさに呆れかえりました。著名人とはいえ、ふつうの人の支援を当てにして、唯一の頼みの綱であるサイババのことを忘れていたのですから。後悔の念でいっぱいになり、目に涙を浮かべて、サイババに許しを請い、自分の信頼のなさを詫びました。そのあと、彼は助けてくれる人はババしかいないと確信しました。

そして帰依者が苦境にあるとき、どうしてババが見過ごしたりするでしょうか？　とはいえ、返済日が迫っているのに、ディクシトには金の入る見込みはありませんでした。あともう一日しかないというとき、亡くなった親友の息子が訪ねてきました。そして手持ちの総額三万ルピーの金をどこに投資すべきか、と助言を求めたのです。ディクシトの財政的な苦境を聞くと、若者はディクシトに積立金を受け取るようにと強く勧めました。火急の必要があるときに便宜が図れないのでは、自分は父親を裏切ることになってしまう、と。助けはもっとも予期しない形でディクシトのところにやってきたのです！

ムスリムの農民が農園の改良のために借りた五〇〇ルピーの融資が返せなくて困っていました。地面を掘っていたとき、岩に行き当たり、発破をかけるために収税官に爆薬を買うお金の申請を二度もしました。いずれの申請も却下されました。がっかりした農民はサイババに相談しました。ババはあっさりと彼に言いました、「今度、ナーナーサーヘブ（チャンドルカル）が来たら頼んでみよう」

ナーナーがシルディを訪れているとき、農民はババに例の約束のことを思い出してもらいました。それでババはナーナーに言ったのです、「この人の収税官への申請が通るように計らってくれないか。そうでないとこの人の仕事が進まないのだよ」。ナーナーはババの眼力はわかっていましたが、農民の申請はこれでは通らないだろうと感じました。しかしながら、ナーナーサーヘブは農民を収税官のところへ連れて行くと、申請書を提出し、これまで二度の申請が却下されていると告げました。すると収税官は、どうしてそんなに発破を使いたいのか、と農民に尋ねました。農民は言いました、「サーヘブ（旦那）、私は政府から五〇〇ルピー借りています。土地を改良し、借金を返したいのです。井戸がなければ農園を改良できないし、発破がなければ井戸を掘れません。許可をいただけないなら、どうやって井戸を掘ったらいいのですか？　井戸がないのに、どうやって借金を返したらいいのですか？」

収税官はなにが問題なのかを理解し、農民に爆薬を買う許可を与えました。

ほかにも帰依者が予期しないやり方で助けられた事例があります。バウサーヘブ・シルサテーの孫、トゥルシーラム・チャヴァーンはある人に利子付きでお金を貸していました。チャヴァーンにはシルディへ行く計画がありましたが、財政上の問題が生じて、旅行の計画はほとんどあきらめていました。ところが、彼からお金を借りていたその人が訪ねてきて、お金を返してくれたのです。チャヴァーンは、ババはきっと自分に会いたがっているにちがいないと感じました。彼は喜び勇んでシルディへと旅をしたのです。

バプーサーヘブ・ジョグが、まだ公職にあるとき、妻の親戚に一四〇〇ルピーを貸しました。再三の催促にもかかわらず、十二年以上も貸したお金は戻ってきませんでした。ジョグの収入は月に二〇〇ルピーほどありましたが、退職して年金生活に入ったので、ずっと昔に貸した現金が入用になってきました。ジョグはシルディに住むようになり、ある日、借方を訪ねてお金を取り戻すべきかと、ババの助言を求めました。「だが、そんな必要があるのかね？」とサイババは尋ねました。「お金は自分から戻ってくる。どうしてそんなに急ぐのだ？」

しかし、なにも起こりませんでした。ジョグはたびたびババにその話をもちだしましたが、いつも同じ答えしか返ってきません。ある日、しびれを切らして、ジョグはババに言いました、「あの男に金を貸して十二年以上になりますが、びた一文戻ってはきません。どうしてあの男は私の家の玄関まで、あなたのおっしゃったように、お金をもってこないのでしょうか？」

ババは以前に言ったことをくり返すだけでした。不平を言ってもだれのためにもならないと、ジョグは考えるのをやめました。数日後、驚いたことに、債務者が数人の友人たちとシルディへやってきて、ジョグの家に泊まりました。ジョグはもちろんびっくりしましたし、ババの言葉を思い出しました。あきれたことに、債務者は一四〇〇ルピーしか持参せず、期待した利子をもってきませんでした。彼は利子を要求しました。借方はもってこなかったのです。男はジョグの妻になんとかとりなしてくれるようにと頼みました。しかし、うまくいきませんでした。最終的に、その件をサイババのところへもっていくと、ジョグは利子をあきらめて、一四〇〇ルピーを受け取るべきだ、とババは裁定しました。ジョグはその判断を受け容れました。最終的に、彼は感じました、少なくとも元金は取り戻したのだから、償還請求に入るよりはましだったのだ、と。ジョグは全額をババに差し出しましたが、彼は少額を受け取っただけで、残りは帰依者に返しました。

〔2〕

神《ハリ》よ、あなたは
帰依者たちの苦悩をとりのぞかれた。
ドラウパディーに恥をかかせまいと、
衣裳をどこまでも長くされた。
帰依者プラハラードを救うため、
人獅子の姿になられた。
溺れている象を助けられた。
わたし、ミラはラル・ギリダラーの召使――
わたしのすべての苦しみをとりのぞかれた。

――ミラバイ（『献愛詩』A・J・オールストン訳）

これまで見てきたように、サイババは自分の助けを必要とする帰依者に、よく救いの手を差し伸べました。

ハリ・ヴィナーヤク・サテーの妻は、夫と父が矛盾する指示をしたために厄介な立場におちいりました。実父の言うようにすれば、夫の怒りを買ってしまう。その逆もまたしかり。サイババはこのディレンマから彼女を救いました。息子の求めに応じて、義父は総額一二〇〇ルピーの約二十エーカーの土地をサテーのために買ってやりました。あるとき、シルディにいるとき、サテーは急に自分の土地を訪ねたくなりましたが、義父はその考えが気に入りませんでした。甥の未亡人がそれを知ったら、自分にもその土地の権利があると言いだすかもしれません。それでサテーといっしょに行くのを断りました。

サテーはターティヤー・コーテ・パーティルの牛車を呼ぶと、妻に自分といっしょに行くように言いました。最初はいっしょに行くつもりでしたが、父に懇願されて、彼女は気持ちを変えました。サテーはかんかんに怒って、御者の手から鞭を奪うと、妻を叩こうとしたまさにそのとき、ババの従者のメガーが走ってくるのが見えました。ババが今すぐサテーに会いたがっている、とメガーは伝えました。サテーが自分の前に立つと、ババは言いました、「どういうことだ？　なにが起こったのだ？」

サテーは理解しました。ババは内なる眼によって、彼が妻を叩こうとしているのを見抜いて、恥ずかしいことだと思ったのです。ババは彼に言いました、「土地は逃げたりしない。どうしても見に行かねばならないのか？」サテーはようやく落ち着きを取り戻し、ババの前にひれ伏して、彼の許しを乞うたのです。

　ババは窮地に陥ったナーナーサーヘブ・ニモンカルの妻に助けの手を差し伸べました。ベイラープールにいるニモンカルの息子が病気になりました。ニモンカルは妻にベイラープールへ行って、息子の容体を見てくるようにと頼み、ただし長居はしないで翌日には戻ってくるようにと告げました。翌日はアマーヴァシャー（新月）の日で、その日は女は旅をしてはならないことは妻も承知していました。しかし、夫の意に背いてまで、ベイラープールにとどまりたくなかったのです。出発する時間が近づいて、彼女は夫を伴ってマスジドを訪れると、ババにあいさつしました。ババは彼女に言いました、「行ってきなさい。すぐに出発し、四日間向こうにとどまり、息子と楽しい時間を過ごしてから、戻ってくればいい」。そばに立っていたニモンカルは事情を察しました。彼はあえてババに逆らおうとはしませんでした。

　コラーバー（現在のラーイガード）地方のパラスペ・パーンヴェールに住む、ゴーヴィンド・ダーモダル・パントは娘の結婚という問題を抱えていました。彼はたくさんの候補の若者に会いましたが、ひとりも期待にかなう者はいませんでした。あるババの帰依者の勧めもあって、パントは娘を十五日以内に結婚させられたら、シルディを訪問するという誓いを立てました。たまたま、南ハイダラーバードからパラスペへ、ハールディカルという人の息子がふさわしい花嫁を探しに来ていましたが、パントの娘を気に入って、ほどなくして結婚式が行われました。パントの名誉のために言っておきますが、彼は誓いを守りました。

ゴーヴィンド・ナーラーヤンことババ・サーマントは長女の縁談をとりまとめようと躍起になっていましたが、なかなか思うようには進みませんでした。そうした不安でいっぱいになっているとき、ある夜、目が覚めたので、ババの写真の前のランプに火をともし、熱心に祈りました。翌日、サーマントは有望な青年、故バーウラーオ・ダボールカルの息子のうわさを聞きつけて、縁談はとんとん拍子にまとまり、サーマントはほっと胸をなでおろしたのです。

サイババはまたホールカル藩王国のスネルのテシルダール（徴税官）、ケシャヴ・レゲ・アミーンという人を手助けしました。彼の財政状態にとりたてて言うところはありませんでしたが、アミーンは娘を何不自由なく暮らせる裕福な家族へ嫁がせたいと思っていました。しかし、インドール、ウッジャイン、ボンベイ、ターネー、その他の場所を探してみたのですが、期待をかなえることはできません。次にバローダへ行って、親戚といっしょに二人の裕福な花婿候補の家庭を訪れました。この二つの場所の一方で、縁組を成立させるために、見合いの相手の裕福だが病弱な花婿をハンサムで健康的な若者とすり替えるというペテンがなされました。この企みは早々に発覚し、娘は行く末の不幸から救われました。そこでアミーンの夢にサイババが現れて、ジラプールへ行くようにと告げました。最初、アミーンはためらったのですが、数日後にはいつの間にかジラプールに来ていました。落ち着くとすぐに、ジラプールから十六キロと少しのソヤトのナバル家の息子がうってつけだと聞かされました。アミーンが娘を連れてソヤトへ行くと、花婿は娘を気に入り、両親も同じように気に入りました。こうして婚姻が成立し、アミーンは不安から解放されたのです。

ゴーパール・ガネーシャ・シュリヤンは、サイババがマハーサマーディ後も帰依者たちを助けていることを実感しました。七、八年前から、シュリヤン家と将来を嘱望される花婿候補の父親とのあいだで、息子をシュリヤン家の長女と結婚させる取り決めがなされていました。両家は親しくつきあっていました。息子は入学試験に合格して大学で勉強していました。ところが、青年の父親が欲を出し、多額の持参金を要求したため、シュリヤン家は用意することができず、両家はつきあいがなくなり、結婚は破談となってしまいました。シュリヤンがサイババに祈ると、すべてはうまくいく、娘は間違いなく同じ青年と結婚できる、と確約されたのです！

そこへ、別の家族が巨額の持参金を青年の父親に支払う用意をしているといううわさが、シュリヤンの耳に入ってきました。シュリヤンは心配しましたが、ババが再び彼の夢に現れて、娘は二年以内に同じ青年と結婚する、と確約してくれました。

そして、奇跡的に、そのとおりになったのです。二年が終わる頃、青年の父親自身がシュリヤン家にやってきて、結婚の申し込みをし、式はとどこおりなく行われました。シュリヤンは説明を求めませんでした。ババの恩恵を信じていたからです。

助けを求めている人が忠実な帰依者なのか、たんに困ってババの助けを求めているだけなのかは関係がないようです。紹介された娘との結婚をためらっている若者がいました。彼は決心することができませんでした。男性がイエスともノーとも言えないために、娘の結婚は棚上げにされたままで、娘の母親はとりわけ心配していました。母親はババの肖像画の前で祈りましたが、それは祈りというよりは要求、叱責でした。「みんなあなたが不思議な力で助けてくれると言っていますよ。それなら、どうして私だけ助けてくださらないのですか？　娘はいまだに結婚できず、とても心配です。あなたにそれほどの力があるのなら、あの青年に私の子どもとの結婚を承諾する手紙を書かせてもらえませんか？」

母親は自分の目を信じることができませんでした。翌日、郵便配達人が結婚を承諾する手紙を届けにきたのです。差出人はその青年でした。数日のうちに結婚式が行われました。

ナーンデードのアブドゥルは家を出てから、四十五年間もシルディのババに仕えました。一九五四年四月、彼はシルディで亡くなりました。アブドゥルの母親は孫息子をぜひとも結婚させたいと考えていました。ある家族の年長者など、うちの娘をファキールの息子にやるわけにはいかないと、はっきりと表明していたのです。アブドゥルの母親がサイババのところに来て、不満を述べると、ババは確約しました、「心配はいらない。あの子はよい嫁をもらうだろう。すべては時期が来れば、うまく片づく」。そして、そのとおりになったのです。祖母と孫息子が何人かの友人たちを訪ねていたとき、ある人が自分の娘をぜひともその青年と結婚させたいと言ってきました。その家の主人は、青年はファキールの息子だが、それでもいいのかと念を押しました。すると、その人は言いました、そんなことは大したことではない、次女を先に嫁にやってしまい、長女が行きそびれているのだ、と。

バーンドラーのナオパダに住む、アダム・ダラールは息子の結婚のことで悩んでいました。折に触れて、その件をサイババに話していました。そのたびにババは話題をはぐらかしてしまうのです。三年ほど経ったとき、ババは突然、その許可を出しましたが、アダムは金をもっていませんでした。しかし、結婚が予定されている日まであと十日になって、彼は職を得たばかりか、一部の給料を前払いしてもらったのです。アダムは幸運に恵まれました。

同様の経験を多くの帰依者が語っていますが、彼らがそろって口にするのは、すべての希望がついえたと思ったまさにそのとき、ババの救いの手が差し伸べられたということです。ナーシクはメイン・ロードに住むラクスマン・ゴーヴィンド・ムンゲは、だれひとり、いちばん近い親戚ですら助けの手を差し伸べないときに、必要な援助を与えられました。窮地に陥った人びとはよく、ほんとうに助けてくれるのかどうか半信半疑ながら、苦しさのあまりババに訴えました。それでも、彼は助けてくれたのです。何年間も息子と会っていなかった父親が、偶然と呼んだらいいのか、ババの恩恵と呼んだらいいのか、ターネー駅のプラットホームでばったりと息子と出くわしました。また、あるパールシー教徒の商人の息子が行方不明になり、父親は四〇〇〇ルピー以上も費やして探しましたが見つかりませんでした。彼はサイババに最後の望みをかけ、いつになったら行方不明の息子は見つかるのでしょうか、と質問の手紙を書きました。シルディから戻ってきた返事によると、息子は南に行っているが、幸せに暮らしている、彼は自分から戻ってくるだろう、とババは言っているとのことでした。その数日後、少年は戻ってきました。彼はマドラスへ行っていたのです。

グワーリヤルのハテ軍医大尉はサイババの忠実な帰依者でした。ある夜、ある人が彼を訪ねてきて、息子が家出して行方知れずになり、彼も妻も困り果てていると訴えました。ハテ医師はその人にシルディへ行って、サイババのダルシャンを受けるようにと勧めました。その人は息子が見つかったら必ずシルディを訪問すると誓いました。しばらくして、メソポタミアにいる息子から手紙が来て、だれにも告げないで軍隊に入ったが、いま帰途に就くところだと書いていました。その知らせをハテ医師のところへもっていくと、彼はその人に言いました、「一刻も早くシルディへ行きなさい」。しかし、その人は助言を聞き入れず、息子を出迎えようとボンベイへ行ってしまいました。ところが、息子は病気にかかっていて、治療が必要なことがわかったので、ハテ医師のところへ連れて行ったのです。医師はどうして先にシルディへ行かなかったのかとなじりましたが、やがて態度をやわらげて、彼に一ルピーを渡すと、ババにダクシナーとして差し上げてほしいと頼みました。内心では、その硬貨がババの祝福を受けて、また戻ってくることを、ハテ医師は期待していたのですが、そのことはその人には言いませんでした。

それからほどなくして、その人は妻や息子を連れてシルディへ行き、ババのダルシャンを受け、その一ルピーを献上しました。ババはそれを手に取ると、しばらくそれを眺めてから、静かにそれを返すと、これは持ち主のところへ戻るべきだと言いました！　それを受け取ったとき、ハテ医師の喜びたるや大変なものでした。それはババからのプラサード（贈り物）だったのです。

あるパールシーの紳士の息子は気がふれていました。息子の状態は救いようがないもので、父親は見るに見かねて、彼を精神病院へ入れてしまいました。ババの名声を聞きつけて、紳士はシルディへ行くと、ババのダルシャンを受けました。ババは彼を祝福して言いました、「帰る頃には、あなたの息子はよくなっているだろう。家に連れて帰りなさい」

紳士は引き返しました。病院の関係者が息子を返してくれるかどうか自信がなかったのですが、家に帰ると、その関係者から手紙が来ていました。息子は体重が落ちているから、どこかへ移したほうがよい、と書いてありました。紳士は、ババの指示どおりに、喜んで息子を連れて帰りました。家に帰ってみると、息子の状態はみるみるうちによくなって、数日もすると完全に回復し、父親の仕事を手伝うようになりました。

サカラーム・ハリことバプーサーヘブ・ジョグは、サイババのアールティーに出ているとき、母親が亡くなったので、葬儀を行うためにナーシクへ行かねばならない、とサイババに許可を願い出ました。ババはすぐに許可を与えませんでした。これ以上は先延ばしにできないと感じたジョグは、ババに言いました、「今日の午後にはナーシクへ行かねばなりません」。それに対してババは答えました、「午後にまた来てみなさい」。ジョグは心配になりました。シルディには彼のヴェーダ派に属するブラフミンがいなかったのです。しかしながら、午後になると、ジョグのヴェーダ派の博学なブラフミンがなんの前触れもなくシルディを訪れました。そのときになってようやくジョグは、ババが許可を与えるのを遅らせていた理由がわかりました。葬儀はその博学なブラフミンの手で、シルディ当地で行われたのです。

ニールカント・ラーマチャンドラ・サハスラーブッディが初めてシルディへ行ったとき、サイババは彼に十二ルピー八アンナのダクシナーを求めました。後日、サハスラーブッディはババに五ルピーをさし出しました。それはラーマチャンドラ・ヴァマン・モダクが郵便為替でターティヤーサーヘブ・ヌルカルに送ったお金でしたが、ババは彼に言いました、「このお金はとっておきなさい。あとで自分が入用になるだろうから」。それでそのお金は手元にとどめておきました。シルディから家へ帰るにはジャルガウンに行かねばなりませんでしたが、きっかり五ルピーの鉄道運賃が足りませんでした――とっておきなさいと言われた額でした！

プネ地区のアーンベーガーオン・タールカのチャンドリに住む、ある年金生活者の教師、サイババの帰依者がジャガイモを育てて、その生産物を政府に売っていました。一九四五年、ジャガイモは病害虫の被害を受け、だれひとり収穫物に二〇〇ルピー以上を出そうという者はいませんでした。四〇〇ルピーに及ぶ出費があったために困り果てました。彼は日に三度のサイババへの祈りを忘れたことがなく、毎週木曜日には欠かさずシルディへ通っていました。ある日、政府の役人が作物の視察にやってきて、出来は良好との評価を下し、一区画六〇〇ルピーの買い上げ価格を示しました。それまで二〇〇ルピーの損失を見込んでいたのですが、今や二〇〇ルピーの利益を上げることができたのです。

ビーカージー・マハーデーオ・ビドウェ、シルディのシュリ・サイババ・サンスターン（協会）の使用人は三十六ルピーの月給をもらっていました。姉妹のチャブタイは三か月近くも病の床にふせっていました。病状は一九五一年十二月五日に急速に悪化しました。ビーカージーは姉妹を腕のよい医者に見せたいと思いました。しかし、彼の安月給でどうして医者の往診を頼めるでしょうか？　それで心の重荷はサイババに任せて、いつも彼のことを思いながら、自分は事務所の仕事を淡々とこなしていましたが、そこへある年配の帰依者の医師がなにかの用件を聞きにやってきました。ビーカージーは彼のことを忘れていましたが、不思議なことに、医師のほうがビーカージーをおぼえていました。ビーカージーは医者に自分の姉妹を診察してくださいとお願いし、医者は喜んでそれに応じ、診察ののちに必要な薬を処方してくれたのです。

あるとき、ナーナーサーヘブ・チャンドルカルは父親への帰依と師《グル》への帰依の板ばさみになり、心のなかで葛藤しましたが、いつしか真情《ハート》のなかで折り合いがついて、サイババに感謝をするようになりました。

ナーナーサーヘブと同じように、彼の父ゴーヴィンドラーオもかつては副徴税官の職にありました。彼はカリヤンに家をもち、その町の高水準な暮らしを楽しんでいました。ゴーヴィンドラーオはある件がきっかけで一部のムスリムに敵意をもつようになり、その結果、家人たちにもムスリムとのかかわりをきっぱりと断つようにと命じました。そのとき、ナーナーサーヘブは公務のために職場を離れていました。戻ってきたとき、父親の指示のことを知ったのです。ナーナーサーヘブは今や困った立場に置かれました。しばらくのあいだ、すべてのムスリムと関係を断つ用意はあったのですが、サイババとかかわりを断つ準備はできていませんでした。サイババは多くの無知な人からムスリムと思われていましたが、ナーナーサーヘブは彼とのつながりだけは断ちたくなかったのです。と同時に、父親の機嫌も損ねたくはありません。このディレンマにつかまって、そのことを父親に話そうと考えていたとき、すべてを知るサイババはすでに着々と和解への準備を進めていたのです。そのおかげで、ナーナーサーヘブが自分とサイババとの特別な関係について切り出したとき、老父はこう言いました、「サカラーム・マハラジが私の師《グル》であるように、サイババはおまえの師《グル》だ。だから、彼がほんとうにムサルマーンであろうとなかろうと、おまえはなにひとつ遠慮せずに、彼のもとを訪ねればいいのだよ」。ナーナーサーヘブはこれを聞いて大いに喜び、感激の涙を流したのです。

サイババは帰依者たちが聖者や神のダルシャンに出ると、彼らの願いをかなえてくれるともっぱらのうわさでした。ナーナーサーヘブ・チャンドルカルは、ある風変わりな経験をして、このことを確信しました。ナーナーサーヘブは当時、東カーンデーシュのパチョラ近くのタールカのマムレダール（行政官）をしていました。パチョラから十八キロ前後行ったところにパドマーラヤと呼ばれる聖堂がありました。ゴーヴィンドブアーという名前の悟りを開いた人が、その聖堂から二キロ半ほどの距離の密林のなかに住んでいました。ゴーヴィンドブアーは早朝に寺院に入り、ガジャーナンの礼拝を行ってから、聖堂の訪問者たちをもてなし、夜の十時には自分の僧院へ帰りました。彼が口にする食べ物といえば一日に十八トラー（約二一〇グラム）のお茶だけでした。ナーナーサーヘブはぜひともゴーヴィンドブアーのダルシャンに出たいと思って、そのことを友人たちにも告げていました。聖堂を訪問する日取りが決まりました。一行は最初に乗る予定だった列車に遅れてしまい、パチョラに着いたときには夜遅くになっていました。パドマーラヤに行くには森のなかを通らねばなりません。それで、道案内を雇って、徒歩でパドマーラヤへと出発しました。夜の道は暗く、上ったり下ったりのくり返しでした。食事は朝に食べたきりで、だれもなにも食べていなかったし、軽食をもってきた人もいませんでした。九キロ半を踏破したところで、ナーナーサーヘブはすっかりくたびれてしまいました。もう先に進む体力がなくなって、一行は休息のために立ち止まりました。どうしたらいいだろう？　パチョラに戻るには遅すぎるし、パドマーラヤに着く頃には十時を回っているだろう。おまけに、パドマーラヤにはだれもいないはずだ。ゴーヴィンドブアーは僧院に戻っているだろうから、だれがそこで食事や寝泊まりの世話をしてくれるのだろう？　ようやく体を起こしたナーナーサーヘブは、サイババのことを思い出し、熱心に祈りました。こうして祈ったり歩いたり休んだりをくり返して、一行は十時過ぎにパドマーラヤに到着しました。しかし、到着するやいなや、聖堂からゴーヴィンドブアーが湯気の立つお茶のコップをもって出てきたのです。まさしくナーナーサーヘブが祈ったとおりでした！　そして尋ねました。「ナーナーはいるかね？」ナーナーサーヘブと仲間たちはゴーヴィンドブアーにうやうやしくあいさつし、もう十時をとっくに過ぎているのに、どうして聖堂に戻っているのだろう、と不思議に思いました。ゴーヴィンドブアーはさも当然のように答えました、「少し前にサイババから知らせを受けたのだよ。ナーナーが長い距離を歩いてここにやってくる。すっかりくたびれているし、お腹も空いているから、お茶の一杯でも差し上げたらよかろう、とね。だからこのお茶をおもちしたのさ！」一行全員がお茶のもてなしを受けましたが、飲んでも飲んでもお茶が尽きることはありませんでした！　ババが彼らのことを心配してくれたのです。

一九〇九年のクリスマス休暇中、A・S・モダクはシルディを経由してカーンデーシュへ行くつもりでした。それでプネからドンド、ドンドからマンマドへの列車の切符を買いました。そして果物や花の入ったバスケットを手にし、彼と妻と子どもたちは列車の出発時間の十五分前には駅に着いていました。モダクは手荷物の計量を終えて、妻と子どもたちを女性専用車に乗せ、自分と荷物が乗る場所を探していると、駅員が笛を鳴らし、緑色の旗を振りました。モダクはパニックに陥りました。彼は駅員に三等と二等の料金の差額を払うから、二等の客車に乗せてほしいと頼みました。しかし、駅員は聞く耳をもたず、列車は動きだしました。モダクは途方にくれましたが、そこでサイババのことを思い出したのです。するとそこへいきなり駅長が現れて、モダクに「どうしましたか？」と尋ねました。モダクが困っていることを話すと、駅長は両手を挙げて列車を停める合図をし、モダクが列車に乗れるように手配し、おまけにポーターに指示をして、彼の荷物を車内へと運び込ませたのです。

ヴァスデヴ・ナーラーヤン・デサイーは、サイババのマハーサマーディ後に同じような経験をしました。デサイーは急におよそ五十人の一行をナヴサーリーで行なわれる娘の結婚式に連れて行かねばならなくなりました。突然だったので客車を予約することができませんでした。切符係は、列車が出発するまでに一行の坐れる席を用意することはできない、と言いました。デサイーは進退きわまりました。必死にサイババに祈っていると、検札係の責任者が目の前に現れたので、デサイーは窮状を訴えました。「なんとかしましょう」と検札係は言うと、バローダからの予約が入っているが、現在は空席になっている客車を探し出してくれました。こうして一行全員が神の恵みを受けることができたのです。

ゴルヴァド駅でひとりのファキールが客車へ入ってきて、ババがよくやるように片脚をもう一方の脚に乗せて坐ると、こう尋ねました、「では、みんな乗ることができたのだね？」デサイーは「おかげさまで」と答えました。「これがアラーフミアのなされるわざだ」と言うと、ファキールは客室を出て、姿を消してしまいました。

港湾トラストに勤めるある事務員が、以前に税関事務所が返却した複数の書類を、税関が再び提出を求めたために、探し出さなければならなくなりました。くだんの書類を見つけられなければ、上司の不評を買うか、下手をすると職を失ってしまうかもしれません。事務員はサイババに祈りはじめました。

事務員は書類を提出するように言われていましたが、必死に探したにもかかわらず見つけることができませんでした。書類の提出期限の日、彼は探そうといつもよりずっと早く出勤したのですが、驚いたことに、その書類がきれいに揃えられて彼の机の上に置いてあったのです！書類の束は前日の夕方に彼が事務所を出たときにはなかったし、その朝は彼がいちばん早く出勤したのです。書類の束を机の上に置いたのは人間業とは思えませんでした。そこでようやく事務員は気がついたのです、ババが彼の祈りに応えてくれたのだと。

中産階級の世帯主にとって犯罪の嫌疑をかけられることは最大の災難でしょう。身におぼえのない罪を着せられるという苦い経験をした人でなければ、その不安と焦燥や、心理的苦痛、経済的損失を想像することはできないでしょう。サイババの多くの帰依者が、彼によって、そのような災難から救われたのです。例えば、ある警察官が金銭強要の罪に問われました。彼はサイババに助けを求め、嫌疑が晴れたら、シルディへ行って、ババのダルシャンに出席すると誓いました。無罪が認められて、彼は誓いを守りました。

あるとき、ムスリムの医師がシルディへやってきて数日間滞在しました。そのあいだにある人が彼を犯罪の容疑で訴えたために、彼は出頭命令を受けました。事件の事情聴取が行われる前日、医師は召喚に応じるために、ここを去らねばならないと、ババに許しを願い出ました。しかしながら、ババは明日はやめておきなさいと告げました。医師は、諸般の事情から、当日は要請どおりに裁判所に出廷することができませんでした。しかし、あとからわかったのですが、裁判官が先に提訴人と証人を調べたところ、「一応の証明がある事件」ではないことがわかり、医師への訴状は却下されていたのです。

あるとき、アッパー・クルカルニーに敵対するシルディの一部の者たちが、彼を公金横領の容疑で訴状を提出したため、副徴税官は事情を説明するよう、彼に出頭を命じました。アッパーはびっくり仰天し、サイババのところへ行きました。ババは彼に言いました、「副徴税官はネヴァセにいる。先にネヴァセのモヒニラージ寺院へ行って、主神に礼拝し、神に事情をよく説明し、それから副徴税官の事務所へ行って、質問に答えなさい」。アッパーは言われたとおりにしました。役人は彼の申し立てを聞くと、無罪であるとの心証を得て、彼を放免しました。アッパーは喜び勇んでシルディへ帰ってくると、ことの顚末をババに話し、彼を誉め称えました。「私を誉めてどうする？」とババは言いました、「私がなにをしたのだ？　これはナーラーヤナがなされたことだ。彼が帰依者のために不可能なことを可能にしたのだ」。バーンドラーのアダム・ダラールは抵当権取引に関し、彼の債券者への約定証書は偽造されたものだとの申し立てを受けました。アダムはびっくりして、ババのダルシャンに行きました。ババは安心させるように、こう言いました、「すべてはうまくいくから」。そしてそのとおりになったのです。債権者は裁判にかけられ、アダムは検察側の証人となって、不安から解放されたのです。

あるとき、悪ふざけと冗談が深刻な様相を呈する前に、サイババは気の利いた切り返しをして、その場が険悪な雰囲気になるのを食い止めました。二人の帰依者がサイババの世話をしていたとき、彼らの顔が互いにくっつきそうになりました。そのひとり、マヴシバイーという名前の老婦人が、やはり老人の相手に言いました、「なんだね、私にキスをしようというのかい？じいさん、あんたは恥というものを知らないのかね？」そう言われて、アンナ・チンチャニカルは顔を真っ赤にして怒りました。しかし、サイババが割って入って、アンナに向かって言ったのです、「どうしてそんなに興奮するのかね？　お母さんにキスをしてはいけないのかね？」周囲からは笑い声が上がり、奉仕していたその二人も笑いの渦に加わったのでした。

まるで家庭内でよくある出来事のようですが、それは実際にそうだったのです。ババは、ある意味で、カルター、家父長であり、しばしば命令を下し、ものごとを収める、家庭内の長老的な存在でした。相手が若者であろうと年寄りであろうと、男であろうと女であろうと区別しませんでした。ババは彼らの言い争いに割って入ったり、彼らがかんしゃくを起こしたらいさめたり、必要とあれば優しくなだめたりしました。

ありとあらゆる状況で、彼の助けが求められました。ある人が自分は魔術の被害を受けていると言ってくると、彼はその人を祝福し、それ以後は魔術もいっこうに効き目を現さなくなりました。ある父親が息子をババのダルシャンに連れてきました。息子は地方語の最終試験にのぞむところで、合格するかどうか知りたかったのです。「この子は一一四位で受かるよ」とババはこともなげに答えました。実際にそのとおりになりました！　彼はシルディを訪問しようとしている、ある鉄道従業員の夢のなかに現れて、来てはいけないと告げました。その人はすっかり行く気でいたのですが、その旅を中止しました。それでよかったのです。というのも、ちょうどそのとき労働者たちがストライキを予定していて、もし彼が駅に行っていたら、彼らの仲間ではないかと疑われていたでしょう。ババの動いてはいけないという助言は時宜を得ていたのです。

あるとき、サイババはラグーヴィール・バースカル・プラーンダレーに家を建てるようにと命じました。プラーンダレーには必要な資力がありませんでしたが、不可能に思われたこともなんとか実現し、その平屋《バンガロー》が最終的に完成すると、プラーンダレーも入居者のひとりになったのです。

ささいな、なんでもないような助けでさえ、おそらく、彼が帰依者とともにあり、彼らに耳を傾けていることの証左なのでしょう。サダーシヴ・ドゥンディラージ・ナーヤクは友人の息子の結婚式に出席したかったのですが、母親が重い病気だったので行くのをためらっていました。ババは人づてに、母親が亡くなるのはずっと先のことだから、結婚式に出席しても差し支えない、というメッセージを送りました。母親はババが予言したとおり、エカーダシーの日

（ヒンドゥー教徒の吉日）に亡くなりました。

伝えられるところでは、ウッダヴァーシャブアーことダハヌのシャームダースは団体を引率してドワールカへの巡礼の旅に出ましたが、途中で切符をなくしてしまいました。途方に暮れて、ババに祈ると、ババがウッダヴァーシャブアーの息子のゴーパール・ギリダルの夢のなかに現れて、今すぐ父親にお金が入用だから送るようにと告げました。夢に現れたファキールはあまりに真に迫っていたので、ギリダルは目を覚ましてからも、そのファキールを探したほどでした。最初、彼はなにも手を打たなかったのですが、ファキールが二度目に夢のなかに現れたので、郵便為替を父親のもとへ送り、彼が驚いたことは言うまでもありません。これもまたババの働きだったのです。

ウッダヴァーシャブアーがようやくシルディに戻ってくると、ババは言ったものです、「私がお金を送るように言ったのだが、気がついたかね？」

# 第七章　真の聖者の会堂《ドゥルバール》にて

［1］

最上のつながりは愛によるもの――
ヴィドゥーラの純真な飾らぬ人柄を、神は
ドゥルヨーダナの優雅さよりも喜ばれた。

神はシャバリーが口にした漿果《しょうか》を賞味されて
愛の絆を深められた。
ハリは愛ゆえに王に仕えて
その髪の手入れさえした。

ユーディシュティルの聖別式《ラージャスーヤ》の供応では
神は残り物を平らげられた、
そして愛ゆえに、みずからの神性を忘れて
アルジュナの馬車を駆られた。

愛の絆は深まった、ヴリンダーヴァンで
神は牛飼女のゴーピーたちと踊られた。
スールダースは神の恩寵にふさわしくない、
なぜに彼は値しないのか？

世間では金銭的豊かさが重んじられますが、真の聖者は神の現身《うつしみ》とされ、彼のドゥルバール（会堂）では愛情深い献身が称賛されます。ババの場合もそうです。一九一三年から一四年のラーマ・ナヴァミの縁日のことでした。シルディはサイババのダルシャンのために恐ろしいほど混雑していました。マムレダール（行政官）、警察官やその他の役人たちが総出で秩序の維持《バンドバスト》に努めていました。サイババはマスジドでいつもの場所に坐っていました。外の群衆は押し合いへし合いしながら、ババのダルシャンを受ける機会を待っていました。群衆のなかにひとりの老婦人がいて、こう言いつづけていました、「どうかこの年寄り女に哀れみを、サイババ様、ダルシャンを受けたいのです」。しかし、まだずいぶん待たねば、ババに会うことはできそうにありません。ところが幸運なことに、ラーマチャンドラ・アートマラーム・タルカドが偶然に通りかかって、彼女を目にとめ、訴えを聞いて、老人をいたわる気持ちから、彼女を他の人たちより優先させる手配をしてやりました。

ババを見たとたん、彼女はその名前を呼んで、彼を温かく抱擁しました。その目からは涙がこぼれ落ち、しばらく感激で息を詰まらせていました。手を彼女の頭に置くと、ババは家族についてちょっと質問をし、こう言いました、「お母さん、ずいぶん前から待っていたのだよ。私になにをもってきてくれたのかね？」

老婦人は答えました、「ババ、バークリー（無発酵のパン）をひとつと玉ねぎを二つもってきました。ずいぶん長いこと歩いたので、すっかりくたびれてしまい、今朝、川のほとりで休んでいるときに、バークリー半分と玉ねぎをひとつ食べてしまいました。今ここにはバークリー半分と玉ねぎひとつしか残っていませんが、どうぞお召し上がりください！」

そう言いながら、彼女はサリーの包みの部分をほどいて、食事の残りをババに差し出し、彼はそれをとてもおいしそうに食べて、こう言いました、「お母さん、こんなにおいしいバークリーは食べたことがないよ！」老婦人の目には涙があふれ、タルカドも涙をこらえることができませんでした。あるとき、R・S・プラーンダレーは妻とシルディへ向かいました。R・A・タルカド夫人は、彼女に二つのブリンジョル（茄子）を渡して、これでバリトとカーチャーリヤの二つの料理をつくって、ババに差し上げるようにと頼みました。シルディへ到着すると、プラーンダレーの妻は言われたとおりにしました。作りたてのバリトをババにお出しすると、ババは言いました、「カーチャーリヤの準備ができたら、みんなでいっしょに食事をすることにしよう」。その季節のブリンジョルは貴重でしたからなおさら、ババは帰依者が愛情と心遣いで用意してくれたものをしっかりと味わいたかったのでしょう。

サイババはまた、一九一五年十二月、タルカド夫人が自分に寄せる愛情に気がついて、それに応えたのです。サイババの帰依者、バーラークラーム・マーンカルがシルディで亡くなりました。マーンカルの息子は父の葬儀のためにシルディへ向かう前に、R・A・タルカドを訪ねました。タルカド夫人はマーンカルの息子に、サイババへの贈り物をもたせたいと考えました。家にはペーダ（菓子）がひとつあるきりで、ほかにはなにもありません。彼女はそのペーダをマーンカルの息子にもたせました。シルディへ到着すると、彼はババのダルシャンに行きましたが、タルカド夫人のペーダをもっていくのを忘れました。

「私になにかもってきたものはないかね？」とババは尋ねました。

「ありません」と若者は答えました。

微笑んでから、ババは再び尋ねました、「私になにかくれるものはないのかね？」

「ありません」と若者は答えました。

三度目に、ババは尋ねました、「お母さんは、あなたがこの旅に出る前に、私のためにとなにかを託さなかったかね？」

若者はそこでようやくペーダをもらったことを思い出しました――たったひとつでしたが、愛情がこもったものでしたから、彼はババにお詫びを言うと、宿屋に駆け戻って、ペーダをもってきました。ババはそれをおいしそうに食べました。

一九一五年、シャンターラム・バルワント・ナチャネ・ダハヌカルがシルディへ旅立とうとするとき、V・S・サーマントは彼にココナッツをひとつ、砂糖の小さな包み、それから二アンナ（八パイサ）をババへの贈り物としてもたせました。ナチャネはババにココナッツを差し上げましたが、二アンナを渡すのを忘れました。ババのダルシャン（接見）を受けたあと、ナチャネがボンベイへ行く許しを願い出ると、ババは言いました、「チタリを通っていきなさい。だが、それにしても、この哀れなブラフミン（彼自身のことです！）にくれるはずだった二アンナを、どうしてとっておくのかね？」

ナチャネは、サーマントが自分の代わりにババに差し上げるようにと頼んだ、わずかなダクシナーを渡さなかったことを思い出しました。ババは彼をからかって言いました、「他人からものを頼まれないことだね。だが、いったん引き受けたなら、最後まできちんとやりなさい！」ナチャネはしっかりと肝に銘じました！

一九一八年九月十三日、『シュリ・サイ・サッチャリタ』の著者、アンナーサーヘブ・ダボールカルは夢を見ました。その夢に従って、彼はシルディへ行く帰依者に、キンマの葉を一〇〇枚、少しのビンロウジュの実と八アンナ（一ルピーの半分）を託しました。帰依者は出発が二日遅れて、シルディに着いたときにはキンマの葉は枯れていました。それでもなお、帰依者は事情を説明して、それらをババに差し出しました。ババが席を立とうとするとき、この乾いた葉をどうしたものかと、お付きの人は心配しました。捨てたほうがいいのか？　とっておいたほうがいいのか？「とっておきなさい」とババは助言しました。彼は帰依者が愛情を込めてもってきたものを捨てたくなかったのです。

あるときサイババが、それまでシルディを訪れたことのない、ブルハーンプルの郵便局員の妻の夢枕に立ちました。その夢のなかで、ババは彼女の家の戸口に立って、キチリの粥を所望しました。女性は目を覚まし、周囲を見回し、戸口にだれか来ているのだろうかといぶかりました。それほど真に迫った夢だったのです。その朝、あとになって、彼女は家族に夢のことを話しました。

数週間後、彼女の夫はアコーラーへ転勤になりました。アコーラーにいるとき、夫婦はシルディを訪問し、丸々二週間、ババにお仕えしました。ある日、ナイヴェードヤ（聖別した食べ物、お供え）のためにキチリを料理し、彼女はマスジドへ行ったのです。その時間は、ババが食事中なので、彼のプライバシーに配慮して、カーテンが引かれていました。しかしながら、愛は恐れや制約を知らないので、その婦人はカーテンを開けると、ナイヴェードヤのターリー（お盆）をもって入って行ったのです。サイババは彼女を見るや、こう言いました、「来なさい、来なさい！　そのキチリをもってきておくれ！　それを待っていたのだよ！」そして夫人の手からターリーをとると、キチリを口いっぱいにほおばったのです。

これはいつもはないことでした。ババはめったにナイヴェードヤを口にしないのです。では、どうして彼はみずからの規則を破ってまで、それを心から楽しんだのでしょうか？　ある人が、妻の夢のことを話していた、その婦人の夫に尋ねました。彼によれば、ババはその婦人が調理したキチリを待っていたかのようだったそうです。

ケシャヴ・M・ガヴァンカール医師によると、一九一二年、七歳の頃、彼は重い病気にかかりました。医学的な処置も、タントラの行も効き目はありませんでした。二か月間、彼は意識が朦朧とした状態でベッドに横たわり、医者たちは手術が必要だという見立てでした。両親は彼が死ぬことを恐れて手術には反対でした。ちょうどそのとき、アンナーサーヘブ・ダボールカルの義理の息子、Y・J・ガルワンカルがシルディから帰ってきました。ガルワンカルは、ガヴァンカールの叔父の親友でした。彼はウディをつけること、サイババを礼拝すること、もし誓いが聞き入れられ、ガヴァンカールが治ったら、シルディを訪問することを勧めました。この助言は最終的にガヴァンカールがよくなるまで守られましたが、誓いが果たされるまでには五年の歳月を要しました。ガヴァンカールがシルディへ行って、ナイヴェードヤのペーダ

(菓子) を供物として差し出すと、ババは五つのペーダを彼に返し、残りは自分で食べました。

「どうして五つのペーダをご遠慮なさったのですか？」とある帰依者が彼に尋ねました。「ひとつのペーダにつき一年、ガヴァンカールはおなかを空かせた私を待たせていたのだよ!」とババは答えました。ババは、明らかに、その誓いのことを知っていたのです。

あるとき、サイババがグワーリヤルのハテ軍医大尉の夢枕に立って、彼に尋ねました、「私のことを忘れたのかね?」ババの前にひれ伏すと、ハテは庭に行って、ワルパパディ (豆の一種) を摘んで、ワルパパディと生米のスープをつくり、それをババにささげに行こうとしたところで、目が覚めました。ハテはどうしてもワルパパディのナイヴェードヤをサイババにお出ししたいと思いましたが、自分の仕事を放り出してまで、シルディに行くことはできません。それで彼はボンベイにいる友人に手紙を書いて、自分の代わりにシルディへ行って、ワルパパディの料理のナイヴェードヤをお供えしてほしいとお願いをし、いっしょに郵便為替でお金を送るつもりだと書き添えました。友人がすぐにシルディへ行くと、驚いたことに、野菜売りが季節外れのワルパパディをたくさんもってきていたので、それを買い求めて、指示された料理をつくり、それをババにお出ししました。それ以外の料理も出されていましたが、ババはそれらには手をつけませんでした。ババがその日、ひとつだけ手をつけたのはワルパパディの料理だったのです。もしかしたら帰依者のしっかりした決意への賞賛を示したかったのかもしれません。

サイババの愛の流れは、彼がマハーサマーディに入ったあとも途絶えることなく続きました。サグン・メルー・ナイクは、それを一九二二年から二三年に経験しました。彼はあるとき夢を見たのですが、昔は朝のアールティーでババに出されていたバターシュガーのナイヴェードヤが打ち切られていました。そこでサンスターン（協会）に問い合わせると、この慣行が途絶していることがわかりました。サグンはババがバターをとても好んだことを知っていました。ですから、彼自身がお金を出して、朝のアールティーでバターシュガーのナイヴェードヤが再開され、その慣行はそれ以降も続いたのです。

ダース・ガヌが、友人たち（おそらくプンダリクラーオもいたでしょう）とジャガンナース・プリーから戻ってきたとき、たまたまヴァスデヴァーナンド・サラスワティーことテムベ・マハラジと会いました。テムベ・マハラジに、シルディを経由してナーンデードへ行くところだと言うと、テムベ・マハラジはココナッツをひとつ差し出して、これをプラナーム（合掌）とともにババに手渡してくれないかと頼みました。

ダース・ガヌの一行がシルディへ到着すると、ババはマーダヴラーオ・デーシュパーンデーに向かって言いました、「このダース・ガヌは大泥棒だよ！　私の兄弟が送ってくれた甘いものを食べてしまったのだ！」

ダース・ガヌは、ババの言っていることがわからないので尋ねました、「甘いものですか？」「盗人のくせにしらを切るつもりかね？」とサイババは言い返して、つけ加えました、「私がもらうはずだったココナッツを食べてしまったのではないかね？」

　そこでようやくダース・ガヌは、ヴァスデヴァーナンドがババにもっていくようにと確かにココナッツをくれたことを、そしてそれを手渡すのを忘れていたことを思い出しました。ダース・ガヌは恥ずかしくなって、ババの前にひれ伏して、自分の罪を認め、途中で食べてしまったものの代わりに別のココナッツをもってくることを約束しました。ババは彼に言いました、「私の兄弟は、あなたが信頼に足ると思ったからあれを託したのだよ。自分のしたことをよく考えてみなさい！」そしてさらに続けました、「あなたは自分に非があると思っているようだが、それはあなたのエゴが、自分が行為者だと考えているからだ。実際には、私はあなたたちみんなに会いたかったし、ココナッツの供物はその口実にすぎなかった！　あなたがココナッツを食べたからといって、それのどこがいけないのかね？　あなたたちはみんな私の子どもたちだ！　だから、あなたが私がもらうはずのものを食べてしまったとしても、事実上、あなたはそれを私にくれたのと同じことだ！　私がそれを受け取ったと思ってくれてかまわない！　起こったことはすべて私の意向によるものだ。私のところには積んだ功徳と犯した罪過の両方をもってくるのだよ、それでこそあなた方は解放されるのだから」

　サイババは内なる洞察力《ヴィジョン》によって、帰依者のサットヴァ的（調和的、純粋）な欲求を見抜き、それをかなえたのです。このようにして、帰依者の真の愛情は信頼の水によって育まれました。あるとき、ハリ・シーターラームことカーカーサーヘブ・ディクシトが、ナヴァラートリー祭の初日に、はるばるナーグプルからシルディへやってきました。彼はババの礼拝のために果物をもってこなかったので、少し気が沈んでいました。しばらくして、サイババはある帰依者がもってきたブドウを皆にふるまいました。ディクシトはもらったブドウのいくつかをババにお返しし、ババはそれを食べました。こうしてディクシトの不安な心は鎮められました。

一九一八年のグルプールニマー（七月の満月）の日、ババのプージャにお出しするタンブール、別名ヴィダー（噛み物）が調達できませんでした。午後になって、ババはディクシトを呼んで、三つか四つ、ヴィダーを手に入れるようにと頼みました。ディクシトがそれをもってくると、これがないとプージャが始まらないといった顔で、ババはそれを食べました。

アンデーリーの測量技師、ゴーヴィンドラーオ・オアクとクリシュナージーことアンナーサーヘブ・アガシェが、ババのダルシャンを受けようとシルディを訪れて、三日間滞在しました。帰る前、二人はそれぞれババの写真を購入し、ひとつの包みにしてもち帰りました。帰宅する途中、ゴーヴィンドラーオは兄弟のためにもう一枚写真を買っておけばよかったと思いました。家で包みを開けると、だれもが驚いたのですが、二枚しか買わなかったはずが三枚の写真が入っていました！　もちろん、これはババのリーラ（遊び）だと、彼らは思いました。

ラーオ・バハードゥル・モーレーシュワル・プラダーンの妻、チョートゥバイーは何度も、サイババが彼女の愛情深い献身に応え、庇護してくれるのを経験しました。あるとき、家の子どもたち全員が麻疹《はしか》にかかりました。いちばん下の子どもはとてもひ弱でした。病状が悪化して、高熱が出ました。医者は助かる見込みはないとさじを投げました。チョートゥバイーは子どものそばに坐って、昼も夜も、サイババに祈り、彼の名前をくり返しくり返し唱えました。やがて疲れ果てて、うたた寝をしました。そして夢を見たのです。その夢のなかで、ババは彼女に言いました、「疲れてしまったのかね？　子どもはよくなっているよ。怖がらなくていい。早朝、六時頃に、彼は食べ物を欲しがるだろう。食べさせてやりなさい」

彼女は目を覚まし、周囲を見回しましたが、サイババはいませんでした。子どもはぐっすりと眠っていました。熱がどんどん下がっていきました。明け方に目を覚ますと、ババの言ったように食べ物を欲しがりました。数日のうちに、彼は完全に回復しました。別の折、チョートゥバイーはサイババから、今回も夢のなかで、別の子どもがてんかんの発作で倒れるかもしれないと、事前の予告を受けました。夢を見たときは、その子は健康そのものだったのですが、夢は現実になりました。子どもは四日間苦しみましたが、その後、てんかんが再発することはありませんでした。

あるとき、プラダーンの上の息子がチフスにかかりました。チョートゥバイーの姉は、妹の息子がよくなったらシルディへ連れて行くと誓いました。熱は上がるだけ上がりましたが、二週間もすると引いていきました。数日後には、少年はベッドの上に坐ることを許されました。医者が止めるのも聞かず、姉はすぐにチョートゥバイーと息子を連れてシルディへ出発しました。その途中、少年はまた病気で倒れてしまい、当然ですが、チョートゥバイーは恐れおののきました。この子になにかあったら、近所の人になじられるだけでなく、笑い者になるでしょう。姉も狼狽したのは言うまでもありません。ただ誓いを守るだけのために、まだ回復しきっていない少年をシルディへ連れて行ったのは間違いだったのでしょうか？　コパルガーオン駅で降りたとき、ひとりの男性が近づいてきて尋ねました、「トンガを手配しましょうか？」少年はそれを聞いて言いました、「もうサイババのお家に着いたの？　それなら僕を坐らせてよ！」

チョートゥバイーは腕に触ってみました。熱が引いて、すっかりよくなっていました。少年は坐りたがりましたが、チョートゥバイーは、彼をひざの上に抱きました。シルディへ着くと、少年はマスジドに連れて行かれました。サイババは少年を両手で抱えるようにして立たせました。チョートゥバイーは、長いあいだベッドに寝ていたので、目の前で倒れてしまうのではないかと恐れました。しかし、そんなことはなかったのです。それどころか、しっかりした足取りで立って、ババにもらったバナナとマンゴーを食べました。それから、チョートゥバイーの恐れを思い出させるかのように、ババは言いました、「どうだね、世間の人に笑われるかね、この子を危険を冒してまで、ここに連れてきたことで？」

あるとき、サイババは自分を礼拝するチョートゥバイーを制止して、こう言いました、「やめなさい。家に帰って、プージャはそこでしなさい！」言われるままに、プージャを途中でやめて、家に帰ってみると、息子が泣き叫んでいて、ちっとも静かになってくれません。ババは子どもの状態がよくないのを感じて、彼をなだめさせるために、チョートゥバイーを帰らせたのです。子どもを落ち着かせてからようやく、彼女はマスジドへ戻ると、礼拝を再開しました。別の折に、チョートゥバイーは夢のなかでババに会いました。ババは彼女に言いました、「ほら、あなたのためにやってきたよ。私の前でハルディ・クムクム（既婚婦人が夫の長命を祈る儀式）をやっておくれ！」

ナーナーサーヘブ・チャンドルカルは、その夢を次のように読み解きました——チョートゥバイーは銀のパードゥカー（履物）をつくらせて、聖別してもらうため、ババに両足を乗せてもらう。パードゥカーはそのあと自宅のプージャの祭壇に奉納すればいい、と彼は助言したのです。チョートゥバイーはチャンドルカルの言ったとおりに、銀のパードゥカーをつくらせて、それをシルディへもっていきました。マスジドに行くと、ババが一度に片方の足しか地面につけないのがわかりました。どうやって両足をつけて祝福してくれるようにお願いすればいいのでしょうか？　しかし、わざわざ言うまでもなかったのです。彼女の姿を見ると、ババはすぐにもう一方の足も地面につけて、パードゥカーをどこに置くかを指示し、彼女の礼拝を受けました。チョートゥバイーがパードゥカーをとろうとかがみこむと、ババはそれを自分でとって、彼女に与え、チャンドルカルに言いました、「ナーナー、ごらん、この人は私の両足を切って、もっていってしまうよ！」

パーンドゥラング・ベーンドレーは、日課のプージャにサイババに聖別されたパードゥカー

（履物）がほしいと思いました。それで銀のパードゥカーをつくらせて、それをシルディにもっていきました。サイババに近づくと、そばにカーカーサーヘブ・ディクシトが坐っていました。ベーンドレーはパードゥカーをディクシトに預けました。彼がそれをババに渡そうとすると、ババは言いました、「そのパードゥカーはこの人にやりなさい！」ベーンドレーはひどくがっかりしました。午後にまたパードゥカーを持参すると、それをマーダヴラーオ・デーシュパーンデーに預けて、サイババに手渡してくれるようにとお願いしました。今回は、ババはそれを受け取ったばかりか、みずからベーンドレーに、ココナッツをおまけにつけて返してくれたのです。彼ほど幸せな人はこの世にいないかのようでした。

一九一三年、アートマラーム・ハリババウー・チャウバルは、サイババのダルシャンに出るためにシルディへ行ったとき、特別注文でつくらせた銀のパードゥカーをもっていきました。ババに見せると、彼はそれを手にとって、言いました、「よくできているね！」次に彼はパードゥカーを両足の親指ではさむように履いて、こうつけ加えました、「よくできている、よくできている！　もって帰って、プージャの祭壇に飾り、礼拝しなさい」。彼はそのとおりにしました。

一九三〇年、アシュウィン月（十月から十一月）の下弦月の十三日目、チャウバルは早朝に目を覚まし、パードゥカーのダルシャンをしようとしましたが、パードゥカーの片方が見当たりません。パードゥカーは低い木の台座《スツール》の上に飾られていました。パードゥカーは台座の下にも周囲にも見当たりません。チャウバルは困惑しました。

しかたなく、残ったパードゥカーを礼拝したのですが、それから数か月後、もう一方のパードゥカーもなくなっていることに気がつきました。どこを探しても見つかりません。おかげでひどく落ち込みました。チャウバルと家族の人たちはババの機嫌を損なうことでもしたのだろうかと思い、そう考えるとなおさら不安はつのりました。そこでチャウバルは意を決して、ボンベイに行って新しいパードゥカーを注文することにしましたが、すぐには手に入りそうにありません。チャウバルはがっかりして帰宅すると、ババの肖像画を礼拝するだけで満足することにしました。

そしてあることが起こったのです。チャウバルは毎日のようにパードゥカーのことを気にかけていたのですが、ババはチャウバルの帰依が揺るぎないことを察したのにちがいありません。ある気持ちのよい朝に、チャウバルがいつものようにプージャの部屋に入っていくと、心底びっくりしたことに、なくなったはずのパードゥカーがなにごともなかったかのように木の台座の下に置かれていたのです！　チャウバルの家庭は安堵感と歓びでいっぱいになりました。

サイババは自分に贈られたものをうれしそうに受け取ることで、帰依者たちを導きました。ヴィナーヤク・シャンカール・ギリダルの妻も、そのような経験をしました。夫のギリダルが友人とシルディへ行ったとき、彼女は自分で編んだバラの花輪をいっしょにもっていかせました。ギリダルが花輪をかけると、ババは言いました、「この花輪には愛情がこもっているね」。いつもの仕来りで、花輪はほんの数秒しか首にかけませんでした。しかし、彼がとても喜んだことは確かです。その日の夜、ババはギリダルの妻の夢に現れて言いました、「あなたが贈ってくれた花輪には愛情がこもっていたよ。またときどき花輪を贈っておくれ」。自分が会いたいと思った人には、彼らがどこからやってこようと、ババはことがうまく運ぶように取り計らってやったものです。デリーのラクミチャンドは、当時のBB＆CI（のちにRalli Brosが加わる）鉄道のチャーチゲート営業所で最初の仕事に就きました。一九一〇年、彼は帰依者に囲まれたあごひげのサードゥの夢を見ました。彼はその人にうやうやしくお辞儀をしました。のちにラクミチャンドは、ダッタートレーヤー・マンジュナース・ビジュルの家に、ダース・ガヌのキールタン（歌と踊り）を見るために行きました。いつもそうしているように、ダース・ガヌはキールタンを演じるあいだ、自分の前にサイババの写真を置きました。その写真を見たとたん、ラクミチャンドは夢のなかで見たサードゥだとわかりました！　彼はババに関する情報をさらに集めました。しかし、シルディのことはなにも知らなかったので、ババのダルシャンを受けるためには、だれに相談したらいいのかもわかりませんでした。

しかし、ある日、夜八時頃、ラクミチャンドの友人のシャンカールラーオが彼の家にやってきて、言いました、「いっしょにシルディへ行かないかね？　ケードガーオンへ行く予定だったが、気が変わったんだ。今はシルディへ行こうと思っている」

まるで彼の祈りが聞き届けられたかのようでした。ラクミチャンドは父方の従兄弟から十五ルピーを借りると、シルディへ向かいました。その途中、シャンカールラーオはバジャンを演じました。彼らはムスリムの夫婦に会いましたが、ラクミチャンドは彼らにババについて質問しました。彼らの返事を聞いて、ラクミチャンドはますますババに会いたくなりました。彼はコパルガーオンでグアヴァを買おうと思っていましたが、興奮していたので忘れてしまいました。ゴーダーヴァリー川を越えたところでようやくそのことを思い出しました。しかし、ちょうどそのとき、頭にかごを乗せた老婆を目にしました。彼女はグアヴァを運んでいました――まさに彼がほしいと思っていたものでした。彼はそのなかからいちばんいいものを選んで、お金を払いましたが、老婆はそれがババにあげるものだとわかると、うれしそうにラクミチャンドに、残りのグアヴァも自分の代わりにもっていって、ババにあげてほしいと頼みました。

シルディに到着すると、ラクミチャンドはまっすぐにババのダルシャンに行きました。ラクミチャンドを見ると、ババは言いました、「彼らは途中でバジャンを演じ、それからほかの人に、私について尋ねたのだよ！　なぜそんなことをしたのかね？　自分の目でなにもかも見られるというのに！　自分の夢が正夢だったかどうかじきにわかるのだ。それに、どうしてわざわざ金を借りてまで、シルディに来なければならなかったのだ？　あなた方の望みはかなえられたのかね？」

ラクミチャンドはふいに気がつきました、ババは彼と友人のこと、どうしてシルディに来ることになったのか、その途中のことなどを話していたのです。

ラクミチャンドが二度目にシルディを訪れたとき、ナーナーサーヘブ・チャンドルカルとカーカーサーヘブ・ディクシトは古くからの帰依者でお偉方だという考えが心をよぎりました。彼らに頼んでサイババに花輪を差し上げてもらえば、ババはそれを受け取ってくれるにちがいない、と。それで、みずからババに花輪をかけようとせず、ラクミチャンドはチャンドルカルに自分の代わりにそうしてくれるようにと頼んだのです。しかし、ババは彼を制止し、ラクミチャンドに言いました、「では、あなたはお偉方ではないのかね？　あなただってそうなのだよ。前に出て、自分で花輪をかけて、ナイヴェードヤを供えなさい」。ラクミチャンドは縮み上がってしまいました。ババが彼の心を読めることなどまったく知らなかったのです。

ラームラルはボンベイに住んでいました。サイババは夢のなかで彼にダルシャンを与え、シルディに来るようにと告げました。ラームラルはそれまでババのことなど見たことも聞いたこともなかったので、どうしてファキールに呼び出されて、彼に会いに行かねばならないのだろうかと不思議に思いました。翌日、ラームラルが通りを歩いていると、夢で見たのとそっくりな人の肖像画が店のなかに飾られているのを見ました。ラームラルは店に入ると、そこの主人に、この人はだれなのかと尋ねました。その夢はとても鮮明だったし、店主がサイババについて話したことも相まって、ラームラルはどうしてもシルディに行かねばならないと思いました。彼はシルディに行っただけでなく、ババがニルヴァーナに入る一九一八年まで、そこにとどまったのです。

サイババは彼のダルシャンを受けたいと願っている人を絶妙なやり方で手助けしました。そのひとつの好例が、ターネー、サーマントワディのガネーシャ・ゴーパール・マハージャニーです。彼は病気がちで体も強くありませんでした。信心深い母親は息子にサイババのようなマハトマ（大聖）のダルシャンを受けさせたいと願っていましたが、マハージャニーも思いは同じでした。彼はババの名声を聞いていました。しかし、彼は貧しくて、マカンジ・カタウ・ミルズで事務員として働いていましたが、給料は月に十五ルピーで、シルディへ行って帰ったらなくなってしまう金額でした。行きたい気持ちはつのりましたが、費用が足かせになっていたのです。

シルディの揚水ポンプが故障したという報告が入り、工場長のR・A・タルカドは技術者をシルディへ派遣してポンプを修理させることにしました。タルカド夫人も技術者といっしょにシルディへ行くことになりました。それを聞きつけたマハージャニーは、ババに贈る花輪と少しの果物をいっしょにもっていってもらおうと、技術者とタルカド夫人をダーダール駅まで見送りに行きました。

タルカド氏も妻を見送るために駅に来ていました。手にサイババに贈る花輪をもったマハージャニーを見て、タルカド氏は言いました、「君もいっしょにシルディへ行ってくれないか？ここに一枚余分な切符がある。行く予定だった家族の者が行けなくなったのだ。君ならうってつけだよ！」マハージャニーは喜んでこの親切な申し出を受けると、母親に彼女の長年の願いがかなうことになったから、工場長の善意に感謝してほしいという伝言を頼みました。このシルディへの訪問とババのダルシャンを、マハージャニーが忘れることはありませんでした。

ババのマハーサマーディのあとですら、シルディを訪問したいという願いの前に立ちはだかる障害が不思議にも消えてしまうのを、帰依者たちは経験しました。カンディヴリーのアーナンドラーオ・ドラスも、一九五二年三月十日、そのような経験をしました。彼はシルディのラーマ・ナヴァミ祭に行きたいと思いました。それで主任に許可を願い出て、一か月の休暇を申請していました。ところが、アーナンドラーオの助手が病気にかかって、休暇の申請は却下されてしまったのです。しかし、アーナンドラーオは意志の固い人でした。ババに休暇の許可が出るようにと祈り、シルディのラーマ・ナヴァミ祭に出席できないなら、仕事を辞めてしまうと誓いました。決意が固まって、翌日、事務所へ行くと、考えを変えるつもりはないかと、主任に尋ねました。「休暇はとってもいいが、二週間で勘弁してくれ！」という返事でした。アーナンドラーオにはそれで十分でした。彼の祈りは聞き届けられたのです。

ラーマチャンドラ・ヴィトバは学生の帰依者でしたが、彼の唯一の望みはシルディへ行くことでした。バプーサーヘブ・シルサテーの息子、友人のダットゥがシルディへ行く準備をしているのを見て、お金がなくて自分も行けないのを残念に思いました。彼の母親はタレガーオンに住んでいて、周囲に旅行費用を出してくれる人はいなかったのです。しかし、ダットゥが出発する数日前になって、ラーマチャンドラの母親が思いがけず町へやってきて、彼がぜひともババのダルシャンを受けたがっていることを知り、必要なお金を出してくれることになりました。こうして彼のババへの信仰心はますます深まったのです。

サイババの帰依者、バプーサーヘブ・シルサテーは家族全員でシルディへ行って、サイババのサマーディ・ダルシャンを受けたいと思いました。国家公務員の息子がいっしょに行ってくれることになりました。しかしながら、もうひとりの息子は信仰心がなくて、両親に同行することをきっぱりと断りました。父親は心が痛みましたが、サイババがきっとなんとかしてくれるだろうと思いました。信仰心のない息子の妻は、そのとき、アハマドナガルの自分の両親のところにいました。信仰心のない息子がアハマドナガルへ向かう途中、手前の駅で降りてホームをぶらぶらしていると、驚いたことに、妻がそこにいたのです！　義理の両親といっしょにシルディへ行くところでした！　それで、彼も妻といっしょにシルディへ行かざるをえなくなりました。そして、そこの雰囲気が彼を変えてしまったのです。

開業医、D・M・ムルキー医師の甥はボンベイ随一の外科医から骨髄炎の治療を受けていましたが、いっこうに治りませんでした。少年の骨髄の炎症は、しかしながら、サイババのウディと――伝えられるところでは――彼の愛情深く、情け深いドゥリシュティ（一瞥）によって完治してしまいました。ムルキー医師自身、以前、二度も誓いを立てて、いずれの病気も治ったのですが、約束を守りませんでした――あるときなど誓いを守ろうとマンマド駅まで行ったのですが、出札係のババを批判する長広舌を聞かされて行く気を失ってしまったのです。それで残りの休暇をアリーバーグで過ごすことにしました。それから三晩にわたって、夢のなかで

「まだ私を信じないのかね？」という言葉を聞きました。それで今度こそシルディへ行く気になりましたが、チフスの患者をあとに残していくのは気が引けました。最終的に、患者の熱がその日のうちに下がったら、翌日にシルディへ出発しようと心に決めました。驚いたことに、患者の熱はその日の午後には下がって、彼はシルディへ向かいました。シルディには四日間滞在しました。最後の日、ババにプラナーム（あいさつ）をすると、家に帰ったらテーブルの上に「ビジャープルへの転勤と昇進」を命じる辞令が載っているだろう、と教えられました。それはそのとおりになりました。こうしてムルキー医師はババの熱心な信奉者になったのです。

サイババの有力な帰依者、ハリ・シーターラーム・ディクシトことカーカーサーヘブ・ディクシトがぜひともシルディへ行かねばならないと思い立ち、ババのほうも彼の訪問をうながしたのですが、それにまつわる物語はなんとも興味深くほほえましいものです。ロンドンにいるとき、ディクシトは列車へ乗り込もうとしてつまずいて足を痛めてしまいました。一九〇九年、ディクシトは、ローナーヴァラーの別荘《バンガロー》で数日間を過ごしているとき、偶然にボンベイのエルフィンストーン大学の同窓生だった、ナーナーサーヘブ・チャンドルカルと数十年ぶりで再会しました。彼らは離れ離れになっていた歳月に自分たちの人生に起こったことについて語り合いました。ナーナーサーヘブはディクシトに尋ねました、「君はほんとうに悪いほうの足を治したいのかね？　もしそうなら、いっしょに私の師《グル》のダルシャンに参加してみないかね。彼はどんな体の病気も癒してくれるだけでなく、神への真の道も示してくれるのだよ」

ディクシトはナーナーサーヘブの言うことを信じました。シルディに関する必要なすべての情報を集めて、選挙運動中にアハマドナガルを訪れたとき、遊説が終わったらシルディへ行こうと決心しました。彼は友人のシルダル・ミリカルといっしょにいたのですが、彼かほかのだれかがいっしょにシルディへ行ってくれないものだろうかと考えました。

一方、シルディでは、マーダヴラーオ・デーシュパーンデーがアハマドナガルの義理の母親が重病だという電報を受け取りました。マーダヴラーオは急遽、義母のもとに駆けつけましたが、いざ到着してみると、病状は著しく改善していて、ほっと胸をなでおろしました。しかし、彼がアハマドナガルに来たという知らせはミリカルの耳にも入り、マーダヴラーオこそディクシトをシルディへ連れて行くのにふさわしい人間だと、ミリカルは感じました。マーダヴラーオと連絡をとると、喜んでディクシトを案内しようと約束してくれました。二人はその日の夜にシルディへ向けて出発しました。マーダヴラーオはババにまつわる話でディクシトを大いに楽しませてくれました。彼らは寝る間も惜しんで語り合いました。ディクシトはとても興奮してババについてもっと知りたがりました。早朝、彼らはコパルガーオン駅に着いたのですが、そこでなんとナーナーサーヘブ・チャンドルカルに再会したのです！　ディクシトは知らなかったのですが、チャンドルカルもシルディへ行く予定にしていたので、なんとも幸先のよい再会でした！

その後、ディクシトがサイババと会ったとき、ババは言いました、「あなたが来たがっていることはわかっていたよ。だからマーダヴラーオをアハマドナガルへ行かせたのだ！」そのときのディクシトの驚きたるやどれほどのものだったでしょうか！　彼はババの忠実な帰依者となり、シルディにワーダー（大講堂）を建設し、みずからの師《グル》と近しい関係になりました。ババのニルヴァーナの八年後、ディクシトは、ボンベイの郊外列車のなかで、ババを称える歌をうたっているときに、突如としてこの世を去りました。

ターネーのジョーシーは、友人たちや家族といっしょにシルディへ行けなかったので、自宅でババのダルシャンを受けられなければ、彼を師として受け容れないと誓いました。そしてジョーシーも同じ経験をすることになったのです！　こんなことが起こりました――コンカニ地方のある紳士がババのダルシャンを受けに行きました。彼がいとまごいをするときに、ババは彼に言いました、「ひとつ頼みを聞いてもらえないかね？」「もちろんです、喜んで！」と紳士は答えました。するとババは彼にウディの包みを与えて言いました、「郵便列車で行きなさい。そして席を少し空けてくれと言う人がいたら、その人にこの包みを渡すのだよ！」紳士は奇妙なことを頼まれたものだと思いました。

彼はババに言いました、「あなたの願いどおりにしましょう。しかし、列車でそのような人に会わなかったら、手紙でお知らせすることにします！」

紳士はこうして去っていきました。彼は郵便列車に乗ってコパルガーオンからカリヤンまで行きましたが、席を空けてくれと頼む乗客はいませんでした。そのときはまだ郵便列車がターネーで停車することを知らなかったのです。その駅でボンベイへ行く人が乗り込むことは予想していなかったので、もはや席を空けてくれと頼む人もいるまいと高をくくって、ババへの葉書を書きはじめようとしたとき、列車がターネーで停車しました。客室は今や満員になってしまいました。列車が動きだそうとしたとき、ひとりの男の人が息せき切って乗り込んできて、紳士の子どもが横で眠っているのに気がついて、真剣な声で訴えました、「坐れるように少し空けてもらえませんか？　ふらふらするのですよ！」

コンカニの紳士は子どもを起こすと、ひざの上に抱きかかえて、その人に言いました、「どうぞ、お坐りください！」そしてその人にウディの包みを手渡して、ババから受けた指示を話して聞かせました。その人は深い感銘を受けました。まるでここにはいないババがダルシャンをしているかのように、ウディをありがたく受け取ったのです。

一九二一年、ラーオサーヘブ・Y・J・ガルワンカルは家族とともにカーシー（ヴァラナシ）とプラヤーグへの巡礼の旅に出ました。多くの聖地を訪れて、聖なるクンド（池）や川で沐浴し、プラヤーグに到着すると聖跡をすべて訪れました。バーラットワージ・アシュラムで、どうしても聖人のダルシャンを受けたくなり、そのことを静かにババに祈りました。彼はガイドに聖跡を見て回るだけでなく、聖人にもぜひ会わせてほしいと頼みました。彼らがバーラットワージ・アシュラムを去るか去らないかというとき、ガイドはトンガ（馬車）を止めて、長いひげを生やした神々しい人を指さして、言いました、「このマハトマ（大聖）がプラヤーグを訪れることはまれです、数年に一度のものでしょう。彼はその徳の高さで広く知られています。人びとを近寄せようとしないし、お金も受け取ろうとしません」。聖者に出会う機会をお与えくださいと、数分前にババに祈ったばかりだったので、ガルワンカルはこの聖人に出会ったことを天与の機会と考えて、ガイドが止めるのも聞かず、トンガから降りて、そのマハトマに近づきました。ところが、その聖なる人は少しも嫌がるどころか、ガルワンカルを祝福するように片腕を挙げて迎えると、こう言ったのです、「こちらへ来なさい、わが子よ」。ガルワンカルの母、妻や一行の他の婦人たちもガイドが止めるのも聞かず、マハトマに近づいて、同じように祝福を受けました。ガルワンカルは、ポケットに三アンナ（十八パイサ）しかもっていませんでしたが、それを取り出して、聖者に献上しました。ガイドが驚いたことに、マハトマはいかにもうれしそうに、その硬貨を受け取ったのです。ガイドはまったく知らなかったのですが、ガルワンカルはサイババの熱心な帰依者で、ババは自分のアストラル体を通じて、各地の聖者たちと接触をもち、彼の帰依者たちの善き願いをかなえていたのです。

一九二八年、インドール高等裁判所のM・B・レゲ判事は、ダクシネーシュワルを訪れて、各地の名所旧跡を見て回りました。彼は当地の歴史に堪能だという案内人を雇いました。案内人はシュリ・ラーマクリシュナ・パラマハンサが崇拝していたカリー女神の像へと案内しました。レゲは神像をとくと眺めているうちに、少年の頃にパラマハンサと遊んだという甥のラームラルの小像を見たくなり、ガイドにぜひとも見せてほしいと頼みました。ガイドは寺院のひとつに連れて行くと、巨大な像を示して言いました、「これがラームラルです」。レゲはそんなはずはないと言い返しましたが、ガイドはこれに間違いないと言い張るのです――自分は地元の人間だから、この町に来たばかりのレゲよりはくわしいのだ、と。レゲはあきれてものが言えませんでした。ちょうどそのとき、プージャーリー（司祭）がたまたま通りかかり、レゲに気がつくと、なにかを案ずるかのように、デカン地方からおいでになったのですかと尋ねました。レゲはそのとおりだと答えました。すると、プージャーリーは案内役を買って出て、どんな細かいことでもお尋ねください、と申し出ました。レゲはプージャーリーの申し出を受けていいものかどうか迷いました。しかし、自分は金銭的な見返りを期待しているのではない、と相手は言って譲りません。自分がなぜこんなにこだわるのか、その人は説明して言いました――前日の夜に夢を見て、翌日、デカンからある帰依者がやってくるから、この人にすべての寺院を案内し、いろいろな神々を礼拝できるように手助けしてあげなさい、という指示を受けたのだ、と。それではということで、レゲはプージャーリーの申し出を受けることにしました。彼はレゲをふつうの人が入れない多くの寺院の至聖所にまで入らせてくれ、礼拝させてくれました。その途中、先ほどのガイドにラームラルの像を見せてくれるようにと頼んだが、騙されてしまったという話をしました。「ほんとうの像をお見せしましょう」とプージャーリーは応じると、レゲにその小像を見せてくれたばかりか、それに触らせてもくれました。レゲの欲張りな期待も、こうして十二分にかなえられたのです。これもサイババのおかげにちがいないと、レゲは思ったものでした。

マーダヴラーオ・デーシュパーンデーは自分のサットヴァ（純質）的な欲求をぜひともかなえたいと思っていました。あるとき、ババはカーカーサーヘブ・ディクシトの息子の紐の儀式（成人式）とナーナーサーヘブ・チャンドルカルの年長の息子の結婚式の両方に招待されて、出席を求められました。ババは自分が式典に出席する代わりに、ナーナーサーヘブ・デーシュパーンデーを代理人に立てて、ナーグプルの紐の儀式とグワーリヤルの結婚式に出席させることにしました。ヴァラナシはグワーリヤルからそれほど遠くなかったので、マーダヴラーオはヴァラナシと近くのガヤーも巡礼したいと思いました。彼がこのことに言及すると、ババは言いました、「もちろん行きなさい。私もその場所を巡礼し、先に戻っているから」

マーダヴラーオは一〇〇ルピーを借りて旅に出ました。その途上で、アッパー・コーテに出会いました。マーダヴラーオがヴァラナシに行くところだと知ると、一文無しでしたが、彼に同行することにしました。

しかし、なにもかも順調に運んだのです。ディクシトはマーダヴラーオに餞別として二〇〇ルピーを、チャンドルカルもさらに一〇〇ルピーを贈りました。チャンドルカルの父の義理の娘もさらに一〇〇ルピーの餞別をくれました。義理の父のジャタル氏もマーダヴラーオのヴァラナシとアヨーディヤー滞在の手配をしてくれました。マーダヴラーオは二か月と二十一日をこの二つの場所で過ごし、プラヤーグを訪れたあと、ガヤーへと向かいました。列車のなかで、ガヤーでは伝染病が発生しているといううわさを聞きました。列車は深夜にガヤーに到着しました。マーダヴラーオとコーテはダラムシャーラー（宿坊）で一晩を過ごしました。翌朝、彼らに会ったパンダ（聖地案内の僧）は他の巡礼者たちも行くから急いだほうがいいと言いました。マーダヴラーオは当地では伝染病が発生しているのかと用心深く尋ねました。パンダは自分たちの見るかぎり伝染病らしいものは発生していない、と請け合いました。パンダはマーダヴラーオとコーテを広々とした家に連れて行って、一部屋をあてがいました。彼らはこのもてなしを喜んだのですが、さらに彼らを喜ばせたのは、壁にかかっていたサイババの肖像画でした。その絵を目にすると、マーダヴラーオは深く感動し、目からは涙がこぼれはじめました。パンダは彼が伝染病が恐くて泣いているのだと思って、自分が信用できないのなら、他の人に尋ねてみなさい、と言いました。「でも、泣くのだけはやめてください！」とパンダは言いました。

マーダヴラーオは自分がなぜ涙を流しているのかを説明しなければなりませんでした。予想外の場所でサイババの肖像画を見たので、つい泣いてしまったのだ、と。でも、どうしてババの絵を壁にかけているのですか、と彼はパンダに尋ねました。

「ああ、それはわかりやすく言えばこういうことですよ」とパンダは言いました、「もう十二年も前になるでしょうか、マンマドとプンタンベから数百人の巡礼者の団体がやってきました。彼らからサイババのことを聞いて、シルディへ行くことにしました。そしてババのダルシャンを受けました。そこでふとババの絵が一枚ほしいものだと思ったのです。どこかでそういう絵が手に入らないものかと探していると、ある人の家でまさに自分がほしかったような絵を見かけました。それを売ってもらえないかと尋ねたところ、その絵をプレゼントしてもらったのです」

そこまで聞くと、マーダヴラーオははっと気がつきました、そのある人とは自分のことで、その絵をパンダにプレゼントしたのは自分だったのです。十二年も経っていたので、その出来事を完全に忘れていたのです！

彼が自分の素性をパンダに明かすと、今度はうれしい驚きに打たれたのは、パンダのほうでした。二人とも大喜びして、当時の思い出話にふけりました。パンダはマーダヴラーオの手厚いもてなしを思い出し、わずかばかりだがお返しをしたいと申し出ました。パンダ自身は裕福で、象を何頭も飼っていました。彼は象を一頭連れてくると、背中のかごの上からマーダヴラーオにいっしょに乗らないかと誘いました。パンダはあちこちを案内し、ヴィシュヌパド寺院では主神にプージャとアビシェーカのお勤めをし、祖霊に握り飯を供えるピンダダーンの儀式を行いました。マーダヴラーオは、その日は他のだれよりも幸せだったでしょう。そして自分が受けたすべての助けは、サイババのリーラのおかげだと思ったのです。

アハマダーバードのカーループル地区、リリーフ・ロード、タルカス・ブーヴァンのシュリ・サイ・ヴィシュワ・マンディル寺院の由来にも同じような余韻が感じられます。ラームシャンカル・トゥリパティーは親友のルヌバイー・サヴヤドに、シルディ訪問後の自分の個人的な体験をよく話したものです。ルヌバイーも同じような経験をしていたので、二人は自分たちの経験を他人と分かち合いたいと感じました。それで一九四八年八月にマンダル（交友会）を組織することにしました。最初、二人はある場所で会って、バジャンを歌いました。その頃、彼らはセト・ラティラル・チマンラール・シャーと彼のババへの帰依について聞いていました。二人は彼を訪ねると、マンダルを立ち上げたいむねを話しました。セト・ラティラルは自分の家の三階をその目的に使ってはどうかと申し出ました。こうして毎週木曜日にタルカス・ブーヴァンでサイ・マンディルが開かれるようになったのです。スタヴァン（賛歌）、バジャン、スワードヤーヤ（精読）、そしてアールティーというプログラムが組まれました。一九四八年以降、帰依者が著しく増加したために、ホールは終日開放されることになりました。今ではマンダルをもっと大きな施設に移すという計画があります。

　ヴァサントラーオ・ヴィシュヌシャーストリー・パナシーカルは保守的なブラフミンでしたから、サイババの全能やブラフマンとの一体性を信じませんでした。ボンベイ、カルバデヴィー、ファナスワディ一二九のヴィッタル・マンディルにババの写真が飾られていることにも反対していましたが、ババの霊験《パワー》を個人的に体験してからは、その敵愾《てきがい》心も少しずつ氷のように解けていきました。その後、ボンベイにシュリ・サイ・セヴァ・サング（協会）を設立したばかりか、帰依者たちが礼拝できるようにとパードゥカーを寄進しました。一組のパードゥカーがボンベイからアハマダーバードまで列車でうやうやしく運ばれて、沿線の各駅には帰依者たちが集まり、それを称えようと、バジャン、プージャ、アールティーが行われました。

　多くの帰依者が願いをかなえられて、ババの恩恵に感謝しました。遠く離れた場所にいる人でも、ババは彼らの内奥の考えを知ることができました。クリシュナバイー・プラバーカル夫人が、初めてババのダルシャンを受けたとき、彼は夫人に四アンナの硬貨を贈りました。クリシュナバイーは、それを宝石箱に入れて礼拝していました。ある日、クリシュナバイーは、ついうっかりして、そのコインを物売りの女からココナッツを買うためにやってしまいました。自分がしてしまったことに気がついて、すっかり気落ちし、ババに祈りはじめました。夕方になって、ふと見ると、女の物売りが戸口に立って、こう言っているのです、「バイー、あなたはプージャのコインを私にくれたでしょう。そんなものはいただけませんよ」。クリシュナバイーは大喜びし、そのコインを返してもらうと、代わりに別のものを物売りに渡したのです。

　だれかがシルディを訪れたとき、彼らがいつ帰るべきかを決めるのはババでした。彼はいつも人びとの利益になるように配慮したのです。公務員のワーグレがシルディを訪れて、ババのダルシャンを受けたとき、もう少し滞在を延ばしたいと思う一方で、休暇も残り少なくなり、どうしようかと迷っていました。ババはそれに気がついて、ワーグレに言いました、「なにが恐いのかね？　心配しなくていい。くよくよしないことだ」

　四日目、ババはワーグレを呼び出して、言いました、「今日、帰りなさい」

ワーグレは許可もなく休暇を延ばしたことを、上司にとがめられないかと心配でした。しかし、そのようなことはまったく起こりませんでした。だれも気にしていないかのようでした。カーカー・マハージャニーの場合はまったく逆でした。彼がシルディへ行ったとき、一週間滞在し、ゴークラシュタミ祭（クリシュナ神の誕生日）に参加するというはっきりとした目的がありました。ところが、シルディに到着した日、ババのダルシャンへ行くと、彼は尋ねました、「いつ帰るのかね？」

マハージャニーは返答に窮しました！　しかし、なんとか答えました、「あなたが帰れとおっしゃった日に」。ババは言いました、「明日、帰りなさい」

マハージャニーは翌日、ボンベイへ帰りました。会社に出勤すると、取締役が急病になったので、会社の共同経営者が前日、すぐにシルディから帰るようにという手紙を出したというのです！

ババの愛情は人間だけにとどまらず、広く動物世界にまで及びました。シルディの一頭の牡牛はシヴァ神のものとされ、自由にうろつきまわり、どこの土地の草でも食むことを許されていました。やがてそれが迷惑の種となり、勝手に畑や庭に入って損害を与えるようになりました。そのために村人たちは牛をイォーラのピンジラポレ（動物保護施設）へ送ることに決めました。牡牛はお金を払ってビク・マールワーリに預けられ、彼がピンジラポレまで連れて行って、そこへ収容してもらうことになったのです。しばらくして、彼は戻ってくると、自分に任された務めを果たしたと、村人たちに告げました。

その日の夜、サイババがバヤジ・アッパージ・パーティルの夢枕に立って、こう告げました、「眠っている場合かね？　私は肉屋の家の前につながれているのだよ」。バヤジは目を覚ましました。夢があまりにも鮮明だったので、別の村人たちに相談してみることにしました。牡牛はおそらくピンジラポレまで連れて行かれたのではなく、肉屋のところへ連れて行かれたにちがいない、というのが彼らの結論でした。それでバヤジは頼まれて、牛がどこにいるのか確かめることになったのです。彼はイォーラへ行くと、二か所のピンジラポレで、牡牛を収容したかどうか尋ねました。していないという返事でした。そこでバヤジは肉屋が住む地区へと足を延ばし、その牡牛を探したのです。ひと目見るなり、すぐにその牡牛だとわかりました。その後の調べでわかったのですが、ビク・マールワーリは牡牛を十四ルピーで肉屋に売り渡し、牛はその日のうちに屠殺されることになっていたのです。バヤジは牡牛を助け出して、家に帰ってきました。ビク・マールワーリは詐欺の罪に問われて、もちろん有罪宣告を受けました――動かぬ証拠が揃っていたので、二か月の禁固刑が言い渡されました。当然の報いでした。しかし、この出来事で明らかになったのは、サイババの気遣いは牡牛にすら及んでいるということでした。

ババの帰依者たちへの気遣いは些細なことにまで及びました。ボンベイのシャンカールラーオ・ガヴァンカールとララ・ラクミチャンドが、シルディへババのダルシャンを受けに行ったときのことです。彼らがマスジドの階段を上っていくと、そこにいたのは恐ろしく機嫌の悪いババでした。ババの機嫌をものともせずに、シャンカールラーオは近づいていきましたが、あっけなく追い返されてしまいました。シャンカールラーオとラクミチャンドは深く傷ついて、ババがじきじきにお呼びにならないかぎり二度と戻ってくるものか、と固く決意してマスジドをあとにしたのです。そこを出て二分も経たないうちに、ババが二人を探しているというメッセージがやってきました。

カーカー・マハージャニーの上司、シュリ・ダラムシー・タッカーは、ババに敬意を表するために、シルディを訪れました。ババはタッカーに一房のふつうの種入りのブドウを与えました。タッカーはその手のブドウは大嫌いだったのですが、サイババへの敬意から、それを静かに食べると、ババに見えないように手のひらに種を吐き出しました。しかしながら、ババはそれを内なる眼によって見ていたのです。次に同じ山のなかから別の一房のブドウをタッカーにやりましたが、それは種なしになっていました。ババはこうしてタッカーに自分の霊験と内なる洞察力を証明してみせたのです。

シルディのマールタンドという名前の仕立て屋は重い病気にかかっていました。家には面倒を見てくれる人はひとりもいませんでした。だれからの助けも得られずに、ひとり静かに病んでいたのです。ある日、道端で横になっているところを、通りかかったサイババが目にしました。気がついたババは、頭はしっかりしているマールタンドに、ニムガーオンのナーナーサーヘブ・デングルのところへ行けば面倒を見てもらえるだろう、と教えました。マールタンドが無理をおして、ニムガーオンのデングルに会いに行くと、とても情け深い人であることがわかりました。彼はマールタンドに言いました、「ここをわが家と思って泊まっていきなさい。昨夜、サイババが夢枕に立って、あなたの面倒を見るようにとおっしゃったのです。なんの心配もいりませんよ」。マールタンドはこの自然にあふれ出るような親切なもてなしにいたく感動し、デングルの家に体調が回復するまで滞在しました。その長患いのあいだ、彼は必要なすべての世話を受けたのです。

ババはめったにシルディの外に出ませんでした。たまに出るとしても、ニムガーオンやラハタに行くだけでした。ラハタのクシャルチャンド・セトは、彼の帰依者でした。あるとき、サイババはしばらく顔を見ていないクシャルチャンドに会いたくなり、カーカーサーヘブ・ディクシトに言いました、「トンガでラハタまで行って、クシャルチャンド・セトに、最後に会ってから何日も経つから、こちらへ遊びに来るようにと伝えなさい」。ディクシトがトンガでラハタまで行くと、クシャルチャンドはちょうど昼寝から目を覚ましたところでした。クシャルチャンドは言いました、「あなたが来るすぐ前に、ババが夢のなかでダルシャンをして、あなたがもってくる伝言を教えてくれたのだよ。ぜひともシルディへ行きたいが、息子が牛車で出かけてしまっていてね」

ババはそのことがわかっていたから、クシャルチャンドを乗せて帰るようにと、トンガをさし向けたのだ、とディクシトは言いました。少しも驚くことなく、クシャルチャンドはそのままシルディまでディクシトに同行し、ババとおしゃべりを楽しんだのです。

サイババは帰依者どうしを区別しませんでした。自分はえこひいきをしないし、つねに平等を心がけている、とみんなに思ってほしかったのでしょう。ババはいつも言っていました、自分のドゥルバールでは、帰依者どうしが区別されることはない、と。R・V・モダクとG・G・ナルケ教授は、そのことを経験しました。サイババがナルケから手渡されたチラムを吸っているのを見て、サイババからじかにチラムを手渡されたら、その火を自宅の毎日のプージャにもち帰れるのになあ、とモダクは思いました。翌日、モダクがダルシャンでマスジドへ行くと、サイババはマーダヴラーオに、モダクに二本のチラムを渡すようにと命じました。それと似た話ですが、あるとき、ナルケ教授はシルディで、別の帰依者がサイババから昼のビクシャー（布施）を集める役目を任されるのを見ました。自分はその帰依者のように精進していないから、おそらくそのことが理由で、こうした名誉を任されないのだろう、とナルケは感じました。ところが、彼がどんなに驚いたか想像に難くありませんが、翌日には、昼のビクシャーを集めるお勤めが、彼に割り当てられたのです。ババは彼の心を読んでいて、他の者よりも愛されていないわけではない、ということをわからせたかったのです。

帰依者はだれもが自分がいちばんサイババに愛されていると感じました。あるとき、インドール高等裁判所の判事、M・B・レゲ氏は、ラーマ・ナヴァミ祭の期間中にシルディを訪れて、ババに高価な贈り物をしようと思いました。彼はチャンダルで生産された、ダッカ風の精緻なレースの刺繍が入ったモスリンを、八十五ルピーで購入し、きれいに折りたたませて、縦横十五センチ、厚さ三センチの包みにして贈ることにしました。そしてサイババが彼の愛に応えてくれるなら、それを返したりせず、受け取って着てくれるだろう、と考えたのです。

ふつうなら帰依者が前に進み出て、衣服を広げてサイババに贈ると、それは彼の肩にかけられたあと、お付きの人がひきとって、贈り物をした人に返されることになっていました。レゲはサイババにあいさつをするときに、その小さな包みをババのマットレスの下に押し込みました。だれもマットレス（ガーディー）の下になにかあるのに気づきませんでした。ババは立ち上がるときに言いました、「ガーディーの上に載っているものをすべて片づけて捨てなさい」。ところが、ガーディーが取り除けられると、お付きの人たちは下に小さな包みがあるのを見つけました。ババはそれを取り上げて言いました、「これは返さないことにしよう。私のものにする！」そうして刺繍の入ったモスリンを自分の両肩にはおると、レゲに向かって言いました、「どうだ、似合うかね？」レゲは自分が祝福されたと感じました。

ババがレゲへの好意を示したのは、そのときが初めてではありませんでした。それより三年前、レゲはグルプールニマーの日にシルディへやってきました。途中のマンマドで、地元の帰依者たちがめいめい花輪の入ったかごをもっているのを目にしました。師《グル》のために花輪をもってくることなど考えもしなかった自分を思うと情けなくなりました。彼らはシルディに到着すると、レゲを除いたすべての帰依者たちがババに花輪をかけたので、レゲは自分だけささげる花輪がないことを悲しく思いました。ところが、ババは花輪をすべて首から外すと、それをレゲに与えて言ったのです、「これはみんなあなたにあげよう」

マディヤ・プラデーシュ、ハルダの名誉行政官、クリシュナラーオ・ナーラーヤン・パーラルカルは毎年、ダッタートレーヤー神の記念日に一〇〇人のブラフミンを招いて饗宴を催していました。もしも、なんらかの理由で、一〇〇人のブラフミンをもてなせない年があると、翌年には二〇〇人を招いたものです。この習わしに従って、一九二五年、彼は二〇〇人のブラフミンをもてなすことになりました。その決定は月曜日になされ、実際の饗宴は土曜日に行われることに決まりました。火曜日、午前五時頃にバジャンを詠唱していると、パーラルカルは内なる声がこう言うのを聞きました、「私に土曜日の宴席に来てほしかったら、カーカーサーヘブ・ディクシトを招きなさい」

パーラルカルには二つの考えがありました。その声がサイババのものであることはわかっていました。しかし、ディクシトはボンベイに住んでいたのです。たかが食事会のために、ディクシトをはるばるボンベイから招いてもよいものでしょうか？　彼がそんなふうにためらっていると、はっきりとした答えがプージャのときにやってきました、「どうして迷っているのかね？　カーカーサーヘブ・ディクシトに手紙を書いて、彼をブラフミンたちといっしょにもてなしたなら、私をもてなしたことになるのだよ！」

ためらうことなく、パーラルカルはディクシトに手紙を書きました。ところが、土曜日になっても、ディクシトからは返事も来ないし、やってくる様子もありません。それでパーラルカルは目に涙を浮かべて、サイババの写真に向かって祈りました。それが終わって、沐浴をすると、サンディヤーのために坐りました。ちょうどそのとき、マーダヴラーオ・デーシュパーンデーといっしょに行くという、ディクシトからの電報を受け取ったのです。パーラルカルは大喜びしました。彼は友人たちといっしょに賓客たちを迎えるために駅へ行きました。夕方の宴席では、二〇〇人のブラフミンに食事がふるまわれ、それに二人の来賓が華を添えたのでした。彼らのなかにババがいることはだれもがわかっていました。

# 第八章　ナーナーが困っている

愛情深い帰依をもって、キールタンを歌い踊れば、
神ご自身が、帰依者の前に、その姿を現す。

ナーラダスートラ（経典）

［1］

宗教的な経典には、帰依者が苦境に陥ったとき、神が助けに来てくれたという話がしるされています。神はナルシ・メヘタの代わりにフンディー（要求払い手形）をエクナースに支払ってやりました。神はダマジ（十五世紀の聖者）を救うため、従者の姿に身をやつし、ヴィトゥ・マハルとなってやってきました。神はジャナーバイーが粉挽き、杵つき、その他の仕事をするのを手伝いました。神はドゥフシャーサナがドラウパディーの服を脱がそうとしたとき、その不名誉から彼女を救ってやりました。神が自分の帰依者の帰依者であることを証明する、このような物語が数多くあるのです。

サイババもそうでした。ナーナーサーヘブ・チャンドルカルを助けるため、サイババはあるときは薪拾いになり、またあるときはマハル（不可触選民）になり、さらにあるときは巡査になったのです。

最初の出来事のとき、ナーナーサーヘブ・チャンドルカルは夏期休暇でアハマドナガル地区にいました。職場の仲間たちとハリシュチャンドラ山で開かれる定期市へ行くところでした。半分ほど登ったところで、昼になり、ナーナーサーヘブはのどがからからに渇いていました。午後の日差しはきつく、ナーナーサーヘブは息を切らしていました。いっしょに行った人たちが近くに水はないか探しましたが、どこにも見当たりません。ですからナーナーサーヘブは体力を消耗しないようにと、たびたび休憩をとり、ゆっくり登るようにと忠告されていました。しかしながら、ナーナーサーヘブは力を使い果たして、もう一歩も登れない状態になってしまいました。サイババがここにいてくれたらなあ、と彼はつぶやきました。

これにむっとしたかのように、同行した人たちは言いました、「ナーナー、サイババはここにいませんよ。忍耐と根性で一歩一歩行くしかないのです」。ナーナーサーヘブは、そう言われたものの、彼らにはまったく耳を貸さず、そこから一歩も動こうとしません。

一方、シルディでは、サイババが隣に坐っているマーダヴラーオ・デーシュパーンデーにこう言いました、「ナーナーが困っている」。ちょうどそのとき、ナーナーサーヘブは頭に薪を載せて運んでいるビール人に気がつき、どこかに飲み水はないかと、その人に尋ねました。ビール人はこともなげに答えました、「今あなたが坐っている石の下ですよ。そこに水がありま す！」その石をもちあげると、きれいな水が湧き出しました。ナーナーサーヘブは心ゆくまで水を飲んで、渇きをいやすと、みるみる元気になって、なにごともなかったかのように登りつづけました。数日後、ナーナーサーヘブがシルディへ行ったとき、マーダヴラーオが尋ねました、「これこれの日に困ったことはなかったですか？」

「どうしてだね？」とナーナーサーヘブは尋ねました。

マーダヴラーオはそこで、その日にシルディで、サイババが彼に話したことを教えてやりました。そこでようやく、ナーナーサーヘブは気がつきました、自分が出会ったビール人は、ババだったのです。

二番目の出来事が起こったのは、ナーナーサーヘブが、日食のときにゴーダーヴァリー川で沐浴をしようと、シルディからコパルガーオンへ行ったときのことです。日食が始まってすぐに、ひとりのマハルが大声で呼ばわりながらやってきました――デ・ダーン・スーテ・グラハン（お布施をすれば日食は終わるよ）。ナーナーサーヘブは四アンナをくれてやりました。まさにその瞬間、シルディでは、隣に坐っている帰依者に四アンナ分のコインを見せて、サイババは言ったのです、「ほら、この四アンナはナーナーがくれたのだよ！」シルディへ戻ったとき、日食の施しにいくらやったのかと尋ねられ、ナーナーサーヘブは言いました、マハルに四アンナくれてやったと！　その日、ババが帰依者に言った言葉が伝えられて、そこでようやく、マハルの姿でやってきたのがババだったことがわかったのです。

第三の出来事は、ナーナーサーヘブがジャムナーのマムレダール（徴税官）だったときに起きました。娘のミナタイは出産の時刻が近づくと強い陣痛に見舞われました。そのためにチャンドルカルの家族は出産が安全にとどこおりなく終わりますようにと、サイババに祈りました。シルディではだれもそのことを知りませんでしたが、ババだけは内なる眼を通して、ミナタイの陣痛に気がついていました。助けを求める帰依者の切実な声は遅れることなく神に届いたのです。

ジャムナーでいろいろなことが起こっているとき、シルディのラームギルブアーは、カーンデーシュの自分の別荘にどうしても行きたくなりました。それで彼はサイババのそばに寄って、そこに行く許しを求めました。サイババは彼をあだ名で呼んで言いました、「バプールギル、ほんとうに行きたいのかね？　行くのはかまわないが、途中で一息入れてから行きなさい。最初にジャムナーへ行くのだ。ナーナーの家に寄って、彼に会ってから行きなさい」

マーダヴラーオ・デーシュパーンデーに、ババは言いました、「アドカルのアールティー（祭文）をナーナーのために書き写しなさい」。それから、一包みのウディ（聖灰）をラームギルブアーに手渡して、彼は言いました、「この包みとアールティーの祭文をナーナーにやってくれ」

ラームギルブアーはババに言いました、「私は二ルピーしかもっていません。これっぽっちで、どうしてジャムナーに行けましょう？」

サイババは答えました、「心配しないで行きなさい。なにもかも準備されているから」

サイババの言葉を信じて、ラームギルブアーは出発しました。この時代には、ジャムナーまで直行する鉄道路線はありませんでした。ジャルガウンで下車して、その先の道のりは他の交通手段に頼るしかありませんでした。ラームギルブアーはジャルガウンまでの切符を買いました。運賃は十四ルピーでした。ジャルガウンには午前二時四十五分に着きました。もうポケットに二アンナしか残っていません。不安な気持ちをいだいて駅の外に出ると、遠くに頰ひげを生やし、乗馬用のズボンをはいて、ボタンがずらっと並んだチュニック（軍服）を着た、堂々たる体軀の男の人が見えました。ターバンを巻いて、ブーツをはいていました。その人はラームギルブアーに近づくと尋ねました、「シルディのバプールギルの旦那はどちらかな？」ラームギルブアーは前に出て言いました、「私がシルディのバプールギルだ。こんなに夜遅く、私になんの用があるのかね？」

その男は答えました、「チャンドルカル・サーヘブが、私とトンガ（馬車）を遣わしたのです。さあ、お乗りください、出発しましょう！」

ラームギルブアーは心底からほっとしました。トンガは小気味よく進んでいきました。夜が明ける頃、トンガは川の近くのバグフールで停まりました。馬をくびきから外すと、御者は馬を水辺へと連れて行きました。それから自分とラームギルブアーが飲む水をもってくると、ラームギルブアーの前にマンゴー、グルパパディ（ヤシ糖でつくる各種のケーキ）、ペーダなどの食べ物を並べて、朝食をとるようにと勧めました。ラームギルブアーは御者のカーストが気になりました。疑われていることに気がついて、御者は言いました、「旦那、私はムスリムではありませんよ。ガルフワーリー・ラージプート族です。私といっしょに食事をしてもなんの障りもありません。それだけでなく、この軽食はナーナーサーヘブが、あなたのためにともたせたものなのです」

ほっとして、ラームギルブアーは御者といっしょに朝食をとり、すぐにまたジャムナーへの旅を再開しました。ジャムナーに着くと、ナーナーサーヘブのカチェリ（事務所）が見えてきたところで、ラームギルブアーは用を足そうと馬車から降りました。ところが戻ってきて、トンガを探したのですが、どこにもトンガも馬も御者も見当たりません。すべてがどこかへ消え失せてしまったのです。とても信じられないことでした。

たいそう驚いたのですが、ラームギルブアーはカチェリまで歩いていくと、ナーナーサーヘブが在宅していると聞いて、住宅のほうへ回ると、そこのベランダに腰を下ろしました。不意の訪問の知らせが届いて、ナーナーサーヘブがあわてて客人を迎えに出てきました。ラームギルブアーは、ババからもらったアールティーの写しとウディの包みをナーナーサーヘブに渡しました。ちょうどそのとき、ナーナーサーヘブの娘は耐えがたい苦痛のなかにあって、ナヴァチャンディハヴァン（出産や結婚に際し供物を焼く儀式）が行われ、サプタシャティーが詠唱されていました。ナーナーサーヘブは妻を呼ぶと、今すぐミナタイに与えるようにと、ウディを手渡し、ナーナーサーヘブ自身はサイババが託してくれたアールティーを唱えはじめました。まさにそのときです、ウディが与えられたとたんに、ミナタイが無事に子どもを出産したという知らせが、お産をする部屋から届いたのです。ナーナーサーヘブは心の底からほっとして、ラームギルブアーのほうを向くと、ラームギルブアーはこう言いました、「つかぬことをお聞きしますが、トンガの御者はどこへ行ったのですか？　それにトンガはどこに？」

ナーナーサーヘブは、ラームギルブアーの言っていることがさっぱりわかりません。トンガの御者だって？　トンガ？　なんのことを言っているのだろう？　ナーナーサーヘブは言いました、「どのトンガですか？　あなたが来ることなど知らなかったのに、その私がどうして、あなたを迎えるためにトンガを送るのですか？　あなたのためにトンガなど送っていませんよ！」これを耳にして、ラームギルブアーはびっくり仰天し、この旅の顚末をいちばん最初からナーナーサーヘブに語って聞かせました。ナーナーサーヘブ自身も驚いて、呆気にとられ、すべては師の働きだったことに気がついたのです。

ラーマチャンドラ・アートマラーム・タルカドの妻の目の前で、サイババはお腹を空かせた犬や豚の姿になりました。タルカド夫人がつくった料理を食べて、すっかり満腹し、客を食べ物でもてなすのが帰依者の務めであることを教えたのです。その客が人間であろうと、獣や鳥のような動物であろうと。

あるとき、それはシルディで起こりました。食事時間で、ターリー（お盆）に食べ物が盛られていました。一匹の犬がうろついていたので、タルカド夫人はその犬にバークリーを食べさせてやりました。ちょうどそこへお腹を空かせた豚がブーブーとやってきたので、タルカド夫人はその獣にもバークリーを食べさせました。ためらいなく動物たちにも食べさせてやったのです。彼女にとっては自然なふるまいでした。午後になって、サイババのダルシャンへ行くと、彼は言いました、「お母さん、今日はごちそうをいただいてお腹がいっぱいになったよ。空腹だったが、その飢えを満たしてもらった。いつもこのようにするんだよ。そんなふうに親切な行いをやっていきなさい。空腹なものに食べさせてやれば、みんなが幸せになる。これを死ぬまでおぼえておくんだよ」

タルカド夫人はババの言っていることがさっぱりわかりませんでした。彼はうちにはやってこなかったし、もちろん食べ物などあげたおぼえはありません。それで言いました、「どうして食べ物をあげられるでしょう？　私はシルディの一介の主婦で、夫に養われている身なのですよ。それに食べるものはみんなお金で買っています！」

ババは答えました、「あなたは愛情たっぷりに、私にバークリーを食べさせてくれたじゃないか。あなたが食事のために坐ったとき、突然、一匹の犬が目の前に現れたので、それに食べさせてやったね。それから泥だらけの汚い豚がやってきた。その豚にも食べさせてやったね。私はその両方だったのだよ。彼らに食べさせたということは、私に食べさせたということだ！」このまさに真実を、サイババはその独特のやり方で、ラクシュミーバイー・シンデに教えたのです。あるとき、夕方の祈りを終えたあと、サイババはマルワディ人の家と店のある南の方角を向いて立ちました。ほかに何人かの帰依者たちもそこにいました。ちょうどそこへ、ラクシュミーバイー・シンデがやってきて、ババにあいさつしました。ババは彼女に言いました、「お腹が空いたよ」。ラクシュミーバイーは答えました、「それでしたら、バークリーをご用意してもってきましょう。すぐに戻ってきますから」

彼女は家に帰ると、バークリーを急いで用意し、おかずといっしょにマスジドへもって帰りました。その簡単な食事を葉っぱのお皿の上に広げて、ババの前に供しました。ババはすぐにそのお皿をとると、後ろをうろついていた犬の前に置きました。ラクシュミーバイーがとり乱したのも当然です。「ババ」と彼女は言いました、「なんてことをなさるんですか？　あなたがお食べになるからと大急ぎでバークリーをつくってきたのに、それを犬にくれてやるなんて！　あなたはお腹を空かせているとばかり思っていたんですよ！　そのどこが空腹なんですか？　おもちしたものをひとかけらも口にしないなんて！　口惜しいったらありませんよ！」

ババは彼女を見て言いました、「どうしてそんなに嘆くのだね？　いいかね、空腹な犬に食べさせたということは、私に食べさせたということだ。生きとし生けるものはみんなお腹を空かせる。だから、人間だろうと動物だろうと、空腹なものに食べさせることは、とりもなおさず、私に食べさせることなのだよ！」

サイババは帰依者の日々の暮らしだけでなく、精神的な幸せにも気をつかっていました。ある朝、サイババはジョグ夫人に言いました、「タイ、午後にお勝手口に雌の水牛がやってくる。ギーをかけたプランポリ（甘いパン）をたっぷり食べさせてやりなさい」

ジョグ夫人は言われたとおりにプランポリを用意し、サイババにはナイヴェードヤ（聖別された食べ物）をお供えしました。そして午後になって、ふと気がつくと、お勝手口にサイババが予言したとおり、雌の水牛が立っていました。ジョグ夫人は、最初のうち、水牛がおいしそうにプランポリを食べるので喜んでいましたが、その牛が目の前で坐り込んで、具合が悪くなり、その場で死んでしまったのを見て、ショックを受けました！　怖くなり、なにか変なものが混じっていたのではないかと、プランを調理した容器も含めて、料理に使った鍋や食器をすべて調べてみました。しかし、そのようなものは見つかりませんでした。すっかり途方に暮れてしまいました。水牛が食べ過ぎで死んだのなら、その死の咎《とが》は自分に降りかかってくるでしょう。とても世俗的な見方をすれば、水牛がプランポリを食べたあとに死んだことを飼い主が知ったら、水牛が死んだのはジョグ夫人のせいだと思うかもしれません。帰依者たちを護ってくれるのは結局のところ神なのです。そこでサイババのもとへ駆け込んで、起こったありのままを説明し、自分がどれほど困っているかを伝えました。ババは心配しなくていい、と請け合ってくれました。彼は言いました、「飼い主があなたを困らせることはない。宗教上、あなたはなにひとつ間違ったことをしていない。水牛にはひとつだけ欲望が残っていた――プランポリを食べたいという。私はあなたを通じてその願いをかなえてやった。雌の水牛は今やそのヨーニ（階級または本性）から解放されて、今度はもっとよいところへ生まれ変わるだろう。あなたはなにひとつ心配しなくてていいのだよ」

それはジョグ夫人にとっては天啓でした。ババがどのように仕事をしているのかがよくわかったのです。サイババはあるとき、バーラー・シンピとマールサーパティーの前に黒犬の姿となって現れ、彼らの手からご飯を食べさせてもらいました。そうやって彼らの慢性病を治したのです。別のケースですが、ハンスラージは喘息で苦しんでいました。彼にヨーグルトを食べさせまいとして、ババは猫の姿に身をやつし、台所のヨーグルトをすっかり平らげてしまいました。お椀のヨーグルトをそっくり舐められてしまったのを見て、彼は猫を何度か思いっきりひっぱたきました。ババは自分の体に残ったあざを帰依者たちに見せたものです。

ウパサニ・ブアーがカンドバー寺院にいるとき、サイババはナイヴェードヤをもらおうとして、犬の姿になりましたが、ウパサニは彼を追い払ってしまいました。サイババはのちに、ウパサニの前で、この出来事をもちだしました。

ラーマチャンドラ・アートマラーム・タルカドの息子は、サイババの熱心な帰依者でした。あるとき、母親がシルディへ行きたがったので、お供をすることになりました。しかしながら、心配なことがひとつありました。彼は毎日のようにババの写真に礼拝し、ナイヴェードヤを供えていたのです。自分の留守中はだれがプージャをし、ナイヴェードヤを供えるのでしょうか？　彼の不在中は代わりに父親がプージャをやり、ナイヴェードヤをお供えすることになりました。肩の荷が下りたので、息子と母親はシルディへ行って、現地に何日間か滞在しました。ある日、母と息子がダルシャンへ行くと、ババは言いました、「今日もいつものようにバーンドラーへ行ったが、食べ物も飲み物ももらえず、お腹を空かせたまま帰らねばならなかった。扉は閉まっていたが、私は苦もなく入った。私を制止できる者などいるかね？　主人は家にいなかった。食べ物をもらえず、空腹に耐えねばならなかった。かんかん照りのなかを引き返さねばならなかった」

息子はすぐに気づきました、父親はババの写真にナイヴェードヤを供えるのを忘れたにちがいありません。すぐに父親に手紙を書くと、ババがバーンドラーに行っていたと言った日に、父親はババの写真に礼拝し、ナイヴェードヤを供えるのを忘れていたことがわかりました。ババはそのようなやり方で、どんな理由があろうとも、自分の存在を忘れてはならないことを、家族の者たちに暗に示したのです。

サイババは帰依者たちを助けるためだけでなく、彼らの気持ちを高揚させるために、その姿を現しました。一九一八年、グルヴェシャーストリーはサイババのダルシャンを受けるためにシルディへ行きました。彼はガンガージャル（水）をもっていって、それでサイババにアビシェーカ（灌頂《かんじょう》）をしました。そしてラーマ・ナヴァミの祝祭に参加するため、サッジャンガドへ出発する許しを請うたのです。ババは彼に言いました、「だが、私はここだけでなく、そこにもいるのだよ！」グルヴェシャーストリーがサッジャンガドへ行くと、驚いたことに、そこにもやはりババがいたのです！　すぐにその場で、グルヴェシャーストリーがチャラン・セヴァ（足のマッサージ）をすると、ババはたちまち消え失せてしまいました！

同じような話ですが、ダーモダル・ガナッシャーム・バブレことアンナ・チンチニカルは、シルディにやってきて滞在していましたが、家にひとり残された妻は伝染病発生の知らせを聞いておびえていました。ババは何度も彼女のもとへ現れて、なにひとつ心配することはない、と安心させたのです。

あるとき、R・B・プラーンダレーの妻の具合が悪くなると、サイババが目の前に現れて、ダルシャンをし、額にウディを塗り、彼女を助けてくれました。ヴァーツ・シャーンティ（新築祝い）の日、プラーンダレーがババの写真を手に家路をたどっていると、ババといっしょに歩いているかのような感じがしました。それはうきうきとした高揚感をプラーンダレーにもたらしたのです。さらにまた、とてもありえない話のように思えますが、プラーンダレーの母親と妻がパンダルプルへ行って、ヴィトバ－ラクマイのダルシャンをぜひとも受けたいと思っていたとき、ババはそのダルシャンをシルディにいても受けられるようにしてやりました。ある種の幻覚だったのでしょうか？　そうとは思えないのです。

シャンカールラーオの母親は、シャンタ－ラム・バルワント・ナチャネの友人で、パンダルプルのヴィトバ神を熱心に信仰していました。彼女はシルディまで行ったのですが、ある事情から、パンダルプルへ行けなくなりました。しかし、シルディでもらったウディがアビール(白檀、ガジュツ、ナガルモタ、コウブシ等の香りのよい粉)に変わったので、シルディに行くことはパンダルプルに行くのと同じことなのだと感じました。

あるとき、ソームナース・シャンカール・デーシュパーンデー警部補は、父親のナーナーサーヘブ・ニモンカルが不在だったとき、代わりにババにお仕えしようと、シルディに滞在していました。伝えられるところでは、マーダヴラーオ・デーシュパーンデーがマスジドの階段に坐って、サイババがいつもの席についていたとき、突如、ババの姿がマールディー神となって、ソームナースの目には見えたのです！　別の折に、ババはバーンドラーのアダム・ダリリの前にブラフミンとなって現れ、お布施を乞いました。ダリリはブラフミンに二アンナを渡して、帰ってもらいました。また別の折に、ダリリは予想もしていなかったのですが、ババはマルワディ人となって現れて、お腹が空いていると言い立てました。このときはダリリは四アンナを与えて、ホテルに行って自分で昼ごはんを食べるようにと言いました。その次に、ダリリがシルディへ行ったとき、ババは彼を指さして、弟子たちにこう言いました、「この人に会いに行ったら、マルワディのホテルへ行って食事をしろと言われたのだよ！」ダリリは許されてしかるべきでしょう、びっくり仰天したというただそれだけでも！

ある帰依者、ハリバウー・ケシャヴ・カルニクという人が、シルディからパンダルプルへ旅をしていたとき、旅客列車の切符を郵便列車の切符に変更しなければならないが、差額は後者に乗る前に支払わねばならない、と言われました。もう時間がなかったし、それよりなにより、トイレに行きたくてたまらなかったのです。いったいどうしたらいいのでしょうか？　もう我慢できそうにないが、切符は買わなければならない、そして列車はいつ出発してしまうかわからない。ちょうどそのとき、ハマル（運搬人）がやってきて、自分が荷物を見ているから、トイレに行ってきなさいと勧めました。トイレを済ませて戻ってくると、汽車が蒸気を吐きながら入ってきて、カルニクはまたしても窮地に陥りました。しかし、そこでもハマルが手を貸してくれたのです。「先に列車に乗っていなさい、私が切符を買ってきますから」と彼は言いました。そしてちゃんと約束を守ったのです。しかし、カルニクが財布を開いて支払いをしようとすると、もうそのハマルは消え失せていました！

アンデーリーのシュリクリシュナ・プルショッタム・パーティルは、シルディを経由してアッカルコートへ行きました。帰り道、お金が足りなくなったので、プネで途中下車することにしました。友人宅を訪ねて、いくらか現金を借りるつもりだったのですが、同じコンパートメントにブラフミンが乗り込んできました。雑談をしているとき、パーティルが自分の窮状について話すと、ブラフミンは言いました、「それだけのことですか？　心配には及びませんよ。下車などしなさんな。私が切符をご用立てしましょう。ボンベイに着いたら、送金為替で送ってくれればいいのです」。こうして、ブラフミンは汽車がプネ駅へ入ると下車し、すぐに切符を買ってくると、パーティルに手渡しました。そして彼は言いました、「ちょっと席を外しますよ、お茶を買ってきたいので！」そして客室から出ていったきり、二度と戻ってきませんでした！　奇妙な話と思われるでしょうが、帰依者たちはしばしば、こうしたどうしても助けが必要なときに、同じようにちょっとしたやり方で助けられたのです。機嫌の悪い渡し守が家族を向こう岸へ乗せていくのを断わったとき、どこからともなくファキールが現れて、渡し船の責任者に問い合わせてやろうと約束したとたん、渡し守は態度を一変させました。ある帰依者がギルナールへの巡礼の途中で気を失って倒れ、手当てが必要になったとき、どこからともなく水の入ったコップをもった給仕が現れて、その人は息を吹き返しましたが、給仕はどこかへ消え失せてしまいました！　そのウッダヴァーシャという人が、シルディを訪ねたとき、ババはからかうように尋ねました、「以前、あなたにコップの水を飲ませたことはなかったかね？」

ラーオ・バハードゥル・モーレーシュワル・プラダーンは、シルディにいるとき、ババを昼食会に招待しました。「それはありがたい、行かせてもらうよ。私のためにナイヴェードヤを用意してくれないか」。彼は約束しました。こうしてナイヴェードヤが用意されたのです。ババの席を上座にして、ターリー（お盆）が並べられました。お定まりのプランポリが添えられました。そしてみんな待っていたのですが、いっこうにババは姿を現しません。ちょうどそこへ、一羽のカラスが飛んできて、ババのために用意したターリーから、プランポリをくわえて、あっという間に飛んでいってしまいました。プラダーンはピンときました。

あるとき、神秘的なコミュニケーションを通じて、ババはある帰依者に三度も警告を発しました。彼の息子には緊急の医療処置が必要な予想外の病気があったのです。警告は一回目は無視されました。同じことがくり返されました。またしても無視されました。しかし、三度目の警告が見逃されることはありませんでした。外科医が呼ばれて、患者の体内に膿のかたまりが見つかりました。それが排出されると、病気は治ってしまいました。

『シュリ・サイ・サッチャリタ』の著者、ゴーヴィンド・ラグーナースことアンナーサーヘブ・ダボールカルは、あるとき夢を見ました。その夢のなかにサンニャーシ（托鉢僧）の衣装をまとったババが現れて、翌日の昼食時に彼の家を訪ねると約束したのです。ダボールカルは、これは正夢にちがいないと思いました。翌日はたまたまホーリー祭だったので、ダボールカルは数人の親戚や友人たちを午後の食事に招きました。彼は妻に、夢で約束したとおり、ババがやってくるかもしれないから、ババのお盆も用意しておくようにと頼みました。プージャが終わって、いつものように客人用のターリーが並べられましたが、いっこうにババがやってくる気配はありません！　客をいつまでも待たせておくわけにはいかないので、ダボールカルはしかたなく扉を閉じて、集まった客たちに食事を始めるようにと勧めました。しかし、ご馳走を口に運ぶか運ばないかのうちに、だれかがドアをノックしました。ダボールカルは「ラーオサーヘブはいるかね？」という声を聞きました。ダボールカルが扉を開けると、玄関の外に二人の友人が立っていました。しかしながら、彼らは昼食時にじゃまをしたことを詫びると、すぐに用件を切り出しました、「申しわけないが、これを預かってくれないかね？」なんとそれはババの肖像画だったのです！

　二人の友人はどちらもムスリムでした。ひとりはアリ・モハマッドで、もうひとりは聖者マウラーナーの弟子《シャーギルド》のイスム・ムジャヴァールでした。では、彼らはどういう経緯でババの肖像画を手に入れたのでしょうか？　この出来事が起こってからおよそ九年後に、その物語がダボールカルに明かされました。どうやら、アリ・モハマッドが、ババを熱烈に信奉するあまり、店でその肖像画を買ったらしいのです。ある日、彼は病気にかかって、義理の兄弟の看護を受けました。この義理の兄弟のムルシド（師）がアブドゥル・レヘマーンという人で、いっさいの肖像画を、ババのものでさえ認めない人でした。信仰心のあまり、義理の兄弟はアリ・モハマッドの家で見つけた聖者の肖像画をすべて取り外し、海に投げ込んでしまったのです。

　そうこうするうちに、アリ・モハマッドは病気から回復し、肖像画は一枚も残っていないだろうと覚悟し、自宅に帰ったのですが、なによりも驚いたことに、玄関の扉を開けたとたんに、目の前の壁にババの肖像画がかかっていたのです！　義理の兄弟が見たらどうするだろう、他の絵と同じ運命をたどるのではないかと心配になって、アリはすぐさまババの肖像画を戸棚のなかに隠しましたが、だれかに預けたほうが安全だと考えなおしました。そしてダボールカルのことを思い出し、矢も楯もたまらず、それをダボールカルの家に運び込んだのです。あとでわかったのですが、これ以上はないという絶妙のタイミングで！　とにかく、ババは帰依者との約束を守りました。そしてもうひとりを当惑と不快感から救ったのです！

サイババは、聖人はいかに昼夜を分かたず、帰依者のために奮闘しているかを、アッパー・クルカルニーに知らしめました。一九一七年、第一次世界大戦も終わろうという頃、政府の役人はまだ兵隊をつのるために田舎を巡回していました。当時、クルカルニーは徴兵の部署の責任者を務めていました。バーラーサーヘブ・バーテは、マムレダール（行政官）の公職から早期退職し、シルディに居を構えていましたが、クルカルニーにババの写真を贈ったところ、彼はそれを毎日のように礼拝していました。ターネーに転属になったとき、クルカルニーはぜひともシルディを訪れて、ババのダルシャンを受けたいと思いましたが、そのために休暇をとることができません。ババはそのことを聞かなくてもわかっていました。クルカルニーはビワンディーへと出向し、現地で八日間、仮住まいをしていましたが、二日も経たないうちに、ターネーのクルカルニーの自宅で奇妙なことが起こりました。ババによく似たファキールが、彼の家の戸口にやってきたのです。家人たちはていねいに、もしかしたらサイババではありませんか、とそのファキールに尋ねました。「違います」とファキールは言いました、「私はあの方ではありません。でも、あの人に命じられて、家族が無事に過ごしているかどうかを確かめに来たのです」

そうしてファキールはダクシナーを求めました。クルカルニーの妻はうやうやしく一ルピーを差し出し、ファキールはそれを受け取りました。そのお返しに、彼は妻に一包みのサイババのウディを手渡し、ババの肖像画といっしょに大切にしまっておくようにと助言しました。

「神の祝福がありますように。私はもう行かなくてはなりません。ババが待っているのです」と言い残して、彼は去っていきました。

一方、クルカルニーはビワンディーからもっと奥地へ入るつもりでいたのですが、馬の調子がよくなくて計画を断念せざるをえませんでした。それでターネーの自宅へ戻ることにしました。帰宅すると、その日、もっと早い時間に、ババによく似たファキールが家を訪れたと聞いて、ダルシャンを逃してしまったことを知り、彼は気を落としました。さらにもっとがっかりしたのは、ダクシナーにたった一ルピーしか、妻はそのファキールに渡さなかったと聞いたときです。落胆して家を出ると、ファキールを探しました。地元のマスジドやターキヤーをのぞきましたが、見つかりませんでした。すっかり意気消沈して、帰宅すると、食事を済ませ、それから散歩に出ました。するといきなり、ファキールのような人が近づいてくるのが見えたのです。クルカルニーは立ち止まりました。ファキールが手を伸ばして近づいてきたので、クルカルニーは一ルピーをくれてやりました。三ルピーしか持ち合わせがなかったのですが、ファキールはもっと欲しがりました。それで持ち金すべてと、友人がもっていた三ルピーを足してくれてやりました。ファキールはまだ満足しません。もっと欲しがるので、いっしょに家まで来れば、あと三ルピーをやろう、とクルカルニーは約束しました。ファキールはついてきました。家に戻ると、クルカルニーはさらに三ルピーをファキールにくれてやりましたが、驚いたことに、ファキールはまだ納得しないのです、「十ルピー札ならあるが、細かいのがなくてね」。

クルカルニーは申し訳なさそうに言いました。「かまいませんよ、細かくなくても！」とファキールは言いました。クルカルニーはそれもあっさりとくれてやりました。ところが、ここまで来て、ファキールは驚くべきふるまいをしたのです。クルカルニーに九ルピーを返すと、なにも言わずに立ち去ってしまいました！　クルカルニーは心のなかでは、このファキールに十ルピーやってもかまわないと思っていたのです。それでクルカルニーは考えました、これはババが例の風変わりなやり方で、彼の願いをかなえてくれる機会をもうけたのだろう、しかもむだなお金を一銭も使わせずに。それだけでなく、ババはそうやってダルシャンもしてくれたのだ、とクルカルニーは確信しました。

サイババは自分の帰依者、ダハヌのマムレダール、バールクリシュナ・ヴィシュワナース・デーヴの前に三人の神の姿となって現れました。それが起こったのは、デーヴが自分の母が主催する宗教儀式の締めくくりの式典を祝うために、数百人のブラフミンを饗宴に招待する計画を立てていたときです。デーヴはババにも、バプーサーヘブ・ジョグへの手紙に同封し、ていねいな招待状を送りました。サイババはジョグに言いました、「彼のことはいつも気にかけている。彼は私のことをいつも思ってくれているからね。私の旅に乗り物はいらない。帰依者が愛情を込めて私を呼べば、私は即座にそれに応える。だからデーヴに手紙を書いて、こう言いなさい、私はこの人（ジョグ）と、それから三人目の人といっしょに行くからと」

その返事を受け取って、デーヴは有頂天になって喜びました。そしてデーヴが決めた饗宴の日の一か月前に、それが起こったのです。ベンガルのゴーシャラ（家畜保護）活動家のサンニャーシがダハヌを訪れ、駅長は彼にマムレダールのデーヴを訪ねたら、なにかいいことがあるかもしれませんよ、と勧めたのです。幸運なことに、そのとき、デーヴがたまたま駅に来ていて、そのサンニャーシに紹介されました。デーヴはサンニャーシに言いました、あと三、四か月して戻ってきたら、基金を設立するお手伝いができるかもしれません、と。

デーヴはほかにもたくさんすることがあったので、このことはすっかり忘れていました。饗宴が開かれる日になって、式典の準備で右往左往しているとき、驚いたことに、まだずっと先のことなのに、そのサンニャーシが玄関のところに来ているのです。デーヴは、その日は、サンニャーシを迎えるつもりはなかったので、一瞬、むっとしました。サンニャーシはそれに気がついて言いました、「ご心配なく、私はお金の話をするために来たのではありません。今日は、お宅で食事をごちそうになりたいだけなのです」「どうぞ、自分の家のつもりでごゆっくりと」とデーヴは彼に言いました。「でも、私は二人の若者を連れて来ているのですよ」とサンニャーシは答えました。

「かまいませんよ」とデーヴは言いました。「食事をお出しするにはまだ間がありますから。どこにお泊りなのか教えてくだされば、だれかを迎えにやりましょう」

サンニャーシは答えました、「迎えはいりませんよ。いつ来ればよいのか教えてください、その時間に参りますから！」

サンニャーシと連れの二人の少年は昼に戻ってくることになりました。彼らは約束どおりに戻ってくると、食事をふるまわれて、心ゆくまで楽しんだのです。饗宴が終わると、客人たちは、仕来りどおり、パーン（噛み物）とアッター（香油）とグラブパニ（バラ水）をふるまわれて、それから帰っていきました。サンニャーシとお供たちもいっしょに帰りました。

みんなが帰ってしまってから、デーヴは待っていた三人、つまりサイババと、ジョグと、もうひとりの人が来ていなかったことに気がつきました。気がかりだったので、デーヴはジョグに手紙を書きました、自分は騙されたようだ、と。どうしてババは約束を守ってくれなかったのだろう？

しかし、ジョグがデーヴの手紙をまだ読んでいないうちに、ババは大声でこう言いました、

「デーヴに言ってやりなさい、私の見分けもつかないのに、よく私を招待したものだと。なんてやつだ！　あいつの前に姿を見せたら、私が金を無心しに来たのかと思ったんだよ。私は彼に言ったよ、約束どおり、二人の連れと食事をしに来た、約束を守ったのだとね。気がついていなかったのかね？」

ジョグはババが言ったとおりのことをしたためて、デーヴに返事を送りました。その手紙を読んで、デーヴは歓びの涙を流しました。すべてはババのリーラ（遊び）だったのだ、と胸をなでおろしました。

ババの配慮は亡くなった帰依者の子どもたちにまで届きました。それがシュリパッド・バー

ルクリシュナことバブーラーオ・デーヴが体験したことです。一九五一年十二月三十一日、デーヴは気を失って倒れて怪我をし、何日も病院で手当てを受けました。入院しているとき、見舞いに来た友人のシャンターラムになにげなくこう言いました、「ナーナーサーヘブ・チャンドルカルの娘がうらやましいよ、彼女は一九〇五年、ババからウディを送ってもらったんだよ！」

シャンターラムは応じました、「君のお父さんはサイババの熱心な帰依者だった。そして君は親思いの息子だ。どうしてババがシルディからウディを送ってくれないことがあろうか？」

翌日、デーヴの友人のシャンカールラーオ・ラトレが病院にお見舞いに来て、こう言いました、「じつは昨日までシルディにいたんだ。たまたまヴィッタルラーオに君の事故のことを話したら、君のために特別にと言って、その場でウディとプラサティ（賛歌）を与えてくれたよ。ほら、受け取ってくれ！」デーヴはすぐにシャンターラムとのなにげない会話を思い出して、ババがサマーディに入って（入滅して）三十三年も経つのに、今もその生きた力が帰依者たちの幸福を願い、気遣ってくれていることを知ったのです。

ババはいつも言っていました、「いずれ私の霊魂はこの世の住まいを離れるが、これだけはしっかりとおぼえておきなさい、霊廟《サマーディ》の私の遺骨が安心を与えてくれるだろう。私だけでなく、霊廟《サマーディ》そのものが話しかけてくるだろう。その庇護を求める者とはだれであろうと交流をもつだろう」。ババの帰依者たちはこの発言が真実であることを、今日もなお体験しています。ババはサマーディ（三昧）に入る二十四時間前に、ジョグに言いました、「私はあなた方になにも見せていなかった。この三・五カーラ（時間単位）のなかで、その四分の一も見せていなかった。だがしかし、今後は、人びとは私のことを知って、私を経験することだろう」。そのとき、ジョグは思いました、ババは自分の全能なる力を、サマーディ（入滅）後も帰依者たちに感じられるようにしたい、と言っているのだと。のちにジョグは知ることになったのですが、彼は自分が「ＯＭ（オーム）」と一体になることを示唆していたのです。

アハマダーバードの住人、セト・ラティラル・チマンラールは、ババの驚くべきパワーを体験しました。その出来事は一九四八年五月二十二日に起きました。セト・ラティラルはマドラス行きの郵便列車に、午前十時、アドニーから乗車し、アハマダーバードへ向かいました。その二等客室に乗り合わせたのは、Ｋ・Ｍ・ムンシーの息子で事務弁護士のジャグディーシュ・ムンシーとその妻、それから中央銀行外交員のナイドゥーという人、そして著名な綿織物商人で綿製品取引委員会議長のゴーパールラーオでした。

彼らはみんな快活な人たちで、トランプをしたり、おしゃべりをしたりして時間を過ごしました。郵便列車はニザームの領地を通り過ぎて、グルバルガーに到着しました。いきなり、特にこれといった理由もないのに、ラティラルはざわざわと胸騒ぎを感じました。当時、祖国は分断の憂き目にあっていて、ラティラルも承知していたように、ニザーム自治領は陰謀と軍事行動の温床、中心地となっていたのです。ラティラルは不安にとらわれました。旅仲間にその懸念をわかってもらおうとしましたが、みんな笑うだけで相手にしてくれません。

しかしながら、ラティラルはおとなしく黙っていませんでした。気楽なおしゃべりや戯れをすべて制止すると、サイババの名前を唱えはじめたのです。三十分も過ぎた頃、列車はガンガープル駅に近づきました。そのとき、それは起こったのです。

武装集団が列車に乗り込んできて、乗客たちの金品を次から次へと強奪しはじめました。もうこうなっては、みんなラティラルといっしょにナーマー・スマーラーン（称名）、神の名前を唱えるしかありません。するとどこからともなく、体格のよいパターン人が現れて、ラティラルたちの客室の前に立ったので、彼に立ち向かおうとする盗賊はいませんでした！　やがて盗賊団のメンバーのラザーカール（民兵）たちが下車し、列車はゆっくりとソーラープルへと入っていき、駅では貴重品を奪われた人たちが口々に被害額を申し立てていました。そしてわかったのですが、すべてのコンパートメントのなかで、盗賊の被害にあわなかったのはラティラルたちだけでした。しかし、そのパターン人がどうなったのかは、だれも知りませんでした。

バールクリシュナ・マーンカルは、マカンジ・カタウ綿織物工場の部長を務め、それに見合った給料をもらっていました。妻に先立たれたあとは、世間の俗事から身を引いて、シルディに腰を落ち着けました。しかし、ババの勧めに従って、彼にもらった十ルピーを手にして、マッチンドラガドへひとりで行って、そこで償いの行をすることになりました。マーンカルは、ババのそばにいられないことや、ダルシャンにも出られないこともあって、シルディを去りたくなかったのですが、自分自身のためだからぜひとも行きなさいと、ババに勧められました。

マッチンドラガドで、ババは彼にダルシャンを授けました。マーンカルは完全に目を覚ましていたし、これは夢ではないとわかっていました。マーンカルはババに尋ねました、「なぜ私をこんなに遠くへやったのですか?」それにババはこう答えました、「シルディにいるとき、あなたの心は落ち着かなかった。私はあなたの心を静めてやりたかった。だから遠くへやったのだ。あちらでは、あなたは、私の存在がこの三・五キュービット（長さ）の体のなかに閉じ込められていると信じていた。いま改めて自分の目で観察し、確かめてみれば、私はシルディでそうだったのと同じように、ここでもあなたといっしょにいることがわかるだろう！」

マーンカルは師の前に頭《こうべ》を垂れました。

マッチンドラガドでの予定の期間が終わって、マーンカルはプネを経由して、ボンベイはバーンドラーの自宅へと戻りました。プネ駅で、切符を買おうと窓口の外で待っていたとき、信じられない出来事に遭遇しました。見たこともない風体の人が、わずかばかりの布を腰に巻いて、両肩にカンバル（毛布）をはおった、裸足のクンビ（農業カースト）の農民が、マーンカルの前に並んでいたのです。マーンカルは、その人がダーダールまでの切符を買うのを見たのですが、じつはマーンカルもその駅で降りる予定でした。後ろに立っているマーンカルに気がつくと、クンビの農民はなにげなく、どちらに行かれるのですかと尋ねました。マーンカルが、ダーダールまで行くつもりだと答えると、自分もダーダールまでの切符をもっているが、急にプネで済ませねばならない用事を思い出したので、この切符を使ってもらえないだろうか、とそのクンビの農民は尋ねるのです。「もちろんです」とマーンカルは言って、切符代を払おうとポケットのなかを手探りし、ふと顔を上げてみると、クンビの農民は目の前から消え失せていました！　善きサマリヤ人の役を演じた、その見知らぬ人はいったいだれだったのでしょうか？　マーンカルは推測するしかありませんでした。

ババは帰依者やその子どもたちすら助けに行きましたが、そのときはありとあらゆる姿かたちになったということです。あるときなど、寂しい夜道を歩いて帰宅する帰依者の娘を助けるために、父親の姿になりました。家に着いたとき、父親はほかにもする仕事があると言って、家に入りませんでした。そのあいだずっとほんとうの父親は自宅でパラーヤナー（朗誦）のお勤めをしていたのです。翌日、どうして家に入れと言ったのに聞かなかったのか、と娘がとがめたとき、父親は気がつきました。娘を救いに来たのはババだったのです！　もしかしたら、ババはパラーヤナーを勤める自分にも報いてくれたのかもしれない、と彼は考えたものです。

ある誓願の成就の儀式で、チャンドラバイー・R・ボルカル夫人は、ファキールの姿をしたババからダルシャンを受けました。チャンドラバイーがパンダルプルに住んでいたとき、シュラーヴァン月（七月－八月）にコキラー・ヴラタの儀式をしたいと思ったので、そのためにコパルガーオンへ行きました。毎日、朝夕欠かさず、ダッターガートで巡回行をしましたが、そのときババのダルシャンに出ているのと同じような感覚を味わいました。そして木曜日になったとき、ひとりの若いファキールがダッターガートにやってきて、ジャッガリー・バークリーとガーリック・チャトニィのお布施を求めたのです！　チャンドラバイーは、自分はシュラーヴァン月にはニンニクと玉ねぎを食べるのは控えていると、ファキールの申し出をていねいに断って、ダッターガートにはオニカッコウの鳴き声を聞きに来ているのだと説明しました。「その私がどうして甘いバークリーやにんにくなどをふるまえるでしょうか？」と彼女は言いました。

しかし、心のなかで、チャンドラバイーは少し落ち着きませんでした。自分の言ったことは正しかったのだろうか？　それですぐに翌日、シルディへ行くと、ジョグ夫人を伴って、ババのダルシャンに出席したのです。彼女を見るなり、ババは言いました、「ごらん、私はジャッガリー・バークリーとガーリック・チャトニィをお願いしたのに、あの人はくれなかったのだよ。だからこうして来ることになったのだ！」

チャンドラバイーは何もかも腑に落ちました。ババは誓願成就の儀式をしてやるために、ダルシャンを授けて、お布施を求めたのです。彼女は消え入るような声で言いました、「ここにお布施を差し上げるためにまいりました」。チャンドラバイーの言うことがよく聞き取れなかったので、ジョグ夫人は言いました、「この人はダルシャンを受けるためにやってきたのですよ」。しかし、ババは答えました、「この人は私の七度目の人生で姉妹だった。だから、私がどこへ行こうと、この人は私を探しに来るのだ！」しかし、彼が帰依者の誓願を成就させるために、そこに行ったのもまた確かなことだったのです。

ババは、しばしば頼まれもしないのに信じられない奇跡を行いました。ラーオ・バハードゥル・S・B・ドゥマルは、当時、ナーシク地区評議会の議長を務めていました。あるとき、魔法のようなことが起こりました。何千枚もの書類に署名をしなければならなかったのですが、とてもできそうにありません。ところが、彼のあずかり知らぬところで、それが一夜のうちに署名されていたのです。だれもその書類には触れられなかったので、ババが助けにやってきて、記録的スピードで不可能な仕事をやってくれたにちがいない、とドゥマルは結論づけました。

シャンターラム・バルワント・ナチャネは、それとはちがう経験をしました。一九二六年、八か月になる息子、ハリハルことサイナースが他の子どもたちと遊んでいたとき、彼らは爆竹を鳴らしていました。火のついたマッチが偶然、ハリハルの衣服に落ちて、いっきに火がつきましたが、だれもそれに気がつきませんでした。ハリハルの母親は別のところで忙しくしていましたが、どこからともなくひとりのファキールが現れて、彼女に言いました、「すぐにあっちへ行きなさい！」指さした方角では子どもたちが遊んでいました。母親がその場所へ駆けつけると、子どもの服が燃えていたので、少しもあわてることなく、すばやく服を破って脱がせました。子どもに被害はなく、ハリハルは無事であることがわかりました。

ナチャネの二人目の妻は、一九二九年に亡くなりました。遺灰を川に流し、その他の儀式を行うため、ナチャネはナーシクに行きたいと思いました。帰依者の心が千々に乱れているのを知っていたので、ババは用務員の姿となって、ナチャネといっしょにナーシクへ旅をし、彼のために労をいといませんでした。

その「用務員」は、ヴィクトリア・ターミナル駅からナチャネのコンパートメントに乗り込んできて、すぐにナチャネと話しはじめました。自分はガンパティー・シャンカールという者で、Ｊ・Ｊ・美術学校で働いていると自己紹介し、すぐに新しい友人と打ち解けました。自分は以前からナーシクに行きたいと思っていたが、上司が休んでいるのをもっけの幸いと休暇をとり、積年の願いをかなえることになったのだ、とその用務員は説明しました。ナーシクでは、用務員はなにくれとなくナチャネの世話をし、いろいろと厄介なことも引き受けてくれました。「用務員」はアンデーリーの自宅を訪問すると約束し、ナーシクでナチャネと別れました。しかしながら、その「使用人」が姿を見せることはなかったのです。ナチャネは「用務員」がしてくれたことをとてもありがたく思っていたので、Ｊ・Ｊ・美術学校に行って、彼に会ってみたくなりました。ところが、学校を訪問すると、ガンパティー・シャンカールという名前の使用人はいないし、だれも休暇をとった者などいないと言われたのです。ナチャネは確信しました、自分を助けてくれたのはババだったにちがいない、と。

［2］

この本のあちこちに聖なる灰、ウディについての言及があります。それはマスジドで絶えず燃やされるドゥニ（聖炉）から出るもので、帰依者が帰るとき、ババがみずから額につけてくれるのです。「ウディ」という言葉は「持ち帰る」ことを意味します。学問のある人なら、それを「高まる」と解釈します。高みへと昇る、天へと舞い上がることだと。ババの帰依者たちはウディには奇跡的な力があるとよく言います。たしかに苦しんでいる人がたちまち楽になったとか、病気が治ったという話が数多く伝えられています。死者がよみがえったという話すら。

もっとも注目すべき経験は、ボンベイ、サンドハーストロードの住人、国税局の職員だったプラダーンという人のそれでしょう。

彼の末の息子は四日間も高熱を出していました。脈は弱くなり、やがて不規則になり、そして最後には止まってしまいました。そこで医者が呼ばれて、少年を診察し、彼は亡くなったと告げました。プラダーンは信じようとせず、息子はまだ生きていると言い張りました。追い詰められた彼は、少量のウディを少年の額につけて、ババの写真を子どもの顔の前にかざし、熱心に祈りはじめました。

医者にできることはありません。プラダーンにあきらめるようにと、穏やかに諭しましたが、聞き入れようとしません。数分が過ぎました。なにも起こりません。医者は静かにプラダーンを脇へ押しやろうとしました。しかし、プラダーンは言いつづけます、「サイババは神です。息子をお救いください」

やがて四十五分ほど過ぎましたが、部屋にはなにひとつ動くものの気配がありません。そして奇跡が起こったのです。少年は急に息を吹き返し、そこに坐ると、遊びはじめたのです、なにごともなかったかのように。

［3］

もうひとつしばしば使われる言葉に「ダクシナー」があります。「ダクシナー」とはお布施のことです。それは神への信仰心に基づくものです。そして帰依者は神のもとや師《グル》のところへ手ぶらで行くべきではない、ということがよく言われるのです。

完成に達した人には欲望がありません。彼らがダクシナーを求めたり、受け取ったりすることはめったにありません。早い時期には、ババもダクシナーをだれからも受け取ろうとしませんでした。帰依者がダクシナーとしてなにかをマスジドに置いて行っても、ババはその供物に触ろうとしませんでした。いつもだれかがそれをもち帰ったのです。

ダクシナーを受け取るようになってからも、二パイサ以上を受け取ろうとはしませんでした。しかし、生涯の最後の十年間に、彼のもとを訪れる人が急激に増えました。それからは一パイサから五〇〇ルピー、あるいは一〇〇〇ルピーすら、たぶん帰依者の支払い能力に応じて、受け取るようになったのです。彼はある奇妙なルールを守っていました。例えば、めったに紙幣を受け取らず、だれかが差し出したときには、その場で硬貨に両替しました。日が暮れてからはけっしてダクシナーを受け取りませんでした。暗くなってから、昼間にもらったものをすべて、お金がない人に分け与えました。バデ・ババことファキール・ババは三十ルピーから五十五ルピー、ターティヤー・パーティルは十五から二十五ルピー、小アマニは二ルピー、ジャマリは六ルピー、ダーダー・ケールカールは五ルピー、バギは二ルピー、スンダリーは二ルピー、バヤジ・パーティルは四ルピー、ラクシュミーバイーは四ルピー、そしてファキールやその他の貧しい人たちは少なくとも八ルピーをもらいました。かご入りの果物が手に入るときは買い求めて、それを分け与えました。コパルガーオンのキリスト教徒の警部《フォーズダール》チャクラナーラーヤンは、一九一八年に次のように陳述しています、「彼（サイババ）には執着心というものがなかった……もらったものはなんでも気前よく人にくれてやった。亡くなったとき、所持金を差し押さえたが、たった十六ルピーしかなかった！　なのに日常的に何百ルピーも支払ったり、くれたりしていたのだ。収入額が支出額を下回ることがよくあった。その余計な支出分はどこから得ていたのだろうか？　突き止めることはできなかった。彼には神のような力があったと結論づけるしかなかった」

これも興味深いことですが、サイババは自分のところへ来たすべての人にダクシナーを求めたわけではありません。またすべての人からダクシナーを受け取ったのでもありません。ダルシャンを受けに来た人が事前に一定の金額を出そうと決めていたのに、それより少ししか出さなかったときは、ババは穏やかに帰依者の当初の心づもりを指摘したものです。その帰依者が大勢の前で恥をかいたことは言うまでもありません。帰依者がだれかにダクシナーを託したときも、必要があればそのことを指摘しました。たんに品定めのつもりでやってきた人に、ババはダクシナーを求めませんでした。そのような人の妻が、サイババにわずかなダクシナーもあげずに帰ったあとで、夫が財布をトイレに落とすという鮮やかな夢を見ました。その夢のことを話すと、夫は後悔の念にとらわれて、郵便為替でババにお金を送りました。サイババはまた過去に気前よく他人に慈善《ダーン》を施した、サットヴァ的（高邁）な人にはダクシナーを求めませんでした。誓願が成就したらお礼をする、と神に約束した人が、誓いを守らなかったときは、約束を守るようにと注意しました。帰依者が誓いの言葉を裏切らないように、約束どおりの金額を支払わせました。ダクシナーを求められた帰依者がなんらかの理由で断っても、ババは気にしませんでした。その訪問者への態度は変わらなかったのです。彼は言いました、「私はただでなにかをもらったりはしない。なにかをもらったら、帰依者を知識の道で育て上げて、その十倍を返してやる」

ババはときに昇給が決まった帰依者から、その昇給分のダクシナーを求めました。ラーオ・バハードゥル・サテーは、給料を五十ルピー上げてもらったとき、その昇給分のダクシナーを要求されました。ダジ・ハリ・レレとソームナース・デーシュパーンデーも同じような経験をしました。

一九一七年、ガジャーナン・ナルヴェーカルは高熱を出しました。彼は息子に、当時としてはけっして少額ではなかった、五〇〇ルピーをもたせて、シルディへやりました。ダクシナーが払われるやいなや、サイババはがたがたと震えだし、高熱を出しました。隣に坐っていた帰依者は見るからにうろたえて、どうしたのですかと尋ねました。ババは言いました、「私はダクシナーをくれた人の重荷を背負わねばならないのだよ!」まったくそのとおりだったのです。それはダクシナーをもらう見返りに帰依者の世俗的な不幸を取り除いてやる、ということではありません。ある倫理規範を強調するために、ある宗教的な実践の意義を指摘するために、サイババはしばしばダクシナーを受け取ったようです。バーンドラー地区、ペリー・ロードのラグーヴィール・シャースカル・プラーンダレーは、シルディを訪れた当時、ヴィシュヌ神への祈りと礼拝に熱中していました。ババはそのウパーサナーを続けるようにと励ましました。彼がババの前に出るといつも、ババはわずか二ルピーのダクシナーしか求めませんでした。あるとき、プラーンダレーは、どうして二ルピー以上を求めないのですか、とババに尋ねました。ババは言いました、「私はルピーがほしいのではない。ニシュタ(全面的な信頼)とサブリ(勇気と調和した忍耐)がほしいのだ」

プラーンダレーは答えました、「でも、私はすでにそれを差し上げていますよ」

ババは彼に言いました、「それでは、ニシュタを堅持し、約束を守ることに専念しなさい。いつも真理の道に従いなさい。そうすれば、あなたがどこにいようと、いついかなるときも、私はあなたといっしょだ」

一九一四年、G・G・ナルケ教授が十三か月以上、ババといっしょにいたとき、何度か十五ルピーのダクシナーを求められました。当時、ナルケ教授は失業中でお金がなく、ババもそのことは十分に承知していました。ある日、ババと二人だけでいるとき、私が一文無しなのはご存知のはずなのに、どうして十五ルピーのダクシナーを求めるのですか、とナルケはババに尋ねました。

ババは彼に言いました、「もちろん、私だってあなたの経済状態はわかっているよ。だが、あなたは今、『ヨーガ・ヴァーシシュタ』（ナチュラルスピリット刊）を読みふけっているのではないかね？　今あなたが読んでいるところはとりわけ重要だ。そこから私に十五ルピー分くれないか！」

彼が言いたかったのは、ナルケが学んでいることとは、その金額分の価値があるということでした。そしてダクシナーを求めたとき、ババが言いたかったのは、真情《ハート》で学んだ教えを差し出しなさいということでした。サイババは彼の真情《ハート》にそのアンタルヤーミ（内なる管理人）として生きているのです。一九一五年、ガネーシャ神の帰依者で種痘医のトリアムバク・ゴーヴィンド・サーマントが、ババのダルシャンを受けようとシルディへやってきました。

彼は五ルピーしか手持ちがありませんでした。ダクシナーとして一ルピー差し出しましたが、ババはあと一ルピーを求めました。出し渋る彼とババのあいだで言葉の駆け引きが始まりました。しかしながら、どうしてもあと一ルピーもらおうというババの決意は固く、サーマントは譲らざるをえませんでした。ババは二枚の一ルピー貨の表や裏をじっくりと眺め、サーマントの頭に手を置いて、こう言いました、「あなたはこの二ルピーを一文字（の神）に差し上げたのだよ。さあ、もう行ってよい。ガヌ・マハールが祝福してくださるだろう！」

サーマントはババの言ったことがさっぱりわかりませんでした。彼はシュリ・ガネーシャの一音節のマントラを一千万回唱えるジャパ（念誦）をやったことがあります。頭に手を置く祝福によって、ババがサーマントに思い出させようとしたのは、サーマントが二十一歳のとき、彼はガヌ・マハールの姿となって現れて、サーマントに一音節のマントラを授けたことでした。過去にそういうことがあったにもかかわらず、サーマントは予定になかった一ルピーを出し惜しみしていたのです。

わけのわからないままに、サーマントはボンベイへと出発しました。トンガ・スタンドにやってきましたが、コパルガーオン駅へ行くトンガは一台もありません。ババを信じていなかったので、腹が立ってしかたがありません。しかし、ちょうどそこへ、ラハタからトンガがやってきました。たったひとりの乗客のグジャラート人の紳士は、彼を呼び招くと、トンガに乗車させました。サーマントは運賃が足りないのを忘れていました。紳士はというとていねいな口調でサーマントにこう切り出します。「サイババのところにいらっしゃったのですか」

「ええ」とサーマントはぶっきらぼうに答えました。

紳士は続けます、「あのファキールはなかなかのものですよ！　一ルピーを差し出すと、もう一ルピーよこせと言うんですからね！」

サーマントはそこで、一瞬、思考が止まりました。紳士に心を読まれているような気がしたのです。彼は返事をせずに黙っていました。

二人がコパルガーオンへ着くと、グジャラート人の紳士は二人分の乗車賃を払いました。サーマントのダーダール駅までの切符も買ってくれました。二人はいっしょに列車に乗り込みました。ダーダール駅で、サーマントは礼儀から、好奇心も手伝って、グジャラート紳士の名前と住所を尋ねました。

「私ですか」とグジャラート紳士は言いました、「私はガヌ・マルワディという者ですよ。マスジド駅のチョール（集合住宅）の上階に住んでいます」

サーマントはそれを書きとめて、彼と別れました。翌日、借りを返すためにガヌ・マルワディを探しました。しかし、チョールにガヌ・マルワディという名前の人はいませんでした。それだけでなく、チョールの住人はみんなムスリムだったのです。

こうなっては、サーマントはその出来事について真剣に考えざるをえませんでした。彼が思い出したのは、二十一歳のとき、トリアムバケシュワールからどこかへ行くときに、森のなかを通らねばならなかったことです。運悪く、数人の盗賊に捕らえられて、殺すぞと脅されました。そういえばそのとき、必死になってシュリ・ガジャーナンに祈ると、「ジャイ・マルハリ」と叫ぶ声が聞こえたのです。そのとたんに盗賊たちが逃げ出しました。

別の折に、似たようなことが起こったときも、サーマントがシュリ・ガネーシャに祈ると、黒らい病をわずらった男がどこからともなく現れて、彼にこう言いました、「私の名前はガヌ・マハールだ」。そしてサーマントに、後ろをふり返らなければジャングルから無事に連れ出してやろうと約束しました。サーマントはそのとおりにすると誓いました。サーマントはガヌ・マハールに指示されたように歩きつづけました。二人はしばらく気楽に雑談を交わしながら歩いていましたが、突然、ガヌの声が聞こえなくなりました。不審に思って、後ろをふり返ると、ガヌがいません！　サーマントは二人の名前がよく似ていることに気がつきました。ガヌ・マルワディとガヌ・マハール、彼らは危機的な状況になると助けに来てくれる、サイババの化身にちがいない、と彼はひらめきました。そのときから、サーマントはサイババの熱心な帰依者となりました。そしてガナパティーの姿をしたサイババを礼拝したのです。

ところで、ハリ・シーターラームことカーカーサーヘブ・ディクシトは現実と幻想という問題について考えあぐねていました。どうやってこの二つを区別したらいいのでしょうか？

彼がこのいにしえの問題について熟考していると、サイババからの遣いを名乗る男がやってきて、一〇〇ルピーを求めました。ディクシトはそのとき一ルピーしかもっていなかったので、その金を喜んで使者に与えると、自分の代わりにババの前で平伏の礼をしてくれないか、とその男に頼みました。

使者が去ってから、ババは彼が一ルピーしかもっていないことを知っていたはずだ、という考えがディクシトの心に浮かびました。だとしたら、彼はどうして一〇〇ルピーをくれという伝言をよこしたのでしょうか？　事実はひとつしかなかったのです。だんだん徐々に、ディクシトはわかってきたのですが、真実と幻想をいかにして見分けるのかという実践的なレッスンを、彼は授けられたのです。真実はひとつしかありません。幻想はたくさんあります。

別の機会に、ディクシトはバーラーサーヘブ・バーテといっしょに『エクナース・バグワト』の第二章を読んでいましたが、夢中になって読みふけっているとき、ディクシトに十六ルピー半のダクシナーを求める、サイババからのメッセージが届きました。以前のときのように、グルプールニマーの日にババからもらった一ルピー以外、そのときもお金をまったく持ち合わせていませんでした。その伝言をもってきたのはバプーサーヘブ・ブーティーで、彼はディクシトといっしょに坐って、『エクナース・バグワト』の朗読を聞くようにという、ババからの指示も受けていました。

ディクシトは十六ルピー半のダクシナーについて、中途半端な金額の要求だったので考え込んでしまいました。そうして彼は、この金額は『エクナース・バグワト』のその日に読む部分となにか関係があるにちがいない、という結論に至りました。

一方、ブーティーがババに言われたとおりに坐って、『バグワト』の朗読を聞いていると、やがてディクシトは「カイェナ・ヴァーチャ……」という一節にさしかかりました。それは『バグワト』のダルマ（法）が意味するものを、リシャブ・ムニの息子のひとりが解説するところでした。その一節の意味は次のようなものです、「私はあらゆるものを超えたナーラーヤンの名を唱え、自分の体、言葉、心、器官、知性、自我、そして本性（誕生時のプラーラブダ・カルマ）を通じて行うすべてのことを、この神にささげる」

ディクシトが『バグワト』に関するエクナースの長文の解説を読み終えるか否かというとき、別の使者がやってきて、ブーティーに戻るようにと告げました。このことがさらにディクシトの興味をそそりました。ババの十六ルピー半の要求と今読み終えたばかりの「カイェナ・ヴァーチャ……」の一節とはなにかつながりがあるのだろうか？ ディクシトは頭のなかで、この一節に出てくる要素の数を足してみました——体一、言葉一、心（マナス）一、知性一、自我一、器官（目鼻口耳皮膚、手脚口生殖排泄）十、本性二分の一。しかし、すべてを足しても十五と二分の一にしかなりません。しかしそこで、ディクシトは自分に言い聞かせたのです。ババはある目的があって十六ルピー半を求めたのにちがいない、と。そしてエクナースの解説をもう一度よく読み返してみると、くだんの一節にはチッタ（記憶を含む推理力）への言及は見当たらないものの、エクナースの注釈にはチッタについての説明があったことを思い出しました。これで合計して十六と二分の一です。このことからディクシトが理解したのは、サイババが十六ルピー半のダクシナーを求めたのは、カーヤ（身体）、ヴァーチャ（言葉）、マナス、インドリヤス（器官）、その他すべての要素を神にささげねばならない、ということを言いたかったのだということでした。

またサイババがディクシトに十六ルピーではなく、十六ルピー半のお布施を求めたことはどうなのでしょうか。この本性に相当する二分の一ルピーという半端な数字はなにを意味するのでしょうか？　深く考えた末に、やはりここでもババの目的は、彼の注意をひとつの特別な原理に向けさせることにあったように思えました。諸器官の意識的な活動を神にささげることはできますが、エクナースも指摘しているように、一部の活動は本性の自動的反応ですから、人はそれをコントロールできません。こうした活動はその人の意志ではなく、神が望まれることなのです。人は神の道具にすぎず、その意味では、人の自動的な活動はその人自身のものとはみなしえず、部分的にその人のものであるにすぎません。それが二分の一ルピーの意味だ、とディクシトは考えました。

サイババの教えになじみのない人には、これらのことはすべてこじつけに思えるでしょうから、それに意味があるのか空想にすぎないのか判断がつかないでしょう。しかし、私たちがここで扱っているのは、ババとある帰依者との関係ですから、時代の隔たりも考慮すると、判断は差し控えるべきなのではないでしょうか。

ダハヌのウッダヴァーシャブアーことシャームダースも、同じようにダクシナーを求める手紙を通じて、ババの教えを経験しました。ウッダヴァーシャブアーは数か月前に大金の入った財布をなくしてしまい、ショックを受け、ババからの明確な教えがないかぎり『ポーティー・プラーナ』は読まないという誓いを立てました。それはなにかをしないという否定的な誓いでした。

ウッダヴァーシャブアーはその後、シルディに戻りましたが、ババからはなんの教えもやってきませんでした。ウッダヴァーシャブアーは自宅へ戻ると、『ポーティー・プラーナ』は読まないという決意を固めました。数年が過ぎ、そのあいだ、ウッダヴァーシャブアーがシルディへ行く機会はありませんでした。あるとき、当時シルディにいたマムレダールのチダムバル・ケシャヴ・ガドギルに、彼は手紙を書いて、ババの祝福とウディを求めました。ガドギルは手紙をババの前で読み上げると、どんな返事を書いたらよいものかと尋ねました。「今すぐシルディへ来るようにと言いなさい」とババは答えました。ガドギルが言われたことを手紙に書くと、一週間も経たないうちに、ウッダヴァーシャブアーがシルディへやってきました。ババの礼拝に行くと、十一ルピーのダクシナーを求められたので、ウッダヴァーシャブアーはすぐにその額を支払いました。翌日、同じような要求があって、ウッダヴァーシャブアーは再び求められた金額を支払いました。これが十日間ずっと続いて、そのたびにウッダヴァーシャブアーはその金額を支払いつづけたのです。十一日目になって、ババのふるまいに好奇心を抑えきれなくなり、なぜ毎回毎回十一ルピーを求めるのですか、と尋ねました。

ウッダヴァーシャブアーは言いました、「私はすでに十の器官と心をあなたにささげています」

ババはこう言い返しました、「どっちにしても、それらは私のものなのだよ。それを私にささげるあなたとは、いったい何者なのかね？　それはすでに私のものなのに！」

さらにウッダヴァーシャブアーの揺るぎない信頼を見ると、ババは言いました、「午後にバプーサーヘブ・ジョグのところへ行って、十一ルピーをもらって、ここへもってきなさい」

三時半、ウッダヴァーシャブアーはジョグのところへ行って、ババのメッセージを伝え、『エクナース・バグワト』の朗読に耳を傾けてから、ジョグを伴ってサイババに会いに行きました。しかし、ババはウッダヴァーシャブアーともジョグとも口を利こうとしません。これが三日間ずっと続きました。四日目になって、『エクナース・バグワト』の朗読に耳を傾けたあと、ウッダヴァーシャブアーがジョグとともにババのところへ行くと、バーラーサーヘブ・バーテがババと話をしていました。サイババはジョグに尋ねました、「ところで、バプーサーヘブ、今日はいくら使ったかね？」

ジョグは答えました、「六十一ルピーです、ババ」

「どんなふうに？」

「ブーティーに五十ルピー、ウッダヴァーシャブアーに十一ルピーやりました」

ババは今度はウッダヴァーシャブアーのほうを向いて言いました、「十一ルピーもらったのかね？」

「はい」とウッダヴァーシャブアーは言いました。

「そんなはずはないぞ！」とババは言い返しました、「ほんとうはもらっていないのだ。また明日来なさい。そのポーティーも読むんだよ！」

この三人、ジョグ、バーテ、ウッダヴァーシャブアーがワーダー（大講堂）へ戻ったとき、バーテはウッダヴァーシャブアーに、あの話はいったいなんだったのかと尋ねました。ウッダヴァーシャブアーは、ババに「はい」と言ったものの、自分もサイババが言ったことの深い意味はわかっていなかったし、今それを理解しようとしているところだ、と答えました。ウッダヴァーシャブアーはしばらく考えたのち、ババは十一ルピーについて尋ねたが、それはババの指示を受けないかぎりポーティーは読まないという、自分の決意のことを言っていたのにちがいない、と結論づけました。翌日、午後三時半、ウッダヴァーシャブアーがサイババのチャラン・セヴァ（足のマッサージ）をしていると、ババは尋ねました、「十一ルピーはもらったのかね？」

「ポーティーの朗読のことを言っておられるのですか？　それなら、おっしゃることはわかりますよ。でも、どのポーティーを読んだらいいのですか？」

「私とあなた（ウッダヴァ）の対話が載っているポーティーを読みなさい！」という答えでした。

ウッダヴァーシャブアーは、それでも意味がわかりません。

彼は尋ねました、「『バガヴァッド・ギーター』を読みましょうか？」

それにババはこう答えました、「私とあなたが話し合っていることを読めばいいんだよ！」

ウッダヴァーシャブアーは、もしかしたらサイババは『ギーター』ではなく、以前のように『ジュニャーネシュワリ』を読みなさいと言っているのだろうか、と思いました。しかし、この考えが心に浮かんだとたんに、ババは言いました、「バプーサーヘブ（ジョグ）のところへ行って、ポーティーをもらってきなさい」

それでウッダヴァーシャブアーは、ババは『エクナース・バグワト』を読みなさいと言っているのだろうと思いました。ウッダヴァーシャブアーが言われたとおり、ジョグのところに行くと、ジョグが今まさにそのポーティーを読みはじめるところでした。ウッダヴァーシャブアーはそのポーティーを手にとると、サイババのところへ行きました。ババはその第十一章を開いて、ウッダヴァーシャブアーに言いました、「さあ、これを読んでごらん。とにかくそれを読んで、ひとりになったら、その意味を理解しようとしなさい。これからは私の名前を毎日唱えるんだよ！」

そのときウッダヴァーシャブアーが味わった喜びはとても言葉には尽くせぬものでした。

あるとき、ラーマチャンドラ・アートマラーム・タルカドは家族といっしょにシルディへ行って、そのために蓄えてきたお金をダクシナーとして差し上げました。しかし、サイババはタルカドの妻にさらに六ルピーのダクシナーを求めました。自分のお金をもっていなかったので、とても困惑し、ワーダーに戻ったとき、彼女は泣き出しました。夫がどうしたのかと尋ねたので、彼女は苦しい胸のうちを夫に話して聞かせました。タルカドは妻に説明して言いました、「ババが所望したのは六ルピーの銀貨ではなく、人間の『六つの敵』——カーマ、クロダ、モハ、マーダー、ロバ、マッチャリヤ（色欲、怒り、執着、激情、強欲、嫉妬）だ、おまえが清浄で無欲になれるようにとね」

そして彼女に言いました、「いま私の言ったことがどこまで正しいか知りたければ、サイババの前に坐ったとき、こう言ってごらん、『私はあなたに人間の六つの敵（シャドヴァイリ）をそっくりそのまま差し上げます』と。次にババのところへ行ったとき、その返事をよく聞いておくんだよ」

タルカド夫人は言われたとおりにしました。午後になって、二人がババのもとを訪れたとき、ババは夫人に尋ねました、「お母さん、私にお金をもってきたかね？」タルカド夫人は答えました、「でも、もう差し上げましたよ！」ババは問いただしました、「ほんとうかね？」それで彼女は答えました、「ええ、差し上げましたとも」。ババはそこで尋ねました、「それを取り戻したいとは思わないのかね？」タルカド夫人は理解しました。

# 第九章　私のリーラははかり知れない

宗教生活に身命をささげる人は、永遠なるものを知るために、ブラフマンに身命をささげる、経典に精通した師《グル》に慎み深く近づかねばならない。
うやうやしく近づく心静かな自制心ある弟子に、賢明な教師はその知識を誠実に惜しみなく与え、こうして真に実在する、不変の自己が了解される。

——『ムンダカ・ウパニシャッド』
（スワミ・プラバヴァーナンダ訳）

みずから真理を見た者だけが、なんじの叡知の教師だ。彼らに求めよ、彼らに額づけ、なんじを彼らの僕《しもべ》となせ。

——『バガヴァッド・ギーター』四の三十四
（ファン・マスカロ訳）

宗教生活に身命をささげ、「永遠」を知りたいと願う人は、経典に精通し、ブラフマンに身命をささげ、成就した師《グル》に明け渡せ。

——『シュリマド・バグワト』
（十一部、三章、二十一節）

［1］

「私のリーラははかり知れない」とサイババはよく言いました。これは文字どおり真実です。サイババは帰依者たちに不滅の限りない愛を与え、その教えのやり方は慈愛に由来するものでした。彼はどんなときもサハジ・サマーディ、最高の至福のなかにありました。全知なるがゆえに、帰依者たちの悲哀と苦難を理解し、知ることができ、それらをはね返すことができました。彼は初心者には、その人が宗教的体験を求めていても、高度な教えを授けませんでした。それぞれの人に、受ける人の能力に応じて、吸収しやすい知識を分け与えたのです。

彼は帰依者たちに自制心を教え、超然として俗世間に生きることを、そして神を信じて愛し、両親、師《グル》、聖人、貧者、虐げられた人たちを愛することを教えました。口の利けない生き物たちですら彼の愛の対象でした。彼は大衆に向かって講話をしませんでした。それぞれの人にそれぞれのやり方で対応したのです。そしてよくたとえ話を用いました。

帰依者はさまざまな宗教からやってきました。ヒンドゥー、ムスリム、クリスチャン、パーシーの人たちが彼のダルシャンにやってきました。ババ自身は特定の宗教への信仰を表明しませんでしたが、それぞれの宗教を彼なりに認めていました。総本山、本拠地《ガディ》、協会《ピータム》、アシュラムを設けなかったので、後継者の指名で悩むこともありませんでした。

彼は終焉が近い人たちや、現世の責任から解放された人たちが、自分の近くにとどまることを許しました。そのような人には世俗的な生活を放棄することを勧めました。しかし、それにもきちんとした判断の基準がありました。若い人たちが現世を棄てようとするのをなんとかして思い止まらせようとしました。また自分の重荷を社会に押しつけて、お布施に頼ろうとすることを良しとしませんでした。

以下で、彼が異なるタイプの帰依者をどのように扱ったか、具体的な例を挙げてみましょう。

一、サカラーム・ハリことバプーサーヘブ・ジョグは、ラーマ・ナヴァミの祭日に、妻といっしょにババのダルシャンにやってきました。夫婦には後継ぎがなく、二人とも晩年にさしかかっていましたが、ジョグに大きな可能性があるのを見て取り、ババは夫妻がシルディにとどまることを許しました。サイババはアッカルコート・スワミの姿となり、彼にダルシャンを授け、メガーの死後は礼拝、アールティーの責任を彼に一任しました。ジョグはその責任を、サイババがサマーディに入るまで、自分なりのやり方で献身的に果たしました。ジョグのシルディでの生活は厳格なものでした。ジョグ夫妻は年間を通して朝の三時に起床し、ディクシトワーダーの裏の井戸で汲んだ冷たい水を浴びました。その後、ジョグは自宅でサンディヤー、プージャ・アルチャのお勤めをし、一日置きに、ババが夜、チャヴァリで休むときに、朝のアールティーまでそばに付き添いました。

毎朝のお勤めを済ませて、ババの朝食の時間になると、マスジドへ行きました。それからババに付き添って、レンディまで行くか、ババが帰ってくるまで自宅で『バガヴァッド・ギーター』を朗唱しました。サイババのナイヴェードヤの準備を手伝い、昼のアールティーが終わると、ババに任された客を伴って昼食のために帰宅しました。午後三時半頃に再びマスジドを訪ねて、それから帰宅すると、サイババの夕方の托鉢の時間まで、『エクナース・バグワト』を読みました。ババはたびたび、彼が朝に『ジュニャーネシュワリ』、午後に『エクナース・バグワト』を読んでいるとき、ダクシナーをもらうという口実で、帰依者たちをジョグの自宅へ行かせて、彼らがそのパラーヤナーを聞くように計らったものです。ババが夜をチャヴァリで過ごす予定の日には、ジョグは夜の九時半のアールティーの手伝いをしました。ババがニルヴァーナに達する日まで、その務めを一度も休むことなく果たしたのです。

二、バーラークラーム・マーンカルが妻を亡くしたとき、シルディにとどまって霊的な生活を送るようにと、サイババは指導しました。マーンカルにシルディだけでなくマチェンドラガドでもタパス（苦行）をさせて、マチェンドラガドでは目が覚めている時間にダルシャンを授け、彼を祝福しました。ババの勧めで、彼は『パーンチャダシー』を読みました。彼はババがニルヴァーナに入る前に、シルディで亡くなりました。

三、ウパサニはサイババのダルシャンを受けようとやってきました。ババは彼に助言をし、彼自身にまったくその意図はなかったのですが、シルディに四年間とどまり、タパスを行うことになりました。しかし、三年後に逃げ出し、彼が失うものは大きかったということです。

四、ゴーヴィンド・ラグーナースことアンナーサーヘブ・ダボールカルは、一九一六年、定年で公官庁の仕事を退職しました。ダボールカルの友人の帰依者が、彼が家計の足しになる有給の仕事を得られるようにお計らいください、とババにお願いしました。「働く機会はいくらでも得られるが、どうかね、私のところに来ては。きっと幸せな生活が送れるはずだよ」とババは言いました。そしてこうつけ加えました、「人生最期の日まで、何不自由なく暮らせるだろう。私を固く信じて帰依したら、彼の悲しみや苦しみは終わる」

五、サグン・メルー・ナイクは、サイババの帰依者のサーフーカル（質屋）とハイダラーバードからやってきました。シルディに五か月間滞在したあと、ババにいとまごいに行くと、彼はきっぱりと告げました、「おまえをわざわざ遠くから呼び寄せたのはなんのためだと思っているのかね」と。そして「シルディにとどまってなにかの仕事に就きなさい」と勧めました。さらに「商売は繁盛するだろう」とつけ加えたのです。そののち、ナイクはシルディに居を構えて、本や線香《アガルバッティー》の売店を兼ねた茶店を開きました。ナイクはまた農業や牛の飼育にも興味を示し、サンスターン（協会）にもかかわって、サイババに乳製品を提供しました。

六、警察署の職務をなげうって宗教的な道に入るように勧められた人は、ガンパト・ダッタートレーヤー・サハスラーブッディことダース・ガヌしかいないでしょう。サイババはダース・ガヌの知性、当意即妙の詩才、そしてなにより、彼の紛れもない潜在能力を見抜いていました。ダース・ガヌがナーナーサーヘブ・チャンドルカルのお供で初めてサイババのダルシャンに出たとき、ババはナーナーサーヘブに言いました、「彼（ダース・ガヌ）によく言ってやりなさい、ラヴァニの作詩、タマーシャー（笑劇）への出演、それから警察署の職務を辞めるようにとな！」

この指示は明確で的を得たものでした。ダース・ガヌは最初の二つはあきらめましたが、警察署の職務からはなかなか身を退けませんでした。一八九八年から翌年にかけて、ダース・ガヌは悪名高い盗賊カンニャー・ビールの動向を探っていたのですが、そのことが相手に知られてしまいました。仕返しにダース・ガヌの命を狙うぞ、とカンニャー・ビールは脅しをかけました。ダース・ガヌはシュリラーマやサイババの恩寵にすべてを任せていましたし、カンニャー・ビールをかくまっていたパーティル（首領）からの通報もあって、間一髪で難を逃れました。その当時、ハヴィールダール（巡査長）はダース・ガヌしかいなかったのです。あるとき、ダース・ガヌは無断欠勤して巡礼地へ行き、ゴーダーヴァリー川の水辺に立っていました。シルディの方角を向いたとき、無断欠勤の処罰を免れられるなら、辞職のことを考えてもいい、とうっかり口にしてしまいました。

ダース・ガヌにとっては幸運なことに、盗賊団がまさにその場所で一網打尽となったので、盗賊たちを探しにそこへ行っていたという言い訳をして、処罰を免れることができたのです。

ダース・ガヌはフォーズダール（警部）への昇進を望んでいたので、そのことで頭がいっぱいで厳粛な誓いのことを忘れていました。やがてフォーズダールへの昇進試験に合格し、転勤することになりました。新しい職場への通勤路はシルディを通っていました。ダース・ガヌは、誓約に縛られたくなかったので、サイババには会いたくありませんでした。しかし、運命とは不思議なもので、ダース・ガヌがシルディを通りかかったとき、サイババに声をかけられたのです。馬から降りると、ダース・ガヌはサイババの前にひれ伏し、そしてババは彼をマスジドへ連れて行って、こう言いました、「ガヌ、なにがあっても辞職しますと、ゴーダーヴァリー川ですくった手のなかの水に誓ったのは、いったいだれだったのかね？」

ガヌは困り果ててしまいました。しかし、口を開こうとしません。ババは彼に言いました、「私から逃げられるとでも思っているのかね？　それはできないよ。いいからその仕事を辞めなさい、そうでないと後悔することになる」

数日後、ダース・ガヌは別のごたごたに巻き込まれました。ダース・ガヌの署で違反者から徴収した三十二ルピーを財務省に納めることになっていました。ところが、ダース・ガヌが留守のとき、その金を助手が着服してしまったのです。いつまで待っても釈放されないので、違反者は不服を申し立て、捜査が命じられました。ダース・ガヌは停職になり、さらにそれ以上の処罰の可能性もありました。今回もまた、その罪を免れることができれば、仕事を辞めますと、ダース・ガヌは誓いました。彼は罪を問われませんでしたが、今回は言葉を守りました。警察署を辞職したのです。公職を退くと、ニザーム自治領のナーンデードに家を建て、キールタンを演じて生計を立てるようになりました。ババのおかげもあって、いくらかの土地を格安の値段で手に入れることができました。農園からの収入で十分に食べていくことができました。キールタンはガヌに名声と大勢の好意的な聴衆をもたらしました。彼はボンベイでババの名声を広めることに多少の貢献を果たしました。彼はキールタンが終わっても、通例のように、集まった人たちのあいだにアールティー・パトラ（皿）をまわしてお金を集めませんでした。奉仕活《バクティ》動の一環として演じたにすぎなかったからです。ダース・ガヌは多作な作曲家で、まもなくマラーティー語のサントカヴィ（聖者のパーラー、カーヴヤ、ストトラ、アクヤーナの作曲家）とみなされるようになりました。その著書『アルヴァチン・バトカリーラムリト』の三十一、三十二、三十三章と、『シュリ・サンタカタムリト』の五十七章はサイババにささげられています。サイババはときに帰依者たちに、それらを毎週木曜日に朗読するようにと求めました。

七、ナーンデードのアブドゥルはババに仕えるように運命づけられていました。一八八九年、サイババが彼のムルシド（師）のファキール・アミールッディンの夢枕に立ち、アブドゥルをシルディへ送るようにと頼みました。アブドゥルはシルディへやってきて、ババがマハーサマーディに入るまで、彼に仕えました。サイババ自身もアブドゥルを息子のようにかわいがり、彼にクルアーンを学ばせました。

八、バーラーサーヘブ・バーテは大学時代には自由な考え方の人で、ヘビースモーカーで、「食らえ、飲め、明日は死ぬのだから」を信条とする筋金入りのチャールヴァーカ（唯物論の快楽至上主義者）でした。彼はマムレダール（行政官）となり、上司の英国人の徴税官からも有能な官吏として重用されました。一九〇四年から一九〇九年まで、およそ五年間、コパルガーオンのマムレダールを務めました。バーテはシルディを訪ねようとする教養のある友人に会うたびに、サイババは狂人だと言って嘲笑しました。友人たちは一度でもサイババに会ってから判断をするべきだ、と彼に忠告したのです。

一九〇九年、バーテはシルディに仮住まいし、来る日も来る日もババに会いました。十五日目、ババは彼にゲルア（黄土色）の衣服をかけました。その日以来、バーテは人が変わってしまいました。収入にも仕事にも興味を示さなくなりました。人生の最期まで、サイババのもとにとどまり、サイババに仕え、彼の臨在のなかに生き、そして死にたいと、ただそれだけを願うようになったのです。

サイババは、彼の友人のカーカーサーヘブ・ディクシトに一年間の休職願を書かせて、バーテに署名をさせました。徴税官はとても思いやりのある人だったので、この休暇を認めてやりました。しかしながら、一年が過ぎてもバーテのサイババへの態度には変化がなく、宗教的鬱病に罹患しているとして、三十ルピーの特別年金をもらえることになりました。

ババがバーテにゲルアの衣をかけてやった日が、バーテの人生の分岐点になりました。彼は別人のようになりました。それ以後はシルディを故郷とし、自分のニティヤ・カルマ（日課）を執り行い、ババのために『ウパニシャッド』を朗読し、ババはしばしば読み上げられた一節に解説を施しました。

九、カーカーサーヘブ・ディクシトはあるとき、一九一二年のことですが、ババに尋ねました、「事務弁護士の仕事を辞めて、余生はシルディで過ごしたいのです」。ババはその理由を知りたがりました。正直に仕事を続けてゆく気になれないのです、とディクシトは答えました。ババは彼に言いました、「他人は好きにやらせればいい。しかし、あなたは正直さに徹するべきだ。その仕事を辞める理由はどこにもない」

それでディクシトは事務弁護士の仕事を続けながら、できるかぎりの時間をシルディで過ごしました。ババの勧めに従って、朝に『エクナース・バグワト』を、夜に『バーヴァールタ・ラーマーヤナ』を講読することを習慣とし、人生の最期までこの日課を守りました。

十、G・G・ナルケ教授は、一九一二年、英国で地質学と鉱山学の学位を取得して帰国しましたが、数年間は定職に就くことができず、臨時雇いの探鉱の仕事をしていました。母親が息子の将来を心配したのも無理からぬことです。サイババの勧めで、ナルケはシルディへやってきましたが、十三か月の長きにわたり失業状態で、のんびりすることはできませんでした。ときどき、ファキールの生活が自分には向いているのだろうか、などと空想にふけりました。一九一四年のある日、サイババは何着ものカフニ（長衣）を用意し、それを数人の人たちに贈りました。ナルケは遠くからカフニが配られるのを見て、自分も一着もらえたら、サイババを称えるバジャン等の特別な機会に着ることができるのだが、と考えました。しかし、彼の分のカフニも残っていたのに、ババは配るのをやめてしまいました。それからナルケを呼んで、頭に手を置いてなでながら、こう言いました、「カフニをやらなかったが、私を悪く思わないでくれよ。かのファキール（神のこと）があなたにやることを許さなかったのだ！」後年、サイババはナルケがプネ工科大学の教授になれるようにと取り計らいました。

十一、ダハヌのジャナールダン・モーレーシュワル・ファンセの財政状態はよくありませんでした。多くの災難に直面したせいで、闘うことに疲れて、世間の生活には戻るまいと決意して、ラーメシュワールへ向かいました。その旅の途中でシルディに立ち寄り、サイババを一目見るなり、長らく待ち望んでいた善意の人に出会ったと感じ、その思いはシルディにとどまるうちに強くなっていきました。

八日目、サイババにいとまごいすると、彼は言いました、「ラーメシュワールには行かずに、家に帰りなさい。星の巡り合わせがよくない」

それでファンセが家に帰ってみると、彼が出発したその日から、サイババが真の聖者なら息子を家に送り返してくれるだろうと信じて、母親が断食に入っていたことがわかりました。七日間の断食ののち、ミルクしか口にしないと誓っていました。結局、息子が帰宅して、ようやく断食をやめたのです。

R・A・タルカドの場合、毎日の決まり切った仕事に身も心もすり減らし、それから逃れて、心の安らぎを得るために、シルディへ行きました。しかしながら、最初の出会いはとても気まずいものでした。サテーワーダーに足を踏み入れると、ひとりの紳士が次から次へと質問を浴びせかけました、「なぜシルディにいらっしゃったのですか？　ここでなにを得るつもりですか？」などなど。別の紳士が近づいてきて言いました、「スティタプラジニャー（穏やかな叡知の人）とはどのような人のことですか？　くわしく説明してもらえませんか」

タルカドはひどく戸惑って、冷静さを失い、ボンベイからはるばるシルディまでやってきたのは間違いだったと感じました。しかしながら、その当惑を押し隠して、タルカドはババのダルシャンに行きました。タルカドがサイババの足もとにひれ伏すやいなや、ババは彼の頭に手を置いて、マーダヴラーオ・デーシュパーンデーに言いました、「この人はなんのためにここに来たのかね？　なにか助言してあげなさい！」

マーダヴラーオはそこでタルカドを別のところへ連れて行くと、なにか困っているのかと尋ねました。タルカドはシルディに足を踏み入れてから起こったことをくわしく語って聞かせました。マーダヴラーオは言いました、「ババはそうやってメッセージを送るのですよ。混乱と不安のさなかにあっても、自分の心をつねに神のほうに向けなければいけません。いっしょに帰って、ババがなんとおっしゃるか聞いてみましょう」

彼らが戻って、マスジドへ入っていくと、タルカドのほうを向いて、ババは言いました、「兄弟よ、シャーマ（マーダヴラーオ・デーシュパーンデー）が言ったことをよく心にとめておくのだよ」。タルカドはそこでようやく腑に落ちました。彼は生活の場に戻ると、超然とした態度で身を処し、人生の苦難に不平を言うことなく立ち向かうことができるようになりました。

アムブデカルという帰依者は人生に絶望し、自殺するつもりでシルディへ行きました。七年の長きにわたって失業状態で、生活の糧を稼ぐ手段が見つからず、もはや万策尽きていたのです。井戸に身を投げて死のうと思いました。ディクシトワーダーの向かいにしょんぼり坐って、自殺のことを考えていると、たまたまサグン・メルー・ナイクが通りかかりました。アムブデカルの心情など知るよしもありませんが、サグンはふとアムブデカルはアッカルコート・マハラジのポーティーを読んだことがあるのだろうかと思ったのです。「なんですって？　見せてください！」とアムブデカルはいくらかぶっきらぼうに答えました。サグンはそれを手渡しました。アムブデカルがなにげなくページを開くと、アッカルコート・マハラジが不治の病にかかった男に自殺を思いとどまらせる場面が出てきました。

その偶然に興味をそそられて、アムブデカルは物語を読み進めました。さらに読んでいくうちに、自殺したいという欲求はやがてどこかへ消えてしまいました。サイババが助けに来てくれたのだ、と感じました。今や若々しい希望に満たされていました。ババに勇気づけられて、彼は占星術に熟達すると、大いにもてはやされるようになり、だれであれ聞く耳のある人に、人は自分のカルマをかなえるために生きていかねばならない、と語り聞かせるようになりました。

このような場合には、ババはそれぞれの人に、宗教的な修行のひとつとして、自分のイシュタ・ダイヴァド（個人的な神）を礼拝するようにと勧めました。こうして彼は、R・A・タルカド夫人に腕を骨折したガナパティー（ガネーシャ）への礼拝を再開するように、バグワントラーオ・クシールサーガルにヴィタル神を礼拝するように、シャンタースラム・バルワント・ナチャネにデーヴプルの神を礼拝するように、ハリシュチャンドラ・ピタレにアッカルコート・スワミを礼拝するようにとうながしたのです。

ときにサイババは帰依者にぴったりのマントラを勧めたり、帰依者がすでに親しんでいるマントラを追認したりしました。ラーオ・バハードゥル・M・W・プラダーンに初めて会ったとき、ババは「シュリ・ラーマ・ジャイ・ラーマ・ジャイ・ジャイ・ラーマ」というマントラを口ずさみました。それは家族の師《グル》がプラダーンに与えたマントラでした。彼はそれを追認したのです。プラダーンは心の底からびっくりしました。

ババはG・S・カパルデ夫人に「ラージャ・ラーマ」というマントラを、ガネーシャン・マハラジに同じマントラの形の違うものを授けました。一九一〇年、R・A・タルカドは、初めてサイババに会ったとき、自分がもらった「シュリ・ラーマ・ジャイ・ラーマ・ジャイ・ジャイ・ラーマ」というマントラを唱えつづけるべきかどうか迷っていました。彼を見ると、ババは温かく歓迎し、言いました、「来なさい、ラーマチャンドラ・マハラジ！」それはマントラの詠唱をやめなくてもいいというメッセージでした。タルカドはその意を汲みました。

大師《サドグル》への帰依を信じる、ゴーヴィンド・ラグーナースことアンナーサーヘブ・ダボールカルとラーダーバイー・デーシュムクに、彼は大師《サドグル》への瞑想とバジャンを、そしてシュラッダー（信頼）とサブリ（勇気と調和した忍耐）という二つ一組の教えを勧めました。M・S・レゲに、ババは言いました、「本は読まなくていいから、私のことを胸にとどめておくのだよ。頭と真情《ハート》が調和したら、それで十分だ！」

存在世界の大海とその荒波を乗り切っていけるように、ババは帰依者たちに聖典や聖者のポーティー（冊子）を常日頃から読むように勧めました――ナーナーサーヘブ・ニモンカルには『ジュニャーネシュワリ』と『エクナース・バグワト』とその解説書を勧めました。バプーサーヘブ・ジョグには『シュリマド・バグワト』と『エクナース・バグワト』と『ギータ・ラハシャ』を、ウッダヴァーシャブアー、カーカー・マハージャニー、ヴァマン・ナルヴェーカルには『エクナース・バグワト』を、D・M・ムルキー医師には『ジュニャーネシュワリ』を、バーラークラーム・マーンカルにはヴィディヤーランニャ・スワミ著『パーンチャダシー』を、そしてマーダヴラーオ・デーシュパーンデーには『ヴィシュヌサハスラナーマ』を勧めました。メガーとバーラー・シンピにはそれぞれシヴァ・リンガを、マーダヴラーオ・デーシュパーンデーにはシャリグラム（ガンダキ川の黒い石で、ヴィシュヌ神として礼拝される）を贈って、それぞれに儀式にのっとって礼拝するようにと求めたのです。ダーモダル・ラサネは息子のダッタートレーヤーを剃髪後、サイババのもとへ連れて行って、習字の最初の手ほどきを受けさせました。ダッタートレーヤー少年の手を握ると、ババは石板の上に「ハリ（神）」と書かせました。

人はどのようにしてサイババから恩恵を受けたのでしょうか？　ババはあるとき、アーナンドラーオ・パータンカルが、この聖者の名声を聞きつけてシルディへやってきたとき、その疑問に答えました。

パータンカルはババに言いました、「私はたくさん本を読んで、『ヴェーダ』や『ウパニシャッド』も研究しましたが、自分の心は以前と変わりなく落ち着きません。たくさん本を読んだり勉強したこともむだだったと思っています。心が安定していないのに、どうしてブラフマンを悟ることができましょうか？　私があなたのところへやってきたのは、あなたの神聖なダルシャンと祝福によって、心の安らぎが得られるのではないかと期待したからです」

ババは寓話でこれに答えました。

「聞きなさい」と彼は言いました、「あるとき、ひとりの商人がシルディへやってきた。彼は一頭の馬のあとをついてきた。商人はどうやら馬の落とし物（糞）が至るところにまき散らされるのが気に入らなかったようだ。それを拾い集めた、九回も、自分の上着のなかへね。その自分の前を行くものへの集中力たるや大したものだったよ」

パータンカルは狐につままれたようでした。しばらくして、ダーダー・ケールカールをそばに呼ぶと、ババはなにを言いたかったのでしょうか、と彼に尋ねました。ケールカールはババがたびたび不思議な言い回しをするのに慣れていたので、その答えを教えてやりました。

「商人とは」とケールカールは説明しました、「求道者のことで、馬とは神の恩恵、そして九つの落とし物とは献身的な帰依の九重《ここのえ》の道のことだよ」

「それはどのようなものでしょうか？」

ケールカールは続けました、「ひとつめはシュラヴァン（読んだり朗読したりして、特徴、長所、優れた成果を耳に入れること）、二つめはキールタン（朗唱）、三つめはスマーラーン（心に呼びかけ、名前や完全さに瞑想すること）、四つめはパーダセヴァン（足を洗ったり、もんだりすること）、五つめはアルチャナ（外面的な礼拝、一般的な奉仕、ナイヴェードヤを供えること）、六つめはヴァンダン（敬愛）、七つめはダーシャ（奉仕全般）、八つめはサーキャ（友愛を育むこと）、九つめはアートマニヴェダン（自己をささげること）だよ。あなたは商人としてここへやってきたのだから、献身的な帰依の九重の道に従うことによって、心の安らぎを得ることができるだろう」

パータンカルはこの説明で十分だと思いました。翌日、ババのダルシャンへ行くと、ババは尋ねました、「ところで、九つの馬糞の山は集めたかね？」

謙虚に、パータンカルは答えました、「あなたの祝福のおかげで簡単に集めることができました」。ババは彼を祝福しました。

ババはしばしば同じ原則を説明するのにたとえ話を用いました。「シータファル（バンレイシ）は」と彼はよく言ったものです、「ラームファル（別の果物）よりもよい。なぜなら、シータファルは消化しやすいが、ラームファルはそうではないからだ」。そのような言い方で、彼は「アナル・ハク（われは神なり）」の立場よりも「ヴァデ・ハク（神の召使）」の立場を勧めました。「アハム・ブラフマースミ（われはブラフマンなり）」よりも「トゥヒ・トゥヒ（なんじすべてなり、すなわち、御心のままに）」を。

世捨て人の暮らしを送る人のほうが、活動的で世俗的な生活を送る人より、たやすく知識や帰依の道を歩むことができる、ということが言われます。また、マントラを弟子の耳に吹き込んだ（真言を授ける）だけでは、師《グル》の責任は果たされない、ということも言われます。ババは言いました、「私は耳に吹き込む師《グル》ではない！」ババは子煩悩な親のように、帰依者たちを見守り、彼らの間違いを正し、彼らをまっすぐな細い道へと導いたのです。

ババはけっして陰口を好まなかったし、むだ口もききませんでした。あるとき、ひとりのヨーギがシルディへやってきて、サイババが玉ねぎや、ヨーギが口にしないにんにくが入ったバクシ（お布施）の食べ物をいつものように食べているのをあきれ顔で見ていました。ヨーギがその質問をする前に、ババは彼がなにを考えているのか察して言いました。人は自分が消化できるものだけを食べるべきだ、と。食べ物そのものに食べてよいものやよくないものがあるわけではない、と。

陰口に関して、サイババはよく言いました。他人のことを悪く言う人は自分が苦しむ、と。あるとき、アンジャンウェルのマトゥラーダースは、サグン・メルー・ナイクの家でたちの悪い陰口にふけっていたのがばれて、厳しく叱られました。また、残飯を食べる豚の真似をしてはいけない、と言われた人もいます。ババはそうすべきときには厳しくすることもありました。しかし、基本的には、彼のメッセージはわけへだてのない愛でした。「やってくる人はみんな」と彼は言ったものです、「リナーヌバンダ（ある過去生で冒された負債や恩義の絆）があってやってくるのだ。だから、自分のところへやってきた人をだれひとり追い返してはいけない。追い払われた動物は二度と戸口にはやってこない」

彼がよく言ったことを、いくつかここに抜き書きしてみましょう——

私がここにいて、あなたが七つの海の向こうにいても、
あなたがなにをしていようとも、私にはたちどころにわかる。
あなたがどこへ行こうと、私はいつもあなたといっしょにいる。
私はあなたの真情《ハート》のなかに住んでいる、私はあなたのなかにいる。
いつも私にあいさつしなさい、あなたの真情《ハート》のなかにいる私に。
私はどんな生き物の真情《ハート》のなかにも住んでいることを知りなさい——
あなたの自宅や、玄関や、途中の道端であっても。
虫、蟻、魚や鳥、
動物、犬や豚であっても。
このすべてのもののなかに私はつねに住んでいる、
そして私はあらゆるもののなかに満ちている。
自分自身を、私から分離したものとみなさないことだ。
私たちはひとつだ。

この真理を会得する人は祝福される。

サイババの帰依者たちは身の安全を保障されました。愛情や思いやりも保証されました。マスジドでババの向かいの席にいつもハルドワルブアーが坐っていました。あるとき、ハルドワルブアーが入ってくると、そこに幼い女の子が坐っていました。彼はいくらか強い調子で少女に席を立ってどこかへ行くようにと命じました。それがいたくババの機嫌を損ねて、逆にハルドワルブアーが席を立って、サバーマンダプ（会堂）に坐るようにと言われました。しばらくして、ハルドワルブアーが戻ってくると、もっと後ろに下がれと言われました。ババは子どもが粗末に扱われることが許せなかったのです。その教えが徹底されることを望んだのです。

ババはまた帰依者がシルディへダルシャンに来るためにお金を借りることに反対しました。ララ・ラクミチャンドもそのことを注意された人のひとりです。彼は二度と同じ過ちをくり返しませんでした。ささいな気遣いにもババはていねいに受け応えをし、なにかをただでしてもらうことがあってはならない、と言っていました。

ババは社会行事で近親者を除け者にしてはならないと、つねづね言っていました。ラーオ・バハードゥル・サテーはババが出席する行事に義父を招待しなかったために叱責されました。ババは酒飲みを重用せず、あるときなど大酒飲みで知られる、D・V・サンバレの夢のなかに現れました。ババはサンバレの胸の上に坐りこんで動こうとせず、彼は二度と酒を飲みませんと誓わねばなりませんでした。彼は約束を固く守り、職場の上司に酒を勧められても断ったほどです。

サテーはあるとき、たんなる好奇心である女性帰依者の自宅を訪れましたが、すっかりのぼせ上ってしまいました。伝えられるところでは、ババがどこからともなくその女性宅の戸口に現れました。そしてそれが自分の感情には気をつけなさいという、サテーへの警告になったのです。彼は二度とその女性の家を訪ねませんでした。

いくつかの出来事は専門家の目から見ても驚くべきものでした。ある新聞社の社主がシルディへ行って、もっていた十八ルピーあまりをこっそりとサンバレにあずけました。サイババがダクシナーを求めたとき、一ルピーももっていないと言い訳するためでした。その人がサンバレといっしょにババのダルシャンへ行くと、ババは二ルピーのダクシナーを求めました。その人は自分は一ルピーももっていないと、もっともらしく答えました。「だったら」とババは言いました、「サンバレからもらって、私にくれないかね！」

ババは帰依者たちがお互いに自慢話をすることをよしとしませんでした。サンバレが飲酒をやめてから数か月間、ババは彼にいっさいダクシナーを求めませんでした。これは彼が悪習をやめたことをババが評価しているからだ、とサンバレは勝手に考えていました。ある晩、サンバレがワーダーで、多くの友人たちがいるなかで、自分はババの寵愛を受けていると自慢をしていると、ババからお呼びがかかりました。サンバレがマスジドにはせ参じると、ババは口を開くなり、彼に二ルピーのダクシナーを求めました。サンバレはそれを差し出しました。そこには行いを正すようにという遠回しの警告がこめられていることを、彼もよく承知していたのです。

ラーダークリシュナーイは、H・Sことカーカーサーヘブ・ディクシトが献身的帰依のアーチャーリヤ（お手本）と評した人物ですが、何年もシルディに暮らし、サイババに誠実にお仕えしました。あるとき、彼女はサイババのダルシャンにやってきた人を侮辱してしまいました。ババは多くの帰依者たちの前で彼女を叱責し、言いました、「あなたにはこのマスジドの階段を上る人の価値がわかるのかね？　この人を侮辱することは、私を侮辱することなのだよ！」

サイババのダルシャンにやってくる人たちのなかには、古くからの帰依者の人たちがたくさんいました。しかし、サイババに会って比較的まだ日が浅い人たちも少なからずいたのです。でも、ババは彼らを区別しなかったし、区別した人をたしなめたものです。

サイババはまた帰依者が自分のエゴを満たすためだけの行為をすることを、それが彼らの精神的な道の障害になるとして禁じました。ナーナーサーヘブ・ニモンカルは、最初はサンスクリット語の知識はまったくなかったのですが、だんだんと上達し、やがて『ギーター』と『ジュニャーネシュワリ』、両作品をりっぱに解説するまでになりました。サンスクリット語の学者すら彼に参考意見を求めるほどでした。しかし、ある日、ババは彼の増長する虚栄心に待ったをかけるため、ニモンカルが両作品の解説をすることを禁じました。

老人や病人、病める者も飢えた者もみんな等しくマスジドに迎えられました。サダーシヴ・タルカドの妻、ターラーバイー夫人がマスジドに坐っていると、病状がとても重いらい病患者がやってきました。もはや手足に力はなく、体も汚れていました。マスジドへの三つの階段を上るのさえ困難なほどでしたが、なんとかドゥニ（火床）、そしてババのところまでたどり着き、頭をババの足につけました。彼がババのダルシャンを受けるのにはとても時間がかかり、タルカド夫人はらい病患者が近くにいることに耐えられず、早く行ってくれないものかと思いました。ようやく彼は去りましたが、その手には小さな汚れた包みが握られていました。

彼が去ると、タルカド夫人は心の底からほっとしましたが、ババは鋭い視線を彼女に投げかけて、人をやってそのらい病患者を呼び戻しました。その気の毒な人がババのほうへどうにかこうにか歩いてきて、ババの足に再び触れようと腰をかがめたとき、ババはその汚い小さな包みを取り上げて、らい病患者に尋ねました、「これにはなにが入っているのかね？」

それから、返事も待たずに、その包みを開けると、そこにはいくつかのペーダが入っていました。ババはそのひとつを取り上げて、マスジドに集まっている大勢の人のなかからタルカド夫人を呼び出し、そのペーダを差し出しました。タルカド夫人は嫌悪感でいっぱいでしたが、ババの申し出を断る勇気もありませんでした。それでもらったものを食べたのです。ババもひとつとって食べました。それかららい病患者を帰らせました。彼は同じような教えをG・G・ナルケ教授にも授けました。一九一六年、伝染病がシルディで猛威をふるいました。サイババはよくハルワイ人の店で砂糖菓子をもらっていましたが、その店内に伝染病で亡くなった主人の遺体が転がっているのが目撃されていました。ババはナルケにハルワイ人の店に行って、砂糖菓子をもらってくるように、と言いつけました。ナルケはこわごわとハルワイ人の店へ行くと、泣いている妻にババの奇妙な申し出を伝えました。彼女は死体を指さして、アルミラー（戸棚）から菓子をとってくるようにと、ナルケに頼みました。ナルケは、これを食べた人には病気がうつるにちがいないと思うと恐くてたまりませんでしたが、いくつかの菓子をとってきました。しかし、ババはナルケに言ったのです、「あなたはシルディを離れれば自分は助かる、ここにいれば死んでしまうと思っているだろう。そんなことはない。だれでもそうなる運命の人はそうなる。死ぬべき人は死ぬ。恵まれるべき人は恵まれる」

帰依者たちは約束を守らねばなりませんでした。それに背く者があれば、微妙なやり方でその責任を問われたのです。シルディにマールサーバイーという老婆が住んでいました。バプーラーオ・シルサテーが会ったとき、老婆は彼を祝福し、お布施を求めました。シルサテーは少しのお金をやり、ここを発つときにまた少しやろうと言いました。出発する予定の日になって、マールサーバイーが近づいてくると、彼は怒って老婆を追い返して、言いました、「しっ、あっちへ行け、どれだけ金をもらえば気が済むんだ？」

その出来事のことは、それ以上は考えませんでした。しかし、それからなにかが起こりはじめたのです。コパルガーオン駅まで行く乗り物をどうしても見つけられませんでした。おかげで汽車に乗り遅れてしまいました。やむなく駅で一晩を過ごすことになり、だんだんと心配になってきました。

翌日、汽車に乗ったとき、同乗者のなかにサイババの帰依者のビハリラール・ヴィヤースを見つけました。ヴィヤースはシルサテーに言いました、「おかしな話だが、シルディを発つときに、あの頭のおかしなマールサーバイーという女がやってきて、いくらか金をせびったんだよ。ひどい悪臭がしてね。しかし、少しばかりの金をやって、女が戻っていったとき、そよ風に乗ってモーグラやその他のかぐわしい花の香りが漂ってきたんだ！　信じられないが、ほんとうの話だ！」

そこでシルサテーは自分の傲慢さと思いやりのなさに気がついたのです。目から涙がこぼれ落ちました。

あるとき、ダーモダル・サヴァーララーム・ラサネは、サイババを食事に招きましたが、ババ自身は出向かないことを知ると、代わりにバーラー・ナヴァスカル・パーティルを送ってくれるようにと頼みました。ババは承諾しましたが、こう言いました。バーラーは低いカーストだが、なにがあっても彼に恥をかかせないように、と。ラサネは「わかりました」と言いました。彼は豪華な食事を用意すると、ひとつの盆にいろいろな料理を山盛りにし、ババの肖像画の前に供えました。ラサネはそれからババに「どうぞおいでください」と呼びかけました。ちょうどそこへ黒犬が入ってくると、お盆のものを平然と平らげました。ラサネは犬が食事を終えるまでうやうやしく待っていました。そのあとようやくバーラーも含めた他の客たちに食事がふるまわれたのです。ラサネはご満悦でした。

一九一五年五月、シャンターラム・バルワント・ナチャネは義母やその他の人たちといっしょにシルディへ行きました。彼らはあるところに泊まりましたが、その会堂の一隅にラーオ・バハードゥル・サテーの義父のダーダー・ケールカールも泊まっていました。ダーダー・ケールカールは保守的なブラフミンで玉ねぎを忌み嫌っていました。ナチャネの母が玉ねぎを切っているのを見て、彼はひどい言葉を浴びせかけましたが、老婦人はそれを黙って聞いていました。

数時間後、ケールカールの孫娘が目が痛いといって泣き出しました。ケールカールはなにか薬をもらおうとババのところへ行きました。ババは言いました、「子どもの目を玉ねぎで湿布しなさい！」「玉ねぎですか？」とケールカールは半信半疑で尋ねました、「それはどこで手に入るのですか？」ババはナチャネの義母を指さして言いました、「このお母さんに頼んでごらん！」しかし、婦人はケールカールに玉ねぎはやれないと言って、朝の出来事をババに話しました。「どうしてもあの人に玉ねぎをやれとおっしゃるならしかたありませんが、そうでないならお断りします」と善良な婦人は言いました。ババは彼女にケールカールに玉ねぎをやるようにと命じ、それで子どもの目を湿布したところ、たちどころに痛みが消え失せました。こうしてケールカールは、人づきあいはどうあるべきかを、シルディで学んだのです。

サイババが用いた絶妙な手法のもうひとつの好例が、『シュリ・サイ・サッチャリタ』の著者、ゴーヴィンド・ラグーナースことアンナーサーヘブ・ダボールカルのケースです。シルディでは毎週市が開かれていました。ある日曜日の午後のことです。ダボールカルはババの右側に坐って、彼の手足をもんでいました。なにかの拍子に、マーダヴラーオ・デーシュパーンデーは、ダボールカルの上着の袖の折り返しのなかに、数個のピーナッツを見つけて、笑いをこらえきれなくなりました。ダボールカルの袖を肘で突っつくと、何個かのピーナッツが床に落ちました。どうやってピーナッツが袖の折り返しに入ったのか、そのことがからかいと憶測の的になりました。ババは冷やかすように言いました、「この人にはご飯を他人に分けないでひとりで食べる悪い癖があるのだよ！　ひとりでこっそりとピーナッツを食べたくて市場へ行ったのだろう。あまり感心したふるまいではないな！」

ダボールカルは市場に行っていなかったので、ババの言ったことに憤慨し、こう言いました、「これはあなたのリーラにちがいありません！　私は市場に行っていませんし、ピーナッツは食べていません。それに私は他人に分けないでものを食べたことなんて一度もありませんよ！」それまでからかい半分だったババが、急に真剣な顔になりました。

彼は言いました、「確かに、まわりにいる人たちに食べ物を分けてやることはできるだろう。しかし、いっしょにいない人たちにはどうやって分けてやるのかね？　あなたは食べているときに、私のことを思い出すだろうか？　私はいつもあなた方といっしょにいるのではないのかね？」

そこでダボールカルが気がついたのは、ものを食べることはなにかを犠牲にすることだから、まずそれを神や師《グル》にささげ、彼らの存在を思い出すことなしに食べてはいけないということでした。またババの発言はこのようにも解釈できました——私たちの行いを神や師《グル》の目から隠すことはできないから、自分の考えや行いは注意深く、厳しく律しなければならない、と。

あるとき、ナーナーサーヘブ・チャンドルカルは気まずい思いをしました。サイババといっしょに坐っているとき、二人のプルダ（ベール）をつけたムスリムの女性がババのダルシャンにやってきました。プルダをつけているので、彼女たちはババの前に出るのをためらっていました。同席者がいたからです。それでチャンドルカルは席を空けようとしましたが、ババはとどまらせました。女性たちは続いて前に進み出ると、プルダをもちあげて、ババのダルシャンを受けました。二人の女性のひとりは年寄りでしたが、もうひとりは若くてとても美人でした。ナーナーサーヘブは若い娘が気になってしかたがなく、もっとよく見たかったのですが、ババに失礼がないように頭を垂れていました。彼が動揺しているのを感じて、ババはその背中を叩きました。女性たちが帰ってしまってから、ババはナーナーサーヘブのほうを向いて尋ねました、「なぜ背中を叩いたかわかっているかね？」

ナーナーサーヘブは答えました、「あなたに隠し事などできませんよ。でも、どうしてあなたといっしょにいるときでさえ、ああした考えが浮かんでくるんでしょうか？」

「ナーナー」とババは言い返しました、「そんなに心を乱さなくてもいい。体の仕組みが自然に働くときは、それをじゃまするものではない。人間の本能は少しずつ手なずけていけばいい。私たちの真情《ハート》が純粋なら、なにを恐れることがあろうか？」

- 心は移ろいやすいものだが、それが衝動的になるのを許してはいけない。
- 五感がかき乱されても、肉体は落ち着いているべきだ。
- 五感は当てにはならないから、欲望を追い求めないことだ。
- 絶えざる修練（と冷静さ）によって、心の移ろいやすさは消えていく。

『シュリ・サイ・サッチャリタ』XLIX, 170-177

ブラフマンを論理的な推論によって知的に理解したのち、遅かれ早かれ求道者の能力、器量、努力に応じて、圧倒的な経験がやってきます。圧倒的経験と師《グル》の恩恵がいっしょになって全面的な至福へと導かれます。ダハヌのウッダヴァーシャブアーは、一九〇四年、シルディを訪れて、サイババに尋ねました、「いつ私は自分を解脱へと導いてくれる師《グル》に出会えるのでしょうか？」

ババは彼に言いました、五年もすればわかるだろう、バークリーを丸ごと一口で呑み込めないのと同じだ、と。

五年もすると、ウッダヴァーシャブアーにもサイババの霊験《パワー》がわかるようになって、ババが救済の道で導いてくれることを確信したのです。そうなってから、ババは彼に『エクナース・バグワト』を毎日読むようにと勧めました。

金持ちで欲の深い人が、サイババのところへやってきて尋ねました、「ブラフマンを見せてください！」ババは彼を自分の隣に坐らせると、こう言いました、「世間的な欲望のために、私にすり寄ってくる人はたくさんいるが、あなたのようにブラフマンを求めてやってきた人は珍しい！　ひとつのブラフマンどころか、ブラフマンを束にして見せてやろう！」

そう言うと、サイババは少年を呼んで、彼に言いました、「ナンドゥの雑貨店へ行って、五ルピーを借りてきなさい。ババがすぐにお金が入用だと言ってな！」

少年は駆けだしましたが、すぐに戻ってきて、ナンドゥの家は閉まっていると言いました。それでババは少年をバーラー雑貨店に同じ言づてで行かせましたが、バーラーもやはり家にいなかったのです。その後もババは少年を一、二軒の家に行かせましたが、その時間にはだれも家にいませんでした。ババはそのことを内なる洞察力でわかっていなかったのでしょうか？しかし、じつはこれは訪問者を試すためだったのです。ブラフマンを求める人は二五〇ルピー相当の札束をもっていたのに、なかなか財布のひもを緩めようとせず、たった五ルピーの金を出ししぶっていたのです、しばらく貸すだけだというのに！

こうしたてんやわんやの騒ぎを目にして、ババはきっと最初の問いを忘れているのだろう、と商人は思いました。それで言いました、「ババ、まだブラフマンを見せてもらっていませんよ！」それを聞いて、ババは彼のほうを向くと、穏やかにこう言いました、「今までやってきたことはすべて、そのためだったことがわからないのかね？」

ババが伝えようとしたのは、五つのプラーナ（生気）、五感、自我、心、知性を明け渡さないかぎり、人はブラフマンの知識を得ることができない、ということでした！　そこでババはその商人に言ったのです、ポケットに二五〇ルピーもっていようと、自分の強欲さに打ち勝って、すべてを明け渡さないかぎり、ブラフマンには手が届かないだろう、と。

彼はつけ加えました、「私の金庫はいっぱいだ。だれでも欲しいだけとれそうなものだが、私はそのとる人の能力に応じて与えねばならない。このことを忘れないでいれば、あなたも幸福になれるだろう。神聖なマスジドに坐っているのだ、私は嘘は言わないよ！」商人は、ババに大いに感謝して去っていきました。

ババはいつもことあるごとに、師《グル》に授けられたダルマ（掟）にはだれもが従わねばならない、と言っていました。ですから、スワミ・ヴィージャヤーナンドというサンニャーシがシルディへやってきたとき、彼は敬意をもって迎えられたのです。しかしながら、数日後、母親が病気だという電報を受け取ったので、そのスワミはいとまごいをしようと、ババに会いに来ました。

ババは彼に言いました、「そんなに母親が大事なら、そもそもどうしてサンニャースなどとったのだね？」ババは彼に立ち去る許可を与えませんでした。一方で、彼はそのサンニャーシに言いました、「とにかく、あと数日間、待ってみなさい」

ババは内なる眼を通じて、そのスワミ自身が長く生きられないことがわかっていました。ですから彼をレンディに行かせて、「ラーム・ヴィージャヤー」のパラーヤナー（朗誦）を行わせたのです。こうしてスワミは十四日間を過ごし、二巡のパラーヤナーを行いました。三度目のパラーヤナーを始めようとしたとき、急に病気にかかって、ひどく衰弱してしまいました。彼は急遽、ワーダーまで連れて来られましたが、まもなく亡くなってしまいました。その最期の日々、ババはサンニャーシのダルマの道について説き、彼を安らかに旅立たせたのです。

帰依者と神、弟子と師《グル》はひとつです。神や師《グル》は帰依者や弟子に降りかかった災いを引き受けます。彼らは帰依者が引き受けられる重荷しか負わせないのです。

ディクシトの下の娘が一九一一年、シルディで亡くなり、彼は悲しみに打ちのめされました。ディクシトが娘を失う悲しみに耐えねばならないことは前からわかっていたので、ババは彼のために『バーヴァールタ・ラーマーヤナ』を一冊注文していました。娘が亡くなる頃、そのポーティー（本）が届きました。ディクシトがそれをババのところへもっていくと、彼はヴァーリンの殺害に続くターラーの嘆きと、ラーマが彼女に授けた教えが克明に描写されている、キシュキンダーのカンド（巻）を開きました。ババはディクシトにそれを読むようにと言いました。ディクシトは目から涙をこぼしながら読みましたが、おかげで気持ちを鎮めることができました。それは傷口に香油を塗るようなものでした。

それはいつものことでした。ババは帰依者が困難や疑念に陥るのを黙って見過ごしたりしませんでした。サイババを大師《サドグル》として受け容れて数年後、ナーナーサーヘブ・チャンドルカルはパンダルプルへ転勤になりましたが、この異動で彼は苦境に立たされました。パンダルプルに住んでいるのに、ヴィトバ神のダルシャンを受けなくていいものだろうか？　しかし、ヴィトバ神への忠誠心とサイババへの忠誠心を分けることなどできようか？　そのことがナーナーサーヘブを悩ませました。パンダルプルへ行く途中、ナーナーサーヘブはコパルガーオンで下車し、シルディへ向かいましたが、そのときババは周囲に坐っている帰依者たちに言いました、「パンダリーへの入口はみんなに開かれている。神を讃える歌をにぎやかに歌おう」。そう言うと、バジャンを歌いはじめました――

さあ行こう、パンダルプルへ行って、そこで暮らそう
そこで暮らそう、暮らそう、わが主神の家なのだから！

ちょうどそのとき、ナーナーサーヘブが家族とともにシルディへやってきました。彼はサイババの前にひれ伏すと、ぜひパンダルプルへおいでになり、お泊りくださいと申し出ました。ナーナーサーヘブはシルディへの訪問をだれにも告げていなかったし、知らせてもいませんでした。ですから、彼の不意の訪問をだれもが驚いたものです。彼がマスジドへ到着したちょう

どそのとき、パンダリーの扉はみんなに開かれている、というバジャンが歌われていましたが、その調べはナーナーサーヘブの耳に心地よく響きました。ババは一言も口にしませんでしたが、ナーナーサーヘブは窮地から救われたのです。

H・Sことカーカーサーヘブ・ディクシトも同じような興味深い経験をしました。あるとき、人力車でコパルガーオンからシルディへ向かう途中、頭にグアヴァの入ったかごを乗せた女性とすれ違いました。彼は車を止めて、サイババのためにグアヴァを買い求めました。グアヴァの香りがあまりにもおいしそうだったので、カーカーサーヘブはババにお供えする前に自分でいくつか食べたいという誘惑に駆られました。その考えが頭を離れないので、この欲望を取り除いてくださいと、ババに祈りました。驚いたことに、グアヴァは急に匂いがしなくなり、カーカーサーヘブの欲望も収まったのです。

『イーシャー・ウパニシャッド』の解説をマラーティー語の詩の形式で書いているとき、ダース・ガヌはある意味深い経験をしました。ある箇所で、わからないことがあったので、ダース・ガヌはサイババの意見を聞いてみたいと思いました。それでババのもとを訪ねたのです。しかし、ババは言いました、「なにか困っているのかね？　ヴィレ・パルレのカーカー・ディクシトのところへ行ってみるといい。あそこの女中さんなら、あなたの疑いを解いてくれるよ！」

その場に居合わせた多くの人は、ババが冗談を言っているのだろうと思いましたが、ダース・ガヌはババを固く信じていたので、とにかくヴィレ・パルレに行ってみることにしました。ヴィレ・パルレに着いたときには夜になっていたので、カーカーサーヘブを議論に巻き込むよりも、一晩寝てから、翌朝にカーカーサーヘブに疑問をぶつけてみよう、とダース・ガヌは決めました。

朝になって、ダース・ガヌがまだベッドのなかにいるとき、若い娘が優しい声で歌っているのが聞こえました。彼はその歌声にじっと聞き入りました。『イーシャー・ウパニシャッド』の解説のことが頭に浮かんで、この女中がいったいなにを教えてくれるのだろう、と疑問に思ったのです。その歌にはなにひとつ特別なところはなかったからです。オレンジ色のサリーはなんて美しいのだろう、と歌っているだけでした！　寝室から出てくると、お手伝いが皿を洗っているのに気がつきましたが、その歌があまりに愛らしかったので、彼はその朝のうちに、彼女にオレンジ色のサリーを買ってやる手配をしました！

この純朴なお手伝いが、歌に出てくるサリーをもらったときのうれしさといったらありません！　それをみんなに見せて回りました。そして一日中、そのサリーを着ていたのです。

翌朝、彼女は元通りの古くてすり切れたサリーで仕事に戻りましたが、その歌声にはこれっぽっちの悲しみの色もありませんでした。以前と変わらず楽しそうでした！　そのとき、『イーシャー・ウパニシャッド』の美しい一節の意味が頭にひらめきました――

イーシャヴァッシャム・イダム・サルヴァム、ヤット・キンチャ・ジャガテャーム・ジャガト……（神は森羅万象にあまねくおわす。与えられるものを楽しめ。贈る人も贈られる物もみな神の精髄に満ちている。）

このようにして、サイババは説教臭くなることなく、哲学、献愛、精神修養、道徳、日常生活のふるまい、生きとし生けるものへの共感を説きました。聖者トゥカラームは、聖人はふつうの会話ですらひとつの教えになっている、と言いました。それはサイババについても真実なのです。

あるとき、ババはT・G・サーマントに、彼の守護神とババその人がひとつにして不可分であることを疑いの余地なく示しました。この世を去ってから三十一年後、ババはみずからがダッター神の姿すらとりうることを示したのです。

一九四九年、ボンベイのダーダールに住む、ガンガーダル・ラクスマン・ジャカディィは、カリヤン鉄道駅の電信技士をしていました。正午に、昼食のために食堂へ行くと、ベンチに坐っているサンニャーシを見かけました。サンニャーシは彼に声をかけて言いました、「今日は休みだよ！」

気になったジャカディィは、それを命令と受け止め、駅長に許可を求めました。通常なら、駅長が休みを許すはずがないのですが、そのときはすぐにジャカディィの申し出を認めました。

その後、ジャカディはサンニャーシと話をしましたが、彼はダッタートレーヤーの帰依者で、マフルを巡礼したのち、ボンベイに来て、これからバドリーナーラーヤンへ向かうところだが、ハルドワールまでの切符を買ってくれないだろうか、とジャカディに頼みました。

「お金はないのですか？」とジャカディはサンニャーシに尋ねました。

「ゾリ（袋）のなかに手を入れて、お金をとってください」とサンニャーシは答えました。

ジャカディが言われたとおりにすると、ゾリのなかにはたくさんのルピー硬貨が入っていました。「みんなもっていっていいですよ」とサンニャーシはジャカディに言いましたが、そんなことはしたくありません。彼は三十六ルピーだけ出して、乗車賃の三十五ルピーと十二アンナを支払い、おつりの四アンナはサンニャーシに返すつもりでした。

「その四アンナは、私のゾリに入れてください」とサンニャーシは言いました。

ジャカディがそうしようとすると、ほんの数分前までルピーがぎっしり入っていたゾリが、今は空っぽになっているのに気がつきました。

「どうしたのですか？　ゾリがすっからかんですよ」とびっくりしたジャカディは尋ねました。

「驚くことはありませんよ」とサンニャーシは平然として答えました。「私の金庫はマフル、ガンガープル、シルディやその他の場所にあります。必要なときはお金がやってきます。用事が済むと、お金は元の場所へ戻っていきます。私がお金をもっていてどうするんですか？」

それから、彼はつけ加えました、「サイババはダッター神の生まれ変わりです。ときどきシルディを訪れなさい。そうすれば、なにかに不自由することはありませんよ！」

その日以降、ジャカディはダッタートレーヤー神としてのサイババを礼拝するようになりました。グティのスッバーラオもまたダッタートレーヤーとサイババの帰依者でしたが、一九四四年二月の第一週、眠っているときに、ダッター神のジャパ（念誦）を唱えつづけよという、はっきりとした声を聞きました。サイババに導かれているにちがいないと信じ、まだ夢のなかでしたが、ジャパを唱えはじめました。しかし、翌日、仕事にすっかり没頭し、誓いを守るのを忘れてしまいました。次の日、サイババはダルシャンを授け、彼を厳しく叱責しました。朝、目を覚ましたとき、息子が重い喘息で入院したという電報を受け取りました。今度こそ、ババの写真の横に坐って、ジャパを唱えつづけることを誓いました。三日後、息子の病状は回復し、自宅に戻ったという手紙を受け取りました。そこですぐに五〇〇〇回のダッター神のジャパをやりました。スッバーラオはそのおかげで別の形のご利益を受けました。彼を拳銃所持で起訴するという、政府の決定が取り下げられたのです。

ボンベイの金物商人、ダヤバイ・ダーモダルダース・メヘタは、マーダヴバウグ近くのチョール（集合住宅）に住んでいましたが、一九四五年からサイババを崇拝するようになりました。一九四六年から四七年にかけて、彼はチフスで病の床にふせっていました。当時、ある大工の死霊が、彼が入居するチョールの多くの住人たちに悪さをしているといううわさがまことしやかにささやかれていました。メヘタは恐れおののいて、自分も凶運に見舞われないようにと、他人の勧めもあって、首にお守りをかけていました。それはなんの効き目もありませんでした。高熱が出てしまったのです。医者の治療を受けていたのにです。

ある夜、その大工の死霊が自分の胸の上に乗っているような感じがしました。ほかになすすべもなく、商人はそばに置いてあったサイババの写真に呼びかけはじめました。するとすぐに、その写真から声がしてくるのが聞こえたのです、「なにを恐れているのだね？　わしは朝からこうやって棒をもって、おまえを守るために立っているのだよ。だがな、その首にかけたお守りだけは捨てたほうがいい！」

彼は言われたとおりにしました。

いくらか気分がよくなりましたが、まだ十分ではありません。それで商人は誓いました。もしよくなったら、ババのダルシャンを受けに行って、ダクシナーとして一〇一ルピーを奉納します、と。それからすぐにめきめきと健康が回復し、一か月も経たないうちに完全に回復してしまいました。

商人はこのことからひとつの教訓を学びました。すなわち、サイババの帰依者はいかなるまじないや呪い、黒魔術、妖術や魔女も信じるべきではない、と。

ババはアハマダーバードのあるムスリムに「聖者に無礼を働いてはならない」と諭しました。サイババの帰依者、ラーマンラール・マーリーは、アハマダーバードのバッドラーに店をもっていました。彼は毎日のようにババの肖像画の前で線香を焚いていました。あるムスリムが、マーリーの店の前を通りかかるときによくラーマンラールをからかいました。あるとき、そのムスリムが仕事から帰宅する途中、反対方向からアウリア（イスラム聖者）がなにやら大声で叫びながらやってくるのを見ました。アウリアは、ラーマンラールの店の前で立ち止まると、そのムスリムに言いました、「おい、おまえは私の絵の前で線香を焚くラーマンラールを笑いものにするのか？」ムスリムがなにかを言うより早く、アウリアは消え失せてしまいました。ムスリム紳士はあっけにとられましたが、自分のふるまいが間違っていたことに気がついたのです。

ベラールのカムガーオンに住む、スルジャバイー・カスリワル夫人は、夢のなかで、サイババから「サイ・ババ・サイ・ナース」のジャパをするようにと勧められました。それで他の神々への日課の礼拝をすべてやめて、指示されたジャパをやりはじめました。四日目に再び、夢のなかで、サイババにある光景を見せられました。ドゥルバールに四つの同じような席があって、そこにサイババ自身、シュリ・シャーンティナース、シュリ・パドマプラブー、そしてバグワーン・マハーヴィールが坐っているのです。

スルジャバイーがババに質問をしようとすると、彼の声が聞こえてきました、「ごらん、ここにシャーンティナース、パドマプラブー、マハーヴィールプラブーがいる。彼らに尋ねなさい！」

目を覚ましたスルジャバイーは、この夢の意味についてよく考え、ババにバクティ（献愛）

を表明したのちも、これら彼女自身の神々を礼拝しつづけることを、彼は望んでいるのだと結論づけました。

アハマダーバードはタルカス・バーヴァンのラティラル・チマンラール・セトはちょっと変わった経験をしました。彼は木曜日に一・二五ラク（十二万五千）のベルの葉をシヴァ神としてのサイババにお供えしました。翌日、ラティラルがプージャの部屋の扉を開けると、驚いたことに、ベルの葉の山の前にかま首をもたげたコブラがとぐろを巻いていました。コブラはゆっくりと葉の山に近づくと、かま首をラーダー・クリシュナの写真のほうへ向けました。びっくりして、ラティラルはあわてて部屋のドアを閉め、葉を川の水に浸ける儀式は延期しました。

三時間後、遠方から帰依者たちがシヴァ神の姿をしたサイババを一目見ようと三々五々とやってきました。ラティラルがプージャの部屋の扉を開けると、驚くなかれ、コブラはいなくなっていたのです。それがいつ入ってきて、いついなくなったのか知るよしもありませんが、サイババは彼にシェーシャシャイー・バグワーンとしてダルシャンを授け、そしてヴィシュヌ神ご自身も彼の帰依を喜ばれて、みずからのシヴァ神との本質的一体性を示されたのだ、とラティラルは確信したのです。

ラティラルはサイババにただただ感謝するしかありませんでした。

［2］

サイババについて多くのことが書かれていますが、彼が一日をどのように過ごしたのかはあまり知られていません。人びとが引きも切らず、彼に会いに来ましたが、その一日はいたって規則正しく整然としたものでした。朝の五時にはマスジドのドゥニ（聖火）のそばに坐っている姿が見られました。朝のお清めを済ませると、沈黙してドゥニのそばに坐っていました。儀式は行いませんでした。本も読まず、書き物もしませんでした。その指示は口頭によってなされました。手を振ったり、指さしたりのしぐさをして、「ヤデ・ハク（神を思え）」と言いました。訪問者は十五メートル以上は近づくことを許されませんでした。セヴェカリ（従者）たちが床の掃き掃除やドゥニに燃料をくべる仕事を黙々とこなしました。最初にやってくるセヴェカリはバゴジ・シンデで、彼はサイババをマッサージし、チラムにタバコを詰め、それに火をつけて、ババに渡しました。サイババは一服すると、チラムを彼に渡して一服させました。次にババはひとりで五服か六服しました。そのあとに数人の近しい帰依者がグル－セヴァのために進み出ました。彼らのセヴァが終わると、ババは起き上がり、両手、両足、顔を十分な水でていねいに洗い清めました。サイババは毎日沐浴をしなかったようです。八日から十日に一度、その気になったときにだけ沐浴をしたのですが、いつもいたって清潔だったのです。

午前八時、ババは村の四軒か五軒の家に托鉢に出向きました。彼がよく訪れたのは、バヤジヤバイー・コーテ・パーティル、パーティルブアー・ゴンドカル、アッパージ・コーテ、ナンドラム・サヴァイラム、ナーラーヤン・テリなどの家々です。家の前に立って、彼はこう呼びかけました、「ポリー・アーナゲ・チャトクル・バークリー！」乾いたバークリーはみんなゾリのなかに入れて、液体のものをもらうと水差しに入れました。それからマスジドへ戻ると、バークリーを食べ、残りは食べ物がほしい人のためにマスジドの隅に置きました。鳥や獣もお相伴にあずかりました。

次に最初の集会《しゅうえ》が催されて、それが九時半まで続きました。帰依者が次々とあいさつにやってきました。この集会ではよく買い求めたバナナ、グアヴァ、マンゴーが帰依者たちに配られました。

九時半、彼はアブドゥルのお供でレンディ川へおもむき、そこで一時間ほど過ごしました。ババは囲いのあるナンダ・ディープの後ろに、灯明の見えない位置に坐りました。灯明を見ることはなかったのです。二つの瓶に水を汲んで、いくつかの方角にささげました——彼が行う唯一の儀式でした。そのあいだにマントラや祈りが唱えられたかどうかはわかりません。

次にレンディから戻ると、午後二時までマスジドにとどまり、そのあいだに第二の集会がおよそ一時間催されて、帰依者たちが個別に彼に礼拝し、次に会衆の礼拝とアールティーが続きました。それからお昼、午後の食事の時間になりました。サイババを上座にして帰依者たちは二列の席のどちらかに坐りました。サイババの左隣の席はバデ・ババのために空けておかれました。

彼は午後一時から二時のあいだひとりになりました。ついたての後ろに坐って、小袋を取り出すと、なかには一パイ、二パイ、一アンナ、二アンナ、四アンナ、八アンナ、一ルピーなど、それぞれの単位の古い硬貨が十枚から十五枚入っていて、その表面を指先でなでたりして時間を過ごしました。彼がマントラを唱えるのを聞いた人はいないようですが、このようにつぶやくのを聞いた人はいます、「これはナーナーのもの、これはバプーのもの、これはカーカーのもの、これはソーミヤースのもの……」。このときにだれかが近づくとコインを小袋のなかに戻したそうです。

午後二時、ババは再びレンディへ行って、四十五分ほどで戻ってきました。二時四十五分から五時まではマスジドにいました。五時から六時半まで、第三の集会が催されました。六時半、夕方の托鉢に出かけて、数分でまた戻ってきました。

こうして、彼は一日に三回の集会をもちました。最初が八時半から九時半、二回目が十時半から十一時半、最後が五時から六時半でした。この三回の集会のときに、帰依者たちに教えをさずけました。その言葉遣いはとても謎めいていて、象徴、たとえ、寓意、比喩に富んでいました。たったひとりの帰依者しか、彼の言っていることがわからない、ということがよくありました。彼は説教を行わず、ヴェーダーンタ、『ウパニシャッド』、『ギーター』の講釈をしませんでした。その教えは倫理的な内容のものが多くを占めていました。信仰心のない人には神を信じるようにと教え、ある人には励ましの言葉をかけました。ナーマー・ジャパやその他の宗教的なお勤めについてはわかりやすい教えをさずけました。しかしながら、ヨーギが訪ねてきたときには、相手のレベルに合わせて適切な語彙で応対しました。帰依者には帰依を続けるようにと指導し、相手の能力や努力に見合った自己の悟りの道へと少しずつ導いていきました。彼のことを心にとどめ、熱心に祈る帰依者には超自然的な能力を使って直接的な体験を与えました。

初期の頃には、ババは地上から二・四メートル以上の高さの天井から突き出た細い板の上で眠ったと言われています。しかし、そのような行いをしているといううわさが広まると、それをあきらめて、ふつうの人のように床で眠るようになったのだそうです。

〔3〕

サイババのドゥルバール（会堂）はカースト、信仰、宗教、性別に関係なく、すべての人に開かれていました。集会の時間になると、金持ちも貧乏人も、善人も悪人も、みんな彼のところへやってきました。動物ですら追い払われませんでした。彼に会いに来た人、祝福を受けに来た人には、弁護士、医者、教師、公務員、そして一般人がいました。

初期の頃には、彼に会いに来たのは主として聖人たちでした。そんなひとりにアッカルコートのシュリ・スワミ・マハラジの弟子、ラーマナンダ・ビドカル・マハラジがいました。一八七三年のことです。ババを訪ねたもうひとりの人は、アッカルコート・スワミ・マハラジのもうひとりの著名な弟子、アーナンドナース・マハラジです。ババに会ったあと、アーナンドナース・マハラジは「牛糞の山の上にダイヤモンドがある」と言ったと伝えられています。またアーナンドナース・マハラジは、彼はムスリムであるとか、狂人であるとか聞いて、ババに近づかない人は大きな損をしている、と言ったとされます。マハラジは、救済を得たい人はババに謙虚に近づくべきだ、と忠告しています。

一八九六年、ヴァイシュナヴァ派の有名な聖人、プンタンベのガンガーギルババは、ババに会ったあと、シルディはサイババのような宝石を得て幸運だ、と言ったと伝えられています。ガンガーギルババは言いました、「この人はありきたりの人ではない。彼が足跡をしるした、シルディの地は祝福されている」

やがていつしか、サイババの名声は英国人の官僚にまで及び、そのひとり、ジョージ・カーティス氏が妻やアハマドナガル地区の徴税官、マクリーン氏を伴ってシルディへやってきました。

ババは彼らをほかの人たちと同じように扱いました。英国人に同行したインド人の役人のひとりがサハスラーブッディに、サーヒブ（英国人の旦那）に合わせて朝のお勤めは早めに切り上げるべきではないかと提案したところ、そんなことはできないと言われました。サーヒブのほうが待つべきだ、と。

ところが、カーティス夫人の要請で中断を余儀なくされました。ババと言葉を交わしたかったので、彼女は言いました、「アープ・ケ・サス・クッチ・バート・カルネキ・ハイ」。ババは一言、こう言いました、「アーダ・ガンタ・セル・ジャヴ（三十分待ちなさい）」。三十分後、待ちかねたカーティス夫人がうやうやしく申し出ると、今度はあと一時間待つようにと言われました！　待たされるとは夢にも思わなかったので、ブラ・サーヒブ、大旦那衆は帰ってしまいました。カーティス夫人は子どもがいなかったので、子宝に恵まれるよう、ババの祝福を受けたかったようなのです。しかし、彼と話す機会はありませんでした。そして彼女の願いはかなえられなかったのです。しかしながら、それからほどなくして、カーティス氏が政府の行政委員会の副委員長に選任されたとの記録があります。

政府高官と同じように、王侯貴族もときにシルディへやってきました。一九〇四年、バローダ藩王国のガーイクワール家の貴婦人が、ボンベイの高名な医師でサー・フェローズシャ・メフタの友人、サー・バールチャンドラー・バトワデカルといっしょにババのダルシャンへやってきました。彼女は一方にルピー貨が、もう一方にギニー貨が載った、二つのターリー（お盆）をババの前に差し出しましたが、ババはそれに触りもせずに返してしまいました。婦人はそこでギニー貨を何枚かババの隣に坐っているマールサーパティーに与えようとしました。マールサーパティーがババに助言を求めると、ババは彼に言いました、「ギニーをどうしようというのかね？　私たちには貧しさだけで十分ではないか！」マールサーパティーはお布施を断りました。

サイババについて多くの本が書かれていますが、彼に関するほとんどすべての文献中、当時の政治的動乱への言及はまったくと言っていいほど見られません。シルディは都市部から遠く離れていましたが、政治に巻き込まれなかったわけではありません。インド国民会議は一八八五年、サイババがおよそ四十五歳のときに設立されました。彼は一九一八年にサマーディに入りましたが、その頃までに国民会議派は論争の的となり、世間に波風を立てるようになっていました。マハーラーシュトラには著名な指導者が何人かいましたが、唯一、マハーラーシュトラの主要な指導者のひとり、ロカマニヤ・バル・ガンガーダル・ティラクがシルディを訪れたという簡単な記録が残されています。そのことを記録したのはダーダーサーヘブ・カパルデでした。

ガネーシャ・シュリクリシュナことダーダーサーヘブ・カパルデは、ベラールの指導者で、サイババの帰依者でした。一九一〇年、十二月五日から丸々一週間、彼はシルディに滞在しました。一九一一年十二月六日、再びシルディを訪れて、今回はサイババの意向で三か月間引き止められました。カパルデの法律関係の仕事からは毎月五桁の収益が上がっていました。その事情を考え合わせると、シルディに長期滞在することで相当の経済的損失があったはずですが、彼は気にとめませんでした。そしてそれにはしかるべき理由があったのです。ロカマニヤ・ティラクがビルマのマンダレイの刑務所に収容されていたので、彼の友人たちの動向には警察の厳しい監視の目が注がれていたのです。ですから、ババは自分をなんらかの危険から救うためにシルディに引き止めているにちがいない、とカパルデは確信していました。

一九一七年五月十九日、ロカマニヤ・ティラクはババと会いました。二人の著名な人物がこの会見について矛盾する報告をしています。その二人とはダーダーサーヘブ・カパルデとナラシンハ・チンタマンことダヤサーヘブ・ケールカールです。カパルデの報告のほうがあてになります。カパルデは日記をつけていたのです。以下は一九一七年五月十九日の日記からの引用です――

「サーンガームネールからシルディへ、そしてイォーラへ――朝、起きると、大勢人が集まりすぎていて、お祈りをすることができなかった。私たちを昼までここに引き止めて、行かせまいとする意向が働いて、ケールカールがその動きに加担しているように思えた。しかし、まったく理由のわからない腹立たしさを感じて、私は出発すべきだと主張した。とにかくして、サーンガームネールの主導的な弁護士、サント氏の自宅でパーン‐スパリ（食後の一服）をしたのち、午前八時半に出発した。途中でパンクしたが、十時にはシルディに着いた。私たちはディクシトのワーダーに立ち寄った。バプーサーヘブ・ブーティー、ナーラーヤンラーオ・パンディ、それとブーティーの家族がいた。旧友のマーダヴラーオ・

デーシュパーンデー、バーラーサーヘブ・バーテ、バプーサーヘブ・ジョグその他も集まってきた。私たちはマスジドへ行って、サーイーン・マハラジ（サイババ）にあいさつをした。こんなに喜んでもらえるとは思っていなかった。例によってダクシナーを求められたので、全員がお布施を支払った。ロカマニヤを見ると、ババは言った、『あなたは反感をもたれているから、あまり人には会わないほうがいい』。私はあいさつをし、いくらかルピーをお渡しした。ケールカールとパレガオンカルもお金を出した。マーダヴラーオ・デーシュパーンデーがみんなを代表してイォーラへ出発する許しを求めた。サーイーン・サーヘブ（ババ）は言った、『こんな暑いさなかに出発して死ぬつもりかね？　ここで食事をし、午後、涼しくなってから発ちなさい』。それで私たちは思いとどまり、マーダヴラーオ・デーシュパーンデーといっしょに食事をした。しばらく横になって休んで、再びマスジドへ行くと、サーイーン・マハラジは横になって休まれているようだった。ロカマニヤがチャヴディ（聖堂）でパーン‐スパリ（噛み物）のもてなしを受けたのち、再びマスジドへ戻った。サーイーン・マハラジは起きて坐っていた。私たちにウディを施して、出発を許してくれた。私たちは自動車で出発した」

つけ加えると、バプーサーヘブ・ジョグによれば、サイババはロカマニヤにこうも言ったそうです、「あなたはこれまで人びとに尽くしてきたが、これからは自分の幸せのために全力を尽くしなさい」。カパルデ氏のシルディ日記はいろいろな意味で興味深いものです。当時のシルディの生活がどんなものだったかが活写されているだけでなく、サイババに会いに来た人びとの人間模様や、ババが彼らにどのように接したかが生き生きと描かれているのです。そこに浮かび上がってくるのはきわめて人間的なババの姿です。少し引用してみましょう――

「一九一二年二月九日、いつものように起床して、お祈りを済ませたのち、『パーンチャダシー』のクラスに出席した。途中で、サーイーン・マハラジが出かけるのを見た。クラスが終わって、みんなでマスジドへ行った。サーイーン・ババは上機嫌だった。そこへキシユヤという少年が、私たちはピシュヤと呼んでいたが、いつものようにやってきた。彼を見ると、サーイーン・サーヘブは言った。ピシュヤは前世はローヒラー人で、とても善良な人だった。いつもお祈りを欠かさず、サーイーン・サーヘブの祖父のところへ客人として出入りしていた、と。祖父には別のところに住んでいる妹がいた。サーイーン・サーヘブはまだ少年だったが、いたずら半分に、ローヒラー人は彼女を嫁にもらったらいいと言った。それが現実のものとなり、二人は結婚した。ローヒラー人は妻と長らくそこに住んでいたが、最後には妻と出ていき、その後の消息はわからなくなった。彼が亡くなると、サーイーン・サーヘブは彼を現在の母親の子宮へと入れた。彼の言うには、ピシュヤはとても幸運で、いずれ何千人もの人びとの守護者になるのだそうだ……」

カパルデはババのいろいろな気分を描いています。ある一節では、ババは「上機嫌で笑っていたが、次の瞬間には毒舌を吐いていた」としるされています。ババがなにを笑っていたのか、そしてだれに悪態をついたのかはっきりしません。ババに終生きわめて忠実に仕えたメガーの死について、とても感動的な言及があります。カパルデは書いています――

「一九一二年一月十九日、今日はとても悲しい日になった。朝早く起き、祈りを終えたあと、夜明けまで一時間近くあるのに気がついた。再び横になったが、カーカド・アールティーの時間に、バプーサーヘブ・ジョグに起こされた。ディクシト・カーカーの知らせで、メガーが朝の四時に亡くなったそうだ。カーカド・アールティーが行われたが、サーイーン・マハラジ（ババ）はあまり表情を見せなかったし、目も閉じているようだった。会衆を恵み深いまなざしで見渡すこともなかった。私たちが戻ると、メガーの遺体を火葬する準備が済んでいた。遺体が運び出されるちょうどそのとき、サーイーン・ババがやってきて、大きな声を上げて、彼の死をいたんだ。その声はとても感動的で、だれの目にも涙が浮かんだ。村外れの道の曲がり角まで遺体に付き添い、それからいつもの日課へと戻った。メガーの遺体はバダーの木の下に運ばれて、そこで荼毘にふされた。遠く離れているのに、サーイーン・ババが彼の死をいたむ声が聞こえてきた。アールティーで別れを告げるときのように、右へ左へと両手を振るのが見えた。十分な薪が用意されていたから、じきに火は空高く立ち上った。ディクシト・カーカー、私、バプーサーヘブ・ジョグ、ウパサニ、ダーダー・ケールカール、その他の人たちもそこにいた。メガーの肉体はサーイーン・ババのまなざしを受け、頭も、胸も、肩も、足も触ってもらえたのだから、なんて幸運なのだろうと、みんな口々に誉めそやした……。思い返せば三日前、ババは彼の死を予言していたのだった」

ゴーパールラーオ・ブーティーという裕福なババの帰依者がいました。彼はババに敬意を表して演奏し、演技する芸術家に援助を惜しみませんでした。そうした芸術家のひとりに、カーンサーヒブ・アブドゥル・カリーム・カーンがいました。一九一四年、ブーティーは他の数人のサイババの帰依者と、アマルネルのプラタープ・セトの自宅で開かれた、カーンサーヒブの演奏会を聞きに行きました。彼らの招きを受けて、カーンサーヒブはマーレガーオンその他の地区のツアーをキャンセルし、自分もサイババを大いに崇敬していたので、シルディへババのダルシャンを受けに行ったのです。

カーンサーヒブは弟子たちとアマルネルからシルディへ到着し、コーテ・パーティル宅のベランダに寝泊まりすることになりました。その日、彼らは夕方になるまでババのダルシャンを受けられませんでした。いつものように、バジャンの一行が夕方にマスジドの前に集まってきました。そのなかにカーンサーヒブとその団員たちもいました。ババを一目見て、彼は神聖な人だと、カーンサーヒブは確信しました。いつもの問いと答えのあと、ババはカーンサーヒブのほうを向くと、バジャンをマラーティー語で歌ってほしいと頼みました。楽器の伴奏付きで、カーンサーヒブは『ヘチ・ダーナ・デーガー・デーヴァ』を歌いました。その聖者トゥカラームのアバング（宗教詩）は、ラーガ・ピローという曲調で、並々ならぬ献身的愛情をもって歌われたので、ババは目を閉じて魂を奪われたように聴き入っていました。バジャンが終わると、ババは目を開けて声高に言いました、「ああ、なんて上手に歌うのだろう！　その祈りのあまりの真摯さに、彼の祈りを聞き入れない神はいないだろう！」カーンサーヒブのバジャンのおかげで、夜のアールティーが遅れてしまいましたが、それが終わると、ババはカーンサーヒブに言いました、「あわてて帰らなくてもいい。泊まるところは心配するな。なにもかも手配してあげよう」。コーテ・パーティルは客人たちを手厚くもてなすように、と頼まれました。

翌日、カーンサーヒブは妻のターヘラー（ターラーバイー）から電報を受け取りました――「グルバカヴァーリー、オモイビョウキ、スグカエレ」（カーンサーヒブの娘、グルバカヴァーリーはのちにヒラーバイー・バドデカルの名で令名を馳せました）。電報をババに見せると、心配しなくていいから家族全員をシルディへ呼びなさい、とカーンサーヒブに言いました。さっそくカーンサーヒブの二人の弟子がプネにつかわされて、家族がシルディへ呼び寄せられました。カーンサーヒブの一行は、妻も含めて二十人余りで、全員がコーテ・パーティル宅に身を寄せました。ターヘラーはコーテ・パーティルの妻に、一行の食事の世話は自分がするからと申し出ました。パーティル夫人は答えました、「いいえ、とんでもない！　私はサイババからそんなことを許すように言われてはいませんよ。あなた方のお世話をするように頼まれているのです。なんなりとお望みのことやお望みでないことをお申しつけくだされば、そのご意向に沿うようにしますから！」ターヘラーは黙って従うしかありませんでした。シルディへ着いて、グルバカヴァーリーがサイババの前へ連れて来られました。病状は重かったのですが、ババはティールト（聖水）とウディを飲ませました。四十八時間も経たないうちに、病気はすっかり治ってしまいました。ババはカーンサーヒブを十日間、シルディに引き止めたのち、彼が立ち去るのを許しました。七日目の朝、ターヘラーはラーガ・バイラヴィーで『ガリン・ロトンガナ・ヴァンディン・チャラナ』を歌って、ババを喜ばせました。

九日目、ババはコーテ・パーティルに言いました。「今夜はタンプーラの伴奏で音楽を聞こう。村人たちを呼びなさい。みんなで聞こう」。その夜、村や他所から来た人たちが大勢集まりました。アマルネルのプラタープ・セト、ナーグプルのダンヴァーテ、ブーティー夫人、その他のスリランプルやコパルガーオンから来た人たちもいました。カーンサーヒブはババの好きなバジャンやアバングをよく知っていたので、ダルバーリ・カーナダ（ラーガの一種）の楽曲『アウル・ナヒ・カチチュ・カームキ・マイン・バロセ・アプネ・ラームキ』から始まって、やはりババが好きなトゥカラームのアバング『ジェ・カー・ランジャレ・ガーンジャレ・ティアシ・ムハネ・ジョ・アープレ』、次にカビールのドーハー『イサ・タナー・ダナキー・カウン・バダーイ』をラーガ・ジョギアで歌いました。そして『カヤ・カイシ・ローイ・タジャ・ディジョ・レ・プラーナ』をラーガ・ピローの高い声でしめくくったのです。演目がすべて終了したのは午前二時頃でした。サイババは心行くまで楽しんだのです。カーンサーヒブの背中を軽くたたいて、頭に手をあてて祝福し、ルピー貨を与えて、こう言いました、「このルピーは使ってはいけない。いつもポケットに入れておきなさい」。彼はまたターヘラーに五ルピーを与えて、それを箱にしまっておくようにと言いました。おまけに大きな箱入りのペーダも贈りました。

ガンパトラオ・ボダスはキルロスカル・ナータク・マンダリーの劇団員をしていましたが、聖人たちを訪ねたことがなく、訪ねる人たちを批判していました。しかし、アハマドナガルに滞在していたとき、サイババのダルシャンを受けてみたくなりました。コパルガーオンのマムレダール、バーラーサーヘブ・ミリカルは友人でした。日曜日、ミリカルを訪ねて、翌日にシルディへ行きました。マスジドへ行くと、ババの前にひれ伏して、その前にココナッツとタバコの葉を差し出しました。ババはボダスに、それをチラムに詰めるようにと頼み、彼の身の上を尋ね、ダクシナーを求めました。ボダスは一ルピーを差し出しました。帰る前に食事をしていくように、とババは彼に勧めて、大きな声でこう言いました、「あんたたちが議論していては、ババだってなにもできないだろう?」二日前、ボダスは同じ劇団員のジョグレカルと口論しました。ボダスは奥深くの考えを見抜いてしまうババの力を思い知らされました。

それから食堂へ行きました。そこである人が、ババがダクシナーを求めたときは財布をからっぽにするものだ、と彼に言いました。ボダスはその助言を聞き入れて、次の機会にはそうしようと思いました。ババに別れを告げに行き、その足に頭をつけると、ババは言いました、「帰る用意はできたかね?」「そのお許しをいただきに来ました」とボダスは言いました。ババは彼が帰るのを許し、再びダクシナーを求めました。今回、ボダスはババの前で喜んで財布をからっぽにしました。ババはすると彼の額にウディを塗って、彼を祝福しました。

「あなたは私にダクシナーをくれた。ナーラーヤンが十二分に報いるだろう」と彼は言いました。

［4］

こうして私たちはサイババの生涯の最終章へとやってきました——彼のニルヴァーナ（入滅）です。ダシェラ、またはヴィージャヤー・ダシャミはヒンドゥー教徒にとって特別な意味をもちます。それはシモランガン、つまり「境界を越える」日です。王たちが征服の闘いに出陣する日なのです。一九一八年十月十五日火曜日、サイは物質的な身体を棄てて無限へと溶け込みました。ヒンドゥー暦によると、ヴィージャヤー・ダシャミはその運命的な日の正午、十二時半に終わり、エカーダシーの日が始まりました。午後二時三十五分、ババはニルヴァーナに達しました。ムスリム暦によると、それは九日目の昼と夜で、それゆえにカッタルーキーラト（受難の夜）でした。

サイババは、自分と帰依者の過去生のつながりは七十二世代前までさかのぼる、と言っていました。彼は過去、現在、未来を知っていたのです。ですから自分がこの世を去ることについてもよくわかっていました。その出来事を注意深く準備していたとしても少しも不思議ではなかったのです。

終焉の四か月前、サイババはファキール・バデ・ババの息子カシムを呼んで、いくつかの仕事を頼みました。二五〇ルピーを渡し、アウランガーバードのファキール・シャムスッディーン・ミアに会いに行かせ、モウルまたはナート（パイガンバルすなわち預言者ムハンマドへの賛歌）、太鼓と手拍子を伴ったクァワーリー（アウリアすなわち聖者への賛歌）、そしてニヤースまたはランガル（食事の準備ともてなし）の手配を頼んだのです。またカシムにセヴァンティ（バラ科の花）の花輪を手渡すと、以下のような伝言を託して、ファキール・バンネ・ミアのところへ行かせました、すなわち「ノウ・ディン、ノウ・ターリーク、アッラー・ミア・アプネ・ドゥニア・レ・ジャエガ。マルジ・アッラーキ」。カシムはアウランガーバードに不案内だったので、サイババはイマーム・チョッタ・カーンにカシムに同行するようにと頼みました。

彼らはシルディを発って午後三時にアウランガーバード駅に到着しました。ファキール・シャムスッディーン・ミアが駅に来ていました。彼はイマーム・チョッタ・カーンの知人でした。シャムスッディーン・ミアは尋ねました、「客人はどこにいるんだね、ファキール・サイのところから来た人は?」シャムスッディーン・ミアは伝えられたサイババの指示を彼らの前で復唱しました。それから彼らを自分のところへ連れて行くと、その日のうちにサイババの望みどおりにすべてのことを手配しました。

翌日、カシムとイマーム・チョッタ・カーンは、バンネ・ミアの家に行きました。彼は片方の腕を空中に高く掲げて立っていました。周囲のアラブ人たちは二人に警告しました、少しでも彼に近づくとぶたれるぞ、と。一時間ほど待って、イマーム・チョッタ・カーンは勇気を出して、バンネ・ミアの首にサイババから渡されたセヴァンティの花輪をかけました。するとバンネ・ミアは掲げていた腕を降ろしました。イマーム・チョッタ・カーンは彼に、サイババの伝言を一言一句、言われたとおりに伝えました。ファキール・バンネ・ミアは空を見上げ、その目からは涙がこぼれ落ちました。

カシムとイマーム・チョッタ・カーンは託された仕事をすべて終えて、シルディへ戻りました。それから四か月後、サイババはこの世を去りました。

終焉の十四日前、サイババは帰依者のヴァゼをマスジドに坐らせ、ラーマ・ヴィージャヤーのパラーヤナー(朗誦)をさせ、自分も坐って聞いていました。八日後、パラーヤナーの一巡が終わりました。二巡目は三昼夜で終わりました。こうして十一日が過ぎました。ヴァゼは朗唱を続けましたが、すぐに疲れてしまいました。サイババは途中でさえぎり、ヴァゼを帰らせました。

ほかにもサイババのニルヴァーナへの準備を物語る出来事があります。サイババがバプーサーヘブ・ブーティーの夢に現れたのです。その夢のなかでブーティーは、ワーダーを建てるようにと指示を受けました。ワーダーが建立されたら、しかるべき時期に、彼のなきがらをそこに葬るように、とババは指示しました。

一九一六年、シルディのラーマチャンドラ・パーティルが病気にかかりました。医者の手当てもいっこうに効果を現さず、パーティル自身も生きているのが嫌になってしまいました。そうした精神状態のとき、突然、サイババの姿がパーティルのベッドの枕元に立ったのです。パーティルはサイババの足をつかむと、いつになったら自分は最終的な解放を得るのでしょうか、と尋ねました。ババは彼に約束してこう言いました、「あなたは恐れなくていい。しかし、ターティヤー・コーテの日々は多く残されていない。一九一八年、ヴィージャヤー・ダシャミの日に、ターティヤー・コーテは亡くなるだろう。今は彼に言ってはいけない……」

ラーマチャンドラ・パーティルは回復しはじめて、じきに元気になりました。数日、そして数週間が過ぎました。一九一八年の八月がやってきました。そして八月は九月へと移り変わりました。やがてターティヤー・コーテは病気になりました。ババも悪寒の発作を起こしました。

コーテは耐え難い苦痛を感じるようになりました。それとともにババも弱くなっていきました。熱は三日間で収まりましたが、ババはすべての食べ物を受けつけなくなり、だんだんと衰弱していきました。そのときいっしょにいたのはカーカーサーヘブ・ディクシトひとりでした。サイババは彼を帰らせました。しかし、ババの状態が悪化していると聞いて、彼は戻らざるをえませんでした。

およそ二日間、ナーナーサーヘブ・ニモンカル（ニモンのヴァタンダルつまり地主で、マーダヴラーオ・デーシュパーンデーの叔父）がサイババに付き添い、昼となく夜となく世話をしました。またそのとき、シルディにはブーティー、ジョグ、マーダヴラーオ・デーシュパーンデー、バーテその他の人たちがいました。このときまだババは自分で体を清潔に保つことができましたが、托鉢に出るときには助けを借りなければなりませんでした。夕方の巡回にはブーティーとニモンカルが両側に付き添い、ときには支えなければなりませんでした。一九一八年十月十五日、昼のアールティーが終わると、ババはブーティー、ディクシトその他の人たちを食事のために帰らせました。これはあまりなかったことで、以前なら彼らはマスジドでババといっしょに食事をしたのです。

やがてババがこの世の舞台から退場するときがやってきました。いっしょにいたのはラクシュミーバイー・シンデ、バヤジ・コーテ、バゴジ、ラクスマン・シンピ、ニモンカルその他の人たちでした。マーダヴラーオ・デーシュパーンデーはマスジドの階段に坐っていました。サイババはポケットから最初に五ルピー、次に四ルピーを取り出すと、ラクシュミーバイーに与えました。次に、少ししてから、彼は言いました、「ここでは気分がよくない。ワーダーに連れて行ってくれ」

サイババはブーティーのワーダーをダグディ・ワーダー、またはたんにワーダーと呼んでいました。彼はこう言いました、「ワーダーに連れて行ってくれ。あそこのほうが気分がいい」

それが彼の最後の言葉でした。

サイババはいつものように坐っていましたが、やがて終焉がやってきました。呼吸がだんだんとゆっくりになっていきました。バゴジがそれに気づいて、ニモンカルに声をかけました。ニモンカルは少しの水をサイババの口に含ませましたが、吐き出してしまいました。

ニモンカルは叫びました、「デーヴァ！」

少しのあいだ、サイババは目を開けて、かすかな声で言いました、「あぁ！」

それで終わりでした。彼を支えていたバヤジ・コーテにもたれかかり、ババは亡くなりました。午後二時三十五分のことでした。

［5］

次に、遺体をどうするかで議論が巻き起こりました。ファキール・バデ・ババ、マウルヴィーその他のムスリムたちは、ムスリムの習慣に従って、サイババの遺体はカバリスターン（墓地）に運ばれるべきで、ヒンドゥー教徒は触ってはいけないと言いました。しかし、ババの帰依者の大半はヒンドゥー教徒でしたから、彼らの多くはブーティーのワーダーに埋葬されるのが、ババの遺言だったと言いました。それに従ってワーダーの至聖所に穴が掘られはじめました。夕方にはラハタからフォーズダール（警察官）がやってきて、議論は夜遅くまで続きました。

十月十六日早朝、サイババがラクスマン・バート（シルディのグラームジョシー、つまり占星術師で、マーダヴラーオ・デーシュパーンデーの母方の叔父）の夢枕に立って、こう言いました、「すぐに起きなさい！　バプーサーヘブ・ジョグは今日はカーカド・アールティーに来ない。私が死んだと思っている。だからあなたが来て、私に礼拝しなさい！」

ラクスマン・バートは起き上がると、マスジドに駆けつけて、プージャの準備をしました。サイババの顔をおおっていた布を取り除けると、深い愛情のこもった目で彼を見つめ、伝統儀式にのっとってプージャを行いました。マウルヴィーはラクスマン・バートがババの遺体に触れるのを制止しようとしましたが、バートはそれを無視し、プージャをやりとおし、ババの額にティラクをつけ、パーンとダクシナーをババの閉じた手に握らせて、立ち去りました。

そこへコパルガーオンのマムレダール（行政官）が到着しました。ババの遷化《せんげ》を知って、帰依者たちも大勢やってきました。そこでマムレダールは人びとに意見を聞いてみました。

二〇〇人が遺体をブーティーのワーダーに埋葬することに賛成で、一〇〇人はそれに反対していることがわかりました。それだけでは議論は収まりませんでした。マムレダールは合意がなければ自分の権限で許可は出せないと強く言って、案件をアハマドナガルの徴税官に上申することにしました。

カーカーサーヘブはアハマドナガルへ行って、徴税官本人に会う手はずをととのえました。ムスリムたちはカーカーサーヘブ・ディクシトがだれからも信望が厚く、尊敬され、政府関係者にも多大な影響力をもっていることを知っていました。ですから、どのような結論が出るにしても、それはきっと彼の意向を汲んだものになることでしょう。このため多くの人が彼に反対してもむだだと感じました。こうして最後には反対者たちも遺体をブーティーのワーダーに埋葬することに条件付きで賛成したのです。その条件とは、ムスリムはサイババの存命中はマスジドに自由に出入りできたのだから、死後もマスジドやワーダーに自由に立ち入りできるようにするべきだというものでした。これにはヒンドゥーの帰依者たちも喜んで同意し、サイババの遺体はブーティーのワーダーに埋葬され、その上に霊廟が建立されることになりました。礼拝する権利はカーストや宗教にかかわりなくすべての帰依者に与えられる、ということで全員の意見が一致しました。

ブーティーのワーダーに関する物語も聞くに値するものです。

ある夜、眠っているとき、ブーティーは風変わりな夢を見ました。隣のベッドに寝ていたマーダヴラーオ・デーシュパーンデーも同じ夢を見ました。ババが夢のなかに現れて、ブーティーに、寺院といっしょにワーダーを建設するようにと命じたのです。ブーティーはすぐに目を覚まし、ベッドに坐って、夢を思い出しました。ちょうどそのとき、マーダヴラーオ・デーシュパーンデーが夢を見て泣き叫んでいるのに、ブーティーは気がついたのです。それで彼を起こして、いったいどうしたのかと、ブーティーは尋ねました。

マーダヴラーオは答えました、「サイババがそばに来て、はっきりした声でこう言ったのだよ、『寺院といっしょに、ワーダーも建てなさい、そうすればみんなが喜ぶだろう』」

ブーティーとマーダヴラーオは、二人とも同じ夢を見たことに衝撃を受け、これはぜひとも実現しなければならない、と決意しました。計画が立てられ、カーカーサーヘブ・ディクシトも支援を申し出ました。翌日、三人がそばに坐っているとき、サイババはその計画に賛意を示しました。

マーダヴラーオが地下室、地上階、井戸の建設の指揮をとりました。ときどきババが通りかかって、建設作業をながめ、ワーダーの外観はこうしたらもっとよくなるだろう、と提案しました。その後の建設の指揮は、バプーサーヘブ・ジョグがとりました。

建設が進むにつれて、ブーティーは地上階に寺院を建立し、その至聖所にぜひともムラリダル（クリシュナ）の像を安置したいと思うようになりました。ある日、サイババがいつもの巡回をしていたとき、マーダヴラーオはワーダーの入り口で彼に会うと、ブーティーの願いを伝えました。サイババは喜んで同意し、こう言いました、「寺院が建立されたら、みんなでそこに住もう。その後もとこしなえに歓びのうちに生きよう！」

すぐさまココナッツが割られ、いしずえが定められました。次に至聖所とムラリダル像の台座が準備され、名うての石工に神像の発注がなされました。

ちょうどその頃、サイババが病に倒れて、終焉が近づいてきました。帰依者たちは心中穏やかではなく、ブーティー本人も落ち着きませんでした。約束どおりそこに住むどころか、そもそもババは生きて寺院の完成を見ることができるのだろうか、とブーティーは心配になってきました。ババが住まないなら、寺院をつくってなんになるだろう、とブーティーは思いました。

しかし、ババはそこに別の形で「住む」ことになったのです。

十月十六日水曜日の夕方、サイババのなきがらは厳かな葬列とともに、ブーティーのワーダーに運び込まれ、元々はムラリダルの神像が安置されるはずだった至聖所に埋葬されました。その墓の上には祠堂《しどう》が建立されました。

サイババは言いました、「イカデー・シルディス・マース・マーナセ・ムンギャヴァーニー・イェティル」（ここシルディに、私を慕う人たちが蟻が群がるように集まってくる）

今日まで、それはそのとおりになっています。

# サイババに弟子はいなかった

サイババは組織をもうけず、大著をものさず、自分の教えを世に広める出家の弟子をとりませんでした。プネ工科大学の地質学教授、G・G・ナルケ氏はこのように証言しています、「弟子は帰依者（在家の信者）とはまったく違うものです。師《グル》は弟子と近しく親密なきずなで結ばれ、弟子に対してあらゆる責任を負います。彼は帰依者とそうした近しいきずなで結ばれていなかったし、弟子の罪や悲哀をすべて担うこともなかったのです。サイババに弟子はいませんでした。弟子は師のすべての意向に沿って、最大限の努力を惜しまず、日々精進に励まねばなりません。サイババは『自分の師《グル》のそばに近づいたときには身が震えたものだ』と言っています。シルディでは、彼にそのように仕える用意のある者はいませんでした。彼はあるときこう尋ねたそうです、『自分を弟子と名乗る勇気のある者はいるかね？　私にどこまでも、なにがあろうとも仕えられる者がいるかね？』」[*注1]

この明快な、あいまいなところがなにもない、ナルケ教授の証言にもかかわらず、一部のサイババの伝記作者たちは、シルディのサイババには、イエス・キリストやラーマクリシュナ・

パラマハンサのように弟子がいたと、私たちに信じ込ませようとしています。そうした著者の代表格がマドラスの全インド・サイ・サマージ協会の創設者、多くの人から尊敬を集める、B・V・ナラシンハ・スワミです。彼はウパサニ・ババの名前で知られる、カーシーナース・ゴーヴィンド・ウパサニを彼らと並ぶ傑出した人物とみなしています。ナラシンハ・スワミはいかにして、どのような事情から、このような見方をするようになったのでしょうか？　そしてこの見方は事実に基づいているのか、それとも空想の産物にすぎないのでしょうか？　さらにその上、そう信じるに足る根拠があるのでしょうか？　そもそもナラシンハ・スワミとはどのような生い立ちの人物なのでしょうか？

B・V・ナラシンハ・スワミは、一八七四年八月二十一日、コインバトール地方（かつてのマドラス管轄区、現在のタミール・ナドゥ州）の由緒正しいブラフミンの家柄に生まれました。マドラス大学で文学と法学を修めて卒業し、BAR（インド法曹協議会）に参加し、一八九五年からセーレムで業務を始めました。まもなく弁護士として頭角を現しはじめます。BARの同時代人のひとりに、独立後に最初のインド総督となる、C・ラージャゴーパーラーチャーリーがいました。ナラシンハ・スワミの活動は法律関係の仕事にとどまらず、公人としても活動し、アニー・ベサント夫人が創設した全インド自治同盟に参加しました。彼はインドの自治権要求のために英国へ派遣された使節団の三人のメンバーのひとりでした。一九一四年から一九二〇年まで、マドラス立法評議会の選出議員を務めました。一九二〇年には再選されています。

一九二一年、悲劇が家族を襲います。二人の幼い子どもたち、男の子と女の子が誤って敷地内の井戸に落ちて溺死したのです。これが彼の人生の転機となりました。俗世間を棄てようと決意し、評議会議員を辞任し、公人としての活動から身を引いて、一九二五年、ヴァキール・サナド（弁護士資格）を最高裁判所に返納しました。その決意を貫き通すため、出家して師《グル》探求の旅に出ました。その求道の旅で最初に訪れたのがティルヴァンナーマライのラマナ・マハルシのアシュラムでした。そこで三年間を過ごし、隔絶した隠遁生活を送り、ヴェーダーンタ哲学の学習とそれに伴う段階的実修に全力を注ぎました。ラマナ・マハルシの最初の伝記『自己の悟り』を執筆し、それは一九三一年に出版されました。またマハルシのタミール語の著作『ウパデーシャ・サーラム』を注釈付きで英訳しました。

一九三一年、ナラシンハ・スワミはヴェーダーンタの探求に時間を奪われ、本来のバクティへの情熱を見失っていたことを痛感し、ラマナ・マハルシのアシュラムを去る決心をします。これは必ずしもアートマ・ヴィチャーラ、すなわち自己探究の道が彼に合っていなかったからではなさそうです。というのも、ラマナ・マハルシは多くの帰依者にバクティ・マルガ（献愛の道）を勧め、推奨していたからです。では、いったいなぜ、ナラシンハ・スワミはラマナ・マハルシのアシュラムを去ったのでしょうか？　そのほんとうの理由は、ケードガーオンのナーラーヤン・マハラジに打ち明けた、彼自身の言葉のなかに見いだされます、「私は多くの宝石に出会ったが、今までひとつとして満足のゆくものはなかった。手に入れた宝石はどれも小粒で斑点や傷やその他の瑕疵《かし》があった」。ラマナ・マハルシは運命の大師《サドグル》ではなかったのかもしれませんが、それにしてもこれはラマナ・マハルシへの不当な評価または批判というものでしょう。彼の霊的な位階の高さやその真の価値は、一九三五年に出版された、ポール・ブラントン著『秘められたインド』によって、インドを越えて広く世界にまで知れ渡るようになったのです。ナラシンハ・スワミにとっては不運でしたが、一九三一年にラマナ・マハルシのもとを去ったあと、一九三六年から三七年に運命の大師《サドグル》サイババと出会うまで、彼はメヘル・ババ、ウパサニ・ババ、シッダールド・スワミ、ナーラーヤン・マハラジといった多くの師のもとを巡り、遠回りの道をたどらねばなりませんでした。この途中の五、六年間のかなりの時間を、彼はウパサニ・ババと過ごしたのですが、残念ながらと言わざるをえませんが、ナラシンハ・スワミは彼の実態を見抜くことができなかったのです。

一九三四年、サコリでウパサニ・ババのもとにいるとき、彼は『サコリの賢者』というタイトルで、この新たな師《グル》の伝記を書きました。それは無批判にウパサニ・ババを賞賛するもので、ババ自身のマラーティー語の口述による自伝『ウパサニ・リーラムリト』や、帰依者たちの独断的主張《イプシ・ディクシト》に基づいていました。のちに彼はウパサニ・ババに疑問を抱くようになり、一九五六年に出版された『サイババの生涯』第二巻六章では、そのことに言及し、六十九ページのその章すべてをウパサニ・ババに充てています。

この本の改訂版の詳細な考察によると、ウパサニ・ババがナラシンハ・スワミに強い影響力を及ぼしたために、スワミはウパサニ・ババの問題点を見抜けなかったのです。そのために『サコリの賢者』では、ウパサニ・ババは性欲から解放されているので、帰依者らのブラフマチャリヤ（独身主義）の模範となり、お手本になっている、とナラシンハ・スワミは太鼓判を押しています。しかし、自著『サイババの生涯』の第二巻になると、ナラシンハ・スワミはこう述べています、「彼（ウパサニ・ババ）は多くの女性を集めていっしょに暮らし、最初は五人だったが最終的には二十五人の妻と婚姻関係を結ぶようになった」（p. 292）「ウパサニはのちに二十五人の妻を抱えて、日常的にハーレムをもち、アンタープーラム（宮廷）の王侯貴族のような暮らしをしていた」（pp. 288-89）

ナラシンハ・スワミは『サコリの賢者』の十六章で、大胆にもこう述べています。サイババはウパサニ・ババの所有欲に強い懸念を抱いて、彼が財産や所有物への欲望を断ち切る手助けをした、と。（pp. 98-104）しかしながら、ナラシンハ・スワミは『サイババの生涯』の第二巻で、後日談として深い後悔とともに、このように述べているのです、「女性と富には近づくなという、サイババの忠告にみずから従っているうちは、彼（ウパサニ・ババ）の名声と信望は高まる一方だった。ところが、一九二七年から一九二八年頃になると、そのきざしがあったにもかかわらず、到達された大いなる高みにも翳りがさして、正反対の傾向が働くようになり、サイババが据えた基礎が崩れはじめていることが明らかになった」。その傾向が一九二八年の時点ですでに見えていたのなら、ナラシンハ・スワミはなぜ、どうしてウパサニ・ババの弟子たちの言うことを無批判に受け入れたのでしょうか？　ナラシンハ・スワミはさらにつけ加えています、「やがて正反対の傾向がさらに強まると、富（貸付金という名目の数十万ルピーのお金、八十エーカーの土地、巨大なビルと数百頭の家畜）がかき集められ、女性たちも囲い込まれるようになった」(p. 285)

さらに言えば、大勢の人たちがウパサニを通じてサイババへの信仰を知るようになった、というのは真実ではありません。サイへの信仰を広めるのに功績があった人といえば、二人の名前が思い浮かびます。『シュリ・サイ・サッチャリタ』（十五章、三十五から三十六節）で詳細に語られている、ダース・ガヌと、そしてハリ・シーターラーム・ディクシトやアンナーサーヘブ・ダボールカルといった著名人をサイのドゥルバール（会堂）へと連れてきた（『シュリ・サイ・サッチャリタ』の著者が「帰依者たちの栄冠」と呼ぶ）、ナーナーサーヘブ・チャンドルカルです。彼らはサイの熱烈な帰依者となり、そのサイババの大義への奉仕はすべてのサイの帰依者たちから称賛され、記憶にとどめられるべきものでした。

ナラシンハ・スワミにマラーティー語の知識がなかったことも、彼のウパサニ・ババへの無知に拍車をかけました。こうして、なんの裏付けもないのに、『サイババの生涯』のウパサニ・ババを取り上げた章の冒頭で、彼はこう述べています、「彼（ウパサニ・ババ）を絶賛する内容が、ババ（サイババ）が現身《うつしみ》の世を棄てて数年後に書かれた、S・L・マーシク誌（『シュリ・サイ・リーラ』）やサイの文献中に見いだされる。彼（ウパサニ）がサイババに絶大な奉仕をしたことは確かだ。彼を通じて数十万とは言わないまでも、数えきれないほどの人たちがサイババの名望を知ることになったのだ」。これは知られている事実に反します。『シュリ・サイ・リーラ』は一九二三年の創刊から五年間の長きにわたり、ウパサニ・ババの不品行や人倫にもとる傾向をいっさい無視してきました。ウパサニ・ババに好意的すぎるとの指摘を受けてようやく、『シュリ・サイ・リーラ』の編集者、カーカーサーヘブ・マハージャニーは、一九二八年九月、ウパサニ・ババの行状についてきわめて侮蔑的な口調で言及したのです。（附記参照）

ナラシンハ・スワミは『シュリ・サイ・サッチャリタ』の著者の「最良の帰依者であるウパサニは毎年ヴァラナシ（ベナレス）でサイババのシュラーッダー（死者を弔う儀式）を行った」という表現をことさらに重んじています。

ここで言及しておかなければならないのは、「最良の帰依者」という表現はウパサニのみならず、例をあげれば、ラーマチャンドラ・アートマラーム・タルカド（九章七十節）やB・V・デーオ（四十章二十節）、その他の人たちにも使われているということです。しかし、最高の賛辞はナーナーサーヘブ・チャンドルカルひとりのためにあると言ってもいいでしょう――「帰依者の栄冠」（十五章三十三節）、「サイの最良の帰依者」（五十章三十六節）、「本物のバクタ、献愛者」（三十九章三十節）、「愛情深い帰依者」（三十三章六十三節）、「もっとも優れた帰依者」（十二章五十節）、「最高の評価を受けた人」（十二章五十節）などなど。ハリ・シーターラーム・ディクシトには「最良の帰依者」（二十三章一八六節）という表現にとどまらず、「愛情深い帰依者」（四十五章六十二節）、「純粋で、勇敢な、偉大なメルー山のような決断力の人」（二十三章一四五節）といった賛辞が寄せられています。そしてメガーは「もっとも優れた帰依者」（三十一章一一九節）と呼ばれています。それよりなにより、アンナーサーヘブ・ダボールカルはウパサニの悪行を知らなかったのかもしれないのです。それと同じ頃ですが、カーカーサーヘブ・マハージャニーは、ウパサニの悪行を露骨な口調で非難してから、みずからが運営するシルディのサイババ・サンスターン（協会）とウパサニとのあいだに距離を置くようになっていました。以上のような状況からして、このウパサニ・ババへのたったひとつの言及はあまり真に受けないほうがよいのです。

ナラシンハ・スワミはまた「ディヴェカルのウパサニ・ババへの反対運動」とされるものに余談として言及しています——

「ディヴェカルは一九三四年から反対運動を始めて、一九三六年まで『キルロスカル』誌上や法廷論争で煽動的な議論を展開した。それが半分も行かないうちに計数万人（ウパサニ・ババの帰依者）が失われた。ウパサニ・ババに熱狂する人たちは一〇〇〇人も残らなかった。人びとは自分がウパサニ・ババと関係があると思われることを恥じたのだ。こうしたことが起こるようになったのも、サイババが掲げた『富や女性とかかわりをもたない』という偉大な目標と

規範が忘れ去られてしまったからだ」(p. 287)

ナラシンハ・スワミがこのディヴェカルという人物と面識がなかったことは確かです。彼はパンディット・マハーデーヴ・シャーストリー・ディヴェカルの名で知られていますが、マハーラーシュトラの博識な学者、偉大な宗教的・社会的な改革者であり、マラーティー語で多くの書物を著しました。ウガール・クルドの裕福なブラフミンの名家に生まれて、初等教育をウガール・クルドとサーングリーで、そして中等教育をベルガームで受けました。一九〇六年のベンガル分割令のあと、彼の人生は異なる展開をたどり、ヴァルカリ・パント(巡礼派)の代表者ジョグ・マハラジの弟子となり、彼の下で『ジュニャーネシュワリ』と『ヴィチャーサガール・マーハートゥミャ』を学びました。次にワイの高名なプラジニャー・パートシャーラーの創設者スワミ・ケヴァラーナンダサラスワティー(かつてのナーラーヤン・シャーストリー・マラテー)に師事し、『ヴェーダーンタ』と『ダルマシャーストラ』を学びました。学問の道をきわめると、一九一六年から一九二六年まで、プラジニャー・パートシャーラーで名誉職として教鞭をとりました。

彼はローナーヴァラーのダルマ・ニルナヤ・マンダルも含め、多くの社会組織の創設者として、すべてのヒンドゥー教徒のために立ち上がり、『ヴェーダ』を学び、ウパナヤナ(入門式)等を行うのにカーストやヴァルナ(姓)は関係ないと主張しました。不可触の禁忌《タブー》に反対する運動を展開し、プラヴァチャン(講義)や書物を通じて未亡人の再婚権を提唱しました。

ブヴァシャヒ・ヴィドヴァンサク・サングという団体を創設し、聖者を名乗り、そのふりをする詐称者や山師を非難しました。以下のマラーティー語の書物を著しています――

『ダルマシャーストラ・マンタン』
『ナヴァ・ヒンドゥー・ダルマ』
『ギーター・プラディープ』
『アーリヤ・サンスクリティ』
『ヒンドゥー・サマージ・サマルタ・カサー・ホイル？』
『ブラフマージュニャーナ・ヴァ・バヴァシャイ』
『マジェ・ヤシャスウィ・ジーヴァン』

彼は一九七一年八月八日、ソーラープルで八十三歳の高齢でこの世を去りました。さて、この『ブラフマージュニャーナ・ヴァ・バヴァシャイ』という本に目を向けると、二章合計三十八ページがウパサニ・ババの生涯と活動に焦点を当てています。この二章にざっと目を通しただけでも、ウパサニ・ババに聖者と呼ばれる資格はまったくなく、ましてシルディのサイババの弟子として、サイババ信仰を広めるのに功績があったなどとは口が裂けても言えないのです。

スワミ・シュリ・サイ・シャラン・アーナンドはあるとき、ヴィシュワス・B・ケールに、サイババは仲介者を必要とせず、彼自身が宣伝係なのだと言っています。帰依者は自分自身のため、そして精神的な福利安寧のためにサイババに奉仕することはあっても、それがいかに大人物であろうと、サイババの弟子と呼ばれるにふさわしい人はいないし、だれかをその高い地位に就かせることもできないのです。

サイババはみずから語ります。彼に弟子はいませんでした。彼は弟子を必要としないのです。そしてなかでもウパサニ・ババをそのひとりに数えることはできません。

＊注1

『帰依者が経験したシュリ・サイババ』第一巻、p. 34

＊注2

スワミ・サイパダーナンダ、『シュリ・ナラシンハ・スワミ』pp. 17-36. 一章がナラシンハ・スワミが語る「個人的な経験」に充てられている。

# 私のサイババ

私も多くの人たちと同じように、サイババについて、そして数えきれないほどの帰依者が彼にいだく愛情や、尊敬や、賞賛について、以前から耳にしていました。そうした帰依者のひとりに、今や私の友人で共著者でもあるヴィシュワス・B・ケールがいるのですが、彼のことはシルディのサイババについて書いてみないかと、彼自身に遠慮がちに誘われるまでまったく知らなかったのです。私が興味を示すと、ケール氏はすぐにサイババに関する何冊もの書物や小冊子を送ってくれましたが、その大多数は内容がいまひとつで、この聖者の名声にあやかろうとするものばかりでした。

それらをテーブルに並べて、ページをパラパラめくりながら、できるだけ具体的な情報を集めようとしましたが、多くは聖人を美化した伝記にすぎませんでした。それから程なくして、ある日の早朝、私自身がふつうはありえないような出来事を経験することになったのです。

四、五週間に一度、私はマンガロールその他の場所へ飛行機で行く用事がありましたが、飛行機はいつも朝の六時半に出発しますから、その一時間前には空港に行っていなければなりません。そのためには朝の五時に家を出なければならないのです。そんな早い時間帯ですから、タクシーはなかなか客を乗せてくれません。乗せてくれるにしても、正規の料金の二倍は吹っかけられます。そのたびに私は不愉快な気分にさせられました。

ある朝、家を出ようとしたとき、たまたまテーブルの上に置いてあった、サイババの本が目にとまり、私はふとしたはずみで「サイババ、どうかタクシーをつかまえてください！」と口走ったのです。（それは半分は冗談、半分は真剣でしたが、困っていたことは確かです）

驚いたことに、カル駅に向かって一〇〇メートルも歩かないうちに、リキシャが私のほうへ走ってきて、目の前で急停止しました。そして乗っていた人が降りて、駅のほうへ歩いていきました。私はすかさずリキシャの運転手に、サンタ・クルス空港まで乗せてくれないか、と尋ねました。もちろんですよ、と彼は言いました、「お乗りなさい！」

彼は正直を絵に描いたような人で、一パイサも余分に受け取ろうとはしませんでした。おかしなこともあるものだ、と私は思いました。

こうして、数週間後にまた飛行機に乗ることになったとき、私はサイババの肖像画を見て、同じことをお願いしました。今回は少し信じる気持ちも加わって。そして奇跡のなかの奇跡が起こり、同じことがくり返されたのです。リキシャが私のすぐそばまで来ると、乗客が降りて、親切な運転手は、私を空港まで乗せてくれました。

これは偶然だったのでしょうか？　サイババが私を助けに来てくれたのでしょうか？　彼が

「祈りは耳に届いた」と言ってくれたのでしょうか、半信半疑の祈りだったのに？　私にはわかりません。しかし、その日から、そんなつまらないことに、サイババの助けをお願いするなんてまったく愚かしいことだ、と私は考えるようになりました。

その日以来、私はこのシルディの聖者に親愛の情にとどまらず、少なからぬ尊敬の念を抱くようになりました。そして助けは求めませんでした。しかし、彼は私の真情《ハート》のなかに父親のような人として住みついて、いつでも困ったときには目を向けられるようになりました。

私はババの肖像画を寝室に飾っていますが、なんとなく見られているような気がします。どこか面白がっているような目つきですが、しばしば求めてもいないのに祝福を与えられ、許され、励まされている感じがするのです。

私はタクシーをつかまえるため、かなりぶしつけに、いかにも偉そうに助けを求めたことをお詫びしました。そして彼の助けがどうしても必要な緊急事態に陥ったときには、それは必ずやってくるだろう、という感じをもっています。ためらっているのは、私のほうなのです。

人生のあらゆる瞬間はすでに筋立てが決まっているから、サイの仲介によって、その変更を求めることは基本的に理にかなわない、という信念のもとに私は生きています。神の恩恵を求めるのはいいが、それはいつも与えられている、と私は確信しているのです。

私にとってサイババは苦難のときに安らぎを与えてくれる、ある意味で、子どもを優しく見守る母親のような存在です。

自分の小さなアパートメントで、私はある種の安心と、心強さと、彼のつねに変わらぬ現前を感じます。

私はそれ以上を求めません。

彼がそこにいることを知るだけでも十分な安らぎです。それ以上のなにを求められるでしょう、手に入れられるでしょう?

この本のことに戻るなら、ヴィシュワス・ケールと私は共同作業をしました。それが独自の道筋をたどって、ひとつの歴史をつくるなど、私は予想もしていませんでした。

それは二十三版を重ね、四つの言語に翻訳されました。そしてそれは今もサイババの帰依者たちの注目を集めています。

これ以上を求めることはできません。

これはサイババの恩恵だ、と私は思うのです。

——M・V・カマト

# 附記 I

＊この章は一九二八年当時の投書と記事から構成され、サイババの名声を借りたウパサニ・ブアーの偽善を告発しています。ウパサニの虚偽の言説が、今もサイババの名で流布していることに憂慮して再掲載されたものです。前半が読者の投書、後半が当時の編集者の弁明です。

『シュリ・サイ・リーラ・アンド・ライフ』の編集者、シルディのサイババ・サンスターン（協会）の方針態勢部門の受託者、シュリ・ラクスマン・ガネーシャことカーカーサーヘブ・マハージャニーは、ウパサニ・ブアーとして知られる、カーシーナース・ゴーヴィンド・ウパサニに対する以下のような公式見解を『シュリ・サイ・リーラ』第五巻、六・七・八合併号、六一七ページに掲載しました（以下はマラーティー語からの翻訳）。

『シュリ・サイ・リーラ』編集者殿

拝啓、

私はシュリ・サイババの帰依者です。あなたの雑誌は毎号、隅々まで拝読させていただいております。このたび、あなたにぜひお知らせしておきたいことがあり、こうしてペンをとったしだいです。

あなたは編集者ですから、常日頃から新聞には目を通しておられることでしょう。当然、シュリ・ウパサニ師の詐欺行為に関する論争について知らないはずがありません。カンド・ウパサニが娘を人身御供として師《グル》（ウパサニ）に差し出してから、ウパサニ・ブアーのリーラは独自の色合いを帯びるようになり、新聞各紙はその話題でもちきりですが、あなたはウパサニのリーラをずっと以前からよく承知していたはずです。サイババの名前が出ているにもかかわらず、あなたがなぜこれほど長きにわたって沈黙を守っているのか、私は理解に苦しむのです。『シュリ・サイ・リーラ』に喧嘩を吹っかけるようにして、ウパサニ派が『サイ・ヴァク・スダー』の刊行を始めたときでさえ、あなたは知らぬふりをしていました。『ヴァク・スダー』は最初は雑誌の体裁をとっていましたが、やがて書物として出版されました。シュリ・ウパサニの伝記が出版されて、そのなかでサイババの帰依者たちが誹謗中傷を受けたときも、あなたは反応を示しませんでした。あなたは折に触れて『シュリ・サイ・リーラ』に多くの書評を掲載し、見識あるコメントをされています。それなのに、どうしてウパサニの伝記はあなたの注意を免れたのでしょうか？ 長きにわたる沈黙が、あなたがウパサニ・パントに同情的であることの証しと受け取られるのなら（すでに多くの人がそのように考えています）、それはだれの責任なのでしょうか？ 実際のところ、あなたとウパサニのかかわりは長きにわたります。彼はみずからをサイババの弟子と称しています。彼はサイババの名前を冠した紛らわしいバザールを、シルディから約五キロのところに開きましたが、うっかりそこに立ち寄ってしまう人もいるのです。この欺瞞をもっと早い時期に白日の下にさらしていたら、彼（ウパサニ）が妻や娘を人身御供に差し出させることもなかっただろう、と友人たちや私は感じています。そうしたわけですから、私はあなたがこの件に関して、ご自分の立場を明確に示されることを、ぜひともお願いしたいのです。

敬具

バヌー・テラス、タルデオ、ボンベイ
バガヴァーン・ダイノダル・ジョシー

一九二八年七月二十九日

## 編集者からのコメント（『シュリ・サイ・リーラ』誌）

私たちは同様の手紙をほかにも何通か受け取っています。何人かの人はウパサニ・ブアーとシルディの関係について情報を求めています。それを受けて、私たちはその主題を取り上げることにしました。

私たちはサイ・マハラジの帰依者たちの折々の体験を一箇所にまとめ、サイババや彼にまつわる宗教的話題を扱った雑誌を発行したいとの願いから、『シュリ・サイ・リーラ』誌の刊行を始めました。その当時から、私たちは他人を批判したり、欺瞞を暴露したりといったことはできるだけ控えたいと考えていましたし、今でもその方針は変わりません。ヒンドスタン（インド北部）、とりわけマハーラーシュトラには数多くのサードゥ（行者）や聖者たちがいます。彼らのなかにはサトプルシュ（大師）もいればペテン師もいます。その彼らを選り分けねばならないとしたら、『サイ・リーラ』はその任を負うに足りません。神は人間にのみ清浄なものと不浄なものを見分ける知性を与えました。動物その他はこの能力を与えられず、それが人間と獣の基本的な違いです。人間が知性を用いなければ、彼と獣のあいだに違いはなくなり、人間が動物的行為にふけるようになります。人間が知性を行使すれば、だれがサトプルシュでだれがペテン師であるかわかるはずです。知性が行使されなければ、娘や妻を人身御供に差し出させるなどという、無節操な、野蛮な、愚かしい行為以外のなにが起こりうるでしょうか？

サトプルシュのしるしと特徴について、サマルト・ラーマダーサやトゥカラーム・マハラジは、その著作のなかで説明しています。エクナース・マハラジは自著『エクナース・バグワト』のなかで、この話題について深い洞察をもって解説しています。しかし、師《グル》のうわべの欺瞞に心酔する人たちは、このような著作に触れないかぎり、そのことに気づきません。狡猾な抜け目ない人物がサトプルシュを装えば、弟子が足りなくて困ることはありません。妄信ゆえに弟子たちが群がり集まって、悪賢い師《グル》は好きなだけ彼らを搾取します。しかじかのサードゥが町にやってきたという知らせを聞けば、多数の善男善女がダルシャンに押し寄せます。新聞記事によれば、このウパサニ・ブアーがボンベイのワルケシュワールに滞在したとき、何十万の人たちがダルシャンに集まったということです。しかし、彼らのうちひとりとして、この男が本物のサトプルシュなのか、それとも偽者なのかを真剣に考えた人はいませんでした。サトプルシュが町に来ているといううわさが広まり（知らせはもちろんブアーの弟子たちが広めたのです）、大群衆がダルシャンに集まってきました。ダルシャンに群がる人たちは自分を精神的に豊かにするために行くのではありません。大多数の人たちは「男の子がほしい、お金がほしい、欲望の対象を手に入れたい」という考えで行くのです。ブアーは抜け目がないので、大衆が求めていることを見抜いて、祝福を与え、それが占星術師の予言のように的中することもあれば、当たらないこともあります。祝福が実を結んだ人たちはブアーを賞賛します。当てが外れた人たちは自分のカルマを呪い、この自称サトプルシュをあえて批判しようとはしません。ですから結果は、ブアーの都合のいいように運んでしまうのです。ブアーの名声がいったん確立してしまうと、彼は生涯サトプルシュとみなされます。マハーラーシュトラではこうした自称サトプルシュがあとを絶ちません。ウパサニ・ブアーがこの手の自称サトプルシュであることを疑う根拠は、彼の行動にあります。ウパサニ・ブアーはしばらくシルディに滞在していました。これ以外に彼とシルディとのつながりはありません。都合のいいときは、ウパサニ・ブアーは自分はサイババの弟子だと主張しますが、しばしばサイババは自分の師《グル》ではないとも述べています。サイババを自分の真情《ハート》の管理人として受け容れている人は、ウパサニ・ブアーのところへは行かないし、まして彼に媚びへつらうこともないでしょう。

シュリ・ジョシーは手紙のなかで、私たちがウパサニ・ブアーの欺瞞をもっと早い時期に明るみに出していれば、彼が妻や娘を人身御供に差し出させることもなかっただろう、と書いています。シュリ・ジョシーは夢を見ているのです。今となっては、新聞各紙はウパサニ・ブアーをいっせいに攻撃し、『サイ・ヴァクースダー』の引用を掲載し、そこに書かれている内容を激しく非難し、妻や娘を人身御供に差し出させる儀式を強く批判しています。しかし、シュリ・ジョシー氏がサコリに行けば、「ウパサニ・ナガル（町）」が以前のように群衆であふれかえっているのを目にするでしょう。アシュラムを多くの若い娘たちがかっ歩し、ラース・クリダ（クリシュナ神と牛飼女ゴーピーたちとのエロティックな遊戯）のようなティプリーダンスが行われています。それを帰依者たちが目の当たりにしているにもかかわらず、信者たちが増えつづけているのですから、たとえ私たちが批判記事を書いたところで、それが大勢に影響を及ぼさないであろうことは確かです。それどころか、彼についてなにかを書いたなら、私たちは彼の人気に嫉妬し、腹いせに批判しているのだと受け取られることでしょう。私たちが彼のやり方を批判しなかった理由はこれに尽きます。彼の伝記には、彼の真価がかいま見えるようなことがたくさん書かれています。その一例を以下に引用してみましょう――

> ある木曜日、ジャーナキーバイーという名の未亡人が、プージャのしたくをして、彼（ウパサニ・ブアー）のダルシャンにやってきた。彼女は部屋の外で衣服を脱ぐと、一糸まとわぬ姿でなかに入り、少しも恥じずにマハラジを礼拝した。これを見た他の女性たちが、彼女を非難したが、マハラジは彼女らをいさめて言った――この帰依者の海よりも深く荘厳な情熱は言葉に尽くせぬほどだ。これほど多くの人が集まるなかで、少しのためらいもなく、一糸まとわぬ姿で礼拝できる者などいるだろうか？
>
> （『ウパサニ・チャリトラ』p. 270）

彼の伝記にはこのように破廉恥な、嫌悪すべきことがたくさん書かれています。靴屋が妻をマハラジに人身御供として差し出した、という話もあります。この伝記はウパサニ・ブアーがサコリにウパサニ・ナガルを開設する際の最初の支柱となりました。ウパサニ・ブアーの聖者としての評価はこの伝記によって固まったのです。この伝記はグジャラート語に翻訳されて、グジャラート人やパールシー教徒が彼の弟子になりました。私たちが今までこの本を無視してきた理由はすでに述べたとおりです。しかしながら、私たちの沈黙がシュリ・ジョシーの言うように、人びとの誤解を招くことになったために、この他に類を見ない本の書評を次号に掲載することにします。*注

『サイ・ヴァク－スダー』はウパサニ・ブアーが語った言葉を一冊の本にまとめたものです。最初、それは雑誌でした。それは『シュリ・サイ・リーラ』に真っ向から対立するものになりました。のちに『サイ・ヴァク－スダー』は一冊の本として刊行されました。この本にはサイババの名前が付されていますが、その名前（サイ）以外、サイババとこの本のあいだになんのかかわりもありません。それだけでなく、『ヴァク－スダー』が主張していることは、サイババが帰依者たちに折に触れて語った不滅の霊的な真理とまったくかけ離れています。ご都合主義的な人たちがこの不謹慎な本の売り上げを伸ばしたいがために『サイ・ヴァク－スダー』という題名をつけた、と私たちは感じているのです。

以上に述べたことからも、私たちがウパサニ・パントにいっさい与しないことはおわかりいただけるでしょう。

——編集者

＊注
この伝記がその後『シュリ・サイ・リーラ』誌上で取り上げられることはなかった。このあとすぐカーカーサーヘブ・マハージャニーは編集者を辞任し、そのポストはラーマチャンドラ・アートマラームことババサーヘブ・タルカドが引き継ぐことになった。

# 帰ってきたサイババ

主ご自身が建ててくださるのでなければ、家を建てる人の労苦はむなしい……。

『詩篇』127-1

サイババは一五〇年後にパトリのわが家に帰ってきました。今や生まれたまさにその場所に主宰神として鎮座しています。一八四六年から一八五〇年のあるとき、シュクラ・ヤジュルヴェーディ・デシャスタ・ブラフミンの家系に生まれた八歳の少年は、至高者を求めるスーフィーのファキールと連れ立って、パトリの両親の家をあとにし、二度と戻ってきませんでした。彼はパトリからマノール（マンヴァト）やシャイルド（サイルー）をへてジャールナープルへやってきました。昼は草深い道を歩き、夜は草の床に身を横たえました。一歩一歩、彼は自分の足で歩きました。こうして八日後にパイタン－アウランガーバード地区へ入ると、マラートワーダー全域を放浪し、そしておそらくは、八歳から二十五歳ないし三十歳まで、各地をさまよったのです。この少年こそ、のちにシルディのサイババとして知られるようになる、ハリバウー・ブサリその人でした。

この放浪の途中、サイババはダッター・サンプラダーヤー（宗派）でダッター・アヴァターラ（化身）とみなされる、シュリ・マーニク・プラブーを訪問したと言われています。彼らが出会ったときの様子は、一九九五年に刊行された、ナーゲーシュ・D・ソンデ著『シュリ・マーニク・プラブーの伝記』（発行元、シュリ・サンスターン、マーニク・プラブー、マーニクナガール、585 353）の九十ページに掲載されています。以下に引用してみましょう――

「歴史家によると、彼（サイババ）がマーニクナガールを訪れたとき、シュリ・マーニク・プラブーはダルバールに坐っていた。シュリ・サイ・ババはファキールの服装をして、シュリ・マーニク・プラブー・マハラジの前に進み出ると、ロタ（器）を差し出して言った、『プラブージ、このコップをいっぱいにしてください』。ちょうどそのとき、シュリ・プラブーの兄弟のシュリ・ターティヤー・サーヘブがそばに坐って、数人のパンディット（学者）と議論していた。彼はシュリ・プラブーに命じられて、ファキールのロタをいっぱいにしようとしたが、ターティヤー・サーヘブがいくらそのなかにお金をつぎ込んでも、ロタはいっぱいにならなかった。シュリ・ターティヤー・サーヘブはすっかり困り果てて、シュリ・プラブーのほうを見た。シュリ・プラブーは神通力によって、そのファキールが目覚めた魂であることを見抜き、そのロタに二粒の乾燥ナツメヤシといくつかの花を入れて、微笑みながら言った、『サーイー、これをどうぞ』。不思議なことに、ロタはいっぱいになったが、ファキールは乾燥ナツメヤシと花だけをとると言った、『私はこれで十分です』。そしてロタを逆さにすると、それに入りきるとファキールはその場を立ち去った」

らないほどたくさんのお金が出てきた。シュリ・マーニク・マハラジにていねいにあいさつすると、ファキールはその場を立ち去った」

ここで触れておくと、ムスリムたちはシュリ・マーニク・プラブーを、今日もなお信仰が絶えないムスリムの聖者マハーブーブ・スバニの生まれ変わりと信じています。「マーニク・プラブー・サンプラダーヤーもこの信仰を容認している」のです。マーニクナガールの祭礼には、ヒンドゥーもムスリムも同じように熱狂して参加するということです。このサンプラダーヤー（宗派）がサカルマト（全宗派を容認する）・サンプラダーヤーとも呼ばれるのはそのためで、信仰の平等と統合が伝統であり、それが実践され、基本姿勢となっています。

サイババはあるとき、ハリ・シーターラーム・ディクシトに語っています、自分はハリ（神）の名前を唱えているとき、神にじかに対面した、と。名高きマハーラーシュトラの聖者エクナースがうたっているように（『ハリパト』、アバング二十二、二）、いにしえのシューカ、ヤージュニャヴァルキャ、ダッタートレーヤー、カピルムニがハリになったように、彼もハリそのものになったのです。

その少年を連れていったファキールのことはほとんど知られていません。托鉢僧だったかもしれない、ということがわかっているだけです。ババが家を出た日から、シルディにやってきた日までのことは謎に包まれています。しかしながら、彼がアウランガーバードにとどまり、約十二年間、あるファキールの指導をしていたことがわかっています。ある人たちによれば、彼の名前はバデ・ババ、別名ファキール・ババ、またの名をファキール・ピール・モハマッド・ヤシンミアといい、一九〇九年にシルディにやってきて、ババがマハーサマーディに入る、一九一八年までそこにとどまりました。彼は一九二五年一月、ナーグプルでこの世を去りました。別の人たちの言うには、ババが指導したファキールは、一九二一年に他界した、ファキール・バンネ・ミアという名前の人だったということです。いずれにしても、サイババは一八六八年から一八七二年のあるとき、ドゥプケドのチャンド・パーティルといっしょにシルディにやってきました。後者の姉妹がアミンバイの息子ハミドに嫁入りし、その結婚式に向かう一団に同行したのです。数日後、サイババとチャンド・パーティルはアウランガーバードへと旅立ちました。二か月後、サイババはひとりでシルディへ戻ってくると、そこで生涯の残りの五十年を過ごしたのです。

さて、サイババが故郷のパトリへ帰ったという話に戻りましょう。これはヴィシュワス・ケールが個人的に見聞し、収集した情報に基づいています。ヴィシュワス・ケールと妻のインディラは、一九七四年六月、ババのサマーディのダルシャンに出席するため、シルディを訪れました。このとき、彼らはサイババと個人的に親しく交わるという稀有な幸運に恵まれた、彼の高徳さを証言してくれるマハトマ（大聖）を探していました。シルディにいるとき、当時のサイババ・サンスターンの法廷管財人、Ｋ・Ｓ・パータクから、スワミ・シュリ・サイ・シャラン・アーナンドの名前を聞かされました。彼は毎年五月にシルディを訪れて、グルスターン近くのニームの木の後ろの三十四号室に宿泊するということでした。ヴィシュワスとインディラは、一九七四年十一月、アハマダーバードにいました。彼らは朝に夕に、数日間にわたって、スワミ・サイ・シャラン・アーナンドのもとへと足しげく通いました。スワミジは彼らを温かく親切にもてなしてくれ、質問にはすべて忍耐強く、率直に、的確に、洞察を交えて答えてくれました。自分たちが対面しているのはふつうの人間ではなく、精神性や霊性に精通した聖人だということを、彼らは思い知らされたのです。この出会いがきっかけとなって、ケール夫妻は、シルディのサイババを自分たちの教師、霊的なガイド（サドグル）として受け容れるようになりました。彼らはその後もスワミ・サイ・シャラン・アーナンドとの接触を絶やしませんでした。そして一九八二年八月二十五日の深夜を回ってすぐに、彼はアハマダーバードで最期の息を引き取りました。遺体は彼のマティの敷地内に埋葬され、そのなきがらの上に帰依者たちによって、サマーディが建立されました。以下がその所在地です——

14/15 Prakritikunj Society,
New Sharada Mandir Road,
Opposite Shreyas High School,
Ahmedabad – 380 015.

ケール夫妻は、サイババの人となり、使命、能力に光を投げかけてくれた、スワミ・サイ・シャラン・アーナンドに、この上もない感謝と恩義を感じています。

次に彼らはサイババの生誕の地の調査に乗り出しました。サイババの出生、生まれた場所、家族といった背景は謎に包まれています。すべての資料が彼の生誕地としてパトリを指し示しています。一九七五年六月、マラートワーダーの片田舎のパトリで、ケール夫妻は会話の端々に埋もれた手がかりを求めて、それらを熱心に追求し、忍耐強く証拠を集め、それを冷静な視点からつなぎ合わせました。すべての証拠がヤジュルヴェーディ・デシャスタ・マディヤンディン・ブラフミンのブサリ家が、ババが選んだ生誕地であることを指し示していました。その物語はこの本のなかでも簡単に紹介されています。

一九七八年六月、パトリのサイババの生誕の地が、ケールとディンカルラーオ・チャウダリ、パトリのシュリ・サイ・スマラク・サミティ協会の共同出資によって購入されました。協会はパトリでケールのホスト役を務めた、ディンカルラーオ・チャウダリが中心になって設立され、彼が書記長に就任しました。チャウダリは書記長の役職を引き受けたものの、最初から明言していました――ケールが遠くムンバイからサイババの生誕の地の調査にやってきたから、自分(チャウダリ)としても手を貸すつもりになったが、そのことさえなければ、多くの手間とエネルギーを要する重責に就くことには気乗りがしなかったのだ、と。とはいえ、これはケールにとっても苦渋の選択でした。サイババの生誕の地に霊廟を建立するという大目的の責任を担える人は、能力や人柄の点からして、パトリでは彼を置いてほかにいなかったのです。

ケールの助言もあって、サミティは一九五〇年のボンベイ公益信託法の適用を受け、一九八〇年六月十六日、アウランガーバード慈善事業監督委員会に申請書を提出し、一九八〇年十二月三十一日、公益信託として登録され、E43（パラバニ地区）の番号を取得しました。続いてケールは、サイの生誕地に建立される聖堂の青写真を用意するため、一九八〇年十二月二十日、建築家のスバーシュ・ダリーとパトリを訪問しました。講堂を含めた聖堂の青写真が、一九八一年三月、サミティに送達されました。そこで事態は停滞し、それから十年以上、この案件に関して記録に値する展開は見られませんでした。

一九八二年九月、ケールは、サイババがチャンド・パーティルと連れ立って、アウランガーバードーパイタン街道沿いのコドガオンからシルディへやってきた、といううわさの真相を確かめようと、幹線道路から三キロ外れた、ドゥプケドを訪れました。アウランガーバード滞在の最終日、ケールは精力的で気さくな旅行ガイド、アウランガーバード市内の大学キャンパス近くに写真スタジオを構える、K・K・ジュンバデの案内で市中心部のグル・マンディを訪れました。そこで満面に至福の笑みを浮かべ、目に謎めいた光をたたえた、ひとりの風変わりな人物に出会ったのです。彼の名はバルブ・ババ、伝えられるところでは、かつて被り物に電球を飾っていたため、この名前で呼ばれるようになったのです。しかし、被り物にとどまらず、なにからなにまで風変わりな人物でした――服装も、履き物も、態度やその物腰も。口数の少ない人、無口な人として知られ、どこからともなくグル・マンディに現れて、どこかの店の前に立つと、その日一日、その店には客が絶えないと言われていました。あるマールワーリ人のレストラン・オーナーは、店のスタッフに、この客人が訪れたらなんなりと入用なものを与えて、手厚くもてなすようにと指示していました。

バルブ・ババはケール夫妻にその聖者の風格で深い感銘を与え、やがてその印象は揺るぎないものとなりました。というのも、旅行ガイドや周囲の人たちも驚いたことに、バルブ・ババはケール夫妻をいたって丁重にもてなし、各所にカビールからの引用やおそらく自身の言葉も交えて、四十五分間にわたってとうとうと夫妻にヴェーダーンタの講義を行ったのです。いっしょに写真に収まることすら許しました。聖人とお別れするとき、ケールがシャツの前ポケットに手を入れると、二枚の十ルピー札が入っていました。彼はそれを喜捨として聖者に手渡し、後者は祝福の言葉とともに受け取りました。インディラ・ケールのほうを向いて、彼は言いました、「ある土地の一画が買い上げられて、そこに二十万ルピーの大金をかけて聖堂が建立される。全国から大勢の人たちがダルシャンに群れ集う。あなた方もその土地をひんぱんに訪れる。そこでまたお目にかかろう」。聖人はケール夫妻の心にぬぐい去りがたい印象を残しました。彼らはこの人のことをけっして忘れませんでした。その言葉は彼らの真情《ハート》に神のお告げのように刻み込まれたのです。

聖者の祝福はけっして形式にとどまるものではありません。やがて時期が到来したときにはかならず実を結ぶのです。まさにそれがパトリ記念館のケースで起こりました。一九九一年八月は、パトリのサイババ聖堂の物語にとって転回点になりました。ムンバイのジャイコ出版社から『シルディのサイババ』（本書）が出版されたのです。それはサイババの生涯とその宗教的活動を余すところなく伝えるものでした。ケールがそのとき直観的にさとったのは、サイババの記念碑をパトリに建設する計画はもはや夢物語ではなく、数年以内に目の前で現実味を帯びてくる、ということでした。それはそのとおりになりました！

そのあいだずっと、ケールとディンカルラーオ・チャウダリとの関係に大きな変化はありませんでした。断続的にやりとりはしていましたが、本来の大目的を思い出してもらうため、彼に『シルディのサイババ』を贈ることになりました。この数年のあいだにチャウダリの態度も軟化し、彼はシルディのサイババの帰依者となりました。今やケールが期待した責任を担ってくれるようになったのです。彼は円満高潔な人柄で、信託を運営し、預かった基金の適正な使い道を考える、その能力に疑いの余地はありませんでした。ケールはまた、一九八三年から一九八九年まで、シルディのサイババ・サンスターンの運営委員会で同僚だった、シーターラーム・ダヌにパトリの計画への参加を求めました。ダヌは長年にわたり、サイババの熱心な帰依者で、シルディを訪れるサイの帰依者たちのあいだでは、優れた組織力をもった、だれからも好かれる性格の人物として広く知られていました。地元有志が二十人から二十五人集まったとき、一九九三年四月にいっしょにパトリを訪問する計画が立てられました。

サイ寺院を建立する構想は、パトリの一般大衆の精神にすでに深く根を張っていて、地元民のプライドの象徴となっていました。パトリ・ナガール・パリシャド（町議会）はサイ聖堂の計画を可決し、その場所へ向かう路地を舗装しました。また議会はその場所へと建設用水を供給する施設をつくりました。パトリの状況は今や急展開を見せました。パトリのサイ寺院への期待は高まる一方で、一九九四年十月十三日、ヴィージャヤー・ダシャミの祭日、それはサイババのマハーサマーディの日でもあったのですが、サイババの生誕の地で行われた祭典で、パトリの有力者たちが列席するなか、パトリ・ナガール・パリシャド議長、アブドゥラーカーン・ドゥラニの主導で、ブーミプージャン（地鎮祭）が行われました。この祭典では十五人の町民がそれぞれ一万ルピーの寄付をすることを約束しました。しかしながら、その言葉を守ったのはわずか数人でした。基礎の掘削工事が始まりましたが、進捗はのんびりしたものでした。

ここにK・V・ラマニーが登場します。彼はマドラスのインフォメーション・テクノロジー社で働いているビジネスマンで、博愛主義者で、帰依者の見本のような人物です。シルディのサイババと結びついた宗教的で慈善的な複数の事業に出資する、シルディ・サイ・トラストの創設者でもあります。一九九五年三月二十日、彼は西ベンガル州サーラングプルの七十二歳のT・A・ラーム・ナーテンから手紙を受け取りました。それによると、一九九四年十月十三日の吉日、パトリのサイババ生誕地で、シルディ・サイ記念館の建設を祈願するブーミプージャンが行われました。T・A・ラーム・ナーテンは、のちに一九九九年八月十六日に亡くなりましたが、このときはたったひとりでサーラングプルから駆けつけて祭式を行ったのです。この知らせは無償のサイ・ムーブメントの連絡網を通じて全国の多くのサイ帰依者たちに伝えられました。

一九九五年五月中旬、ディンカルラーオ・チャウダリは、シルディのサイ・サマーディ・マンディルへと続く長蛇の列に並んでいるときに、心のなかで呼びかけました、「ババ、あなたが故郷のパトリに戻ってくだされば、毎日のようにダルシャンができるのですが」。今から思えば、ババはこのとき、彼の望みをかなえてやろうと思われたのでしょう。チャウダリがパトリに帰ると、ケールから一通の封書が届いていました。それにはマドラスのK・V・ラマニーがケールに宛てた手紙と、サイ聖堂建設資金の額面十一万ルピーのインドステイト銀行パトリ支店発行の送金小切手が入っていました。手紙のなかで、ラマニーは信託証書の写しと建設予定の聖堂の青写真を送ってくれるようにと求めるとともに、計画の総費用、募金総額、基金に必要な預金残高等を知りたがっていました。ケールはラマニーへの返事のなかで、彼の自発的な多額の寄付への感謝を述べるとともに、質問にはすべて率直に答えて、そして透明性、説明義務、寄付の適正な利用を確保するため、彼自身が計画で積極的な役割を果たすことを誓いました。

この段階まで来ると、ここに語られているその後の経緯からしても、サイババみずからが全体の状況に采配をふるい、事態が進展するように後押ししはじめたのは明らかなように思えます。ラマナ・マハルシはこのように言っています、「ジュニャーニ（悟りを開いた人）がある方向に思いを向けるだけで十分だ、それだけで物事がひとりでに起こりはじめる」

今や基礎の掘り下げが勢いづくと、地中からは二台の石臼、ハヌマーンとカンドバーの神像、銅製のパーリやパンチパトラ（乳棒と乳鉢）、サハン、パンティ（灯明）のようなプージャで使われる器物、聖地ガンガープルでよく見つかるビブーティ（聖灰）などが出てきました。

一九九五年七月十六日、ケールと建築家ダリー、そしてダヌがパトリを訪れました。基礎の掘り下げや主柱の設置が着手されて以来、初めての訪問でした。この訪問はタイミングがよかっただけでなく、具体的な成果も生みました。建築家のダリーがいたおかげで的確な指示が出せました。このときすでに高さ三メートルの主柱がすべて立てられて、一方、掘削中に二つのアーチとトンネルを含む、縦横一・八メートルの地下室が至聖所予定地の地下で見つかっていました。このため、ダリーの助言と提案を入れて、地下室をサバーマンダプ（会堂）と同じ大きさにまで拡張し、瞑想ホールにすることになりました。階層構造のために、このやり方なら半分の費用で済むのです。この決定で最初の設計が変更されることになり、サバーマンダプや至聖所に地下室が加えられた新たな設計図が用意されました。ダリーが新たな設計図を提出し、その検討がなされ、進捗報告や経費明細がラマニーへと送られました。ラマニーは一九九五年七月と十一月の二回に分けて、不足分に充当するために寄付を行いました。

ここで裏方に徹して黙々と仕事をこなしてくれた、ダリーについて一言しておきましょう。

彼は有能で革新的な建築家で、土木建築工学の高度な専門知識と熟練をそなえ、その仕事への勤勉さと情熱でも敬服に値します。彼がひとりで設計図と施工図を用意しました。その至聖所の八角形の蓮の花びらの上に大理石の天蓋がかけられたデザインはとても個性的ですばらしいの一語に尽きます。彼の問題に取り組む際の熱意と意欲は賞賛に値します。ラージャスターンの大理石の石切り場を訪れて、石材を選択し、一括仕入れを行い、ラージャスターンの石工たちをパトリへ招いて、サバーマンダプに大理石の床を敷かせ、瞑想ホールでは幾何学的な図形に基づいた異なる配色のパターンを使い、サバーマンダプのすべての列柱や後ろの壁、アーチに大理石の主柱に合わせた外装材を施させました。彼は三週間に一度、定期的にパトリを訪れて、二日から三日滞在し、進捗状況を確認しました。そしてこのすべてを愛の奉仕として行い、いっさい金銭的な利益を求めなかったのです！

こうして聖堂の建設作業がとどこおりなく進んでいるとき、緊急に注目を要する問題が浮上してきました。パトリのシュリ・サイ・スマラク・サミティが、一九八〇年十二月に公益信託として登録されたとき、その運営や管理に必要な信託証書や規約や計画の書類がいっさい作成されていなかったことがわかったのです。この空白はどうしても埋めておかなければなりません。それで公益信託法の専門家で、その分野で豊富な管理経験をもつ、S・H・キニカルの助言によって、ケールと二人の同僚が、一九九五年十二月二十日、パラバニの慈善事業監督委員会に、一九五〇年のボンベイ公益信託法五〇A条項に基づいて、サミティの管理運営計画の大枠を決める申請書を提出しました。このような経緯もあって、一九八〇年十二月に登録された信託管財人たちが――彼らは書類上の管財人にすぎず、信託の目的を推進する業務をいっさい行っていなかったのですが――新たな信託に反対する立場に回ったのも無理からぬことでした。

一九九六年四月、パラバニ慈善事業監督委員会は対抗勢力、彼らの中核メンバーに聖堂の建設を妨害する戦術をやめるようにと警告しました。一九九六年九月三十日の公聴会以降、彼らの対立はあからさまな敵意、暴力的な脅迫と威嚇へと変わりました。ここで触れておくと、ディンカルラーオ・チャウダリは彼らの攻撃の矢面に立ってもなお沈着冷静で、痛手を受けることもなく、彼の評判はいっそう高まったのです。しかしながら、この状況下で、ケールと同僚たちは――サバーマンダプと地下室にはすでに大理石の床が敷かれていましたが――建設作業を延期せざるをえませんでした。慈善事業監督委員会は、一九九七年三月二十九日に判断を下し、すべての問題について申請者たちに有利な見解を示しましたが、サミティの管理運営計画の大枠に関しては、一点か二点で地元の政治的圧力に屈してしまいました。この大綱の弱点に対応すべく、申請者たちは同法の七二条項に基づいて、パラバニ地方裁判所に申し立てを行いました。対抗者たちも地方裁判所に書面で異議申し立てをしました。

申請者たちは、その時点では、建設の延期がどれだけ続くのか予想がつきませんでした。しかしながら、手段を選ばぬ強硬派の戦術に対抗するために、彼らは世論を味方につける戦術に打って出たのです。その忍耐は二年後に報われて、世論の圧力に屈し、対抗者たちは主張を取り下げ、妥協するに至りました。一九九八年七月十三日、パラバニ地方裁判所は和解条件を記録し、申請者たちも自分たちの申し立てを取り下げました。こうして法的な問題に決着がつき、建設がようやく円滑に進められるようになったのです。

運営委員会は綱領に基づいて七人から構成され、最初の会合を一九九八年八月九日にパトリで開き、ヴィシュワス・ケールを委員長に、ディンカルラーオ・チャウダリを運営管財人に選出しました。また、その時点から、中断されていた建設が続行されることも決まりました。工事再開の準備をするのに四か月かかりましたが、ラマニーの潤沢な寄付金のおかげもあって、聖堂の建設は一九九九年十月に終了しました。聖堂の詳細はこのあとの附記に述べられています。

聖堂が完成へと向かうなかで、信託のダヌ委員長の指名によって、シルディ・サーイー・ムールティ・プラーンプラティシュター委員会が発足し、一九九九年十月十九日のヴィージャヤー・ダシャミの日に行われる、ババのムールティ（像）の除幕式、プラーンプラティシュター（開眼供養）の儀式、そしてババの聖堂の落成式の計画が立案され、その準備が進められました。パトリのインフラが貧弱なこともあって、祭典は控えめなものとなり、公式の招待状が印刷されて送られることはありませんでした。高さ一メートル八十センチの青銅の黄金色のムールティが、一九九五年七月の時点で、ダヌとケールによってムンバイのタリムス工芸スタジオに発注されていましたが、今や目的地へと運び出されるばかりの状態で、スタジオに置かれていました。一九九九年十月十一日、タリムス工芸スタジオでささやかな儀式が行われ、この美しいムールティは注意深く運搬車両に積載され、歓呼の声に送られて、その旅を開始しました。ムールティには三十五名のサイの熱狂的な帰依者たちの一行が乗ったバスが同行しました。輸送班はシルディで一泊し、到着時には吉兆の雨が降り出し、サイの帰依者たちの群衆によって温かく迎えられました。十月十二日、目的地への旅が再開され、輸送班は同日夜にはパトリに到着しましたが、そこでもやはり雨が降りました。大群衆が輸送車両を出迎え、にぎやかな音楽と爆竹の音に先導されて、パトリの街路を抜け、聖堂のある場所へと向かいました。行列がその場所に到着するのに二時間以上もかかりました。翌日、サイババのムールティが車両から降ろされて、至聖所の中心位置に安置され、白い布でおおわれました。

儀式と祭典は一九九九年十月十八日に開始され、十月十九日には、僧侶たちによる『ヴェーダ』の詠唱のなか、サイのムールティのプラーンプラティシュターがおごそかに執り行われ、続いて灯明が揺らめくなかで、午後のアールティーが行われました。

こうして一五〇年後に、ジャンマブーミ（生誕地）への、サイの長い長い帰郷の旅が終わったのです。

このあと、K・V・ラマニーが照明のスイッチを入れ、この芸術的にデザインされた、優良な技術で施工された、聖堂の落成を宣言しました。そしてラクシュミー・ラマニー夫人が、S・R・バダケレが制作した、ババに生き写しの等身大の美しい油絵の幕を切って落としました。その両側にはスワミ・サイ・シャラン・アーナンドとバルブ・ババの肖像画が並んでいました。この式典に同席した、ある感受性豊かな教養あふれるカップルはのちに、その一種独特の深く満ち足りた霊的な体験を回想し、その思い出をいつまでも心にとどめたのです。ババに親しみがもてるようになり、寺院ばかりか自宅でも彼の存在を感じられるようになりました。同席した他の多くの人たちも、パトリの寺院の落成式に参加できたことは一生に一度の機会と経験だったと述べています。

パトリのサイの聖堂は、カーストや信仰や宗教や性別に関係なく、すべての帰依者と巡礼者へと開かれています。この聖堂が世界中の無数のサイの帰依者たちの安らぎと永遠《とわ》の喜びの宿りとなりますように。

# 附記Ⅱ

## パトリのサイババ聖堂について

神殿は縦横が十五×十一メートルの長方形で、床は地面から一・二メートルの高さにあります。

四方が開け放たれた構造で、手すりの上に壁はありませんが、飾りの格子で仕切られ、サイババの黄金色のムールティは聖堂の外の中庭からも見ることができます。

サバーマンダプ（会堂）は縦横十×十メートルで、至聖所は周囲を幅一・二メートルの通路で囲まれています。

床には異なる色の大理石が幾何学的デザインで敷き詰められています。

サバーマンダプのすべての主柱と後ろの壁には模様入りのピンクの大理石が、主柱をつなぐアーチには白大理石が使われています。

至聖所は八角形の蓮の花びらの形をし、上に大理石の天蓋がかかり、台座のまん中にブロンズ製の黄金色のババのムールティが安置されています。至聖所の後ろの壁には灰白色の花崗岩が使われています。

吊り天井と縁取りにはポップなデザインが施されています。ムールティとアーチにはスポットライトが当てられています。

ハロゲンランプの照明が、サバーマンダプに月光のようにクールな心地よい効果をもたらしています。

テラスの床から高さ十一メートルの方尖柱が立ち、頂上に六十センチの金色のカラシュ（小尖塔）が乗っています。方尖柱は地面から十六メートルの高さがあります。

地下には大理石の床の十×十一メートルのディアーン・マンディル（瞑想ホール）が設けられています。

帰依者に懐かしいわが家の雰囲気を感じてもらおうと、古い土台の一部が古いアーチや通路とともに自然な状態で保存されています。

サイババの等身大の油絵がかけられ、両側にはスワミ・サイ・シャラン・アーナンドとバルブ・ババの肖像画が並んでいます。

## ある書評家とシルディのサイババ

『シルディのサイババ』は一九九一年八月に初版が刊行され、半年以内に再版が発行されました。一九九二年四月十九日付の『タイムス・オブ・インディア』紙に掲載された、ホペ・ガウル氏の洞察的な書評の一部を以下に引用します。

この本は緻密な構成と綿密な調査によって、サイの物語を検証したものです。その書き直された歴史物語は関連資料と考証によっていっそう幅を増し、豊かなものとなっています。

著者のひとりはサイが生まれたとされる、パトリという村を訪れて調査を行いました……サイの宗教、哲学、ヒンドゥーやムスリムの経典の知識について幅広い検証がなされました。

サイが生きた時代への理解を深めるために、中世のマラートワーダーの歴史が簡単に紹介されています。またマハーラーシュトラの聖者たちの系譜や、中世デカンのスーフィズムの普及や、その宗教思想への影響について、歴史的な観点から解説されています。

サイババはこの本のページのなかに新たな人物像として登場してきます。古くからの帰依者たちにはおなじみのあらゆる役割にとどまらず、知られざる有力な証拠によって、新たな人間像が浮かび上がってきます。若き日の孤高の苦行者、育ち行く魂を手助けする大師《サドグル》、愛情深い父親にして霊験あらたかな癒し手、自然力を支配するそびえ立つ巨人、時間と空間と物質の法則にとらわれないマスジドのファキール、といった多くの側面が洞察に満ちた観点から、豊富な事例によって考察されています。

マスジドからチャヴァリへ移動し、レンディ・バウグ（庭園）を横切って、サマーディ・マンディルへと向かうにつれて、シルディの光景は輝きを増していきます。読者はドゥルバールの会衆のなかにいます――帰依者と不信心者、サードゥと聖者、病める者と健やかな者、地元の名士と名もなき人、そしてなにかを求め、得ようとやってきたあらゆる信仰に属する嘆願者たち！

書評家のホペ・ガウル氏は、一九二二年十月十二日、ラクナウーのキリスト教徒の家族に生まれ、ペシャワールで成長し、そこで教育を受けました。一九四四年、ラクナウー大学で英語の修士号を優良な成績で取得しました。ラホールの女子大学で短期間、英語の講師を務めたのち、一九四八年にデリーに転居しました。一九四九年、デリーのオール・インディア・ラジオの西洋音楽部に英語アナウンサーとして入社し、一九七二年には同部でプロデューサーに昇進し、一九八二年に退職するまで、その地位にとどまりました。退職後は宗教活動に深くかかわり、サイババに出会うと、彼にとりわけ深く永続的な愛着をおぼえるようになりました。現在はボランティアとして、ヒーリングに多くの時間を割いていますが、職業としてその仕事に従事しているわけではありません。上記の書評が掲載されると、著者のM・V・カマト氏が、彼女に感謝の手紙を送りました。一九九二年五月十八日の返信で、彼女は次のように述べています――

「私のサイババとのかかわり、彼への帰依は十八年の長きにわたります。そのあいだ、彼は私に宗教的生活のあり方について期待もしなかった教えを授けてくださり、精神面でも世俗面でも好ましい影響を与えてくださいました。七十歳近くになった今でも、ひとりで何不自由なく暮らしていけるのは、サイババが私の重荷を背負ってくださっているからです……。彼はみずからが望まれるだけしか、その姿を現してくださいません。私自身が経験したことですから、喜んでそのいくつかをご紹介してもかまいません」

それから十七年近くが経ちましたが、彼女はその約束をおぼえていてくれ、いくつかの体験談をメモとして送ってくれました。そのなかから読者の興味を引きそうな二つを、「始まり」と「クリスマスのお祝いが！」というタイトルで、以下に転載します。

# 始まり

シルディのサイババについて個人的な経験を書いてほしいと頼まれて、これはほんとうに名誉なことだと思いました。しかし、いざ書こうとして坐ったとき、どんな書き出しにしようかと迷ってしまいました。いくつか出だしを考えましたが、どの始まりも満足のゆくものではありませんでした。困り果てた私は、サイに導きを求めました。いずれにしても、彼についての体験を書くように頼まれたのは、彼がそれを望まれたからだ、と考えたのです。「自分にとって特別なことを書けばいいんだよ」と彼が言っているような気がしました、「先に進んだら、また教えてあげるから」

一九七四年四月、木曜日の朝、私は夫といっしょに職場へ行きました。午前十一時、私は夫が収容された病院に半狂乱で駆けつけました。三十分もしないうちに、夫は亡くなりました。職場のストレスに負けてしまったのです。

それに続く痛みに満ちた日々、私は混乱、ショックによる麻痺、仕事の重圧、警察の聴取、報道関係者の無神経さ、そして弔問客たちと闘っていました。それにもまして、私の魂そのものが精神的・感情的なカオスのなかにいました。突然、足元の地面がなくなってしまったようでした。天国に神様はいないし、助けの手は差し伸べられないし、真っ暗闇のなかで絶望に打ちひしがれていました。しかし、その後に続く猛攻撃に立ち向かうには、正気のかけらにしがみついているしかなかったのです。そのためには、たとえ短時間であれ、できるだけものを考えないようにして、「現実」から避難しているしかない、ということはわかっていました。ちょうどそのとき、少し前に読んだ本のことを思い出しました。パラマハンサ・ヨガナンダの『あるヨギの自叙伝』です。それは驚異的で魅惑的な逸話に満ちた本で、このような本はめったに見当たりませんが、私の心をつかんで離さなかったのです。あの本をまた読んだら、魅了された私の心は、混乱に満ちた「今日」から目を逸らすことができるかもしれない、と考えたのです。

親しい友人にこのことを話すと、さっそく手配してくれ、まもなく私はその本を手にしていました。

私はそれを再読しはじめました。今回は前とは違って読み進めるのがとても困難でした。今読んでいる内容に集中することが難しく、さまよう注意力をしばしば目の前のページに引き戻さねばなりませんでした。たとえ戻ることができたとしても、進むペースはゆっくりとしたものので、断片的でした。どうにかこうにか数章を読み進め、読書を始めて三日目になったとき、ページを半分ほど下がったところに、ひとつのアステリスクを見つけました。反射的に視線はページ下の脚注へと移動し、そこには次のように書かれていました。

「シルディのサイババはその限りではない」。私は読むのをやめました。「サイババ、シルディのサイババ」という言葉が心のなかでこだましはじめて、頭のなかで炎のように揺らめきました。ようやくわかったのです、自分がなにをしなければならないか。彼を探すしかないのです！

それは難しいことではありませんでした。彼は至るところに見つかったからです。私が質問した多くの帰依者たちの経験のなかに彼はいました。友人や知人が気前よく貸してくれた本のなかに彼はいました。まもなく彼のこと、彼の慈しみ、彼のほとんど母性的な気遣いを強く意識するようになりました。たったひとりで耐えがたい痛みに耐えているとき、私は彼の名前を呼ぶようになり、彼もただちに癒しに満ちた応えを返してくれるようになりました。うつらうつらしているとき、二度ほど、自分の傷口に聖灰が振りかけられるような感じを経験しました。こうして私の存在のもっとも微妙な部分が彼を吸収するにつれて、私を取り巻いていたくすんだ、ざらざらしたものが離れていきました。突然、すべての問題が解かれ、自然に解決したように感じました。

こうして、私のおよそ三十四年に及ぶサイの旅、もっとも長く続く旅が始まったのです。そこではどんな問題も祈りに満ちた問いかけによって解決します。しかしながら、この始まりにはもうひとつの驚きがありました。ほんとうの奇跡が起こったのです。

一九八一年のある日、コンノートプレイスで買い物をしているとき、路上販売の本のなかに、パラマハンサの『あるヨギの自叙伝』を見つけました。数年前に借りた本は返してしまったのか、どこかに置き忘れたのか、記憶にありませんでした。いずれにしても、私はそのことを忘れていたのです。いま突然、もう一度その本を読みたいという欲求にとらわれました。とりわけ、そのアステリスクのついた一節と、神秘的な脚注です。

「シルディのサイババはその限りではない」。それで私はその本を買って、家に持ち帰りました。家で、ゆっくりと慎重に読み進め、アステリスクのついたページを探しました。どのページにもアステリスクは見つかりませんでした。信じられません！　翌日、もう一度、ページや文章の隅々まで念入りに調べました。アステリスクなんてありません――その一行も！　私はあっけにとられました。にわかには信じられませんでした。そんなことはありえないと思いました。それで本の最後のページを開いて、索引の「S」のところに「サイババ」を探しました。「サイババ」どころか「サイ」すらありません。それでもあきらめきれない私は、次に「シルディ」を探しました。もちろん「シルディ」なんてありません。もはやこの奇跡が有無を言わさぬものであることは明らかでしたが、それで済ませるという気持ちにはどうしてもなれませんでした。そこで他の数人に手伝ってもらって、そのアステリスクと神秘的な一行が載っているページを探すことになりました。二人の同僚、私のように宗教心の篤い人たちに、それぞれ別々に本を渡して、大急ぎで該当するページを探して、メモをとってほしいと頼んだのです。二人には理由は言いませんでした。それぞれが渡された本を読んで、それぞれが内容に感銘を受け、二人ともこの本をもらえないだろうかと申し出ました！　そして二人とも、隅から隅まで探してくれたのですが、アステリスクのついたページは見つからなかったし、その一行など影も形もなかったのです！

## シルディからクリスマスのお祝いが！

昨日はクリスマスでした、二〇〇八年のクリスマスです。昨日、国内外の愛する人たちから電話でお祝いを受けましたが、夜遅くなって、シルディから電話が入りました。そう、シルディです！　私の古い友人、かつての仕事仲間で、もう何年も熱心なサイ・バクト（献愛者）であり、いつもクリスマスにはじかに会って、会えなければ電話でお祝いをくれる、スバーシュ・トリヴェディからでした。今年は彼はシルディにいたのです。多くの場所のなかでも、とりわけシルディから電話をもらうことには特別な感慨がありました。その思いに深く分け入るにつれて、およそ三十年前に起こった、サイババとスバーシュ・トリヴェディと私がかかわった、あの「経験」を思い出さずにはいられませんでした。

最初に、スバーシュ・トリヴェディについて少しお話ししておきましょう。一九七〇年代、スバーシュはＡＩＲデリー放送局で臨時職員として、人手が足りない部署で事務手伝いの仕事をしていました。あるとき、彼は西洋音楽資料室に派遣され、私はそこで彼と知り合ったのです。毎週木曜日の昼休み、私はよくサイ・マンディルを訪れて、「プラサード（供物）」をいただいて帰りました。それを同僚たちと分け合いました。スバーシュも私たちといるときは、その分け前にあずかりました。

ある時期、スバーシュを何か月も見ないことがありましたが、人から聞いた話では、彼の妻が交通事故に遭って、足を骨折し、大けがをしたということでした。ですから、スバーシュは自宅にとどまり、妻や子どもたちの世話をしなければならなかったのです。

ある日、スバーシュが深刻な顔をして、私の部屋に入ってくると、まっすぐに私のところまで歩いてきて、こう言いました、「ガウルさん、今日はとても変わったことをお聞きしに来たのです」「どんな話ですか」と私はうながしました。「妻をシルディへ連れて行こうと思うのです。お聞きになっているかもしれませんが、交通事故に遭って、足を痛めてしまいました。教えていただきたいのですが、妻をあそこに連れて行くには、どのように行ったらいいのでしょうか?」私は彼の困っている様子と、その真剣な顔を見て、心に少しの疑いもなく、こう答えました、「スバーシュ、なにも心配することはありませんよ。ババがあなたたちをあそこまで連れて行ってくださるし、無事に帰ってこられるように、すべての面倒を見てくれるでしょう!」彼の顔がぱっと明るくなって、肩の荷が下りたかのようでした。「ありがとうございます」と彼は言うと、部屋を出ていきました。

しばらくすると、私はこの出来事をすっかり忘れてしまいました。ところが、ある日、スバーシュが顔を紅潮させて、私の部屋にせかせかと入ってきたのです。身震いしていたので、彼に坐るようにとうながしました。「ガウルさん」と彼は切り出しました、「ちょっとお時間をいただけませんか、シルディへの旅のことをお話ししたいのです」。彼は興奮した口調で話し、しばしば感情に圧倒されて、言葉を失ってしまいました。私はひたすら耳を傾けました。

彼によれば、旅行は快適なものでした。シルディではなんの苦労もせずに、サンスターンのゲストハウスに泊まることができました。到着した翌日、サマーディ・マンディルへ「ダルシャン」を受けに行きました。夫人は松葉杖がないと歩くのが困難でした。ホールへ入ると、彼女はゆっくりとサマーディに続く階段を登っていきました。しばらくそこに立って、サイの像に両手を合わせ、プラナーム（あいさつ）をしました。そして帰ろうと反対側を向いたとき、松葉杖が手からすべって、階段を転げ落ちました。「ところがです、ガウルさん、妻は松葉杖なしで階段を下りて、自分ひとりで礼拝室から出てきたのです」

彼の話はこれで終わりませんでした。「まだ続きがあるのです」と彼は言いました。「そのあと、帰りの列車に乗るために駅へ行きましたが、予約していなかったので、少し面倒なことになるかもしれない、と思いました。妻をひとりで残していくのが心配でしたが、切符売り場へ行こうとしたとき、ひとりのりっぱな身なりの紳士が急ぎ足で近づいてくると、二枚の切符を私の前に差し出し、『これをどうぞ』と言ったので、なにも考えずにそれを受け取ってしまいました。お礼を言って、停車している列車に乗り込んでから、切符代を払っていないことに気がつきました。私は列車を降りて、ホームを探したのですが、その親切な紳士に似た人はどこにも見つかりませんでした。

「隅から隅まで探しました。列車が出発しそうになったので、車内に戻りましたが、窓からホームの端が来るまで探したのです。でも、ガウルさん」と彼はため息まじりに話を締めくくりました、「それでも見つからなかったのです！」

今やスバーシュと家族全員が三十年来のサイババの熱心な帰依者ですが、こうした「経験」はいくらでもあるのです。

サイババはきっとこの話も、私がお話ししたいくつかの経験のひとつに加えることを望まれるでしょう。スバーシュがクリスマスのお祝いをしてくれたおかげで、そのことを思い出しました。

## ダッタートレーヤーの化身としてのシュリ・サイババ

サイババに関するひとつの驚くべき事実が、一般の人にも知られるようになったのは、最近、シュリパダ・シュリヴァッラブ（一三二〇年生）の伝記が出版されてからのことです。シュリパダ・シュリヴァッラブは、カリユガ（末世）の最初に現れたダッタートレーヤー*注の化身とみなされています。

すべてはシュリパド・シュリヴァッラブの同時代人、シャンカール・バットというカルナータカのブラフミンがサンスクリット語で書いた彼の伝記に始まります。やがてそれが『シュリパティ・シュリヴァッラブ・チャリトラムリト』という題名でテルグ語に翻訳されました。このためにテルグ語の原本は、シュリパド・シュリヴァッラブの母方の祖父である、シュリ・マッラディ・バパンナヴァダヌルが所有していました。そしてそのなかに、他の多くのこととともに、上記の伝記が「バパンナヴァダヌルの三十三世代後の末裔によって出版される」ということが書かれていたのです。かくしてテルグ語に翻訳された『チャリトラムリト』の忠実な複製が、二〇〇一年に出版されることになりました。その後、同年のヴィージャヤー・ダシャミの日から、アシュウィン・ヴァードヤ十一日（およそ十七日間）まで、ピータプーラムのシュリパド・シュリヴァッラブ・サンスターンで、パラーヤナー（朗誦）が行われ、この新装本が上記のサンスターンに贈呈されました。

『チャリトラムリト』には、ダッタートレーヤーの次の化身は、ヌルシンハ・サラスワティーの姿となってカランジに現れ、そこからガンダルヴァプルへと進み、カルダリーバンに入る、としるされています。彼はそこでサマーディのうちに三〇〇年間暮らし、その後、スワミ・サマルトとしてプラジニャープルすなわちアッカルコートに再出現するというのです。しかも化身の期間が終わりに近づくと、彼の霊魂はサーユジャト・プラサードの姿となって、シーラディ（別名シルディ）のサイババと一体化するのです。このダッタートレーヤーの第四の化身において、ムレンッチャ（イスラム）のダルマとサナータナ・ダルマ（ヒンドゥー教）の最良の原理が結びつくでしょう。このダッタートレーヤーの四つの化身はすべて不滅のハヌマーン神の化身です。このサイナースとなった第四のアヴァターラ（化身）では、マハーブーブ－エ－スバニという名前のマハージュニャーニ（大悟した人）と彼が同一視されることになりますが、これらの名前はたまたま、一一六六年にこの世を去った、カダリヤ教団の創始者、カワージャー・アブドゥル・カダール・ジラーニの名前のひとつと同じだったのです。カディーリッヤ教団は、インドの四大スーフィー教団のひとつで、その理解や認識がヒンドゥー教に近いと言われています。

これらの証拠がすべて真実なら、サイババがダッタートレーヤーの化身であることの証明になります。それはまた、サイババ自身が承認し、祝福した、マーダヴ・アドカル作のサイババのアールティー中の言及によっても、その信憑性が補強されるでしょう。アールティーでは次のように言及されています――

カリユガにアヴァターラとして、
あなたは現れた、
真の「サグン（有形の）・ブラフマン」として。
おお、スワミ・ダッター・ディガンバル、ダッター・ディガンバル。

＊注
ブラフマー・ヴィシュヌ・シヴァの三柱の神格がアヴァターラとして顕現したもの。

# 用語解説

**アーシュラマ（四住期）**　人生には以下の四つの時期があるとされる。すなわち、ブラフマチャリヤ（独身の学生）、グリハスタ（結婚した世帯主）、ヴァーナプラスタ（引退し、宗教生活に重きを置きはじめた世帯主）、サンニャーサ（世俗の生活の放棄）。

**アールティー**　灯明を奉納する儀式、鐘の音や詠唱をともなう。いっしょに銅鑼が鳴らされることもある。

**アヴァターラ**　この世に降りた神、神の化身。

**アウリア**　神聖な人、聖人、聖者。黙想や禁欲的修行に専念する人。

**アクシャラ**　不変のもの。

**アグニホトラ**　ヒンドゥー教の上位の三つのカーストの者が必ず行わなければならない儀式。

**アシュラム**　宗教的な閑居、隠遁の場所。学習と修行生活の場所。

**アナーハト**　心臓の位置にある特定の働きをもつ中枢、チャクラ。

**アナーハト・ドゥワニー**　宇宙のすべての音のハーモニー、深遠なのでふつうの耳では聞くことができない。

**アバング**　一定の韻を踏んだマラーティー語の神を讃える詩。聖トゥカラームのアバングがよく知られる。

**アビシェーカ**　神像に一滴一滴、聖水、乳などをかける清めの儀式。灌頂《かんじょう》。

**アマーヴァシャー**　新月の日。

**アマティー**　レンズ豆の粥。

**イシュタダイヴァト**　その人の神、守護神。

**イティハース**　叙事詩と『プラーナ』文献。

**ヴァイド、ヴァイディヤー**　古代インドの医学体系アーユルヴェーダの医者。

**ヴァデ・ハク**　「われは神の召使なり」の意。「アナル・ハク（われは神なり）」の反対。

**ヴィダー**　「タンブール」参照。

**ヴィマーナ**　神々の馬車、空を飛ぶ乗り物で、みずから目的の方向へと動いていく。

**ウディ**　聖灰。

**ウパーサナー**　儀式、祭礼、マントラを唱えること。

**ウルス**　モハメダンの聖者の霊廟で毎年行われる祝祭。

**エカーダシー**　月の満ち欠けの十一日目。

**オティ**　サリーのひざの部分、この部分の布を包みにする。オティ‐バラネーとは、お祝い事のあるときに既婚女性のオティを果物、花、米などで満たすこと。

**カージ**　ムスリムの法官、コーランの戒律を教える。

**ガーヤトリー**　『ヴェーダ』の聖なる詩句、心のなかで唱えられる。

**ガーヤトリー・プラースチャラン**　ガーヤトリーの詠唱等の儀式、ヒンドゥー教の聖典に規定されている。

**カフニ**　乞食僧や托鉢僧が着るマントのようなもの。頭と前腕以外の全身をおおう。

**カルパタル**　インドラ天にあるとされる空想上の木。なんでも願い事をかなえてくれる。

**カルバリ**　支配人代理、召使頭、閣外大臣など。

**カルマ**　行為、働き。活動、自己犠牲としての宗教的活動全般。沐浴、お清めなど。特に未来の応報への期待に由来し、思索的宗教とは対立する。また通俗的には「過去の行為の結果として生じた運命」の意味にも用いられる。

**ガルリ**　街路、通路。

**ガンガー**　ガンジス河、サイババはゴーダーヴァリー川をガンガーと呼んだ。

**ガンガージャル**　ガンジス河の水。

**ガンダ**　白檀粉のしるし。
**ギー**　上澄みバター。
**キール**　米、ココナッツフレーク、ミルク、砂糖、スパイスからつくられる料理。
**キールタン**　神を讃えて祝うこと、音楽と踊りを伴う。
**キールタンカル**　キールタンを演ずる者。
**キチリ**　米と割豆を混ぜて煮たもの。
**クシャラ**　変化するもの。
**グナ**　要素、質。すべての存在するものの三つの属性で、それに構成要素と自然界の変化要因が絡みあう。すなわち、サットヴァ（善／調和／リズム／光）、ラジャス（情熱／動き／活動／火）、タマス（闇／不活発／怠惰／無知）。
**グラーヴ**　リンガーヤト派、もしくはグラーヴ・カーストで、シヴァ寺院の祭祀を執り行う人。
**グル**　暗闇や無知を追い散らす者。「サドグル」を参照。
**クルカルニー**　パーティル（村長）の下で働く村役人。
**グンガル**　鈴や鐘。
**クンド**　ある神聖な目的や聖者に帰せられる池、泉。
**ゲルア**　黄土色。
**ゴーシャラ**　牛小屋、牛舎。
**コキラー・ヴラタ**　ヒンドゥー教徒の女性が必ず行う習慣、アーシャーダ月（八月－九月）前の閏月に行われる。
**ゴプラム**　尖塔。
**サーキー**　ヒンディー語の一定の韻律を伴った文学作品。聖カビールのサーキーがよく知られる。
**サーダカ**　宗教的な探求者。
**サーダナ**　宗教的な修行、実践、訓練。
**サードゥ**　聖なる人。
**サーヒティヤ**　材料、手段、道具、仕掛け。事物の生産・形成や行為の遂行に一般的に必要とされる物質や手法。文学、文献の意味でも用いられる。
**サーフーカル**　質屋、金貸し。
**サットヴァ**　「グナ」を参照。
**サティー**　貞節で有徳な妻。特に亡くなった夫のなきがらとともに、みずから進んで火葬で焼かれる妻のことを言う。
**サドグル**　真のグル、師。真理（超意識）との不断の合一の境地に達した人。サマーディだけが真理を明らかにする。サマーディでは「私が在る」という感覚はあるが「思考」はない。サドグルは弟子たちを超意識の超越的境地へと導き、その修行での成長を見守る。
**サバーマンダプ**　寺院の前の建物、ポルチコ（屋根付き柱廊）、参詣者の会堂。
**サマーディ**　黙想ののちに達成される（瞑想の成就としての）一時的か恒久的な宗教的超意識の境地。聖人の埋葬地の上に建てられる霊廟の意味でも使われる。
**サンサーラ**　誕生と死の輪廻。世俗的な生き方や行為。
**サンスターン**　神をまつり、聖者が暮らすためにもうけられた町。
**サンディヤー**　マントラを朗唱し、水をすする等、ヒンドゥー教の上位三階級が日の出、正午、日没の決まった時間に行う儀式。
**サンニャーサ**　世俗生活の放棄。アーシュラマの最後、第四期。「アーシュラマ」参照。
**サンニャーシ**　サンニャーサに入った人。
**シーラ**　セモリナでつくる甘い料理。
**シッダー**　解脱した、自己を悟った魂。
**シッディー**　ヨーギの超能力。
**シャーストラ**　ヒンドゥー教の経典。
**ジャパ**　マントラ（真言）を心のなかで、または口に出して唱えること。一点集中と瞑想の中間のもの。
**ジャハギール**　政府が割り当てた土地や財源。軍隊の維持、公共サービス、個人や家族の扶養のために、軍事的、または個人的な目的で利用される。

**シャハナーイ**　吹奏楽器。

**ジュニャーニ**　悟りを開いた人。光明を得た人。

**シュラーッダー**　葬送の儀式。神々と死者の魂に水と火がささげられる。

**シュラッダー**　信頼。

**シュルティ**　『ヴェーダ』のこと。究極の存在の知識、その実言《じつごん》されうるもの、普遍的な性質をもつ。

**シュロカ**　詩のスタンザ。連。

**ストリーダン**　妻が自由に使うことのできる資産。

**スマラク**　記念碑。

**スムルティ**　社会的・宗教的行動規範。最初にマヌやその他の法典制定者たちが、それぞれの弟子たちに伝えたとされ、弟子たちが記憶から書物の形にして残した。

**スワードヤーヤ**　その人に課された、定められた『ヴェーダ』のひとつや宗教書を精読すること。

**スワミ**　聖なる人。

**スワヤンブー**　自立自存する者。

**ゾリ**　布の包み、風呂敷。

**ターキヤー**　ファキールの祈祷所。

**ダーサまたはダーサコータ、カルナータカの**　一群のカルナータカの聖者（神の召使）たち。

**ターラティ**　村の有給の会計係、登記係。

**ターリー**　大きな金属製のお盆。

**ダクシナー**　聖者への供物。ブラフミン、ときには若い修道女に贈られる金銭やプレゼント。

**タパス**　宗教的な苦行。

**タマーシャー**　見世物、笑劇。

**タマス**　「グナ」参照。

**ダルシャナ**　ヒンドゥー教の哲学体系。

**ダルシャン**　光景、洞察。偉大なるものの現前において、存在から発せられる恵み深き輝き。

**ダルマ**　宗教、本分のこと。戒律、正義、義務、美徳等の教えをひとつにまとめ上げる、サンスクリット語の包括的な語彙。
**ダルマシャーラー**　旅行者や巡礼者のための宿泊施設。
**タンブール、ヴィダー**　キンマの葉でビンロウジュの実、ライム、カルダモン等を巻いた噛み物。
**チェラ**　弟子。
**チャヴァリ**　村の集会所。
**チャターイ**　竹、ナツメヤシ、オウギヤシなどでつくった座布、マットレス。
**チャプラーシー**　制服を着た下男。
**チャマール**　高貴な人。
**チョウリー**　高位の象徴。
**ティールタ**　聖水。
**ティラク**　額につける朱色の辰砂や白檀のペーストのしるし。化粧や宗派の区別のために用いられる。
**デーシュムク**　世襲制の役人、パラガナー（地区）の長。
**テシルダール**　「マムレダール」を参照。
**ドゥールガー**　ムスリム聖者の霊廟。
**ドゥニ**　聖なる火。
**トゥルシー・ブリンダーバン**　ヒンドゥー教徒の玄関前の祭壇や方形の台、そこにトゥルシーを植える。トゥルシーはヒンドゥー教徒が大切にする灌木。ホーリー・バジル、カミメボウキ、オシマム・サンクタム。
**ドゥルバール**　謁見の間。接見室。
**ドーティー**　インド人の男性が下衣に用いる長い布。
**ドーハー**　ヒンディー語の一定の韻律をもった作品。聖カビールのドーハーがよく知られる。
**ドル**　大きな太鼓。
**トンガ**　馬車。
**ナーマー・スマーラーン**　神の名前を想起するこ

と。

**ナヴァチャンディハ**　デヴィー（女神）との和解を求める儀式。

**ナヴァラートリー**　アシュウィン月（十月から十一月）の初日から九日目までの九日間の昼夜に行われる祭り。

**バークリー**　酵母を使わない雑穀パン。

**パードゥカー**　金、銀、大理石などに刻まれた足跡。

**パートシャーラー**　サンスクリット語やヒンディー語の経典を学習する学校、研究機関。

**パーンチャバウティカ**　五元素により構成されるもの。

**パーンマラ**　キンマの木を栽培する農園。

**バクティ**　献身的信仰。

**バジャン**　献愛の歌。

**パラーヤナー**　宗教書の通読、決まった期日内に読み終えなければならない。

**ハラール**　羊や鶏をモハメダンの律法書に定められたやり方に従って殺すこと。

**パリヴラージャカ**　遍歴者、宗教的な道で初期の段階にある人の呼び名。

**バリト**　ブリンジョル（茄子）、またはプランテーン（調理用バナナ）を調味料とともに焼いたもの。

**ハルディ・クムクム**　ハルディはターメリックのこと、クムクムとはターメリックとレモン果汁とミョウバン、その他からつくられる粉のこと。ヒンドゥー教徒の既婚女性はクムクムのしるしを額につける。

**バルフィー**　精製糖と小麦粉と澄ましバターを焼いて、アーモンドやピスタチオを飾りつけた四角形、またはサイコロ状の砂糖菓子。

**パンダ**　巡礼地の僧侶。

**バンドバスト（英語）**　政府による法と秩序の維持。整然とした、規律ある状態。治安。

**ビクシャー**　布施。托鉢僧に与えられる金銭や食べ物。
**ピパニ**　吹奏楽器。
**ピンディー**　マハーデーヴァ（シヴァ神）を象徴するリンガム（男根像）。
**ファキール**　モハメダン（イスラム教徒）の托鉢僧。世俗的な義務や配慮から自由になった人。
**プージャ**　礼拝。
**プージャーリー**　祭式を行う聖職者、僧侶。
**プールニマー**　満月の日。
**フォーズダール**　警察官。
**プラクリティ**　現象世界、顕在世界全体を構成する基本物質や原理。すべての心や物質の基盤となるブラフマンの力。
**プラサード**　聖別された食べ物。
**プラナーム**　あいさつ。
**ブラフマン**　純粋な未分化の意識。至高の霊、究極の実体。
**ブラフミン**　ヒンドゥー教の四つのヴァルナ（種姓）の第一にして最上位。字義的にはブラフマンを知る者。バラモン。
**プルシャ**　精神、またはブラフマン。生物や事物に宿っているとされるものは、アートマンやプルシャと呼ばれる。
**プルダ**　ベール。
**フンディー**　為替手形。
**プンニャティティー**　命日、忌日。
**ペーダ**　濃縮したミルクと砂糖でつくられる菓子。
**マーヤー**　幻影、幻想。世界は幻影である。なぜなら、そこにあるように見えるものにも、隠されている部分があるし、別のものに属している部分があるからだ。プラクリティ（物質原理）の意味でも使われる。
**マカル**　十二宮の星座のひとつ、山羊座。
**マト、ムット**　僧院。
**マナナ**　心に呼びかけ、神名や理想に瞑想すること。

**マハーヴァーキャ**　至高の真理を明かす四つの偉大な金言、格言。すなわち、「アヤム・アートマー・ブラフマー」（『アタルヴァ・ヴェーダ』）＝なんじの心のサクシ（観察者）であるアートマーはブラフマーである。「タットゥワム・アシ」（『サーマ・ヴェーダ』）＝なんじ、それなり。「アハム・ブラフマースミ」（『ヤジュル・ヴェーダ』）＝私は肉体ではなくアートマーすなわちブラフマーである。「プラジニャーナム・ブラフマー」（『リグ・ヴェーダ』）＝全文では、ブラフマーは純粋な意識である。すなわち、あらゆるものはサット－チット－アーナンド、絶対的存在、無限の意識、永遠の至福である。

**マハーサマーディ**　大いなるサマーディ。「サマーディ」を参照。

**マハトマ**　偉大な魂。大聖。

**マムレダール**　行政区の下位区分のタールカを統轄する役人。マムラトダルとも。一部の地域ではタハシルダールとも呼ばれる。

**マラング**　教団に属するダルヴィーシュ（旋回舞踏を行う修行僧）。一説によると、スーフィズムを容認するブラフミンをマラングと呼ぶ。

**マルグジャル**　ナーグプルを首都とする旧ＣＰ＆ベラール州の土地保有者（ザミーンダーリー）。

**マンジャルパト**　厚く粗い綿布、最初はマードレポーラムで生産された。

**マンディル**　寺院。

**マントラ**　神秘的な言葉や文。神を讃える式文。

**ムルシド**　グル、師、聖人。

**モークシャ**　解脱、救済。

**モーグラ**　ジャスミンの一種、ジャスミナム・サンバク。

**ヤヴァナ**　モハメダン、異人種の人。

**ラーマ・ナヴァミ**　ラーマの誕生日。

**ラヴァニ**　特定の種類の歌、歌謡、特に女性によって歌われるもの。

**ラジャス**　「グナ」参照。

**リーラ**　変転するこの宇宙、神の遊びと呼べるような顕れ。

**レンディ**　動物の糞のかたまり（羊、山羊、馬、ラクダなど）。小川の名前。

**ワーダー**　荘厳な、壮大な建物。

**ワルパパディ**　豆の一種。

papers, Dinapushpa Prakashan, Bombay, 1982.

*Shri Sai Leela* —— The main source of information about Sai Baba is of course the monthly Marathi Magazine published by Shri Sai Baba Sansthan of Shirdi. The first issue was published in April 1923 and its first editor was Laxman Ganesh alias Kakasaheb Mahajani. Publication of this magazine was suspended from 1944 to 1947. From 1973 a separate edition of the magazine in English is being published. *Shri Sai-Satcharitra* by G. R. Dabholkar was first serialised in this magazine and its publication was completed in 1929.

Tendulkar Raghunath and Savitri —— *Sainath Bhajanmala*, 3rd Edn., 1954.

Zaver Ramesh, *Jnanadeva Srushti Padel Ka Drishti*, Loksatta dt. 11-11-1990.

✣「グジャラート語の著作」

Mehta Amidas Bhavanidas, Parabrahma *Shri Sadguru Sainath Maharajani Janavajogi Vigato Temaj Chamatkaro*, Bombay, 7978.

*Sai Sharan Anand, Swami*, *Shri Sai Baba*, 6th Edn., 1966.

———*Shri Sai Leelakhyan*, 1962.

———*Sainathne Sharane* —— published posthurnously in 1983.

✣「ヒンディー語の著作」

Ranade R. D., *Paramartha Sopan*, Adhyatma Vidya Mandir, Sangli 1954.

———*Pathway to God in Marathi Literature*, Bharatiya Vidya Bhavan, Bombay, 1961.
Sahukar Mani, *Sai Baba*, Somaiya Publications Pvt. Ltd., Bombay, 3rd Edn., 1983.
Sai Sharan Anand, Swami, *Shri Sai the Superman*, Shri Sai Baba Sansthan, Shirdi.
Sherwani H. K., Prof. & Dr. P. M. Joshi, *History of Medieval Deccan*, (1295 - 1724), Vol. I, Government of Andhra Pradesh, Hyderabad.
*Shri Sai Leela*, English Edition —— Official Organ of Shri Sai Baba Sansthan of Shirdi.
*Upanishads*, English translation by Swami Prabhavananda & Frederick Manchester, Sri Ramakrishna Math, Madras, 2nd Edn., 1983.

✣「マラーティー語の著作」

Bhave Vinayak Laxman, *Maharashtra Saraswat with Purvani* by S. G. Tulpule, Popular Prakashan, Bombay, 5th Edn., 1963.
Dabholkar Govind Raghunath, *Shri Sai-Satcharitra*, Shri Sai Baba Sansthan, Shirdi, 12th Edn., 1982.
Das Ganu Maharaj, *Arvachin Bhakta, Adhyaya* 31-33 *Va Sant Leelamrit, Adhyaya* 57, Shri Sai Baba Sansthan, Shirdi, 8th Edn., 1965.
Dhere Ramachandra Chintaman, *Datta Sampradayacha Itihas*, Nilkanth Prakashan, Pune.
*Eknathi Bhagvat*, Government of Maharashtra Publication, 1971.
Kher V. B.: Research Papers
———*Swami Sai Sharan Anand*, Navashakti dt. 13-6-1976.
———*Saibabanchya Darshanarth Lokamanya Tilak*, Navashakti dt. 30-7-1978.
———*Shri Saibabanche Shirdit Agaman*, Navashakti dt. 1-4-1979.
———*Saibabanchya Durbaras Kahi Namankit Vyaktinchi Bhet*, Prasad Special Sai Baba Issue, August 1979.
———*Shri Saibabache Swechha Niryan* —— included in the Marathi translation of Shri Sai Baba of Swami Sai Sharan Anand, March, 1982.
Pendse Damodar Shankar, *Jnanadeva ani Namadev*, Continental Prakashan, Pune, 1969.
Sahasrabuddhe P. G., *Maharashtra Sanskriti*, Continental Prakashan, Pune, 1979.
Sai Sharan Anand's *Shri Sai Baba*, Marathi translation by V. B. Kher with six research

———*Sai Baba —— The Nature of His functions and Powers*, Shri Sai Leela, August 1987.

———*The Fakir Whom Sai Daba instructetd for Twelve years*. Shri Sai Leela, January 1990.

———*Sai Baba and Sufis*, Shri Sai Leela, Febfuary 1990.

———*Dincharya of Shri Sai Baba*, Shri Sai Leela, March 1990.

Kulkarni V. B., *Princely India and Lapse of British Paramountcy*, Jaico Publishing House, Bombay, 1985.

Mahajan V. D., *Ancient India*, S. Chand & Co. (Pvt.) Ltd., New Delhi, VIIth Edn., 1974.

Mehra Parshotam, *A Dictionary of Modern Indian History* 1707 —— 1947, Oxford University Press, Bombay.

*Mirabai's Devotional Poems*, English translation by A. J. Alston, Motilal Banarasidas, Delhi.

Mouni Sadhu, *In Days of Great Peace*, George, Allen & Unwin Ltd., London, 1957.

———*Samadhi*, George, Allen & Unwin Ltd., London, 1962.

———*Meditation*, George, Allen & Unwin Ltd., London, 1967.

Narasimha Swami, B. V., *Devotees' Experiences of Shri Sai Baba*, Parts I to III, All India Sai Samaj, Madras, 3rd Edn. 1965-67.

———*Life of Sai Baba*, Vols I to IV, All India Sai Samaj, Madras 3rd Edn. 1980-1985.

———*Shri Sai Baba's Charters and Sayings*, All India Sai Samaj Madras, 1986.

Osborne Arthur, *The Incredible Sai Baba*, Orient Longman, 1973.

Pochhammer Wilhelm Von, *India's Road to Nationhood*, Allied Publishers Pvt. Ltd., New Delhi, 1981.

Pradhan M.W., *Shri Sai Baba of Shirdi*, Shirdi, 7th Edn., 1973.

*Ramakrishna's Sayings*, Sri Ramakrishna Math, Madras.

Ranade Mahadeo Govind, Rise of the Maratha Power, Publications Division, Ministry of Information & Broad casting, New Delhi, 1966.

Ranade A. D., *Pathway to God in Kannada Literature*, Bharatiya Vidya Bhavan, Bombay, 1960.

# 参考文献


Arberry A. J., *Sufism*, Ceorge, Allen & Unwin Ltd., London, 1963.

*Bhagvad Gita*, English translation by Swami Prabhavananda & Christopher Isherwood, New American Library-Mentor Edn. 1954.

*Bhagvad Gita*, English translation by Juan Mascaro, Penguin Classics.

*Cultural Heritage of India*, Vol. II, Sri Ramakrishna Centenary Committee, Belur Math, Calcutta.

Das Ganu's *Shri Sainath Stavanmanjari*, English translation by Zarine Taraporevala, Sai Dhun Enterprises, Bombay, 1987.

*History and Culture of the Indian People*, Vol. VIII, Bharatiya Vidya Bhavan, Bombay.

Isherwood Christopher, *Ramakrishna*, Advaita Ashram, Calcutta, 1985.

*Jnaneshvari*, English translation by V. G. Pradhan, Introduction by H. M. Lambert, published by UNESCO, through George, Allen & Unwin Ltd, London, 1967.

*Kabir's One Hundred Poems*, English translation by Rabindranath Tagore, Macmillan Co. of India Ltd., 1972.

Kamath M.V., *Philosophy of Death and Dying* International Himalayan Institute, New York, 1978.

Khaparde G. S., *Shirdi Diary*, Shri Sai Baba Sansthan, Shirdi.

Kher VB. : Research Papers

———*A Search for the Birth Place of Shri Sai Baba*, Shri Sai Leela, January 1976.

———*The Guru of Shri Sai Baba* I & II , Shri Sai Leela April & May 1976.

———*Shri Akkalkot Swami Maharaj and Shri Sai Baba*, Shri Sai Leela, July 1976.

———*The Miracle of the Mare* I & II Shri Sai Leela, March & April 1985.

———*How K.J. Bhishma composed 'Shri Sainath Sagunopasana'*, Shri Sai Leela, September 1985.

———*The Significance of Shri Sai Baba's Various Actions*, I & II Shri Sai Leea, October & November 1985,

———*Shri Sai Baba and His Devotee Khushalchand Seth of Rahata*, Shri Sai Leela, July 1987.

## ✣ 著者

M・V・カマト　M. V. Kamath

『イラストレイテッド・ウィークリー・オブ・インディア』誌の元編集者で、45 冊以上の著書がある。新聞記者、編集者、報道人として、ムンバイ、ボン、ニューヨーク、パリ、ワシントン D.C. などで優れた業績を残した。『フリープレス・バレティン』、『バーラト・ジョーティ』の編集者、国連特派員、プレス・トラスト・オブ・インディア (PTI) 特派員、『ユナイテッド・エイジア』補助編集者、『ザ・タイム・オブ・インディア』のワシントン特派員などを歴任した。2012 年現在プラサル・バルティ（公共放送）の会長で、インド・マスコミ協会、マニパル大学の名誉総長。2004 年にパドマ・ブーサン賞を授与され、マンガロール大学から名誉博士号を贈られる。2014 年没。

V・B・ケール　V. B. Kher

ガンジー主義の熱心な研究者。アハマダーバードのナヴジーバン・トラストの依頼により、マハトマ・ガンジーの全 15 巻、7 部にわたる著作集の編集を担当した。これには全 3 巻の集成『至高者の探究』も含まれる。1984 年から 1989 年まで、シュリ・サイババ・サンスターン・オブ・シルディの理事と出版部門の座長を務めた。サイババに関する研究論文や記事が『シュリ・サイ・リーラ』その他の定期刊行物や雑誌に掲載された。

## ✣ 訳者

澤西 康史　Yasufumi Sawanishi

1952 年生。東洋大学英米文学科卒。主な訳書に『クリスタル・ヒーリング』『シャンバラ―勇者の道』『インディアン・カントリー』『エマソン 魂の探求』など。



協力／中村知子、Premkrishna Kanabar

シルディのサイババ
比類なき聖者にして神人

●

2022年3月14日　初版発行

著者／M・V・カマト、V・B・ケール
訳者／澤西康史

編集／岡部智子
DTP／山中 央

発行者／今井博揮
発行所／株式会社 ナチュラルスピリット
〒101-0051 東京都千代田区神田神保町3-2 高橋ビル2階
TEL 03-6450-5938　FAX 03-6450-5978
info@naturalspirit.co.jp
https://www.naturalspirit.co.jp/
印刷所／創栄図書印刷株式会社


ISBN978-4-86451-397-5 C0010